中国城市科学研究系列报告

中国城市更新发展报告 2019-2022

中国城市科学研究会　主编

中国建筑工业出版社

图书在版编目（CIP）数据

中国城市更新发展报告 . 2019-2022 / 中国城市科学
研究会主编 . —北京：中国建筑工业出版社，2022.8
（中国城市科学研究系列报告）
ISBN 978-7-112-27809-1

Ⅰ.①中…　Ⅱ.①中…　Ⅲ.①城市—发展—研究报告
—中国—2019-2022　Ⅳ.①F299.21

中国版本图书馆CIP数据核字（2022）第157347号

本书依托于中国城市科学研究会城市更新专业委员会众多城市更新研究者的研究成果，多方面、多角度、多元化地将中国城市更新现状呈现给读者。本书内容包括：近几年中国城市科学研究会城市更新专业委员会的会议回顾和城市更新的经验总结，近年来城市更新研究综述；城市更新工作指导和未来发展方向；不同城市更新实践的调研分析、总结和归纳，并侧重创新实践；针对城市的更新案例进行研究等内容。本书的出版不但有利于地方政府、相关企事业单位能更好地准确把握数据和资料，同时对不同层面的城市更新项目工作者和我国城市更新高质量发展具有一定的指导和参考价值。本书适用于城市规划、城市设计、建筑设计，以及从事城市更新相关方向的从业人员、政府工作人员阅读参考。

责任编辑：张　华　唐　旭
责任校对：李辰馨

中国城市科学研究系列报告
中国城市更新发展报告 2019-2022
中国城市科学研究会　主编
＊
中国建筑工业出版社出版、发行（北京海淀三里河路9号）
各地新华书店、建筑书店经销
北京雅盈中佳图文设计公司制版
河北鹏润印刷有限公司印刷
＊
开本：787毫米×1092毫米　1/16　印张：29¼　字数：610千字
2022年8月第一版　2022年8月第一次印刷
定价：98.00元
ISBN 978-7-112-27809-1
　　　（39727）

中国城市更新发展报告组织框架

主 编 单 位：中国城市科学研究会
中国城市科学研究会城市更新专业委员会
重庆大学管理科学与房地产学院
厦门市城市规划设计研究院有限公司

支 持 单 位：广东省建筑设计研究院有限公司
广东源筑城市更新有限公司
广州市城市更新规划设计研究院有限公司
广州市城市规划设计有限公司
北京建邦东憬城市更新建设运营有限公司
凯辉高德（广东）城市更新研究中心
深圳市华阳国际工程设计股份有限公司
深圳市城市规划设计研究院有限公司
广州普邦园林股份有限公司
易合设计（广州）有限公司
重庆市同启未来城市规划设计研究院
珠海市规划设计研究院
广东工业大学建筑与城市规划学院

支 持 媒 体：《城市发展研究》杂志
学 术 顾 问：何镜堂　孟建民
编委会主任：仇保兴
编委会副主任：朱雪梅（以下以姓氏笔划为序）

王　嘉	王亚男	叶　强	叶旭林	边兰春	李　郇
李　鹏	杨俊宴	杨培峰	肖毅强	吴　越	冷　红
宋　鹏	张　沛	张　松	陈前虎	周　文	侯　雷
骆建云	谈子信	程世丹	曾　鹏	温春阳	蔡云楠

序

我国城镇化经历了 40 年的快速发展进程，这是人类历史上规模最大的城镇化。人口向核心城市群集中是经济发展带来的必然趋势，这也给土地资源利用和城市建设发展带来了巨大挑战。在我国前半场的城镇化进程中，有效避免了先行国家和发展中国家在城市化进程中所经历的多种城市病，但历史并非呈线性发展。中国即将迎来城镇化进程速度的拐点，城市建设也已由过去增量时代注重新建和外延扩张，逐步过渡到存量时代注重内涵发展和城市更新阶段。

党的十九届五中全会审议通过的《中共中央关于制定国民经济和社会发展第十四个五年规划和二〇三五年远景目标的建议》首次提出"实施城市更新行动"，为创建城市建设运营模式、推进新型城镇化建设指明了前进方向。新时代下，城市更新要坚持以下三个方面：一是要坚持以人民为中心，这是城市更新的出发点和落脚点；二是要坚持绿色低碳发展，这是城市更新的实施路径；三是要坚持系统统筹谋划，这是城市更新的创新动力。

以人民为中心实施城市更新。人民城市人民建，人民城市为人民。在城市更新过程中，要以人民为中心提升城市的居住质量，使老百姓的生活更加便利美好。老旧小区改造是城市更新的重要组成内容，是一项保民生促就业的高效投资和惠民生工程。以人民为中心的"旧改"要满足人们的多样化需求和应对日益紧迫的老年化时代的到来。改造实施过程中要充分调动居民的积极性，让有改造需求的小区自己"冒出来"，不做群众靠边站的"交钥匙工程"。新一轮"旧改"，不可能是一套完整和事无巨细的顶层设计，应该充分调动居民、企业、社会和科技人员的积极性，多模式、多途径，群策群力，把从下而上的改造方案设计与从上而下的激励政策制度协同促进。围绕改善居民居住条件，推动构建"纵向到底、横向到边、共建共治共享"的社区治理体系，让人民群众生活更方便、更舒心、更美好。

以绿色低碳发展推进城市更新。新型城镇化最大的变革与挑战在于"双碳目标"，重建"微循环"是城市有机更新的必由之路。具体包括以下 8 个方面：第一，建立"微降解"，使垃圾实现资源化利用；第二，实现"微净化"，将污水就近循环利用；第三，采用"微中水"，进行源头处理、多级循环、乘法用水；第四，实施"微渗透"，微渗透系统是城市与生态基质共存之道；第五，建设"微绿化"，见缝插针的绿地系统既美化环境又节能减排；第六，进行"微修复"，对城市原有水系进行治疗康复，重建

"城市之肾"，如进行人工湿地建设、河道生态修复等；第七，建设"微农场"，发展都市农业，生产短链食品，保障应急需求；第八，实行"微调控"，借助信息化技术促进城市交通、水务和能源绿色转型发展。

以系统谋划加快城市更新。城市更新是一项系统性工程。自发、散乱、各自为政的城市更新行为，缺乏协调统一的系统谋划，不利于城市建设整体目标的实现，无法保障城市的公共空间与公共利益，无法带动城市功能的整体优化和城市品质的整体提升。城市更新要注重全面系统谋划，可建立"城市更新总体规划—城市更新片区策划—城市更新项目—负责规划师实施方案"的多层次专项规划和实施机制：总体规划强调设计先行，为更新活动提供总体的指引；片区策划明确提升改造目标、服务业导入、开发强度等关乎城市长远发展的核心问题；项目实施方案明确具体更新方式，明确实施主体和受益主体，推动更新的落地实施。

在城市发展的新阶段，要坚持以人民为中心的更新原则，以绿色低碳韧性发展为更新手段，以宜居宜业、安全健康为更新目标，遵循城市发展的基本规律，实施城市更新行动，促进城市高质量发展。

仇保兴

国际欧亚科学院院士

住房和城乡建设部原副部长

中国城市科学研究会理事长

前　言

新中国成立 70 年来，经历了世界历史上规模最大、速度最快的城市发展进程。党的"十九大"报告提出新中国已由高速增长阶段转为高质量发展阶段，城市建设从新建扩张向存量发展转型。城市更新已成为我国当前城市向更高阶段发展、增强可持续发展能力、满足城镇居民美好生活的主要手段。为了记录和报告 2019-2022 年与中国城市更新相关的众多实践案例、出台的政策条例与发表的前沿学术研究内容，借鉴国内外城市更新的成功经验与做法，中国城市科学研究会城市更新专业委员会借此编写此书。

中国城市科学研究会城市更新专业委员会挂靠于广东工业大学建筑与城市规划学院，秉承"产研结合、求是创新、民主开放、服务社会"的办会原则，致力于探索城市更新理论、创新城市更新设计方法与技术、推进城市更新制度建设、开展学术合作交流与实践探索，以及宣传普及城市更新知识等活动。《中国城市更新发展报告 2019-2022》（以下简称《报告》）是中国城市科学研究会城市更新专业委员会在《中国城市更新发展报告 2017-2018》《中国城市更新发展报告 2018-2019》的基础上，编写的年度综合性行业报告。《报告》对 2019~2022 年度国内外城市更新研究热点、国内重大城市更新事件和行业动态、国内主要城市的城市更新政策和实践探索、国外典型案例等进行总结和分析，归纳总结城市更新的特色经验和模式，以求丰富城市更新的理论和认识，加快推进城市更新工作。《报告》对国内外阶段性成果进行了探索性总结，全书共分动态篇、城市篇、案例篇 3 个篇章，并由仇保兴先生作序。

"动态篇"紧扣时事，回顾、梳理和总结城市更新重点实践和学术前沿活动。一是，对 2019~2021 年城市更新年会进行同网，对陈前虎、石晓冬、严龙华、王兰和庄惟敏等学者的会议发言进行了转录和整理，以图文记录会议内容，再现学术探讨与交流的盛况。二是，对 2019~2022 年国内外的城市更新研究进行了梳理与综述，追踪研究的前潜动态。三是，通过全面检索城市更新相关新闻报道、国家和地方政策条例以及举办的大型学术会议等数据资料，筛选并梳理了 2019~2022 年度城市更新十大事件。

"城市篇"以"概述 + 典型"的形式对总体城市和典型城市的更新实践进行分析、总结和归纳。"概述"包含对当前城市更新的总体趋势、发展策略的研究。"典型"涉及对沈阳、广州、厦门等城市的更新产业发展特征、问题和趋势的分析概述和经验总结，研究各城市城市更新产业发展的政策方向和产业功能活化思路，分析城市更新用地的供给潜力，提出盘活和挖掘城市更新用地的思路。

"案例篇"分为国外案例和国内案例两个部分：国外案例重点分析了美国西雅图唐人街国际区的多元协同更新机制；国内案例涵盖了上海黄浦区九福里和曹杨新村、黄浦区174街坊开发项目（外滩源一期）、虹口区17街坊，厦门湖里区城中村，重庆历史文化名城、芜湖古城，合柴工业监狱等多地的更新改造案例。借鉴历史更新经验，展开更新改造与实践，探索存量时代建筑保护更新的难点与对策。

中国当前正迎来城市更新活动的热潮，各大城市的城市更新活动正如火如荼地开展，《中国城市更新发展报告2019-2022》较全面地总结了国内重点城市的城市更新活动和实践，内容翔实、案例丰富、重点突出。本报告作为一部年度行业报告，适合广大城乡规划和管理工作者、建筑学和城乡规划学等专业学生、相关专家学者阅读和参考。

编撰城市更新报告是一项任务繁重、涉及面广、影响较大的工作，由于时间和篇幅的限制，只选择有代表性的部分城市进行研究和介绍，报告难免存在偏颇，对部分城市更新内容有所遗漏。未尽事宜，我们期待在来年的报告中进行弥补和修正。我们也期待更多的同行、专家和有志者来稿、供稿，互相切磋，以求更全面地反映中国城市更新的情况。

目　录

动 态 篇

改造城市老旧小区，设计应先行

仇保兴 *

1 老旧小区改造试点存在的问题

老旧小区改造是国务院下达的一项新的任务，总体规模很大，第一期即达到四万亿户，对通过改造验收的"旧改"每一户，中央财政还将给予补贴。然而，在当前的老旧小区改造试点工作中，存在着以下几个问题：

第一个，重单向改造，缺整体设计。集中表现在大多数城市已改造的老旧小区改造过程零乱，只重视单项改造，却忽略了小区的整体设计。

例如，这个月给某旧小区加装屋顶，下个月又说要进行门窗改造，过一段时间再进行地下管道维修，城市各个专业部门针对老旧小区改造各自提出改造方案又不能综合设计和同步改造。甚至针对不同的改造项目给出了几个独立的方案，结果使居住在老旧小区的老百姓无所适从。这其中缺少了什么？缺少了一个在改造之前的整体设计方案。

第二个，重长官意志，缺百姓参与。北京海淀区有不少小区居住着中国工程院的建筑学院士，但是连自家小区要怎么改却毫不知情，因为没人通知他们参与家园改造。改造方案被有关部门直接"定了"。有的专业部门常常在小区改造中采用"一刀切"的方式，他们也不管这些建筑什么时代建造的，是不是需要整体改造？整个改造过程不是以人民的需求为中心，更多的是以完成上级任务为中心，改造方案制度缺失老百姓"点菜"的关键步骤。

第三个，重部门延伸，缺公共中心。有的部门在小区改造中表现得很积极，纷纷表态要将"服务"延伸到居民区中。例如，有的相关单位要求在每一个小区中设立心理咨询中心，还有的说要设立其他中心……其实当地居民就缺一个综合性的公共服务中心，应该将多个部门设立的服务机构整合到"公共服务中心"里，老百姓不出小区就能享受到综合性服务。

---

* 仇保兴，国际欧亚科学院院士，住房和城乡建设部原副部长，中国城市科学研究会理事长。

第四个，重政府包干，缺企业加盟。有的老旧小区每平方米的改造费用达到了三四千元。比如，有的小区需要加电梯，有的需要加太阳能屋顶，其实这些都是可以邀请企业参与进来的，可以由企业租借这些设备，不需要大量的财政投资。企业在小区加装太阳能装置之后，小区的居民也可以得到分成，这就是一种完全的 PPP 模式、合同能源管理的模式。倘若这些都让政府包干了，那财政负担无疑加重了，中央财政分配下来的钱也就起不到什么作用了。

第五个，重穿靴戴帽，缺基本需求。老旧小区改造对于我们老百姓而言是要解决老龄化、入托难等现实问题，解决上楼难、停车难、就近入学难、受医难等，或解决房屋结构的安全问题。这些问题是民众的基本需求，如果仅注重"穿靴戴帽"，那就是典型的形式主义。

第六个，重硬件改造，缺软件管理。众所周知，社区优化的要诀是"三分建设七分管理"。管理的重要性不言而喻，如果把"七分管理"丢掉了，没有良好的物业管理企业，改造过的硬件过一段时间就会失效，特别是绿色、碳中和、海绵社区等相关硬件需要很精细的物业管理，但是现在的物业管理并不了解这些新技术，甚至把已经改造过的中水回用、太阳能等装置全部放弃，这就造成了极大的浪费。

2 以问题为导向提出解决方案

围绕上述已经出现的问题，应该如何解决？我认为可从以下三个问题为导向进行解决，即：第一，如何让最需要改造的小区"冒出来"？第二，旧小区综合改造需要确定哪些属于必备的改造项目？第三，旧小区改造应该有由老百姓"点菜"的拓展改造选项。这些拓展改造选项可能成本会比较昂贵，但是一般都是中高收入阶层老百姓切身利益相关的改造项目。

2.1 如何评选最需改造小区

如何让最需要改造的小区能够自己"冒出来"，倘若能让小区居民自发地提出"我要改造"，这事情就好办了。而且最好是能有一批这样的老旧小区居民竞争着向政府申请改造，但是这一批小区中政府应该支持哪些小区优先安排改造呢？首先，需要推行城市"最佳小区"和"最差居住小区"的评选活动，还可将居住在"最差小区"的居民邀请到"最佳小区"进行参观体验，激发出他们改造老旧小区的积极性和参与性。如果我们的城市能评选出一批今年的"最差小区"，那么政府部门就能够准确把握老百姓的实际需求，从而制定改造方案，这件事情就成功了一半。这样一种"自发"的模式已经有很多城市都做过并且在持续改进之中。

其次，可以利用先进的网络技术，评选出"最差小区"。例如使用新的 APP 等工具，利用小区宜居性评价软件，分析一些小区根据多条件维度评选出最差的小区

图 1 评选 APP

（图 1）。最差的小区往往是这个城市房价最低的,市场价格是无情的,但又是敏锐的。这样的老旧小区一旦通过系统改造以后，就可以让百姓资产得到较高的升值。实践证明，仅是加装电梯后，住宅的价格就可以上升 15%~20%。这些软件在市面上有很多，但是有些软件的指标是值得推敲的，在使用之前应该与市场实际状况和住房价格分布进行校验。

然后，在以上的工作基础上我们可以再组织专家现场考评。特别是对最差居住小区，通过专家的眼光跟群众的需求进行点对点的检查结合。一个具体的老旧小区评选流程也就创建出来了，并且有了这样一个流程也将使老旧小区改造更加规范、更有效率。

最后，通过政府和社会相结合，动员组织"最差小区"居民到"最佳小区"参观学习，激发他们对改造的积极性和参与性。通过对比，了解其他旧区改造后的居住情况、市场价格的变化，提升居民主动改造的欲望，在向"最佳小区"看齐的过程中，老百姓也会逐渐增强改造的积极性。

为了解决以上问题，中国城市科学研究会花了三年时间编写了一本《城市旧居住区综合改造技术标准》。这个标准已经出版了，大家可以在中国城市科学研究会网站上免费下载，同时中国建筑工业出版社也有正式出版的版本。

2.2 老旧小区综合改造优选（必备）的项目

优选项目之一:建筑性能监测。因为许多老旧小区建筑是 20 世纪 80 年代建造的，到现在有不少开发商已经注销了，找不到负责人，有的建筑公司现在也"失踪"了。

规划、建设、开发监理都找不到责任人。而且在当时，有些住宅是政府包办、企业包建的，从现在来看当时更多的是"注重数量，而缺乏寿命、质量"的概念。除此之外，由于管理不严，许多老旧小区居民未经批准，擅自在住宅中挖墙开窗，破坏了建筑的承重结构，造成了安全隐患。这些小区现在都需要重新对其进行建筑结构和整体性能的检测，凡是经检测属于危楼的都应该拆除重建，或进行加固改造。

优选项目之二：外墙的保温。选用外墙保温材料需要因地制宜，例如北方地区住宅采用的较厚的防火保温板并不适用于南方地区。根据建筑节能标准，我国共有五个气候区，都应因地制宜地选用合适的保温模式。对于北方地区的老旧小区而言，原来用的聚氨酯泡沫外墙保温板存在着消防安全隐患，有的甚至完全老化，一到雨天就直接泡水失去保温效能，这些都是亟须进行更换改造的。而冬暖夏热地区只需在住宅外墙进行绿化或朝西南面种上乔木，以及给商户安装外遮阳就可显著提升节能保温效果。（图2）

优选项目之三：可再生能源与建筑一体化。在屋顶上面加盖一个"太阳能博士帽"，就能在政府不需要出钱的情况下实现既有隔热层又能发电的功效。按照一个40万人口的中小型城市的实践，十分之一的建筑由当地的建委来统筹，屋顶统一安装太阳能电板，借助这种模式就可以产生10兆瓦的发电能力，节能减排效果明显的同时，小区居民也能从中获得10%的利润。不仅不需要政府投资，还可以兼顾住宅外表的美观，提升隔热效能。（图3）

优选项目之四：管网改造提升与雨水收集。老旧小区以往埋设的管网种类、材质和具体位置往往未入档案，这些管网有没有堵塞、漏水漏气都不清楚，也很难知道。应该借助"老旧小区改造"的机会对地下管网进行重新普查梳理和改造，并将其全新编入管网电子档案，这对小区的安全和可持续发展将是一个永久性的保障，也是节能减排的重要环节。结合海绵社区和中水回用对排水管网进行重新梳理后，小区雨水的收集和再利用将会有大幅提升。

优选项目之五：适老改造和加装电梯。加装电梯的资金由群众分担为主，然后对底层住户应给予适当补偿，补偿底层居民的方式可以多种多样，但一定要公平合

图2　外墙保温改造　　　　图3　锦州太阳能设计

图 4　管网改造措施　　　　　　　　　图 5　立体机械停车场

理，一视同仁。另外，电梯的驱动电机应该安装在电梯顶部，这样就不用挖深坑，以免影响到管网的布局和防涝。针对不同的住宅楼，我们已经有了成熟的多样化方案。（图 4）

优选项目之六：北方地区住宅供热计量改造。供热计量改造可以节约 30% 以上的供热能源，属于节能改造成效最大的单项措施。我们每次离开家都会把电灯关掉，但是却不会把供暖关掉，而后者浪费的能耗实际上要比照明耗能高出 10 倍以上。一旦借助老旧小区改造推进供热计量改造就可以有力推进城市绿色低碳发展，而且也可以为老百姓节省供热费用开支。

优选项目之七：立体停车场或地下停车场。城市老旧小区一般都缺乏停车位，其结果不仅造成小区停车难，影响到居民购车积极性，而且还由于乱停车而严重堵塞了消防通道，造成安全隐患。通过小区改造设立地下或立体停车场必须要经过详细的城市设计、多方案比较并征求市民意见，规划管理部门可以通过奖励容积率的方式对小区改造承包商进行鼓励，因为确实是充分利用了地下空间。关于地下停车场设计和建造技术，已经有很多成熟的方案。各种各样的停车解决方案，小型的、分散的、电动手动结合的等都较为齐全，至于为何没有推广普及，关键还是缺少整体的城市设计和明确的优惠政策支持。（图 5）

优选项目之八：垃圾分类与厨余垃圾处理。城市垃圾分类最困难的就是厨余垃圾处理。在厨余垃圾处理这方面，我们的邻国日本远远走在前面。还有一个更简便的方式是由物业公司每天统一收集厨余垃圾后按 1：1 的配比掺入当地的泥土后分装进黑色的塑料袋中，封闭后任其发酵，一个月后就可变成无臭的化肥，用于社区绿化。在解决好厨余垃圾的基础上实行严格的垃圾回收分类，可利用有价票券来激励民众主动回收可循环的材料。

2.3　老旧小区改造拓展（备选项目）

此类项目指的是有条件而且社区百姓愿意的情况下，基本上是由民众"点菜"

的项目，虽然此类项目为"锦上添花"，但也能够解决民众需要解决的实际问题，而且能够带动相关领域的消费和投资。

拓展项目之一：社区绿化和立体绿化。小区的立体绿化，可以减少热岛效应，温度可下降6℃以上。为什么我们在老旧小区推荐种植的都是落叶乔木呢？因为落叶乔木能够起到"冬暖夏凉"的节能降尘效果。冬天乔木落叶让阳光射进楼宇商户，夏天枝繁叶茂的高大乔木有遮阳降温的作用，社区绿化能部分解决城市日益严重的热岛效应和住宅向阳面"西晒"的问题。

拓展项目之二：增加社区对外通道。老旧小区改造要深耕实际难题，通过遥感和城市设计技术，为小区多设置几个通行的通道，疏通小区的机动车通道网络、自行车网络，社区"毛细血管"都应该一一打通。城市老旧小区的"毛细血管"打通之后就可以实现小区居民300米内到达服务中心、500米内到达公园的便民效果。这些便利化的通行网络都实现后，还可以使小区居民步行300米即可以到达避灾场所，这样不仅有利于群众出行，还有利于避灾防灾。（图6）

拓展项目之三：海绵社区整体设计改造。通过老旧小区住宅和建筑物屋顶绿化、设置雨水收集桶和下沉绿地、透水路面、停车场渗水等方式整体改造老旧小区，采取这样一些简单、低廉的改造方式能够使城市老旧小区增强排水弹性，既可以有效削减暴雨、洪涝的威胁，又能通过雨水收集达到建设节水型社区之目的。

拓展项目之四：建筑外遮阳改造。住宅外遮阳改造节能效果十分明显，我们通过北京地区的实地试验，在盛夏季节，仅靠常用的内遮阳，就相当于一盏400瓦的电炉放在室内，等于这么多的热量直接进入屋内，就必须用更多的空调消耗电量才能进行抵消。但如果利用简单、低价的外遮阳，就可削减近90%的入户阳光能。如果仅利用相对昂贵的Low-E玻璃窗户，则只能削减50%的夏季阳光能，但这又挡住了相应的冬季阳光能量。同时，外遮阳装置的特殊设计还可以提升防盗安全。（图7）

图6 增加对外通道

图7 建筑外遮阳改造

拓展项目之五：市民中心与放管服中心合在一起。市民中心可以包含多种服务项目而且是动态的，可以把托幼、养老甚至保健医疗都组合在市民中心。上海市先行经验表明，现在把所有为老百姓服务的项目都放在社区中心（包括政府的办事大厅也落到社区），百姓在任何一个社区的市民中心都可以办理全市范围的便民事项，也就是说百姓的生老病死、就业创业等都可以不出小区大门就可方便办理。

拓展项目之六：楼宇间增加容积率。通过精心设计比较，老旧小区楼宇间可以增加一些容积率，因为过去这些老旧楼宇的空间利用率是比较低的。利用这些空间我们可以在进行美化社区的同时增加建筑容积率和服务功能。

拓展项目之七：美化社区。社区美化项目种类繁多，一般都要依据投入和产出功效来事先安排"菜单"，以利于民众参与"点菜"。

首先，要树立"我的外墙就是大众的脸面，属于公共产品"的新理念。利用老旧小区改造彻底拆除"保笼"，以红外线防盗装置来取代。有的地方在改造过程中编制了生动的宣传手册，使社区民众了解到"保笼"是"高空垃圾箱、小偷脚手架"，理应拆除。其次要对住宅在精心色彩设计的外观下进行粉刷，这方面的工作需要专家与民众充分互动参与。再次，对老旧小区内部的公共服务设施，如小超市、便民理发、修理、幼托等服务机构进行品质提升，在不增加居民负担的前提下，提升服务质量和服务项目，形成社区活力。最后，对小区公园绿化小径、健身设施、休息的椅子等都要进行设计整修，方便老年人和儿童使用。

拓展项目之八：基于节能减排的绿色物业管理和智慧社区。老旧小区改造更重要的是一定要建立节能减排的绿色物业管理，没有好的物业管理，小区硬件改造得再好，过一段时间也会变得脏、乱、差。俗话说"三分建，七分管"，优良的社区物业管理必须调动专业物管公司、业主和开发商、旧区改造参与的企业等各方的积极因素。

3　结语

第一，城市老旧社区的综合改造设计一定要先行，设计结果应结合实际形象，直观、易懂，便于社区百姓参与。作为老旧小区设计师，应熟练利用现有的各种各样的绘图软件，把小区改造后的城市形象进行清晰展示，让设计图纸清晰、直观，一张蓝图绘到底。

第二，编制好"菜单式"老旧小区整体改造目录，包括价格清单，方便居民"点菜"，让老百姓了解并积极参与小区设计改造与管理。

第三，集中力量攻克难点。比如说，旧住宅加装电梯的难点。可以将其与立体停车、地下停车和加装电梯组合在一起解决，对用不上电梯的底层居民进行停车位或现金的补偿是一个较好的矛盾解决方法。

第四，改造和物业管理模式需创新。一定要引进企业 PPP 模式，电梯可以向电梯公司租赁，还有引进屋顶太阳能，类似这种 PPP 模式都可以在缓解财政压力的前提下给老百姓带来实质性的利益。

第五，政府节能减排补贴、大维修基金等应该形成合力。除了中央财政专项补贴每户 2 万元之外，各省市也相应出台了补贴标准，有的是专门对加装电梯或住宅保温改造进行补贴。各种繁多的补贴都应在地方统筹的前提下，结合大维修基金统一安排，以发挥最大的效用。

第六，新 4 万亿投资领域意味着绿色建筑发展有大作为。老旧小区改造在我国各地的全面铺开，意味着城市居住质量将有较大的提升和绿色建筑发展将大有作为，由此可以催生很多新产业，这不仅能解决当前社会经济发展中的一些难题、促进绿色节能低碳社会的建立，更重要的是能够"以人民为中心"来提升城市的居住质量和投资环境。

备注：

本文根据作者于 2020 年 11 月 5 日《2020 中国城市更新研讨会》（北京）所作的报告整理。

形势下关于城市更新企业发展方向的思考与建议

万伟 *

自 2019 年 2 月中央发布《粤港澳大湾区规划纲要》之后，时隔半年时间，中央又于 2019 年 8 月出台了《支持深圳建设中国特色社会主义先行示范区的意见》，双重利好加持下，整个大湾区，尤其深圳面临着空前的发展机遇。

大湾区的开发、深圳先行示范区的建设必然对资金、产业和人才产生庞大的虹吸效应，无论是产业创新、产业升级，还是高素质人才引进，均对土地提出了迫切的需求。而目前实际的情况是湾区重要节点区域基本都已是建成区，尤其深圳这样的核心城市，由于早期的快速发展，深圳的可建设用地迅速缩减。全市可供开发建设用地总计约 1100 平方公里，2020 年城总规控制目标为 1004 平方公里。而根据第三次全国土地调查，目前全市已建设用地达 992 平方公里，新增用地指标几乎用尽。相反，全市划定的城市更新优先拆除重建区面积达 120 平方公里。实际自 2012 年开始，深圳主要由城市更新项目实现的存量用地供应面积就已超过新增的用地供应。2019 年计划供应建设用地 1200 公顷，新增建设用地 350 公顷，存量用地供应占比已超过 70%，未来存量用地供应比例将进一步加大。由此可见，对存量土地进行更新改造和再开发将成为深圳乃至大湾区土地释放的必然选择和主要途径，这也为城市更新行业提供了广泛的机遇和广阔的空间。

目前，众多品牌开发商都已敏锐地捕捉到国家级战略带给城市更新行业的重大机遇，纷纷投身其中，相信未来几年，还会有更多房企不断抢滩这个市场。

但无论是大湾区规划还是深圳先行示范区建设，由于其高起点规划和高标准建设要求，均会对城市更新企业提出更高要求和更大挑战。那么，面对空前的政策利好，更新企业如何把握先机，应对激烈竞争，如何更好地配合国家战略，服务于大湾区和深圳先行示范区建设，给予以下几点建议：

---

* 万伟，广东省三旧协会的常务副会长，卓越城市更新集团总经理。

1 在理念层面，我们要转变思路，重新定位自身角色

众所周知，城市更新是一个回报周期长的行业，从事城市更新行业的企业只有具有长远的战略眼光和持久的耐力，才有可能获得可持续发展，这一点在大湾区和深圳先行示范区建设背景下将会显得尤为重要。而目前的更新企业大多脱胎于房地产开发企业，因此在更新理念上，很多依然带有较为明显的传统开发的痕迹。为更好地适应城市建设和城市发展的要求，城市更新企业必须要自我转变观念，改变原来拿地、盖房、卖房的房地产开发思路，重新对角色进行定位。

我们要认识到城市更新不应仅是企业、业主获取经济利益的一种手段，我们要更多地褒有一份社会责任心，更多地站在政府、站在地方、站在集体和业主以及社会发展的角度来审视和开展城市更新。如何通过城市更新来带动产业转型升级，增加就业、改变住房供应结构以适应特定的人口结构，促进经济高质量可持续发展；如何通过城市更新来实现业主、物业增值和生活方式改变、生活水平提高等。这些原来看起来只是政府部门才会关注的问题，现在应该成为一个优秀城市更新企业关注的重点。

总之，我们需要改变原来的房地产开发商角色，更多地站在城市运营的角度来做城市更新，要以更高的社会责任感来参与大湾区和深圳先行示范区建设，这样才能保证城市更新的质量和效率，企业本身也才能实现可持续发展。

当然，从另一个角度来说，为促进行业健康、良性发展，实现多方主体共赢，政府在确保城市公共利益有效落地的前提下，如何适度向市场让渡利润，确保企业的合理收益空间和参与积极性，也是当下需要思考的问题。

据统计，截至 2019 年 11 月 17 日，深圳已列入城市更新计划项目中，专项规划通过率只有 58%，而确认实施主体的只有不到 40%，因此有大量项目需要市场力量的参与。在此背景下，只有充分保障市场主体合理利润空间，大力调动市场主体积极性，使实力雄厚、专业性强的企业愿意在行业持续深耕，这样才能保证城市更新的高质量推进，使城市的经济、功能、形象能够在较短的周期内实现转型升级。

2 在专业层面，我们要紧跟规划，吃透政策

城市更新是一个对政策十分敏感、受规划牵制非常明显的行业，因此城市更新企业不能盲目操作，一定要提前深入了解当地的城市发展背景和战略，包括政府赋予城市更新规划的责任和预期方向，深入研究当地城市规划和产业规划，吃透当地城市更新政策，充分理解政府意图，紧跟政府规划和政策思路开展城市更新前期研究，为项目的各项决策和工作开展提供依据。一定要在深入研究的前提下，结合自身能力有的放矢，科学、理性地选择进入的区域，最终做出最合理的选择，这样才

能大大降低企业的试错成本。

同时，由于各地城市更新项目越来越多，所遇到的问题也会越来越复杂，因此政府也会不断优化和新制订各种政策。据统计，2018年深圳市区两级发布的政策文件约61个，其中市级政府35个，区级政策26个，平均每6天就出台一个新政策。因此，更新企业需要保持高度敏感性，不断学习、解读、接受新政策，并及时充分运用到项目的具体运作中，以加快各项目的推进。

而对于大湾区的规划和深圳先行示范区的国家战略，我们不仅要从宏观层面认识到其带来的空前机遇，更要深入分析其对城市更新行业、对自身目标区域和拓展项目的具体影响。更新项目的推进要与国家战略安排和区域发展步调一致，这样才能既充分把握机遇，又根据政府规划，及时调整自身战略布局。

此外，从目前政府规划和城市发展趋势来看，同城化的趋势越来越明显。但目前湾区各城市的更新政策却仍然存在不小的差异，这就给跨区域的企业带来了困扰。所以，在湾区同城化的背景下，希望政府能尽量保持协调一致，这既是城市更新企业的呼声和期待，也是推动大湾区城市更新行业发展，加快湾区建设的实际需要。

3　专业层面，坚持标准化、规范化运作

根据卓越城市更新多年的实践经验，我们深刻体会到，城市更新其实是一项技术含量非常高、专业性非常强的工作，具有众多需要攻克的难点。对企业的政策研究能力、规划定位能力、拆迁推进能力、产品打造能力、招商运营能力、各种外部资源整合能力等都提出了极高的要求和严峻挑战，必须由专业化的团队，建设标准化的体系，进行系统化的管理和规范化的运作，才能高效完成城市更新的各项工作。因此，为满足大湾区和深圳先行示范区建设对城市更新行业的高标准要求，更新企业自身必须具备强大的城市更新专业能力，标准化、规范化的运作体系和深厚丰富的更新经验，绝不能因为能力欠缺和经验不足而拖大湾区和先行示范区建设的后腿。而政府也必然倾向于选择具备强大更新能力的企业进行合作。从这个意义上来说，未来整个大湾区可能只有实力雄厚、经验丰富、体系完善、人体梯队完备充足的实力型企业才能在竞争中有更好的发展机遇。整个湾区的城市更新行业可能会迎来一次优胜劣汰的洗牌，行业的集中度和发展质量都将得到大大提升。

4　在团队建设方面，我们要丰富知识结构、树立更新精神

随着城市更新行业的发展，涉及新的专业领域越来越多，如产业规划和发展、生态修复、海绵城市、历史文物保护与利用、建筑物理环境等，政策对相关方面的要求也越来越严，这就对更新企业的人才结构和人才配备提出了更高的要求。更新

企业需要配备比传统房地产开发行业知识结构更加完整、专业领域更加广阔丰富的人才团队，才能应对更新过程中的各种专业难题。

另外，通过十余年的更新实践，我们深深体会到，城市更新行业对从业人员有极高的要求，他们既要勤于思考，又要善于解决实际问题；既要有坚定的目标使命感，又要有超强的团队意识。这就要求更新企业在人才培育过程中，不仅要注重专业能力培养，更要着力于更新精神的树立，要努力培养出一批专业过硬、内心强大的优秀人才。因为只有这样的人才，才能经受考验，在行业长期坚守，才能伴随项目的成长，取得最后的成功。

备注：

本文根据作者在 2019 年 11 月 23 日《2019 中国城市更新研讨会》（深圳）所作的报告整理。

城市更新不能忘记三个尺度

何兴华 *

1 城市更新的全面认识

城市更新实践伴随着人类文明史和城市发展史。从全球范围看，现代意义的城市更新实践，虽然不同国家的做法有所不同，但是，大体上经历了从居住空间到综合要素、从大拆大建到微更新、从政府主导到多元主体参与的发展过程。

从学术角度看，城市更新与城市研究和城市规划关系密切。将城市更新作为学术研究的对象起源于西方经济发达国家，出现与城市更新相关的概念至今已有近百年历史。其间，有许多不同的英文提法，例如，Urban Reconstruction，Urban Revitalization，Urban Renewal，Urban Redevelopment，Urban Regeneration，Urban Renaissance，Urban Remodeling，Urban Upgrading，Urban Rehabilitation，等等。

在我国，城市更新实践同样是从古至今一直存在的。中华人民共和国成立后，第一个五年计划就开始了零星的城市改建工作。后来，由于经济条件的限制和先生产、后生活的指导思想，主要开展少量新住宅区的建设。"文革"期间，城市更新缓慢，甚至基本停滞。政府大力推动城市更新开始于改革开放之后，但是新城建设或者增量任务更重。2000 年后，开始大规模整治和改善旧城区道路和市政设施系统。城市发展逐步转向以存量为主的城市更新改造和文化遗产保护利用等的综合发展模式。

学术概念的城市更新面临着一些困难。一是依附于实际操作经验，缺乏理论提升；二是理论大多源自西方，与本土实践错位；三是各种翻译概念似是而非，科学性不足。因此，需要全面认识城市更新。

第一，城市更新是城市发展的表现。我们处在快速城市化的过程中，城市是一个复杂的巨系统，随时进行着动态的变迁。城市更新是城市经济、社会、环境、空间等动态发展的直观表现。不管有没有城市更新这个学术概念，不管中央政府及其部门是否介入，城市更新的实践行动一直在不断发生。

第二，城市更新是政府对城市的干预。各级政府根据辖区城市的发展状况，采取一系列政策行动，作用于不同的时段和地点，形成城市更新实践。

---

* 何兴华，住房和城乡建设部计划财务与外事司原司长，中国城市规划学会副理事长。

第三，城市更新是学术研究的对象。这种情况下，城市更新具有多重含义。主要包括：（1）对错综复杂的城市问题进行纠正；（2）对城市已老化的物质环境进行改善，包括局部以重建为主的狭义更新，以及针对整个旧城结构的综合调整和城市功能全面改善的广义更新；（3）对旧城区实施的经济、社会、文化等方面的综合复兴计划。

虽然自古以来就有城市更新的实践，但是仍旧缺乏严谨的学术定义和系统的理论框架。概念精准才能产生有凝聚力的学术研究共同体。所以，需要以实际问题为导向，提升研究的科学化水平。

有些概念与城市更新高度相关。主要包括：

（1）城市发展

城市发展一般包括量的扩张、质的提高和影响增加三个方面。量的扩张指的是，随着城市化水平的提高，城市数量增加和规模扩大，包括城市人口增长、建设用地增加、经济总量扩大等。质的提高指的是，城市功能加强，现代化水平提高，包括基础设施的完善、公共服务的改进等。影响增加指的是，城市在一定地域内的地位作用及其吸引力、辐射力增长，更好地满足了人民不断增长的多层次需要。城市更新可以看作促进城市发展的重要手段。

（2）城市保护

城市保护是对城市内具有一定科学、文化、历史与艺术价值的内容采取保护措施，主要内容包括城市的自然环境和历史环境；城市的格局和风貌；与城市历史文化密切相关的自然地貌、水系、风景名胜、古树名木；反映历史风貌的建筑群、街区、村镇；各级文物保护单位；民俗精华、传统工艺、传统文化等。《中华人民共和国文物保护法》将保护分为四个空间层次：历史文化名城、历史文化街区、文物保护单位和地下文物埋藏区。要求根据不同对象特点采取不同的保护方式。城市保护的目的是为了永续利用，并不是为了保护而保护。城市更新与城市保护并不是矛盾的，在一些情况下，适度更新是为了更好地保护。

（3）城市整治

城市整治主要是指针对城市具体物质环境所采取的改善行动。通常理解为小规模的物质性改造和对物质磨损的补偿，例如房屋的修缮和改建、水体与绿化治理、道路拓宽与路面改善、市政环卫设施的改造等。当城市整治与经济社会发展更加紧密结合后，其内涵更为广泛。涉及城市交通环境改善、衰败地段的复兴、废弃土地治理等。城市整治可以看作城市建设、城市发展的具体措施。城市整治通常与城市更新和城市保护相结合，界限模糊。

（4）城市双修

"城市双修"指生态修复、城市修补，是治理"城市病"、改善人居环境、转变城市发展方式的手段。这几年，试点城市在组织模式、规划设计理念、工程技术、资金筹措、机制体制以及评价标准等方面进行了广泛探索。生态修复，重点是通过一系列手段，对被破坏的山体、河流、湿地、植被等进行有计划、有步骤的修复，恢复城市生态系统的自我调节功能。城市修补，重点是不断改善城市公共服务质量，改进市政基础设施条件，发掘和保护城市历史文化和社会网络，使城市功能体系及其承载的空间场所得到全面系统的修复、弥补和完善。生态修复为城市更新提供环境条件，城市修补是城市更新的重要内容。

2 城市更新的主要难点

近年来，我国的许多城市结合当地实际情况积极推进城市更新，探索多种方式，取得了举世瞩目的成就。例如：以重大事件为契机提升城市活力的整体式更新，以产业结构升级为导向的老工业区更新利用，以历史文化保护为主题的历史地区整治与更新，以改善居住环境为目标的棚户区、老旧小区与城中村的改造，以及治理城市病和让群众有更多获得感的城市双修等。由于城市更新的特殊复杂性，也面临一些共同的困难：

一是确定城市发展的目标。城市发展目标多元，令人困惑。例如，生态城市：推广清洁能源，节能减排，保护生物多样性；海绵城市：处理好人工环境与自然环境的关系，促进低冲击开发；韧性城市：防灾减灾，降低潜在风险，消除暴力，提高快速恢复能力，保障城市安全；紧凑城市：节约集约利用土地资源，发展绿色交通，功能混合；活力城市：提高创新能力，创造就业机会，提升经济活力，增强城市吸引力；包容城市：摆脱贫困，缩小收入差距，促进公共服务均等化；健康城市：改善社区环境，保障食品供应，防病治病，开展全民卫生活动；文化城市：保护历史遗产，促进多元文化的繁荣发展；智慧城市：推广应用新技术，建立现代治理体系，方便居民生活；宜居城市：多方面提供住房，完善基础设施，保障环境质量等；还有文明城市、卫生城市、公园城市、森林城市、安全城市、零碳城市、创新城市、精致城市等。这些目标互相是什么关系？在具体工作中，如何确定优先权？

二是处理保留与新建的矛盾。建设时间不长的新城市与历经千年的老城市，都是历史地展现在人们面前。城市的建成环境都是时间意义上的积累，每个城市的历史被生动地记录在建成环境中。由于建成环境占有一定的空间，延续很长的时间，使我们每个人不得不接触过去的东西。人们的生活依赖于建成环境，更新它们首先是为了维持物质生活的需要。不同时代的人在同一个空间范围内生活，由于熟悉的环境产生地区的认同和安全感。于是，从精神生活需求看，同样产生了保护过去环境的动力。但是，物质环境总是会随着时间的推移不断退化，人们基于历史认识而创造新的历史。城市的发展不可避免地成为新老环境更替的过程。不管是拆除多还是保护多，道理都是一样的。总之，保留与新建的关系构成一个永恒的主题，充满了争议。在更加重视文化遗产保护的今天，矛盾更加突出。

三是具体时空的界定。城市更新涉及"新与旧"，涉及具体的时间阶段。然而，时间是从无间断的过程。将什么时段称为"过去"、什么时段称为"现在"、什么时段称为"将来"，需要人为确定标准。切割时间是为了表达方便，是一种语言沟通的需要。城市更新涉及"大与小"，涉及具体的空间范围。然而，空间同样是连续的统一体。将什么范围称之为城市、什么范围称之为乡村或者"非城市"，需要人为确定标准。切割空间同样是为了表达方便，也是一种语言沟通的需要。具体时空的界定是衡量城市更新政策是否切合实际的前提条件。

四是服务对象的选择。城市更新涉及相关居民的切身利益，必定充满矛盾。组织公众参与的过程中不难发现，每个人心目中的新与旧、大与小的意识，不仅根植于他的时空观，还体现在他的价值观。在确定城市更新的时空范围后，更新什么方面的具体内容，本质上是对城市发展水平认识能力的表现。在具体工作安排中，以哪一年的资料作为现状，过去多久属于要更新的范围，采取什么方式更新，未来的服务期限定为多少年，涉及经济、技术、社会、文化等多个因素。具体更新项目的确定，无法避免主观随意性，需要决策判断，甚至做出独断规定。因此，需要提出价值观和标准。

正因为对这些困难认识不清，城市更新实践中存在不少问题：有些项目缺乏明确的价值观作指导，停留在做表面文章，没有体现公共利益最大化；有些项目缺乏复杂适应系统理论的指导，没有进行认真的城市会诊就仓促上马，结果顾此失彼；有些项目缺乏正确的历史保护观念，建设性破坏现象时有发生；有些项目缺乏合作意识和协调机制，部门条块分割严重，造成不必要的浪费。

此外，随着社会主义市场经济体制的不断完善，中国城市更新面临两个特殊任务：一是对长期计划经济体制下形成的城市空间进行调整。放在新型城镇化和城乡关系改善的背景下来认识城市更新，城市更新的重要意义是要校正整个中国工业化和城市化的关系。二是对土地利益进行更加合理的分配。特别是集体经营性建设用地进入市场为城市更新提供了重要的制度安排，有助于形成更优的城市结构。城市更新要更深入地研究土地收益的分配问题。

3 城市更新的三个尺度

通过城市更新促进城市整体功能提升与可持续发展，是新时代各个城市共同面临的现实问题和重大挑战。城市是人工环境，但也是一种生命体，是处于自然环境中的人工环境和社会环境。自然与人类的总体关系、物质空间环境条件对于人类生命现象的作用无法改变。我们所做的一切只是在发现和顺应规律，并不是在创造规律。我们努力寻找的是符合规律的表现形式。从人居科学视野观察城市更新，一方面，要敬畏大自然，进行有机更新；另一方面，也是更加重要的，城市更新服务的对象是居民，要以人为本，以人民为中心。因此，城市更新中要强调三个永远不变的尺度：

一是智人尺度。马克思曾说，动物只是按照它所属的尺度和需要来建造，而人却懂得按照任何尺度来进行生产，并且懂得怎样处处都把内在的尺度运用到不同对象中。因此，人也按照美的规律来建造。

当我们谈到与价值相联系的主体需要时，是指人自身的目的、要求、愿望，是指人自身要求的尺度，而不是指客观事物本身的规律性。从人居科学角度观察，个体所占据的客观空间尺度属于人的基本需要，而人们自身要求的空间尺度属于增补需要。从一个房间到一个地区，都存在着符合人的活动尺度的基本空间需要和由于欲望膨胀而异化的增补空间需要，以及通过博弈达到平衡的现实空间需要。

任何一个人，不论其性别、种族、教育、年龄、社会地位，都需要宜居的空间，包括纯净的空气和水、安全的食物和满足日常生活基本需要的物质要素。在可以预见的未来，个体对于空间环境的基本要求不会有变化。

二是社区尺度。人类一直在追求理想城市。理想城市是一个城市的宗教或者世俗愿景，包含了人类成功创造一个均衡社会结构的永恒渴望，体现了如何更好地满足人类需要，同时使之符合理想化和谐与秩序的努力。

对理想城市的追求随着时代变迁，精英一直在探索。从希波达摩斯的皮拉埃乌斯到奥斯曼的巴黎，从霍华德的田园城市到柯布西埃的阳光城市，从赖特的广亩城市到马塔的带状城市等。在塔弗的理想城市模式中，将CBD、中心边缘区、中间带、外缘带、近郊区等各层次的关系理想化，CBD获得了中世纪城市教堂的地位。近现代以来，人们将理想城市寄托在科学技术的进步上。科学技术不断改变着城市的形态，电梯改变了建筑的高度，汽车决定了街道的宽度，盾构开拓了城市的深度。

但是，不论规划设计如何构思，不论科学技术如何发展，人是群居的动物，每个人都需要日常生活的社区。在生活圈内，其活动内容包括购物、教育、就医、运动、文娱、交往等，在任何时代都不会有大的变化。

三是地球尺度。人类历史上，强者通过战争和殖民争夺土地、矿产等资源，促进了全球化。20世纪50年代开始，不少国家通过技术措施联系起来，纷纷为促进工业化提供土地，购买机器设备开办工厂，培训和吸引技术人才。20世纪90年代后，人们普遍认识到制度安排的重要性，重视改进公共政策与政府制度，形成人才高地。全球化使人们有更多的交流机会和共同利益，形成了比以往更多的全球公共物品（Global Public Goods）。

然而，全球人居环境面临多种重大挑战。政治上，有大小国家及其势力范围，人们还无法在不同国家之间随便迁居。经济上，各种生产场所、贸易通道和功能区域限制着人们的就业和收入，导致两极分化。文化上，有不同种族、语言和宗教信仰，通过生活习俗影响居住。

但是，无论如何，地球是人类共同的，也是目前唯一的生活家园。对于绝大多数人来讲，一生离不开地球。无论处于什么时代，地球表面适宜人类居住的空间环境不会有大的变化。城市更新是对这个宜居地标准的回归和坚守。

城市更新的三个尺度，主要讲的就是城市的变与不变。变化的是人类的增补空间需要及其满足方式，不变的是人类的基本空间需要及其满足方式。变化的是社会生态要求，不变的是自然生态条件。变化的是生活智慧工具，不变的是生存智慧本质。未来城市应当是生态文明与网络社会的有机结合，是碳基文明与硅基文明的有机结合。（图1）

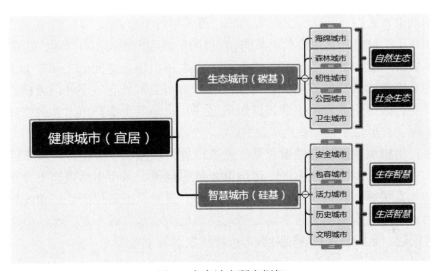

图1　未来城市研究框架

城市更新要兼顾城市发展中变化和不变的内容，更多关注不变的内容。这是坚持以人为本和人民中心地位的具体表现。要立足于保障大众的基本空间需要，注意平衡精英的增补空间需要。各个空间层次的城市更新，都应以个体人的基本尺度作为科学依据，致力于对全年龄、全人群的居民提供全生命周期的、全时段的场所关怀。人首先是自然的，然后才是社会的。强调城市更新不能忘记个体、社区、地表三个空间尺度，其实就是强调对自然的敬畏，对科学的尊重。这可以看作城市更新实践的努力方向。

备注：

本文根据作者在2019年11月23日《2019中国城市更新研讨会》（深圳）所作的报告摘编整理。

上海历史风貌保护与城市有机更新的实践及启示

张松 *

　　说到城市，人们通常认为它是人工的，是人制造出来的人工环境；其实，形成它的基础和建构的材料却是由自然贡献的，城市的形成和发展离不开环境、资源和能源，特别是水资源。上海的黄浦江和苏州河是上海大都市形态空间的主要骨架，对城市的非凡塑造有非常明显的作用。在黄浦江和苏州河交汇处有一座外白渡桥，它不是孤立的桥梁，是整个外滩历史建筑群组成之一，也是老上海都市乡愁的寄托，从遗产类别来说，它也是一处工业遗产建筑。

　　现在，历史风貌保护已经聚焦到工业遗产这一类型。工业遗产与城市河流有着相当密切的关系，因为工业生产、运输都要依靠河道。城市生活也离不开水，时时刻刻都与水有关系，包括节环保、污水排放等。当然，上海位于长三角地区，区域内湖泊河网密布、水资源非常丰富，与此同时也面临水资源不足、水污染治理、防洪防涝等问题，水资源保护管理对城市可持续发展非常重要。

1　上海历史名城保护制度建设的重要历程（1986~2021 年）

　　1986 年，国务院公布上海为国家历史文化名城（第二批）。

　　1991 年，上海编制《上海历史文化名城保护规划》。

　　1991 年，市政府公布松江、嘉定、南翔、朱家角为市级历史文化名镇。

　　1992 年，《上海市优秀近代建筑保护管理办法》。

　　1999 年，《上海市城市总体规划》（1999–2020）中有《上海市历史文化名城保护规划》专项规划。

　　2003 年，《上海市历史文化风貌区和优秀历史建筑保护条例》。

　　2004 年，《上海市人民政府关于进一步加强本市历史文化风貌区和优秀历史建筑保护的通知》。

　　* 张松，上海同济大学规划设计研究院总规划师，同济大学建筑与城市规划学院教授，住房和城乡建设部历史文化保护与传承专业委员会委员。

2007 年,《上海市风貌保护道路（街巷）规划管理的若干意见》。

2011 年,《上海市城乡规划条例》。

2014 年,《上海市文物保护条例》。

2015 年,《上海市城市更新实施办法》。

2016 年,《上海市非物质文化遗产保护条例》。

2017 年,《上海市城市更新规划土地实施细则》（12 月 1 日起施行）。

2017 年,《上海市城市总体规划（2017-2035 年）》（2017 年 12 月 15 日国务院批复）。

2020 年,《上海市历史风貌区和优秀历史建筑保护条例》（修订后）。

2021 年,《上海市城市更新条例》。

2 上海风貌保护与城市更新实施推进（2015~2021 年）

- 上海市政府,《上海市城市更新实施办法》（沪府发〔2015〕20 号）,2015 年 6 月 1 日。
- 上海市政府,《关于推进本市历史文化名镇名村保护与更新利用的实施意见》（沪府办〔2016〕32 号）,2016 年 4 月 8 日。
- 上海市政府,《关于深化城市有机更新促进历史风貌保护工作的若干意见》（沪府发〔2017〕50 号）,2017 年 7 月 18 日。
- 上海市政府,《关于坚持留改拆并举深化城市有机更新进一步改善市民群众居住条件的若干意见》（沪府发〔2017〕86 号）,2017 年 11 月 28 日。
- 上海市人民政府办公厅,《关于成立上海市城市更新和旧区改造工作领导小组的通知》（沪府办〔2019〕116 号）,2019 年 10 月 25 日。
- 上海市人民政府办公厅,《关于成立上海市历史风貌区和优秀历史建筑保护委员会的通知》（沪府办〔2019〕120 号）,2019 年 11 月 7 日。
- 上海市人民政府办公厅,《关于加快推进本市旧住房更新改造工作的若干意见》（沪府办〔2021〕2 号）,2021 年 1 月 15 日。
- 上海市规土局,《关于进一步加强本市成片历史风貌抢救性保护管理工作的意见》（沪规土资风〔2016〕402 号）,2016 年 6 月 8 日。
- 上海市规土局,《上海成片历史风貌保护三年行动计划（2016-2018 年）》（沪规土资风〔2016〕403 号）,2016 年 6 月 7 日。
- 上海市规土局,《上海市历史风貌成片保护分级分类管理办法》（沪规土资风〔2016〕903 号）,2016 年 12 月 1 日。
- 上海市规土局,《上海市城市更新规划土地实施细则》（沪规土资详〔2017〕693 号）,2017 年 11 月 17 日（〔2015〕620 号文废止）。

- 上海市规土局,《关于落实〈关于深化城市有机更新促进历史风貌保护工作的若干意见〉的规划土地管理实施细则》(沪规土资风〔2018〕380号),2018年6月20日。

3 《成片历史风貌保护三年行动计划》(2016~2018年)

为了加强上海成片历史风貌保护工作的总体部署,为扎实有效推进上海成片历史风貌保护工作而制定。从过去单栋、静态的文物保护模式逐步转向成片、活化的积极保护模式,从有形的物质遗产拓展到无形的文化遗产。

(1)深化分级分类的规划管控体系;
(2)建立多元的保护更新机制与政策体系;
(3)健全和完善统筹协调保护管理机制;
(4)建立和健全保护法规。

4　上海市历史文化遗产保护对象、数量及分布(表1)

上海历史文化遗产保护对象、数量及分布　　　　　　表1

保护对象类别	数量、分布
优秀历史建筑(第5批)	合计1058处,共3075幢
历史文化风貌区	合计44片。其中,中心城区历史文化风貌区12片,共占地27平方公里,约占中心城区(外环为界)总面积的4%;浦东新区和郊区历史文化风貌区32片,总占地约14平方公里
风貌保护道路(街巷)	合计397条。其中中心城区风貌区内144条,中心城风貌区外23条;郊区风貌区内230条
风貌保护河道	合计79条。位于浦东新区和郊区,基本在风貌区内
风貌保护街坊(第2批)	合计250片,共占地13+4=17平方公里
50年以上历史建筑	中心城区(外环为界)约31520栋,建筑面积约2559万平方米,其中居住类建筑约1477万平方米
不可移动文物	全国重点文物保护单位39处,上海市文物保护单位238处,各区区级文物保护单位423处,区文物保护点2745处,合计3435处不可移动文物

5　上海工业遗产保护更新实践简介

工业遗产或者产业遗产的保护,上海市在全国做得相对较早。主要有(1)依法保护/通过地方立法开展保护;(2)文化创意产业推动工业遗产保护;(3)城市重大事件促进工业遗产保护等几大类保护实践方式。今天,浦江两岸工业遗产地区综合开发和保护再生已取得巨大成就,杨浦滨江地区"工业锈带"转变为"生活秀带"的保护更新探索已成为国内城市更新学习的样板。(图1)

图 1 上海工业遗产保护案例

截至目前，上海杨浦滨江地区保存良好的工业遗产有 14 处，占 30.5%；保存一般的工业遗产有 29 处，占 63.0%；保存状态较差的工业遗产有 3 处，占 6.5%。由此也可以发现，上海城市遗产保护实践特点是大开发中的微更新、大转型中的再利用、大保护中的新活力。

上海一些老旧建筑并不是那么古老，在城市发展进程中可能要转变功能，滨水生产空间要转变为日常生活的公共性开放场所，扩大公共空间为老百姓创造宜居的乐园。其中，城市更新与历史风貌保护、旧区改造的关系比较微妙，也是能否实现城市更新目标的关键环节。

6 结语：风貌保护与有机更新整合推进

2016 年 6 月，上海召开贯彻中央城市工作会议精神推进大会，时任市委书记韩正指出："文化是城市振兴发展的本质性力量，文化传承与创新是城市魅力之关键，城市是文化繁荣的主要载体和重要策源地""要加强历史建筑和文化风貌保护……要从保护建筑走向保护风貌，传承好城市历史文脉"。

2017 年 7 月上海市政府印发《关于深化城市有机更新促进历史风貌保护工作的若干意见》的通知，提出建立促进历史风貌保护管理制度、完善历史风貌保护支持政策的要求。为进一步完善本市旧住房更新改造工作机制，做好城市更新和存量住房改造提升工作，传承城市的历史、文化、内涵，多渠道、多途径改善市民居住条件，切实提高人民群众的幸福感和获得感。2021 年 1 月 15 日，市政府办公厅发布《关于加快推进本市旧住房更新改造工作的若干意见》。

今后，上海市在实施城市更新行动中将进一步探索实现"人民城市"重要理念，以绿色低碳发展为主要方向的历史风貌保护与有机更新整合推进的综合方式，即通过有序实施城市有机更新，更好地保护传承历史文脉，积极改善老城旧区居民的生活环境质量。

备注：

本文根据作者在 2019 年 11 月 23 日《2019 中国城市更新研讨会》（深圳）所作的报告整理。

面向高质量发展的城市更新

黄卫东 *

1 时代背景：发展理念与发展模式的重大转变

当年正面临一个重大的变革时期，党的"十九大"报告提出"中国特色社会主义进入新时代，我国社会主要矛盾已经转化为人民日益增长的美好生活需要和不平衡不充分的发展之间的矛盾"。发展理念从追求经济发展速度、规模和效率，转向以人民为中心、生态文明、高质量发展、高品质生活的多元价值导向。经济发展方式从主要靠扩大需求转向实施供给侧结构性改革。发展要素配置也转向了以创新驱动为主，城市发展模式发生了重大转变。

2015 年中央城市工作会议提出"要坚持集约发展，框定总量、限定容量、盘活存量、做优增量、提高质量"的城市建设目标，城市空间要从增量发展转向存量发展，包括 2018 年 4 月中华人民共和国自然资源部正式挂牌成立，宣告我国国土空间规划和治理进入新时代。自然资源部的成立，对全要素的发展也提出了新的要求。中华人民共和国成立 70 年以来，我们经过了快速的、迅猛的 40 年的发展，基本搭建了我们未来城市群、都市圈的一个基本框架。这个基本框架，即使未来要进入城市，从各种数据来看还是够的。所以，再大规模地去拓展空间，走这种基础设施先行的这样一种空间拓展城市发展是行不通的，必须走向一种更加提升质量的、以人的发展为优先考虑的行动。

改革开放以来我国社会经济高速发展，城镇化率已接近 60%，将近 6 亿原农村人口进入城市工作和生活。40 年快速城镇化发展，搭建了未来城镇群和都市圈的基本框架，下一阶段的城镇化在空间上不再表现为规模急剧扩张，而是空间发展质量的全面提升。党的"十八大"提出"走中国特色新型城镇化道路"，我国城镇化开始进入以人为本、规模和质量并重的新阶段。

其实，未来城市更新的主要任务是提升城镇化质量，以更高质量、更有效率、更加公平、更可持续的城市治理，适应人民不断提升的美好生活需要。有三个问题需要特别关注：

* 黄卫东，深圳市城市规划设计研究院院长，深圳市城市规划协会会长，中国城市规划协会常务理事、教授级高级工程师。

一是要改造城市基础设施、公共服务和公共空间等公共产品的供给。

二是尊重产权关系，保障和协调好政府、市场和个人之间的利益平衡关系。

三是促进公平正义、包容共治的城市治理体系现代化。

2 深圳城市更新历史成绩

2005年时任深圳市委书记李鸿忠，在党务会议上比较明确地提出这样一个说法，深圳土地与空间、能源与水资源、人口压力、环境承载力"四个难以为继"的困境日益凸显。其中，特别核心的问题是人类的空间没有了，我们必须进入一个存量发展的时代，存量空间的优化和提升已成为深圳发展的主要手段。

2009年《深圳市城市更新办法》首次引入"城市更新"概念。首先，将城市更新的目标明确为进一步完善城市功能、优化产业结构、改善人居环境、挖掘用地潜力、拓展发展空间、促进经济社会可持续发展，改变了原来"旧城改造"只是简单地拆除重建或"穿衣戴帽"的观念。其次，突破了原有的工作范畴。将更新改造范畴扩大到旧工业区、旧商业区、旧住宅区、城中村及旧屋村等所有城市更新活动，有效解决了政策局限导致的改造范围零散、割裂及城市规划统筹作用难以发挥的问题。在深圳立法中首次引入了"城市更新单元"这一概念。"城市更新单元"的划分可以不为具体的行政单位或地块所限，通过对零散土地进行整合，综合统筹，以获取更多的"腾挪"余地，保障更新改造中城市基础设施和公共服务设施的相对完整性。同时，提出了综合整治、功能改变和拆除重建三类改造模式。

2010~2015年，每年通过城市更新完成的土地出让和建筑面积都几乎等于2010年以前的总和。以城市更新单元为规划协调平台、配合政策法规供给、行政管理调整，探索了行之有效的城市更新路径。

3 深圳城市更新再出发所面临的问题

自2009年《深圳市城市更新办法》的颁布施行，2010~2015年间开展的城市更新取得明显成效，但此阶段大量"拆除重建、个案改造、地产开发"的主流城市更新模式逐渐暴露其积弊，基础设施过载、空间成本上升、城市空间破碎等诸多问题引起各方的关注和热烈讨论。规划国土主管部门于2015年进行了城市更新五年实施评估与检讨。第一条是综合整治，第二条是功能改变，第三条才是拆除重建。但2010~2015年，深圳规划委员会共审批通过更新专项规划249项，其中95%以上为拆除重建项目。

深圳城中村、旧工业区成为拆除重建的主要对象，更新改造后带来居住和产业成本的提升，迫使大量对成本敏感的居民和企业外迁，也使如何落户深圳，包括人才如何落户深圳成为重大问题。

上海 2015 年的人均公共性服务用地是 10.8 平方米，而深圳 2015 年的人均公共性服务用地是 5.14 平方米，两者差距非常大。深圳配套的基础教育、住房配套服务、医疗条件都成为城市发展的短板。深圳如何留住乡愁，一些历史文化的遗存如何开展？深圳虽然只有 40 年的城市历史，但是也走过了改革开放的重要历程，怎么把这些城市记忆留住至关重要。不管是作为中国特色社会主义先行示范区还是伟大的城市典范，既是我们的机遇，也是我们的责任，它都要求我们在城市更新过程中有更高质量的发展。

4 如何通过城市更新，促进深圳高质量发展

4.1 产业创新生态的培育

产业要素多元密集、产业空间灵活包容是深圳产业活力和持续创新的根基。城市更新要严格控制产业运营成本上升、房地产化等对产业根基的破坏性后果，强化优化产业生态、平抑产业空间成本、搭建产业服务平台等政策促进。

（1）保留产业根基，抑制工业区改造的房地产化；

（2）借助城市更新重塑产权空间，引导产业转型升级发展；

（3）从企业诉求出发的产业片区更新统筹。

（4）构建创新型的产业生态。

4.2 公共服务供给的创新

快速城市化阶段的粗放建设，是深圳住房类型结构特殊、公共服务供给滞后的历史性根源，年轻化的人口结构又加剧了购房和学位的供需矛盾。深圳着力在存量背景下补短板，引导市场力在城市更新中实现可负担住房、医疗、教育等公共产品的供给。

（1）划定不可拆除的城中村范围，保留城市包容性发展空间；

（2）强化住房保障体系，多途径供给"居住类半公共产品"；

（3）居住社区的包容性活化；

（4）优化奖励机制，借助市场动力贡献城市公共利益；

（5）教育设施的供给创新。

4.3 城市空间品质的提升

面向实施落地的城市更新单元项目，是存量背景下推动城市空间改善、品质提升的具体抓手。深圳通过加强对城市更新单元项目设计的行政审批，以及制定和优

化更新单元规划编制技术导则，不断提升更新项目的整体质量。

（1）城市更新单元规划设计的审查制度；

（2）城市更新单元编制技术的制度化、规范化；

（3）小地块更新的空间精细化设计；

（4）借助更新实现公共空间的区域串联。

5 结语

在国家转变经济发展方式，全面改革国土空间治理体系的背景下，城市更新是应对深度城镇化、满足人民美好生活需求的重要路径。应对城市高质量发展的一系列新挑战，深圳的城市更新持续探索产业创新、维护公平包容发展、提升城市品质、传承城市记忆等多元价值导向的制度体系建构。城市更新不是一项阶段性、运动性的任务，而是持续性、常态化的城市治理工作。城市更新规划将从规划制度、内容、方法和规划师角色等诸多方面，持续地改良现有城市规划体系。

备注：

本文根据作者在 2019 年 11 月 23 日《2019 中国城市更新研讨会》（深圳）所作的报告整理。

广东省"三旧"改造十周年回顾与展望

庾来顺 *

1 "三旧"改造的概念

　　"三旧"改造是指旧城镇旧厂房旧村庄的升级改造，它的核心意义就是城市更新，它的专业术语是城镇低效用地再开发。"三旧"改造类同于广东的城市更新，广东的城市更新主要内容体现在"三旧"改造上。可以把广东的"三旧"改造说成是城市更新的通俗表述，是广东的试点经验、工作名片。城镇低效用地再开发是"三旧"改造的政策归属，城市更新是国际通用术语。

　　"三旧"改造起源于房地产，有别于房地产，是我们国家一个不同于传统房地产行业的新型行业，具有经济性、公众性和社会治理性。在"三旧"改造的实施过程中必须处理好政府、市场、社会公众之间的关系，构建一个多方平衡的利益平衡机制。

2 "三旧"改造十年成就（截至 2019 年 10 月底）

　　截至 2019 年 10 月底的统计，广东省累计投资"三旧"改造 1.5 万亿元，吸引社会资本 1.35 万亿，实施"三旧"改造用地 77.25 万亩，已完成改造面积 44.99 万亩，节约土地约 19.56 万亩，节地率 43.48%，完成改造项目有 7309 个。其中，完成旧厂房改造 3559 个，面积 17.41 万；旧城镇改造 2475 个，面积 12.18 万亩；旧村庄 1275 个，面积 15.40 万亩；建设城市基础设施和公共事业项目 1272 个，新增公共绿地有 9061.4 亩，建设各类保障性住房共计 4.95 万套；建设传统、特色文化建筑 777.06 万平方米。

3 "三旧"改造的历史进程

　　从探索到实践，从试点到推广，从地方经验上升到国家政策，"三旧"改造作为

---

　　* 庾来顺，广东省土地开发整治中心班子成员，广东省原旧城镇旧厂房旧村庄改造协会秘书长。

一项开拓创新工作，迄今已走在全国前列，是广东省的试点经验、知名品牌名片，至今已成为广东省高质量发展工作的战略抓手。

它的发展历程，按照政策阶段的划分，有以下几个阶段：

（1）先行试点

2008 年 12 月，国土资源部与广东省签署《关于共同建设节约集约用地试点示范省的合作协议》，广东省于 2009 年出台了《广东省人民政府关于推进"三旧"改造促进节约集约用地的若干意见》（粤府〔2009〕78 号）。

（2）试点推广

2013 年 6 月，国土资源部批复《广东省深入推进节约集约用地示范省工作方案》，并印发《关于开展城镇低效用地再开发试点指导意见》（国土资发〔2013〕3 号）。

（3）内容补充

2014 年，先后出台配套文件：《关于开展"三旧"改造用地范围内历史文化遗产普查的通知》《关于开展"三旧"改造规划修编工作的通知》等。

（4）水平提升

2016 年 9 月，在总结工作的基础上，发布《广东省人民政府关于提升"三旧"改造水平促进节约集约用地的通知》（粤府〔2016〕96 号）。

（5）全国推广

2016 年 11 月，国土资源部总结广东经验，印发《关于深入推进城镇低效用地再开发的指导意见（试行）》（国土资发〔2016〕147 号），将广东等地的经验升级为国家政策。

（6）快速发展

2019 年 9 月 4 日，省印发《关于深化改革加快推动"三旧"改造促进高质量发展的指导意见》（粤府〔2019〕71 号），标志着广东"三旧"改造进入新一轮快速提升发展时期。

4 "三旧"改造的主要成效

第一，转变了观念。政府层面，各级政府将"三旧"改造作为促进高质量发展的重要抓手，各部门配合，出台配套政策。企业层面，"三旧"改造是房地产企业转型升级的必然选择，由房价暴涨时期转入调控时期的正常利润追求，企业开始承担更多的社会责任。公众层面，对"三旧"改造政策的认知由"要我改"变成"我要改"，合理正常诉求，参与意愿得到提升，追求美好生活环境和获得感。

第二，提高了土地利用率，促进节约用地。截至 2019 年 10 月，广东通过"三旧"改造实现节约土地 19.56 万亩，节地率达 43.48%。由原土地权利人自行改造的"三旧"改造项目，将不低于项目用地总面积 15% 的土地无偿移交政府，用于城市基础设施、公共服务设施或者其他公益性项目建设。

第三，腾出用地空间，推动产业转型升级。共完成产业结构调整项目 4166 个，约占改造项目总数的 60%，其中，属于淘汰、转移"两高一资"项目 496 个，引进现代服务业和高新技术产业项目 480 个，投资超亿元项目 1229 个。

第四，带动了投资。越来越多的社会资本、民间资本踊跃参与，逐渐成为城镇低效用地再开发的主力军。截至 2019 年第三季度，广东累计投入改造资金 1.55 万亿，其中吸引社会投资 1.35 万亿，约占改造总投资额的 87%，带动了投资和消费增长，加快了经济循环，经济发展动力进一步增强。同时，国家金融政策上也开始大力支持"三旧"改造项目。

第五，改善了环境风貌。加强了公共配套基础设施，提升了居住环境。广东已完成的改造项目中，建设城市基础设施和公益事业项目 1272 个，新增公共绿地 9061.4 亩（约 604 公顷）；建设各类保障性住房共计 4.95 万套（数据截至 2019 年第三季度）。

第六，传承了历史文脉。广东通过"三旧"改造保护与修缮传统人文历史建筑 777.06 万平方米。广州市针对老城区不适宜大拆大建、全面改造的现状，首创"微改造"模式，作为改善老城区人居环境、历史文化街区保护活化的主要方式。

第七，提高了群众的获得感。通过"三旧"改造，贯彻落实以人为本、宜居为重的发展理念，着力改善城乡居民的居住条件，配套完善的基础设施，增加绿化开敞空间，改善城乡面貌，创造宜居、宜业的城乡环境，实现城乡统筹和环境提升。以佛山禅城区石头村改造为例，通过拆除村集体现有约 2 万平方米低矮残旧的工业厂房，建设新兴村民公寓，配套完善的基础设施和 1 万多平方米的绿化，不仅改善了人居环境，还为村集体带来每年约 300 万的物业收入。

5 "三旧"改造的过程中取得的经验及存在的问题

（1）大大优化了工作的审批流程和环节，项目的审批放在市一级，有的市甚至下达到了区和镇、街一级，审批流程极大地缩短；

（2）创新了土地整合的模式，推进连片改造；

（3）创新了改造模式，完善了土地增值收益分配机制；

（4）创新促进了产业转型升级的用地政策；

（5）强化了公益导向，创新了片区统筹规划管控模式；

（6）创新增存挂钩激励机制，激发了政府和市场动力；

（7）创新微改造模式，传承了历史文化。

尽管取得了以上的成就，但是"三旧"改造的工作仍然存在众多问题。多方面积极性需要调动，尤其是政府、资金，社会公众的参与积极性有赖于我们进一步激发。

政策创新方面也有一些问题，需要法律的支持。还有一些税政的支持，包括税收的减免、票据的问题等。再者是规划的问题，项目开展受到规划制约等。

6 "三旧"改造未来的趋势发展

湾区的城市发展走到了今天，增量无以为继，生态保护红线、永久基本农田、城镇开发边界三条红线持续控制，加上广东增存挂钩政策的实施，标志着存量时代的来临。"三旧"改造成为高质量发展的必然选择。

可以预见的趋势有：

（1）内生动力逐渐提升

政府层面，高度重视"三旧"改造，将"三旧"改造作为高质量发展工作的重要战略抓手，公共配套设施完善，带动投资消费需要。企业层面，开发存量土地是房地产行业创新转型的必然选择，不做"三旧"改造做什么？产业布局和提升需要。资本层面，需要大量资金，投资重点。社会层面，人民追求美好生活环境的改善，企业需要更好的办公、生产环境和空间。

（2）理论和制度方面日益完善

"三旧"改造将由理论探索阶段发展到理论成熟阶段。专业人才需求旺盛，从而推动高等院校学科建设和专业设置。增量的法制会过渡到存量的法制，土地管理法、规划法等上位法会进一步修改。"三旧"改造政策配套制度更加齐全，建立公平、有效、具有活力的市场。"三旧"改造行业进入标准化阶段，从业资质、行业自律会建立起来。

（3）改造模式得到灵活运用

微改造、成片连片改造会成为政府主导的主要模式。2016年《广州市城市更新办法》首次正式提出了"微改造"的概念，采取因地制宜的方式，结合实际情况进行"小修小补"，起到提升人居环境、促进街区活力、传承地域文化的作用。成片连片改造涉及用地整合，改善公共设施供给水平，提高土地利用效率，提升城市功能，同时又尊重和保护土地权利人的基本礼仪，这种做法在国内具有先进性。同时，市场主导的模式仍然发挥应有的作用。一般改造项目交由市场决定。

（4）地方政府会更加注重"工改工"，保障先进制造，支撑产业转型升级用地要求。

7 结语

目前，国家已经颁布了粤港澳大湾区建设纲要，广东省"三旧"改造将承担更大的发展使命，站在新的历史起点上，旧改将为大湾区建设腾挪更大的发展空间，进一步促进产业的转型升级和结构的合理配置，助力打造一个宜居宜业宜游、协调发展的粤港澳世界级城市群。

备注：

本文根据作者在 2019 年 11 月 23 日《2019 中国城市更新研讨会》（深圳）所作的报告整理。

城市再生——华阳国际旧改实践

薛升伟 *

作为一家深圳本土企业，今天我们所谈论的深圳城市更新和其他一线城市不太一样。深圳的城区人口和北京、上海基本一致，但国土面积只有 1997 平方公里，是北京的 1/8、上海的 1/3、广州的 1/4，人口密度之高，可以想象。

2000 年以前，深圳通过填海造陆额外提供了 69 平方公里的土地面积以应对增长的土地需求。随着土地的使用和需求的持续增长，2018 年深圳就只剩不足 20 平方公里的未开发土地。我们不可能无止境地向海洋要地，但是可以通过城市更新释放出 200 平方公里的土地。因此，深圳在选择城市更新的时机上，显得非常主动、迫切和前置。早在 1994 年，这个成立只有 15 年历史的城市已开始筹划实施城市更新。

华阳国际以 2007 年深圳华润城（大冲旧改）项目作为起点，在城市更新领域已经深耕 15 年，是城市更新制度、设计协作制度的首批参与者。历经多年实践，我们已参与了上百个城市更新项目，项目基本遍布深圳所有重点区域集核心地段，完成总建筑面积数千万平方米的更新项目。

根据我们丰富的项目经验，深圳城市更新实践可以总结为四个阶段：

（1）探索实践，深圳旧改模式的探路先锋。深圳华润城（大冲旧村改造），在延续历史空间脉络的同时，开启对城市更新制度规则的探索，为深圳创造一个真正意义上兼具"工作、生活、娱乐"的复合型现代都市空间。

（2）高密破解，城市核心地段超高强度、超高密度下的复合开发。华润湖贝片区城市更新、绿景白石洲旧改，在大基盘的设计策略下，地下空间一体化开发，建立在土地高效利用基础上的空间复合功能体系。

（3）主题创新，城市空间与产业主题的融合创新。超高密度的开发，推动建筑空间形态与商业模式双重创新。华润笋岗万象食家通过商业创新，构建华润集团极具商业前瞻性的产业型商业产品线；深业上城（南区），通过"缝合城市空间"的设计策略，探索复合型综合体的表达方式。

（4）片区统筹，协调多个城市更新单元，实现城市共赢。更新单元与周边城市发生密切关联，提出更加统筹的解决方案，如华润宝安 107 发展带潭头片区统筹、

---

* 薛升伟，华阳国际设计集团执行董事、高级副总裁。

深圳布吉东站西片区统筹等更新项目。

以下，我将用几个案例，来讲述城市更新从 1.0 到 4.0 阶段所面临的不同矛盾，以及作为设计师、规划师，如何在每一个不同的项目中，用不同的城市设计、建筑设计策略，解题城市高密度困境。

1　深圳华润城（大冲村旧改）

深圳华润城（大冲旧村改造）是深圳乃至全国最大的旧改项目之一。华阳国际在 2007 年联合 RTKL 在大冲旧改项目整体概念规划国际咨询中胜出，自此展开了一场长达 15 年的探索实践。"前期接洽、回迁谈判、拆迁安置、规划设计、商业塑造、产业发展"这六个彼此叠合的环节，构成了这个项目复杂的时间历程。（图 1、图 2）

对城市价值而言，从大冲旧村到华润城，不是简单物理空间的增加和改变，更是在复杂的城市历史冲突中实现融合，在融合中实现共赢。因此，设计整体而言，需要平衡动迁利益、开发利益、公共体验、深圳城市精神的共同实现。

作为深圳华润城的商业核心，万象天地开创性地采用"Mall+ 街区"的空间形态，地块内部设置了 High street、Park way 和 Boulevard 三种尺度各异、街景特色不同的道路网络，通过多元复合功能的创新组合，为深圳开启了创新的商业格局。（图 3）

经过城市更新的大冲村，我们希望依然保有居民日常生活的空间线索和具有历史风貌的建筑，具备被传承和发扬的必要。因此，新大冲村规划保留了以郑氏宗祠、大王古庙、水塘为核心的重要村落文化记忆，并在大冲村原有路网肌理的基础上，规划一条主街（High Street）作为商业轴，将这三个开放空间有机串联，形成靠近

图 1　深圳华润城全景

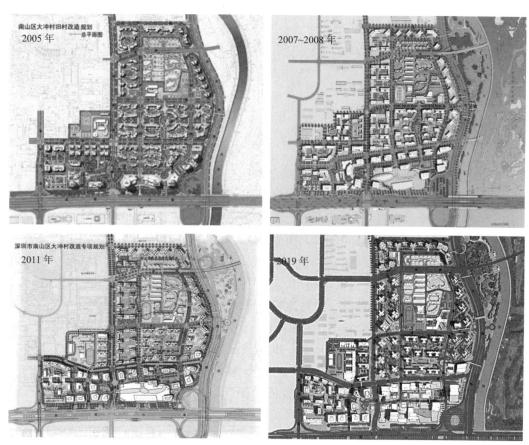

图2 南山区大冲村旧村改造规划设计变迁，项目规划范围69公顷，可开发用地37公顷。在实施
阶段的总平面图中，可以看到最大的变化是万象天地在规划与建筑形态上，打破了原有的大型室
内购物中心（大盒子）的形式

图3 万象天地夜景鸟瞰

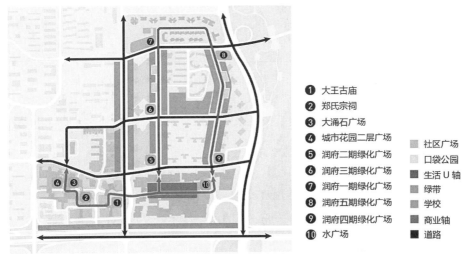

图4 华润城公共空间网络规划图

深南路的商务商业区。居住组团，隐于地块腹地北侧，设计通过一个倒"U"字形的生活轴，将各组团的开放空间有机串联。（图4）

为寻求大冲股份公司旗下六个经理部门的利益分配平衡，大冲商务中心由最初设计的3栋协调拆分为4栋，并重新调整沿街天际线。核心办公区围绕着大王古庙打造，并在古庙西侧设置下沉广场与地铁通道、万象天地直接连通。更新前，旧村比深南大道低5米，为改善雨水倒灌的情况，设计将郑氏宗祠整体抬高了5米，并应郑氏后裔的要求不设地库，以接"地气"。沿深南大道的四栋商业办公也为宗祠让出视线。（图5、图6）

图5 旧村更新中，设计将部分文化锚点作为未来城市空间节点转译

图 6　大王古庙保留于回迁区商务中心的重要节点上　　　　图 7　回迁出租区鸟瞰图

　　我们创造性地实现零现金补偿的前提下，将 602 位业主的诉求落实到了 634 个回迁店铺中，并将万象天地的高街商业轴延续至回迁出租区里，并通过人行天桥、连廊、下沉广场等多处交通便道的设置，与周边街区连接，带动整个回迁商业的活力。同时，凭借对未来生活方式的预判，我们在还迁区布置了 10 栋 40~600 平方米的小户型青年长租公寓，并利用二层平台，结合屋顶花园形成年轻人聚焦的"贝壳"广场，提供释放活力与社交的场所。城中村过去鲜活、小尺度、多样化、高密度的特点都在这里得到延续，张弛有度的城市公共空间，同时容纳了潮流的气息与历史的鲜活。（图 7）

　　从前期规划阶段用设计推动复杂的村民谈判过程，到规划实施阶段用设计语言实现村民、政府、开发商等多方利益诉求，大冲旧村改造摸索出一套行之有效的城市更新模式，也推动深圳出台了一系列具有探索和创新精神的更新政策。

2　华润湖贝片区城市更新

　　湖贝片区城市更新是继华润大冲旧改后，华阳国际在大型综合类旧城改造的又一标杆性项目。项目总用地面积与大冲比并不算大，仅 40.1 万平方米，虽然有之前一系列项目的经验，华阳国际可以在某些工作环节上进一步提升设计的精准度和城市商业街区的活力感，但是从工作周期上看，这个项目依然面临历时长久的复杂历程。（图 8）

　　基地内有一个 500 多年历史的湖贝旧村，当中部分建筑为清嘉庆年间重建，由于改革开放以来掀起的拓建旧屋风潮，致使旧村内违建情况严重。但湖贝村又处在深圳非常核心的地段，城市基础设施对旧村的诉求，集中反映到了中区的公园用地上：

图8 湖贝旧村城市更新设计工作至今历时 9 年、历经 5 个阶段，如今各地块方案正在系统性完善中，首开的 A4 地块已全面动工

既要保护老村，又要腾挪公园；配建片区发展需要的 110 千伏变电站和九年一贯制学校。深圳土地资源极其紧张的矛盾在湖贝项目体现得淋漓尽致（图9）。

　　一方面是村民呕待重建的意愿，另一方面则是学术界希望把旧村作为历史文化建筑完整保留，华阳国际结合长期以来的实践经验，以开放的姿态聆听各方的声音，秉持"保护与开发并重"的原则，对方案进行了长达八年的推敲和修改。

图9 湖贝片区城市更新整体效果图，中部结合商业中心复合塑造了一个公共开放的城市公园，并与古村相互渗透，将新与旧的建筑产生对话，形成紧密联系

最终的规划方案以更加开放的方式进行激活，完整延续"三纵八横"旧村格局，并通过向公园延伸的地景式购物中心，营造旧村、公园、文化和湖贝塔"四位一体、无界融合"的人文公共绿心，极大地丰富了环形商业动线上空间层次的同时，解决了在有限的用地下，村民利益、商业利益、城市公共利益平衡的问题。

更重要的是，通过地下商业规划把 5 条地铁线、7 个地铁站串联起来，在更新中创造出一个庞大的地下枢纽空间，通过设置地下交通环道施将地上交通量降低 24%，将更多的地面空间还给市民，以高度复合的社会生活和交往体验，再造罗湖"新都心"。

2018 年，项目组就湖贝古村保护方案，赶赴北京向吴良镛院士汇报，得到吴良镛院士的高度认可，并题词相赠"积极保护、整体创造"（图 10）。

大型的城市更新项目"长线周期"的背后，是来自利益格局所需要的多方多轮互动，策动者与参与者不断换位的思考立场，以求在更大的视野范围内、更大的场地内和更长久的利益关系方面来进行平衡。这个专项规划项目，由 30 多家公司所组成的联合团队，从地方空间到历史保护、商业策划、建筑设施规划，历经 9 年最终得到了一个可以落地实施的设计成果。该项目现在已经进入实施动工阶段。

3 白石洲旧改

白石洲拥有着深圳最集中、最大规模的农民房，是深圳最大的城中村之一。在这个总面积 7.4 平方公里的地方，居住总人口达 12 万余人，算得上深圳人口最密集的城中村。2005 年，深圳市和南山区政府开展白石洲旧村改造研究，白石洲旧改正式拉开序幕。因其体量巨大，有"旧改航母"之称，计容总建面高达约 380 万平方米。

图 10 吴良镛院士的题字及合影

图 11　华阳国际项目

　　华阳国际作为项目设计总统筹，同时负责一、二、三期方案设计。我们希望在深圳如此高密度的情况下，做到自然开放空间的最大化。项目以中央绿地为骨架，打造立体化的城市中央绿轴。（图 11）

　　设计充分利用场地高差，形成多维的地下空间系统。一方面，连接周边地铁、公交场站，形成完整的地下步行系统和人行循环；另一方面，利用场地东西侧高差，打造地下多层商业。在地上，进一步将公共空间扩展到高空，打造 50 米空中连廊，建立在土地高效利用基础上的空间复合功能体系，呈现供本地居民使用的立体系统。

4　华润笋岗万象食家（笋岗仓储冷库更新）

　　随着深圳城市建设的高速推进，深圳市可供开发的土地资源日益紧缺，这种现象在建设历史较早的罗湖、福田等特区内尤为突出。因此，城市的发展已由过去以简单空间拓展为特征的外延式增长，转向以挖掘用地潜力、融合创新城市空间与产业主题为特征的内涵式增长。

图 12　华润笋岗

项目原址为华润五丰的仓储冷库，一直处于低效利用状态。基地所在的罗湖笋岗物流园区是 1982 年依托广九铁路深圳北站建设的大型仓储基地，原以仓储业、铁路货运编组为主要功能，曾是深圳开发最早的"边缘片区"，因规划最大的公共仓储和转口贸易基地，20 世纪八九十年代被誉为"中华第一仓"。正是立足于城市"永续发展"的核心价值，项目以期通过旧工业区的升级转型与商业创新，构建极具商业前瞻性的产业型商业产品线。（图 12）

在前期规划阶段，设计从基地原有"食品物流"功能出发，以食品产业这一创新主题的商业综合体，提出"万象食家"的理念。同时，依托华润的产业优势，以整合全国优质食材资源为核心理念，通过现代形式购物中心为载体，搭建完善的冷链运输体系，直接从各地种植、养殖基地将优质食材产品引入商场，旨在打造成为提供安全、可靠、包罗万象的一站式食材采购中心，以及汇聚、展现全国各地特色优秀食材及饮食文化的地标性体验与消费目的地。

在极小的用地下，商业中心沿用"Mall+ 街区"的组合方式，通过设置多处架空、挑廊、露台空间，强化街区空间的交往，结合绿植、小品的引入，烘托出休闲步行街的氛围。最终，通过有序的空间组织将人流引导至南侧的集中商业，同时植入集市空间，大大丰富了购物和空间体验。不久的将来，这里将成为新产业、新业态、新文化的最大集中点，为城市赋能。

综合来看，随着时代的发展，城市更新有了不同的内涵，它不仅是单一的规划形态和物理空间的功能改造，更是城市功能的完善、生活体验的创新、地域文化的传承以及城市管理机制的探索，所以它也是一个不断积累渐变、激发自变的长期过程。

在这个过程中，设计师的力量、设计师的角色，不再是单一地、依据设计任务书进行设计，而是从被动的技术服务者转变为主动的需求协调者。空间设计与游戏规则的制订并重，也对设计师产生了更高的要求，每一次实践，都要从促进资本、土地等要素优化再配置，推动城市结构调整，社会空间利益的再分配等多方面综合考量，力所能及地在促进城市长远发展上作出贡献。

备注：

本文根据作者在 2019 年 11 月 23 日《2019 中国城市更新研讨会》（深圳）所作的报告整理。

新时期广州历史文化街区保护与更新探索

江伟辉 *

1 荔湾老城概况

荔湾区的老城区是广州市的城区西部，总面积 12.1 平方公里，是整个中心城区的核心老城区，是历史文化名城核心的重要组成部分。

荔湾老城区除了历史文化资源汇聚之外，还是各种文物保护单位汇集的地方，整个老城区共有 14 片历史文化街区，占了全广州市 26 片历史文化街区的 54%，其各种非物质文化遗产也非常丰富。（图 1）

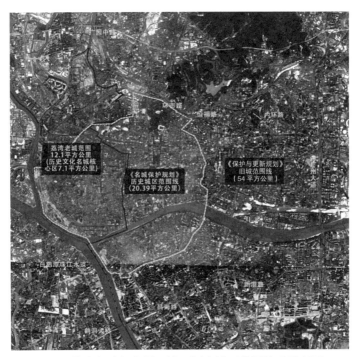

图 1 荔湾老城与广州旧城、历史城区范围关系示意图

* 江伟辉，广州市荔湾区住房和建设局调研员。

2 恩宁路街区改造历程

恩宁路的地块位于荔湾区的中部，面积是 11.37 公顷，改造前建筑量大概 20 万平方米，涉及两个历史文化街区，位置非常重要，在 14 个历史文化街区中差不多是居中的位置，承上启下。而且它保留了整个老城区的巷道和肌理，以及历史建筑、名人故居等。

整个探索的历程，分为几个阶段：

第一阶段，2006 年之前，实际上当时对于历史文化保护的认识并不是很高，那时候还叫旧城改造，还是一个推倒重来的理念，就是物质形态进行更新的过程。所以，当时我们考虑的是能不能在老城区里找到连片的危破房进行改造，而且政府能够少出钱或者不出钱，做成这样一件事情。因为整个荔湾区占了广州市危破房一半以上，所以危破房改造的压力非常大，当时就是基于这样的考虑，只是做一片老城区推倒重建的改造。

第二阶段，随着我们历史文化保护认识的不断提升，到了一个保护优先的阶段。再下一阶段，进入改造完之后该怎么去活化，怎么去利用？就相应地进入了一个产业引入的阶段，包括改造模式、BOT 的模式下怎么去运营？再进一步，我们要考虑到以共建、共治、共享为目标实现公众参与、共同缔造的阶段。随着整个改造过程中遇到的很多实际问题，一步一步，不断地去转变观念，更新策略和模式，不断地拓展出来新思路。

危破房改造的阶段，整个过程里面出了六轮规划方案，六轮方案都没有通过，领导认为对于这样一个历史文化街区进行改造，如果还用这种常规的手法，这种大拆建的方式进行改造，对我们整个旧城的破坏非常大。对于广州这个历史文化名城是不负责任的，容易引起以下几个问题：

（1）过分强调经济平衡；

（2）传统风貌会遭到比较大的冲击；

（3）经济平衡，实际上尽管强调了，但是实现的难度依旧非常大。

在拆迁的过程中，也引起了不仅仅是广州，甚至有些外地媒体的关注。对于整个改造方式，他们也提出了很多质疑。

到了 2009 年，随着我们对历史文化保护认识的不断提升，在亚运会前后的阶段也提出来我们要留住城市记忆。既然我们已经很难做到经济平衡，那么我们换一个思路，先从保护的角度去做，可能退一步海阔天空。

所以，为了这个方向的调整，我们做了第七轮的规划。首先就在广州市第一次提出了红线避让紫线，第一次提出了做减量的规划，第一次提出了保护、恢复旧有骑楼街的规划。整个方式还是由政府来投入，这个渠道上还是比较单一的，形式也比较单一，但是最起码有一点，就是我们已经开始注重历史文化的保护，注重空间形态的延续，当地的一些非物质文化遗产，也在逐步进行梳理。

第二阶段改造中，除了整个街区的征收拆迁之外，还对公共建筑部分进行了改造，完全新建了仿岭南园林风格的仿古建筑群。当时有一片没有保留价值的连片建筑拆出来了，拆掉之后，因为这个历史地段周边居住了30多位粤剧名伶，与我们粤剧的渊源非常深，广州当时准备建一个粤剧博物馆，我们就向市里申请把它放到了这个历史地段。又加上有名人故居在这里，很多历史的遗存在这里，为我们整个街区提供了一个公共的开敞空间、绿色空间、停车场等设施，所以为我们这个地段整体环境的提升做出了很大贡献。

但是2009~2015年，除了建成这个粤剧博物馆之外，征收方面还出现了很大问题，居民们觉得就把我们这么迁走了，改出来的东西，如果还是居住功能，他们又希望能够回迁；如果做成了很多公共设施的话，那么他们又认为应该对他们的补偿、安置，提出更高的要求。这个过程里对于更新的质疑也是不断地，不愿意搬迁的居民还是很多的。所以，整个地段呈现一个碎片化的状态，很多的街区里面零零星星地插了很多居民在这里面居住。

我们如果追求完整的整体效果，非常困难，实际上我们能做的大部分都是公共空间，真正到了这些老旧建筑本体的时候，我们以公共财力是很难进行深入改造的。所以，我们又进一步考虑，怎样真地利用好、活化好？所以，我们做了一个尝试，引入了市场机制，做政府引导、市场运营、产业导入，还有居民参与这样一个方式，更加重视整体街区的活化利用，逐步进行探索，找一片比较典型的街区，我们先做一个尝试。所以，当时就选了永庆一期的这个片区。（图2）

这个片区一纵三横，三条街巷，非常规整，而且它的历史遗存也保留得比较好。再有一个比较重要的地方，就是我们政府征收的时候，掌握在手里面的这些产权比较多，所以改起来效率比较高，也比较方便，整体效果可能更容易出来。

图2　恩宁路改造成果展示

当时把永庆坊的一期先做了一个尝试，通过 BOT 的方式引入了万科，进行旧城的更新。特别是除了空间改造之外，今后的商业运营、物业管理等各方面，都有了承接的主体。这个过程里面，我们也特别注重几个方面的控制，一个是建筑的更新方面，物质形态上我们有了控制，就是要进行微改造，必须要符合相关的建筑改造规范，出台了一个微改造的建设导则；还有一个业态引入的时候，我们也希望能够有一个引导，所以又出了一个业态的控制导则。

到 2017 年年初，基本上已经完成了永庆坊一期的建设。2018 年 10 月 24 日，习总书记视察广州的第一站，就到了永庆坊，我们很多同志都反复提到的到广东视察的重要讲话，就是在这里提出来的。

习总书记视察完以后，实际上给我们定了一个很好的方向，肯定了我们整个努力的方向是没问题的，所以我们继续推进就更加有信心了。但同时我们建设过程的经验教训，在这个基础上更加深入、更加细致地去强调做好与我们居民相关的工作，于是在与我们改造主体相互的协调上，我们又做了一个尝试，就是共同缔造的尝试。历史文化街区的保护和利用，有了多维度的公众参与，特别是建立了一个平台，我们叫共同缔造委员会，吸收了以居民为主体，包括人大代表、政协委员、街道的，还有媒体以及政府、运营方，这样代表各方利益的群体，有一个共同交流的平台。在这个平台上达成了共识，我们再提交给建设指挥部决策，进行推进。这个尝试持续了两年多的时间，慢慢倾听了很多居民的需求之后，我们的方案也不断地做调整，越来越落地。

这个方案就是刚才说到的七稿之后的最新一版，它的调整都是根据每一个居民各自的诉求和今后的业态运营需求，进行最后的确定。整个方案还在不断地细化和调整的过程中，我相信不到建完的那一天，我们这个方案调整都不会结束，这体现的是一个动态规划和动态建设的过程。

3 经验总结

现就这个项目做一个经验的总结：

首先，旧城保护和文化传承是需要有一个系统的更新做支持的，我们政策层面上，就是广州市旧城保护更新规划纲要第一次将保护和更新放在了同等重要的位置，虽然说保护是我们的前提，但是一定要强调更新，为什么？因为我们需要有持续发展的动力，没有更新，就只能是一个死的标本。

其次，老城区是一个复杂的系统，要延续它的旧城文化，还要不断地有生命的注入，特别是像年轻人，能够回到旧城区里，能够创业，能够生活，能够激发其可持续更新的动力。

重视持续、系统的实施策略，挖掘旧城活化的触媒项目，引入新的活力，发挥带动周边自我更新的"益生菌"作用，需要一个持续的过程。我刚刚跟专家们沟通的时候也交流了，整个项目从 2006 年开始到现在，还在不断地进行中，将近有 14 年，预计要 15~16 年的时间，整个项目才能叫作基本完成，需要有时间不断地慢慢磨。习总书记讲的，要有"绣花功夫"。除此之外，我个人觉得还应该加多一个提法叫作"水磨功夫"，真的是要一点点磨出来。这个磨不仅是工作上面不断地去磨，还有我们这些更新策略，我们这些实施的政策，也要随着现场情况的不断变化，调整适应。

希望通过这样一个系统的，包括小的、连片的，还有渐进式的一些改造，不断地串联成线，不断地由线变面，最后能够连成一大片。（图 3）

这些就是我们近十年来触媒的项目，都是一些改造出来的成果。一个一个的点、一条一条的线，串联起来，就逐步形成整个荔湾区乃至广州市历史文化街区的一些代表性区域。

再次，重视构建旧城区的步行网络以及街道空间精细化的提升，加强多点联动，整合文商旅的资源，形成项目合力，进一步放大触媒的作用。我们把这个视角提升到了广州市的层面来讲，在广州这个层面，包括海上丝绸之路、广州味道等一些文化旅游的资源能够串联成线。还有编制我们荔湾区老酒小区步行空间网络规划设计，使我们整个历史文化资源能够得到充分发掘和利用，而且能够聚集成规模。

最后，规划编制的方法和实施机制进行一些创新。实施层面，我们在触媒项目的编制和历史文化街区保护规划的同时，也编制了产业导则和建筑更新导则。实际上，我们觉得在实施层面最重要的还是从策划入手，先确定功能定位，然后我们的设计、规划，还有建筑等的改造，才有明确的方向，我们的改造才更有针对性。

打开门做规划，我们想规划本身仅仅是闭门造车的话，出来的东西一定很难落地，所以我们强调共同缔造平台的作用，共同缔造的作用除了了解诉求之外，还可以引导居民共同参与。

图 3　荔枝湾一期改造前后

规划编制的机制，创新理论还包括了打造共建、共治、共享的社会治理新格局，除了刚刚说的共同缔造这个平台，今后我们如果建成了移交，可以顺理成章转变为社区的建管委。我们不仅仅在建设的过程有个全方位的接受公众参与，而且还要在今后的管理运营过程里面，也实现长效的管理机制。

4　困惑与问题

困惑有几个：

（1）保护更新里面如何把握传统风貌的传承和创新的度？

（2）后续发展里面如何引导产业发展和传统文化能够更加好地结合？

（3）改造方向选择里面如何平衡原居民的生活和公众开放的旅游、文创、办公这些相互干扰的需求？

5　结语

（1）因地制宜，进行更新工作方法的创新。

（2）历史文化街区保护规划要明确划好底线，留出街区发展的空间，并且做好引导的规则。

（3）针对旧城区更新利益主体多元化的特征，为了提高它的可实施性应该做好协调的机制，建立好公众参与的平台。

（4）历史文化街区、老城区一定是多样性、复杂性共存的空间，所以保护好这些多样性复杂性，才能够让我们的生活更加美好，让我们的乡愁能够留下来。城市更新的学术研讨和实际工作的结合未来的前景是非常广阔的。

备注：

本文根据作者于 2020 年 11 月 5 日《2020 中国城市更新研讨会》（北京）所作的报告整理。

基于地方理论的城市更新问题研究思考

张中华 *

地方理论强调从"人与环境""人与地方"之间的关系视角，以"地方性的建构"和"地方感的生产"以及两者之间的互动机制为核心，用以解构空间或环境构成的理论。本文主要分四个部分，一是地方研究的缘起；二是城市更新的"地方观"解构；三是更新改造案例的地方观解读。

1 "地方"研究的缘起

全球化的背景下，其实我们很多城市都面临着一个很重要的发展背景，即很多城市存在着地方特色风貌的危机，尤其是全球化、标准化建设模式所产生的特色危机影响，导致很多城市风貌形成"千城一面"的发展格局，难以寻觅地方特色基因。很多城市中，能够真正让人产生记忆的地方不断地减少，或者是缺失。

同时，在全球化背景下，我们还面临着地方文化保护与传承的问题。在一些强势文化的冲击下，处于弱势的文化，如果缺乏内在活力，没有明确的发展方向，就有可能会导致地方特色文化的消弭，就会面临着"同质化"地方毁灭的危机。因此，文化是地方发展的灵魂，新时期在城市更新改造当中，一定要注重对地方文化的挖掘、保护与传承工作。

在未来的新型城镇化推进当中，我们要注重地方性的打造与塑造，诸如在城市设计当中要注重建筑风格的地方性营造，不能盲目"克隆"国外建筑，要挖掘城市的地方文脉，依托地方文脉生产塑造地方特色，保护传承中华文明，从而彰显文化自信，进而实现文化复兴的目的。

2 城市更新的"地方观"解构

2.1 城市更新的时代背景与意义

从时代发展背景来看，城市更新的本质在于空间的生产与再生产，是城市生

---

* 张中华，西安建筑科技大学建筑学院城乡规划系教授、博士生导师，陕西省决策咨询委员会委员。

命周期理论的直接体现。首先，基于城市运营角度而言，城市的各类资源与服务就是一种"产品"，城市的各类空间（场所）生产出各类产品，产品有生命周期的市场规律，所以城市各类空间（场所）同样也面临着"更新转换"的问题。其次，城市更新是空间（场所）供给侧改革的体现，在以人为本的城市规划背景下，城市的各类空间（场所）应体现出"人本化""品质化""高质量化"的内涵，既要面子，也要里子。这正是新时代城市高质量发展的时代诉求。

习近平总书记也曾经多次提到过，用微改造的方式创造微动力，用"绣花功夫"彰显我们城市的记忆，让人们记住乡愁。那么，什么是乡愁呢？笔者认为就是地方理论当中的地方感，即乡愁就是一种"地方感"，而地方感就是让人能够记住这个地方，这个地方可以是一处建筑、一处场所，甚至可以是一座城市，地方感是人对地方的一种认知情感，是人与居住环境之间互动的一种情感，具有地方归属功效。

美国著名的人文地理学者段义孚对地方和空间的论述较为显著，他认为，空间都是抽象的领域，没有什么特征的差异，但是当人们在此逐渐生活下来之后，或者经过一些活动体验之后，空间则具有某种意义，并且具有价值，这个时候地方则形成了。人们对所在的地方产生一种安全感，或者"恋地情结"。"乡愁"就是这种空间经验作用的结果。

从城市高质量发展角度来看，城市更新能够盘活土地价值，为城市挖掘空间潜力，促进城市的供给侧改革。通过重新规划区域功能，对产业结构、用地结构、交通压力、市政设施、居住环境等问题进行调整，并发挥利用商业的运营服务能力，以此激发空间活力。

从人文生活角度来看，城市更新可以实现居民从物质满足到精神丰盈。通过对土地的二次开发利用，丰富完善城市功能，为居民提供完善的公共基础设施，让居民享受丰富的商业生活配套，增加绿地，提升城市生态环境质量，提升生活品位。

2.2 城市更新的"地方观"内涵与释义

（1）从地方性视角来看城市更新

什么是地方性呢？它其实含有地区性、本土性、地域性等内涵，指一个地方区别于另外一个地方的根本所在，正如此处和他处的差异一般，是不同地理环境、社会环境、文化环境等影响下所形成的一种地域差异性。在城市更新的背景下，城市空间更新的意义在于地方保护、地方传承、地方再生、地方重构等。就是通过各种不同策略，诸如特色资源梳理、历史遗产保护、地方文脉挖掘、特色文化强化、地方景观营造等方式来彰显地方性的过程。（图1）

（2）从地方感视角来看城市更新

人文地理学者段义孚提出，地方是在世界活动中人的行为反应，通过人的行为

图 1 改革开放以来西安的更新发展

活动，空间才具有了意义和价值。在提供所有人类生活背景的同时给予个人和集体以安全感和身份感，也就是说地方能够彰显人的价值和身份。因此，城市更新改造的过程中一定要注意原住民的空间社会关系及文化传承。所谓的微更新中的"微"就是要考虑更新空间中的人的问题，从社会保障、生活质量、恋地情感角度去理解更新改造场所的社会性建构意义和价值，避免机械地拆迁与隔离，从而导致文化的缺失。（图 2）

在城市更新当中也有学者提出"地方毁灭"的观点，什么叫地方毁灭呢？如果一个地方经过不合理的规划方案，不合理的城市拆迁改造，就有可能导致这个地方成为一个"无地方"，或者地方性消弭，又或者地方毁灭。

当然，城市更新改造中除了面临机械化的改造破坏方式之外，还面临诸如雷同化的城市建设方式，比如一些城市出现的贪大崇洋、求怪媚俗、杂乱无章、千篇一律、的建筑等，这种方式对城市来说，也有可能会导致地方毁灭现象。

（3）从城市更新目的来看

城市更新是对城市中某一衰落的区域进行拆迁、改造、投资和建设，替换功能性衰败的物质空间，使之重新发展和繁荣。它包括两方面的内容：一方面是地方性的营造，即对客观存在实体（建筑物、生态环境、空间环境、文化环境、视觉环境、游憩环境）等的改造与特色延续；另一方面是依存在客观物质实体上的地方感营造，即对邻里的社会网络结构、心理定势、情感依恋等软件的延续与更新。地方再造是一种再开发（Redevelopment）过程；地方强化是整治改善（Rehabilitation）过程；地方传承则是保护（Conservation）发展过程。

图 2 上海杨浦滨江改造前后对比

越来越多的学者、建筑师、规划师开始思考城市更新中社区意志、文化传承、社会延续性等与"地方"紧密相关的元素，试图保存、延续或寻找到人类赋予空间的情感等复杂的联结，即在城市更新中寻求对"地方"的传承与建构，保存地方性以及依存其上的地方感。

3　城市更新改造案例的地方观解读

3.1　西安大明宫遗址改造案例

唐大明宫始建于唐贞观八年（公元634年）。前后延续270年，唐代21位皇帝有17位曾在此主政，是当时世界的重要政治活动中心。宫殿位于唐长安城龙首塬之上。规模宏大，气势雄伟，在建筑艺术和技术方面均达到了极高的成就，被建筑史学家誉为"中国宫殿建筑的巅峰之作"。

1961年大明宫被确定为国家重点文物保护单位。历经沧海桑田，大明宫先是被人为毁灭，成为一片废墟，以后又转变为农田及村落。从地方观来看，这个地方曾遭受过地方毁灭的危机。20世纪30年代，河南黄泛区难民流落到西安，大明宫遗址又成为难民聚集的贫民窟。改革开放以后，伴随着飞速发展的城市化进程，文物保护与城市开发的矛盾加剧，唐大明宫遗址的保护迫在眉睫。（图3）

2007年，唐大明宫被纳入丝绸之路申报世界遗产名单，并在国家《"十一五"期间大遗址保护总体规划》中，被确定为国家大遗址保护展示示范园区；2008年，西安市启动西安唐大明宫国家大遗址保护展示示范园区暨遗址公园项目。唐大明宫国

图3　改造前大明宫遗址情况

家大遗址保护展示示范园区暨考古遗址公园总面积为 3.84 平方公里，其中包括唐大明宫主宫城区遗址。（图 4、图 5）

（1）主要措施亮点

总结大明宫遗址公园建设保护的地方观特色主要有以下几个方面的特征：

一是对原有地形地势的保护。唐大明宫位于龙首塬之上，宫殿布局依坡就势，因地制宜。"北据高岗，南望爽垲，终南如指掌，坊市俯而可窥"。

二是注重历史格局的保护。历史格局保护是保证唐大明宫遗址公园整体地方性的主要内容。保护包括：宫门宫墙的保护（显示大明宫的整体规模）、南北中轴线的保护（保护大明宫的空间秩序）、主要功能区的保护（根据殿前区、宫殿区、宫苑区、北夹城和翰林院五区）。

三是对唐大明宫建筑文物更新保护。唐大明宫建筑文物主体为建筑基址。在充分研究的基础上，在更新保护的过程中利用现代材料，选择部分建筑进行形制展示，或进行建筑的局部复原（如建筑基础、柱基、柱子、梁架等）。

四是对太液池及周边皇家园林更新保护。这是大明宫遗址公园最具魅力的内容之一，展示区包括太液池池岸遗址、蓬莱山遗址、太液池周边建筑遗址等。

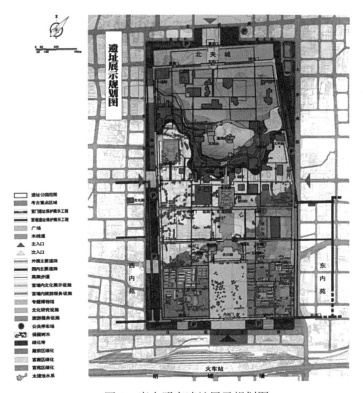

图 4　唐大明宫遗址展示规划图

（来源：《西安唐大明宫国家大遗址保护展示示范园区暨遗址公园总体规划》）

五是营造"繁华落尽苍凉的"地方感。景观整体更新保护体现唐大明宫遗址的真实性及历史沧桑感的地方特色，给人一种"繁华落尽苍凉"的感觉。

同时，还有一些非物质遗产的展示，营造文化成体系的方式，来体现地方感。在后工业化时代，以"真实性的遗址保护＋原真性的文化资源活化"激发地方活力，引导城市更新，对于城市空间的生产具有重要的现实意义。

（2）地方经验总结

①地方再造——遗址区物质环境的有机更新

作为一个有机整体，必须综合考虑遗址周边区域的有机城市更新，才能激发遗产自身的文化活力，发挥遗产对于城市的功能。近年来，西安市政府通过对遗址周边区域的土地整理、功能置换和环境整治等措施逐渐调整与遗址区功能定位不符的用地类型，增加与之功能相配套的设施用地，改善人居环境，调整开发强度，合理配置商业、文化娱乐、教育、医疗等公共设施。大明宫遗址区整体的物质环境日益显现。正如E.沙里宁（E.Saarinen）所说："城市能否免于毁灭取决于一个特别却基本的问题是否可能被解决：提供舒适的设施和健康的环境来供人们工作和生活。"

②地方生产——地方"增长联盟"的建立

地方不仅为容器，地方亦可以被认为是产品，是被有意识建构的产物，地方逻辑具有政治与经济的特性。正如包亚明所认为的，资本与政府共同造就了上海衡山

图5　大明宫建筑文物保护

路酒吧街。一方面西安市政府设立了代表其行使行政管理职能，发挥政府作用的大明宫遗址区保护改造办公室；另一方面，成立了按照市场原则行使城市开发与运营职能的西安曲江大明宫投资集团有限公司，负责项目建设、投融资、基础设施的建设和经营管理工作。西安市形成了政府主导、资本推动、以文化旅游及地产推动城市更新，进而带动整个区域发展的模式。

③地方意象——在地化文化符号的设计与布置

文化是以遗址保护为核心，以文化旅游为导向，通过在地化文化符号的设计与布置，营造浓郁的文化氛围，激活遗址文化内涵，从而达成注重体验性与文化性的消费空间。根植于这个地方的文化活化过程也是遗址公园彰显"地方性"，形塑人们对于大明宫历史沧桑记忆地方感知意象。遗址公园现实空间环境营造的好坏，直接影响到人们对公园地方性特色的感知，关乎游客地方感的效能，而游客地方感的效能又会进一步强化旅游观光的频率，可作为公园空间环境规划设计的基本参考要素，用来指导相关领域的规划建设。

3.2 "陕西老钢厂"的地方再生案例

陕西老钢厂位于西安市新城区幸福路，1958年建厂，20世纪80年代达到生产的辉煌和鼎盛，占地面积约62.27公顷。1998年转型停产，废弃的厂房再也没能发出轰鸣声，钢铁一代的记忆戛然而止。它不仅仅是一栋栋老厂房，更代表了一群人的地方感。（图6）

图6　陕西老钢厂旧照

（来源：网络）

（1）主要措施亮点

2002 年，西安建筑科技大学科教产业集团斥资 2.3 亿元收购老钢厂。新城区政府牵头、西安建筑科技大学下属企业西安华清科教产业（集团）有限公司投资，西安华清创意产业发展有限公司进行运营管理。

按照工业遗产绿色再生的思路，对老钢厂进行了重新规划。功能分区为三部分：教育园区、产业创意园区、开发园区。改造初期，从教育园区入手。

2012 年，西安华清创意产业发展有限公司为了有效保护和利用原陕钢遗留工业建筑群，尊重历史、赋予新生、推动发展，秉承"旧厂房、新生命"的开发理念，践行老厂房活化再利用的城市更新方式，对原陕钢特钢车间老厂房进行重新定位、规划、改造，着力打造以设计、创意为主题的产业园区。

园区结合西安历史文化和工业遗址地位，坚持"保持原有风貌进行局部更新"的原则，采取了微更新（局部拆除，局部更新的再生手法），拆除利用价值较低的建筑和构筑物，将空间资源进行整合，连通内院和街巷的交通网络。

（2）地方再生总结

通过有机更新原有的生活方式、人的行为活动与更新地段空间之间的直接联系，维持和强化城市更新地段空间本来就具有的地方精神。

任何一个特定的地方都有它特定的意义、记忆的属性来给居住在其中的人架设一个特定的感觉结构。地方的固定性和连续性是人类生活和生存的必要条件，只有保持城市更新片区及其精神的固定与连续，更新后的片区才能持之以恒地生机勃勃。

新增了体育场

改造后的校园

在原来的轧钢线基础上改造成教学楼

图 7　陕西老钢厂更新改造措施

（来源：网络）

在城市化高速发展的今天，像老钢厂这种对工业遗产进行保护再利用的举措，既有助于节约资源和市建成本，重现历史记忆，又能为老的工业空间以及周边区域注入新的活力。（图7）

老钢厂在保护与重生的双重目标之下，找到旧工业遗存的更新再生方法与途径，为其再生规划设计、功能调整、商业运营、社区营造、产业升级、引入创智人群，最终实现再生与发展起到了实践指导作用。从而实现建筑微更新彰显地方特性，创意微设计激活地方活力，文化微植入生产地方精神。

4　总结

在新一轮国土空间规划与建设浪潮下，通过探索和践行地方的保留与发展方式、改造与活化途径，使其在历史前进的车轮中，能够自我生长，生命常青，并且愈发彰显自身独特的文化底蕴与历史特质，成为城市发展中最具活力与成长性的特殊区域，成为人们回望历史、寄托精神的融合之地。

最后，借助《美国大城市的死与生》这本书的书名，我想城市是有生命周期的，地方也一样，一个地方如果通过合理的更新发展，它可能会获得新生，如果我们进行了一个不合理的规划引导或者建设，它有可能会产生毁灭。

备注：

本文根据作者于2020年11月5日《2020中国城市更新研讨会》（北京）所作的报告整理。

紧扣核心区控规，勇于实践创新

吴奇兵 *

1　街区概况

法源寺历史文化街区位于北京西城区牛街街道，紧邻法源寺，片区面积约 16.16 公顷，是北京第二批历史文化保护区，也是宣南地区四片（法源寺，大栅栏，东、西琉璃厂）历史文化街区中未被全面开发的区域。

法源寺片区的四至范围：南至南横西街，北至法源寺后街，东至菜市口大街，西至法源里、伊斯兰教协会。

街区人口有 2000 多户，6000 多人，它的名字源于法源寺。法源寺是当年内城区最古老的寺庙之一，是当年唐太宗李世民在东征朝鲜的时候，为纪念牺牲的将士建造的寺庙，在武则天时期建成有 1300 多年的历史。在法源寺周边形成了这样一个低矮的平房区，这片平房区被北京市划为第二片历史文化保护区。（图 1）

我们在法源寺片区精炼了相关概念：

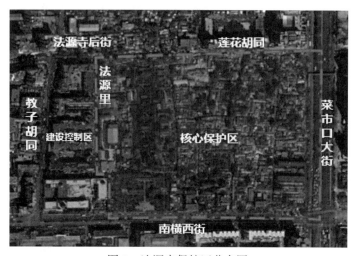

图 1　法源寺保护区分布图

---

*　吴奇兵，北京宣房大德置业投资有限公司执行董事、支部书记、总经理，博士、高级工程师。

第一个，城之源；

第二个，中国梦；

第三个，法源寺；

第四个，雅宣南。

之所以说城之源，是通过文化挖掘，我们发现这个区域是当年唐幽州城、辽南京城的遗址，法源寺片区七井胡同的南口，就是当年南京城的迎春门。

同时，我们把新旧主义民主革命时期的风云人物，做了图谱连线，发现他们在法源寺片区，有着巨大的交集，这个片区有大量的革命先烈，是救国救民、国家复兴和国家富强的中国梦的发展之地。

这个片区还拥有大量会馆遗珍、文物建筑 4 处：湖南会馆、浏阳会馆、粤东新馆、绍兴会馆。

其中，绍兴会馆是新文化运动的先驱诞生地，也是鲁迅的诞生地，鲁迅在北京生活了 14 年，其笔名是在绍兴会馆起的，鲁迅在"补树书屋"里写下了中国第一部现代白话小说《狂人日记》，以及《孔乙己》《药》《一件小事》等著名小说。

浏阳会馆是戊戌维新运动的策源地，谭嗣同幼年、戊戌变法时期生活在此。

湖南会馆，青年毛泽东在北大当管理员时期，就在这里组织过大型的千人的运动，在这期间，他认识了一些马列主义志士，接受了十月革命等新鲜的理念。

粤东新馆是保国会成立之地，是孙中山发表革新主张的见证地。

街区内还有其余约 20 处历史上的会馆遗迹。

我们结合北京市时代背景和政策要求，深耕法源寺街区更新，积极打造文化彰显、百姓宜居、生态绿色、智慧高效、代际传承的历史文化精华区。

2 街区更新内外兼修

在街区更新过程中，我们不断探索和创新。

第一，老城更新由内而外、由线到面。市政基础设施是保障街区高质量发展的重要基础，我们坚持系统治理、精准施策、创新发展的工作原则，立足于城市地下市政基础设施高效安全运行和空间集约利用，将街区作为有机生命体，合理规划各类管线与空间布置。加强地下空间利用和市政基础设施建设的统筹，实现地下设施与地面设施协同建设。通过智慧排水模型对街区排水系统进行评估，提出满足三年重现期要求的雨污水排除方案，并因地制宜地推进街区雨污分流管网改造和建设、上水提级施工，彻底解决低洼院积水顽疾，为后期厨卫入户创造条件；电力、电信架空线入地，亮出街区天际线；设置干式消火栓，对具备条件的胡同引入燃气，消除消防隐患，为引入符合本片区定位的业态创造条件。同时，运用信息化、智能化、可视化等技术推动街区地下市政基础设施管理手段、模式、理

念创新，全过程智能控制、协同工作，提升运行管理效率和监测预警能力，提高城市安全边际。（图2）

第二，连续举办四届北京国际设计周活动，积极参加北京"四名汇智"等活动。以惠民利民为主旨，在宣传法源寺历史文化街区更新经验和成果的同时，汇众力聚众智，分享城市更新经验，聚合各方力量参与到城市更新工作中。（图3）

第三，社区营造工作常态化，以街区"红色会客厅"为例，其作为法源寺文保区更新建设中重要的试点院落，是街区改造提升后亮相的首个公益性共生院落。宣房大德公司对院落进行更新改造，院落格局较为规整，为二进式传统四合院。一进院是会客厅的展览展示和活动区域；二进院为民居，居民可享受共生院内改造提升后各类设施的便利。院落改造完成后，为补足街区功能短板，将红色会客厅打造为在党建引领下老城更新的展览体验中心、社区党建中心和社区营造中心等多功能的综合平台。会客厅以"庄重、科技、实用"为原则，规划打造了四大功能分区，分别为"党建厅""城市更新厅""多功能厅"和"阅读空间"，营造浓厚的颂党敬党爱党氛围，通过活动调动街区党员群众的积极性，多维度激发街区活力。会客厅融入百姓生活，聚焦现实问题，汇集年轻力量，碰撞文化观点，以挖掘历史底蕴、丰富场景内涵、满足文化需求为己任，让老百姓在文化滋养中享受美好生活。（图4、图5）

图2 市政基础改造前后对比　　　　　图3 更新活动设计会

图4 建党100周年主题党日活动　　　　图5 非遗传承剪纸活动

第四，以人为本，集聚社会力量，营造参与式街区。随着法源寺街区更新的深入，宣房大德公司在技术创新的基础上，不断探索体制机制的革新，借智借脑，打造街区更新多方参与模式，营造人文智慧街区，激发街区在地居民及商户参与街区更新的热情，实现街区"烂漫"共生。组织成立街区"民意会客厅"，邀请居民在规划、施工等各阶段参与座谈，充分听取民意、民声。对居民关心的、易引起争

图 6 民意会客厅居民座谈会

议的问题，通过"民意会客厅"，做到事前打招呼、事后有商量，将矛盾化解在萌芽阶段，在优先改善留住居民的生活条件、补充社区活动等公共空间后，探索结合原住民的合院共生模式，将居民从"不理解、不支持、不信任"的对立面转化到为项目积极献计献策的参与者。会客厅融入百姓生活，聚焦现实问题，汇集年轻力量，碰撞文化观点，达到"居民共生""产住共生""文化共生""新旧共生"的目标，建设人文街区。（图 6）

3　引导业态升级

我们坚持补齐民生短板，引导业态升级，实现区域腾笼换鸟。

花韵·丁香文化主题酒店是宣房大德公司在 2018 年通过司法拍卖取得的低效楼宇，通过全方位智能化改造提升，酒店植入了智能化客控系统，通过数字化和网络化实现酒店的数字信息化服务技术，可轻松地实现室内语音控制所有电气设备和灯光，进行情景模式调节；依靠云计算、物联网和移动信息等新技术，提供智慧化客房居住、会议办公、餐饮娱乐等服务，提高了酒店管理效率，降低了运营成本，着力打造现代高科技东方美学风格的主题酒店。酒店于 2021 年 5 月投入运营，开业以来，经营状况良好，客人满意度高，携程评分 4.9，打造街区商业中心，有效盘活腾退散房，形成综合运营体系。（图 7、图 8）

以酒店为街区商业管理中心，带动街区共生院落利用，建立数字台账，形成"酒店＋人才公寓＋文化、便民业态"的复合运营体系，打造对接驻区重点企业的人才公寓，促进职住平衡，引入设计师工作室等安静的办公业态，服务中央、服务西城区经济社会发展，与街区居民实现建筑共生、居民共生、文化共生。提高零散空间利用效率与聚焦"七有""五性"需求相结合，根据街区运营数字化网格分析，优先植入了便民商业及文化商业服务设施，引入文创咖啡厅 Be Yolo、烂缦花店、广德楼

图 7　花韵·丁香酒店改造前后对比

图 8　花韵·丁香酒店运营评价

文化空间等。补齐街区服务功能短板，优先对接属地街道（牛街街道）需求，将烂缦胡同 108 号院打造为牛街街道"红色会客厅"，构建了在地党建和街道党群服务中心；利用菜市口胡同沿街腾退房屋，实现"小型消防站"落位，有力保障了历史文化街区的消防安全。（图 9~ 图 12）

4　科技赋能

在项目实施的过程中，我们坚持了科技创新，设计为民的理念。法源寺街区内的胡同比较窄，技术条件不好，在污水改造过程当中，我们采用了一些新型材料，比如一体化聚乙烯缠绕结构壁管道和检查井，较传统模块检查井节约近三分之二的空间，为胡同空间节省了大量资源。同时，我们也采用了一些新型的材料作为试点。比如汉能瓦，街区红色会客厅北侧屋顶即采用此技术，实现会客厅照明全部依靠光伏发电即可满足使用需求。同时，我们在胡同里面也采用了小型的生态化粪池，以及空气洗手等一些新科技、新材料的应用。（图 13）

图 9　街区文创咖啡店

图 10　文化阅读空间

图 11　牛街街道红色会客厅

图 12　街区小微消防站

为整合街区资源、助力街区物业管理、打通居民服务通道，我们积极探索老城街区智慧化管理模式，突出创新发展，推进以数字化转型和智能化升级为核心的街区管理全面创新，研发法源寺街区智慧运管平台体系。通过整合各项街区更新成果，实现对法源寺街区的管理模式创新升级，街区安全性增强，管理水平大幅提升。形成街区运营管理的基础数据库，有效连接街区各类资源，联动单体智慧化设备，实现资产高效运转；街区运营管理成本降至一半，取得良好经济效益；科技助力疫情防控，对于疫情防控常态化工作实现了从"人防"到"智防""技防"的转变，助力区域经济、社会发展。（图14）

图 13　空气洗手装置

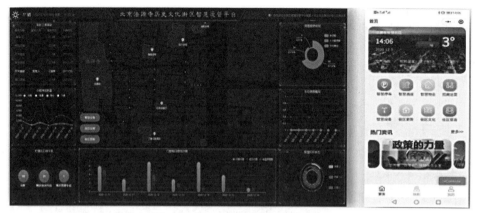

图 14　法源寺街区智慧运管平台

同时，我们也积极参与历史文化街区提升相关规范修编。我们受住房和城乡建设部的邀请，作为第一起草单位参与编制国家标准《历史文化街区工程管线综合规划标准》，目前规范正在编写中；同时，参与修编北京市《历史文化街区工程管线综合规划规范》DB11/T 692—2019 的工作，该《规范》已于 2020 年 4 月正式实施。

在法源寺文保区老城更新工作中，我们也遇到了不少难题，面对困难，我们迎难而上，不断研究、不断提升，把工作当学问做，把问题当课题解，攻破了一个个难题。在西城区科信局指导和支持下，先后立项《地铁振动对历史文化街区的影响和对策研究》《法源寺历史文化街区智慧管理试点研究》和《历史街区共生院落设计与管理运维研究》三个研究课题，均已顺利完成结题验收，相关研究成果已应用于街区更新和运维实践中，具有推广和示范意义。

同时，我们也和一些高校进行联合探索，和北京交通大学建设艺术学院成立了老城更新保护实践教育基地，以及联合工作坊，共同探索老城更新的新模式、新方法。

5　结语

老城更新不能急于求成，老城更新的过程是一个不断服务民生、改善民生的过程，老城更新需要更好的情怀，是不断造福百姓的过程。在老城更新实践中，我们将继续运用现代科技手段，以绣花般的细心、耐心、巧心，久久为功，全力打造文化彰显、百姓宜居、生态绿色、智慧高效、代际传承的历史文化精华区。

备注：

本文根据作者于 2020 年 11 月 5 日《2020 中国城市更新研讨会》（北京）所作的报告整理。

社区更新，共治共享
——广州老城社区微改造实践探索

骆建云 *

1 城市更新的内涵

　　国际上包括美国、英国、日本、新加坡等发达国家在城镇化发展接近成熟期时，城市都逐步从"外延式扩张"转向"内涵式发展"，城市更新也应运而生。

　　从我国情况看，随着中国经济由高速增长转向高质量发展，同样城镇化的进程也转向了高质量发展阶段，2019 年底全国常住人口城镇化率已提高到 60.6%，东部沿海城市的常住人口城镇化率已经超过 70%，广州为 86.46%，我们进入了以城市型社会为主体的时代，我国的社会结构、生产生活方式和治理体系都在发生着重大变化，在快速城镇化进程中出现的城市病、建成区形成的许多存量空间功能品质与现代化生活要求不相适应，特别是在应对新冠肺炎疫情中暴露出的城市韧性不足等一些短板弱项，亟须通过推进城市更新，使我国的城市更健康、更安全、更宜居、更绿色。

　　2019 年 12 月，中央经济工作会议首次强调了"城市更新"这一概念，明确城市更新将成为城市发展的新方向。

　　2020 年 10 月，党的第十九届五中全会审议通过了《中共中央关于制定国民经济和社会发展第十四个五年规划和二〇三五年远景目标的建议》，明确提出实施城市更新行动，这是研判我国城市发展新形势，对进一步提升城市发展质量做出的重大决策部署，为"十四五"乃至今后一个时期做好城市工作指明了方向，明确了目标任务。

　　2021 年 3 月，十三届全国人大四次会议通过了《关于国民经济和社会发展第十四个五年规划和 2035 年远景目标纲要》的决议。提出加快转变城市发展方式，统筹城市规划建设管理，实施城市更新行动，推动城市空间结构优化和品质提升，要求改造提升老旧小区、老旧厂区、老旧街区和城中村等存量片区功能，推进老旧楼宇改造。

---

　　* 骆建云，中国城市科学研究会城市更新专业委员会副主任委员，广州市城市更新规划设计研究院董事长。

对此，住建部原部长王蒙徽撰写的《实施城市更新行动》解读文章中提出通过实施城市更新行动，总体目标是建设宜居城市、绿色城市、韧性城市、智慧城市、人文城市，不断提升城市人居环境质量、人民生活质量、城市竞争力，走出一条中国特色城市发展道路。包括：推动城市空间结构优化和品质提升，推进城市生态修复和功能完善工程，强化历史文化保护、塑造城市风貌，加强城镇老旧小区改造和社区建设，增强城市防洪排涝能力、建设海绵城市、韧性城市，提高城市治理水平、加强特大城市治理中的风险防控，最终加快推进以人为核心的新型城镇化等目标任务。

因此，实施城市更新行动，对于推动城市结构调整优化和品质提升，转变城市开发建设方式，对全面提升城市发展质量、不断满足人民群众日益增长的美好生活需要、促进经济社会持续健康发展，具有重要而深远的意义。

同时，由城乡规划学名词审定委员会审定，全国科学技术名词审定委员会批准，于 2021 年 4 月正式公布《城乡规划学名词》中明确"城市更新"的定义为：基于城市产业转型、功能提升、设施优化等原因，对城市建成区进行整治、改造与再开发的规划建设活动和制度。其中定义"有机更新"为：尊重城市的内在秩序与规律，顺应城市肌理，采用适当的规模、合理的尺度、适宜的速度与途径进行城市建设与改造，以保持和延续城市整体有机性的一种城市更新方式。

具体到城市更新的行动特征，由于中国各地的城市发展呈现出多元化的发展模式，其问题也复杂多样，因此各地的城市更新工作更多的是根据城市自身情况，将已经不适应现代化城市社会生活的地区，尤其是迫切需要进行的城市历史文化与生态环境的保护与民生的改善，做必要的、系统性的、有计划的改建活动，以解决城市问题为目标的，不断调整、适应、改变的行动过程。目前很多城市为了克服过去大规模大拆大建式的城市改造带来的弊端，多采取小规模、渐进式的多样化的城市修补治理模式，以此来激活城市的多元价值，让产业、消费、民生实现有机结合。这其中由于参与更新行动的主体的多元化、更新手段的多样性，保障公共利益、维护社会公平成为当前社会关注城市更新行动的焦点，也是社会发展进步的体现。

2 广州进入城市更新的必然性

广州作为拥有两千多年的历史古城，城市改造探索也一直在进行，尤其是改革开放以来广州的城市发展呈现快速增长，但长期以来广州的旧城区由于生产、居住、商贸等功能布局混合叠加，历次的改造建设模式多以就地平衡、小规模改造为主，导致旧城空间格局的不断碎片化。广州曾经提出：对旧城区"充分利用、加强维护、积极改造"，通过改造旧城、改变城市面貌，推动城市现代化，在旧城市中建设新城市。曾经因面对经济增长下的人口的急剧增加与旧城土地资源严重不足的矛盾，为解决住房问题，只能采用鼓励单位、企业旧地翻新或者见缝插针就地拆除重建的方式。这也是我们现在所说的品质低下的老旧小区产生的重要原因之一。

为了应对广州城市发展以及城市空间拓展的迫切需要，2000 年作为里程碑式的《广州城市建设总体战略概念规划纲要》提出"南拓、北优、东进、西联"，利用城市发展的巨大增量，摆脱旧城，拉开框架建设新区，开启了广州城市快速扩张发展时期，整个城市功能布局也开始不断进行调整，奠定了广州现代城市山水林田海的空间格局。但同时广州旧城的作用开始在不断降低，各方面的资金进入旧城改造不断在减少，虽然推动过"三年"改变、"中调"和亚运整治运动，但多数工作只是停留在城市景观整治的层面，注重重点地段道路沿线建筑立面美化，而旧城区内部环境依然没有得到改变，旧城的核心问题没有得到解决，旧城进入了发展迟缓的时期，存在的突显问题主要表现在人居空间环境品质低，管养缺失，设施体系完整性不足，低端的业态与历史名城的文化价值极不匹配，产业空间碎片化整合难，文化要素的展现缺乏空间载体，岭南城市的历史文化特色正在消逝。

品质低下的旧城环境也源自于大量的老旧居住小区。原广州市城市更新局对老旧小区做了界定，曾经在 2016 年统计广州市 2000 年之前建成的老旧居住小区共 779 个，建筑面积约为 5000 万平方米，涉及 260 万居民，约占全市户籍人口（842.42 万人）的 31%。

当前广州城市整体发展动力已很难再继续依靠土地扩张来发展，要靠盘活存量，节约集约资源，通过城市运营来增强对知识、信息和人才的吸引力，这就需要提升城市在公共服务、文化价值、生活条件、环境风貌、城市品质等各方面的整体水平，为城市居民和工作者提供宜居的人居环境，消除城市发展不平衡、不充分的差距，通过创新改革促进产业转型升级，提升社会治理能力，使城市拥有可持续发展的活力，从而提高和保持城市的竞争力。因此，广州实施城市更新行动是城市发展的必然性、迫切性要求。

对于广州城市更新工作，习近平总书记在 2018 年 10 月 24 日视察永庆坊时明确指示："城市规划和建设要高度重视历史文化保护，不急功近利，不大拆大建。要突出地方特色，注重人居环境改善，更多采用微改造这种'绣花功夫'，注重文明传承、文化延续，让城市留下记忆，让人们记住乡愁"。提出"广州要实现老城市新活力，在综合城市功能、城市文化综合实力、现代服务业、现代化国际化营商环境方面出新出彩"。为此，广州必须深刻领悟"老城市新活力"的内涵，通过展现历史文化魅力、提升人居环境活力、创造产业经济动能、提升城市治理高度，实现"老城市新活力"目标愿景。

3 共同缔造下的广州社区更新改造

2016 年广州市出台了《广州市城市更新办法》及旧村庄、旧厂房、旧城镇更新实施办法三个配套文件，提出城市修补式的"微改造"，是指在维持现状建设格局基本不变的前提下，通过建筑局部拆建、建筑物功能置换、保留修缮，以及整治改善、保护、活化、完善基础设施等办法实施的更新方式。主要适用于建成区中对城市整体格局影响不大，但现状用地功能与周边发展存在矛盾、用地效率低、人居环境差的地块。

这些政策机制，为旧城更新提供了探索的机会，广州的旧城改造将有针对性、灵活性、适应性地通过"微改造"，对旧建筑、旧街区、旧工厂进行优化，保存旧建筑风貌，活化其用途，实现功能置换，改善区域内人居环境，使旧城区成为资本、人力集聚的成熟区域，尤其是把能推动城市创新发展的精英人才和企业吸引回归城市中心，提升旧城区空间资源价值和人文价值，创造让人们期盼的更加安全、舒适，更加开放、公平，更加丰富多元、更有持久活力、高质量的城市生活，实现城市高品质目标。

旧城更新的重点工作是社区更新，社区是城市居住生活的重要单元，是社会网络构成中重要的类型单元，拥有独特的社会性与认同感意涵。社区是政府和社会提供社会公共服务和社会治理的基本平台，同时也是城市公共服务系统的基本单元。在中心城区老旧小区图斑用地面积超过了一半，建设量超过 60%。因此，社区更新的目标是共同缔造幸福社区，围绕着居民的需求，公共服务设施、基础设施的完善，公共空间的营造，以及公众参与下的社会治理与服务体系的提升，让居民重新发现社区价值，重获身份归属感、情感依托和文化认同，并从单纯的物理空间改造转向社会空间改造，最终构建我们和谐的社会共同体，这是我们实施城市更新行动和老旧小区改造的内涵。

这些理念围绕空间整治改造和社会治理两大体系来实现，具体体现在改善物质空间、激发社区活力、保育城市文化、提升公服系统四个方面的工作内容，把共同缔造幸福社区的目标量化为实现美丽、活力、文化、安全的幸福社区。

社区更新改造工作中的技术工作主要围绕四个方面的技术行动来展开：一是空间规划，从空间环境整治的规划设计入手；二是文化规划，发掘社区文化资源，有效进行社区文化建设；三是治理规划，如何发动居民和社会力量共同参与的社区治理的创新；四是产业规划，如何发掘社区里面的产业资源、服务资源、社区的经济价值来反哺日常维护的工作，形成社区可持续的行动方案。

在实际实施中，运用现代科技手段搭建起全市老旧小区动态数据库，开展政策机制研究，具体项目的规划设计，建立居民、公众全过程共同参与的机制，将居民意愿贯穿整个改造过程。同时将这些工作分解为具体的量化指标，按照确保基本需求、提升品质特色、统筹社会与居民共同参与和社会治理下的管养提升四个板块，形成了社区更新改造 60 项具体内容，成为广州微改造政策的实践运用和实施标准。

这里需要特别指出的是在改造中建立起社区基层组织、社区居民与社区规划师共同承担规划传导与多方协调的职责。我们以社区设计师工作坊、社区公益活动营建等方式群策群力、共治共建，跳脱出传统规划工作模式，采取多专业协同、艺术介入手法，深挖社区历史文化元素，再现老城独具韵味的人文情怀，形成"共建共享·共治共创"的社区维育实践模式。

为使老旧小区改造工作能深入民心，让全社会都关心参与到老旧小微改造中，从 2017 年开始，我院在相关部门的指导和支持下，几乎每年都在开展面向社会、吸引公众参与的"老广州·新社区"老旧小区微改造规划设计竞赛活动。去年，广州市住房和城乡建设局联合我院等单位举办了"大师作、大众创"老旧小区微改造活动，让一批有情怀、有社会责任感的设计大师、设计名师参与到老旧小区微改造工作中，既为我们设计行业的广大设计师起到了示范作用，也为社区改造树立了精品榜样，回应了居民群众对自己家园美好品质的向往。

至 2021 年底，广州全市共有 1048 个老旧小区，目前累计完成 787 个老旧小区改造，惠及 61.6 万户，197 万人口，改造老旧建筑 4506 万平方米，涉及 3.3 万栋楼宇。根据广州市统计局调查结果显示，2020 年城市更新老旧小区改造居民满意度为 86.2%，市民思想观念普遍由"消极接受、配合改造"向"主动申请、参与改造"转变，形成了一批广受好评、高品质的老旧小区微改造示范项目。

4　广州社区更新改造实践案例

以越秀区六榕路的旧南海县社区更新项目为例，旧南海县社区的地名本身就体现出由隋朝开始番禺、南海两县分治广州城的现存唯一历史记录。旧南海县社区现状建筑为 20 世纪 30 年代建造的 2~4 层西式或中西合璧楼房，保留下完好的民国时期独特的两街三坊街巷肌理，属于历史文化街区核心保护范围，同时社区里保留有大公报旧址，20 世纪 60 年代拍摄欧阳山小说《三家巷》改编的同名电影时的外景地。

这个具有百年历史的社区像广州其他小区一样，也经历过各种各样的改造，但几乎都是只重表皮美化，不解决实质问题的涂脂抹粉式的改造，社区存在的突出问题就是环境品质不高，公共服务设施缺乏、基础设施难以支撑、管养无法持续，导致历史建筑风貌特色在丧失，历史文化资源在消失，人居环境质量越来越差，居民意见也越来越尖锐。

在社区居民共同参与下，形成了旧南海社区的更新改造策略，一是空间更新，包括梳理街巷空间肌理，整理、还原、协调建筑风貌，完善提升公共服务设施和市政基础设施;二是通过改造促进社区产业业态转型升级,反哺社区维护管养的可持续;三是加强社区文化资源的发掘和提升,增强社区居民的文化自信和归属感。

在更新改造过程中,通过举行一系列居民共同参与的活动培育居民对于社区文化价值的认知,其中比较重要的是与广州美术学院一起开展的"又见三家巷"艺术介入微改造工作坊,运用多样的艺术方式,动员居民参与到社区营造建设中,通过社区文化建设促进微改造。

微改造作为广州城市更新的重要方向,它不是推倒重来,而是希望把社区里的各种资源发掘出来,提升完善,共同作用,打造出高品质的城市空间,这在旧南海县社区更新改造中得到了体现。丰厚的历史文脉是广州城市的生命和灵魂,是广州独特的城市品位和城市精神与城市形象的根基,是城市可持续发展的推动力,通过社区微改造,小切口、小投入,用绣花功夫,循序渐进,成就城市大改观。

备注:

本文根据作者于 2020 年 11 月 5 日《2020 中国城市更新研讨会》(北京)所作的报告整理。

广州恩宁路永庆坊微改造的规划设计与实施路径

薛超 *

1 恩宁路历史文化特点

恩宁路其实是广州荔湾西关一个大的片区，北边是泮塘，南边是沙面，它承接着由南到北的联系。通过永庆坊的改造，把我们荔湾、恩宁一带的片区，一直到十三行串联起来，所以整个荔湾的变化，通过这样一个点，以点代面，经历了一个非常大的变化。

恩宁路的历史是非常悠久的，里面有些历史文化名人，目前还有粤剧博物馆、广州的十三行博物馆和岭南文化博物馆。

在这个片区当中，恩宁路的变迁非常受到大家的关注，亚运会前后全部的大拆大建被一些社会学者叫停，恩宁路的拆迁进行到50%~80%就停滞在这里，居民苦不堪言，政府对于整个城市的面貌有心无力，没有办法去改变，社会舆论的压力非常大，在这样的前提之下，恩宁路放置了有10年之久，一直得不到一个好的改变。在这个片区中可以看到有很多历史文化名人居住过的地方，如李小龙祖居，还有保护非常好的建筑——詹天佑故居。整个老城的历史形态是非常清晰的，这是这个片区改造的前提。（图1、图2）

大家可以看到，原来的城市肌理还在，但是中间的建筑损坏非常严重，经过清理以后还有一些斑驳的建筑，通过改造以后进行提升。

2 规划设计思考

站在这个场地当中确实感受到了居民苦不堪言的感受，里面很多垃圾、污水，怎么去做呢？我们动了很多脑筋，想了很多方法。规划设计的开始，我们就拜访了国内外非常有名的设计公司和设计师，我们是带着意向，带着对这个项目的热情去

---

* 薛超，万科集团原广州永庆坊项目负责人。

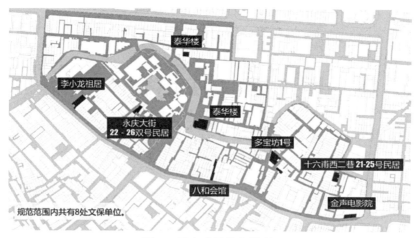

图1 历史建筑分布情况

图2 恩宁路改造前现状

进行的。现场的走访前后组织了三四次，然后方案做了两三轮，最终选择了南沙原创和竖梁社联合做设计。

场地选取了永庆坊一期作为起始点，这个场地肌理比较清晰，但是在这个过程当中，怎么样去改造，怎样把一个默默无闻的社区，大家充耳不闻的一个场景，变成非常有意思的空间？在这里面，我们要对城市的界面、节点，城市的五元素进行梳理，把它的通道、节点、界面划分出来，把功能融进去，把它的使用空间和现有建筑结合起来。这是非常大的一个难点，要对建筑的历史、特点，建筑的设计、建设的风貌，以及它改造以后的特点进行梳理和分析。一期大概六百多栋房子，我在这个片区中连续行走了一年，可以对每栋房子产权、现有的业主做到非常了解，作为一个朋友去相处，建筑分类年代的历史，以及它的结构都做了详细的了解，可以说对这个片区是做到了了如指掌，为后续的工作带来了很大的便利。

怎么样去改造呢？我觉得就是最初的想法，对于历史建筑肯定要进行保留修缮，把它最好的面目还原出来，对风貌建筑进行完善的整理，对于常规的建筑需要做到风貌和材质的统一，对于现代建筑，进行适当的改造，能够让它融入进去，这是基于对现状的了解以后，进行的统计。

对于现状，有些拆掉的、破损的建筑，通过中间的连接，把它做了比较好的梳理，将空间节点在不大的一个片区当中串联起来，为日后整体空间的形成做了很好的铺垫。

3　实施路径及难点

实施路径和难点，确实是一个项目避之不开的，怎样做？花费了大量的精力去思考。第一步先去做测绘，把所有的建筑全部测量一遍，从一层到四层，甚至还有五层到六层，对每栋建筑进行测绘，里面的质量、照片，它的特点描述做得非常翔实。经过一个月的整理，我们对这个片区的资料掌握得非常清楚。

在这个过程当中，怎么样做这样一个项目呢？厘清了一些基本思路，通过方案，通过各个部门的会审，通过一些图纸的报审，通过一些资料手续的办理，最终把一些没有文件的资料，没有能够通过正常途径去报审的内容做成合理化的内容，为这个项目实施做一个好的基础，这是我们整个项目的实施路线。

这个过程当中，荔湾区的领导，包括各专业的负责人为我们提供了非常大的支持。在2016年之前，我们这个项目还有很多"画叉"的房子是没有移交的，过完年之后我们就要把这个房子进行展示开放，所以这个时间是非常紧迫的，任务的艰巨以及推进的困难，还有很多不确定的风险，包括来自社会舆论、媒体、用户的，这种压力是非常之大的，大家一一化解，分头行动。我们在这里形成了一些恩宁路改造片区的内容要求导则，把它作为我们项目先行的一个动作，然后把改造的范围、改造的原则、改造的内容明确以后，作为我们荔湾区恩宁路永庆坊实施的导则，在区里面各个部门去推行、执行，打造出老城的重要性和必要性。

这个里面尊重历史的原则、设施的改造，产业更新活化的原则，确实是做了一些比较融合的因地制宜的设计，老城区现有的房子都已经非常破败了，很多房子直接坍塌，只剩了一点点围墙，好的一些房子的颜色在色彩以及肌理上，跟原有的社区形成非常强的反差。（图3）

我们做了全区的规划，从现有的永庆坊的一期，到后续的二期、三期做了统一的规划功能考虑，作为实施的路线，这是整个项目的肌理，把它的前后肌理对比拆分出来，做深入的研究，这种交通路径、通达性、主要的干道节点，把重点的空间场景串联起来，把配套服务交通停车纳入进去，做了全面整体的立体思考，最终还原在一个点上。

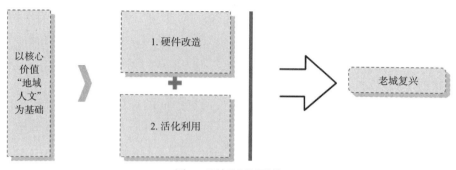

图 3　更新活化原则

4　永庆坊特色建筑塑造

下一阶段，就是所有的重点建筑做了非常细致的分析。从整体项目的边界打造，街巷空间的打造，从永庆大街进入到永庆一巷、二巷，现有的居民都是岭南的竹筒屋，在新的功能之下，要求它对创新融合做一个整体考虑，把每个建筑功能结合起来。

然后在节点中设计一些新的很精彩节点，从入口到通道，再到中间的社区广场，跟粤剧博物馆的呼应，最后实现效果非常好。然后我们设想一些社区文化广场最终成为这个项目所有人都会去打卡拍照，所有人都会留念的一个地标场景，整体的实施融合就最终展现出来了。

在风貌还原上我们还是做了统一，把所有的建筑按原貌再加上整体的还原，因为它有包括清代的建筑还有民国时期的建筑，所以它的坡顶和平屋顶是结合的，我们很好地还原了这一特点。而且在做坡屋顶的时候修改了灰色跟红色砖瓦两种不同的材质，也是根据历史的信息去还原它的原貌，整体地融入感非常好。（图 4）

一些重点的入口和节点的打造，在最开始的设计中，是把一栋建筑分成了三户，我们要把三户再融合起来，在里面做了一些外墙的保留，里面坍塌的木结构和屋顶拆除以后，用新的钢结构去还原，在抗震性、可用性上做得更好。这个过程当中，我们把一些公共空间作为演讲、宣传、集体活动的展示，大家非常喜欢这里。

在改造的过程当中，我们发现入口处有一大片民国时期的花砖，还有一口古井，所以我们当即就对它进行了保护，这样在日后的参观保护当中可以看到一些历史的信息，所以老建筑的表皮、老建筑的地砖和新建筑的结构，以及它的屋顶融合在一起，成为大家非常喜欢的一栋建筑。（图 5）

原来的老建筑，采用了很多的木爬梯，不太适合新的功能，我们做了室内结构的加固和改造，在整个连片的竹筒屋中它是不通气的，其空间是相对闭塞的，采光相对幽暗。对此我们做了整体的考虑，把它后续的空间连通，变成我们共享集中办公区，在屋顶还有一些开放的空间，把整个连片的、很沉闷的竹筒屋变成了立体分层的采光与通风非常通透的建筑区，融入了很多办公功能在里面，整个配套、使用

图 4　风貌还原效果　　　　　　　图 5　入口处设计

是非常好的。从设计到现场实施中，能够把办公空间的内容体现出来，首层的庭园、中间的休息平台和屋顶的花园，老房子最大限度地进行了利用和改造。（图 6）

可以看到，中间的空间大家非常喜欢在里面闲庭信步，做交谈、休息使用。

永庆二巷作为公寓片区来考虑，把原来的坡屋顶和老房子排水结构不太好做的一些地方进行了综合控制，从外立面到内部，解决了老房子的采光问题。这样的设计思路，确实让现有的居住者和使用者，以及原来还在这里居住的居民感受到新改造建筑的好处和优点，这个是非常好的推进，所以附近的居民纷纷都来找到我们，说我们后面的片区什么时候再进行开发。

新旧建筑的对比，其实感受还是很深的，原来比较破败倒塌的感觉，变成统一的，但是又不是重复的，根据自然肌理去延续，根据时代建筑特点去延续的场景。原来建筑的色彩，延续性非常不好，这种建筑没有做太多的改变，只是把它上面屋顶的违建全部拆除，还原建筑的原貌，原汁原味地做了比较好的还原。（图 7）

另外一栋在入口处的红砖房，也是几栋楼拼接起来的，我们把所有功能融合在一起，把它的交通通道在内部打通，设计多功能使用去融合功能和使用的需要。原

图 6　中庭空间改造　　　　　　图 7　屋顶改造

来的建筑屋顶破败，做了整修，表皮依然是清洗和整理。内部空间非常丰富，通过楼梯、小庭院，进行横向的连接，把这个空间串联起来。

场地当中最重要的社区文化中心，是一栋已经拆除的四层房屋，它只剩下了一个交通核心筒，我们一度试想把它作为历史文化的记忆留在这里，把周边倒塌的场景还原出来。但是通过实际的踏勘以及使用以后，我们认为这栋建筑的质量不足以满足现在的使用需求，但是它的城市印象还是可以保留下来。所以，做了新旧的结合，做了一个社区的平台，和博物馆遥相呼应，作为社区居民使用的开放空间与粤剧博物馆的开放空间的使用，这里现在成为一个非常热门的场景。大家看到的很多宣传画面，都是从这里拍摄的。（图8）

图8　社区广场修建

李小龙祖居原来的面貌，灰砖全部被刷白了，我们通过清洗复原以后，建筑没有改变，肌理恢复得非常好。在这里我们可以看到整个老建筑破败的肌理，确实在城市推进的过程当中，缺少关注，缺少了人文的关怀，使得这种场景变得非常破旧，但是这种场景是广州荔湾挥之不去的历史与文化传承。我们通过还原对它进行了恢复，整体效果还是不错的，居民和社会的反馈非常积极。（图9）

图9　李小龙故居改造

图10　改造前后对比

过程当中大家可以看到，同样的一个场景，对于建筑表皮的修复，达到了完整和统一，不同年代的，不同的做法材质，做了比较好的呼应，这是我们对建筑的尊重，对场景的尊重（图10）。

备注：

本文根据作者于2020年11月5日《2020中国城市更新研讨会》（北京）所作的报告整理。

健康导向微更新理论研究与实践探索

王兰*

1 引言

根据世卫组织的界定，健康指生理、心理和社会适应都完好的一个状态，而健康本身，就如右边这个彩虹图所展示的，和我们的人本身的一些特质、基因、性别、年龄相关，但是它会和我们各个层级的功能环境发生关系，从而得到我们身心健康的结果。

所以，在健康城市理念提出的时候，世界卫生组织也强调健康城市的内核是健康的人群、健康的环境、健康的社会的有机结合，而且也强调了社区资源对于社区居民健康的保障。

也就是说，其实我们在谈更新和微更新的时候，健康会成为一个非常重要的、可能的目标，健康其实是我们人的一种基本诉求。我这里所谈的健康导向，指我们在考虑城市空间发展时，除了经济性和生态性，还应该充分考虑空间的健康性，并

图 1 彩虹图

（来源：Dahlgren G，Whitehead M. The Dahlgren–Whitehead model of health determinants：30 years on and still chasing rainbows[J]. Public Health，2021，199：20–24.）

---

* 王兰，中国城市科学研究会健康城市专业委员会副主任委员，同济大学建筑与城市规划学院副院长、博士生导师。

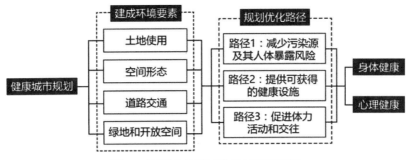

图 2　健康城市规划路径与要素辨析

（来源：王兰：《健康城市规划：回归与提升》，载孙施文等《品质规划》，中国建筑工业出版社，2018，第 201–216 页。）

且健康性本身也是可以预测和测度的。（图 1、图 2）

就像习近平总书记所提出的，要推进健康融入所有政策，把全生命周期健康管理理念贯穿城市规划建设管理各个环节和全过程。其实需要我们在不同层面的规划、不同类型的项目里，对这些规划方案和项目实施的健康效益进行一定的考虑。

2　空间健康促进的理论框架

健康城市规划并不是新鲜事物，其实是我们城乡规划学科的回归和提升。最早出现城市规划时候，关注传染性疾病的健康城市。后来在 20 世纪 80 年代世界卫生组织提出健康城市的时候，更关注的是慢性非传染性疾病，比如说心血管疾病、糖尿病这一类，包括呼吸系统疾病。现在，我们不仅需要关注原来传统的要考虑的疾病，也需要对于新型的传染性疾病，以及心理性疾病有更多的关心。

我这里对于健康城市规划有一个大概的界定：在城市发展过程中，对于各种要素进行空间的配置和组合，从而减少健康风险，优化健康资源布局，最终实现健康的公平。这个公平里一方面是政策好，另一方面是针对弱势群体的政策体系。

在这样一个界定规范下，我们回到今天来谈微更新，社区其实是健康城市实施的基本单元。世界卫生组织在 20 世纪 80 年代推动健康城市发展中也发起了健康城市运动，到现在为止，有全球 50 多个国家，1000 多个城市，超过 3000 多个社区都有参与。

那么社区微更新，就目前的文献所体现的，基本是以社区的公共空间为切入点，营造邻里生活的中心，提升社区物质空间的品质以及促进社会网络的建构。这为健康社区以及其居民公共健康促进提供了重要的载体。

所以，在对整体背景和环节的梳理基础上，我搭建了空间促进健康的一个理论框架，其中包含了两个维度，一个是对于慢性病的，这个维度里面涉及我们对于健康本身的一个路径影响的梳理。目前提出了三个路径：

一是减少污染源和人体的暴露风险，这是针对健康负面影响的。

二是提供可获得的健康资源，就是我们健康设施怎么可获得、可达到。

三是如何促进体力活动和社会交往。

在这三个路径下，我们通过健康环境可以调控的要素去实现身心健康的促进。这个针对慢性病的框架也纳入了世界卫生组织和联合国人居署去年发布的指南里，成为目前我们所推进的实证研究以及在不同空间尺度下所推进实践的一个重要框架性支持。

另外，在慢性非传染性疾病之后，我们也针对传染性疾病开展了研究，主要是基于在城市发展中影响传染病疾病的三大基本单元——传染源、传播路径和易感人群。研究包括社会学过程，以及我们在远端和近端如何通过规划和环境设计去调控。

在这样一个框架下，我也提出了健康规划的一些思路，其中就包含了健康导向的微更新。这里面还包括对我们在建设的国土空间体系的考虑和作为政策工具的健康影响评估。健康不仅在城乡的宏观结构里面有所考虑，也是通过微更新这样的一些方式和我们的居民日常空间进行搭接。更重要的是我们在这样一些理论框架和实践的推进思路下，开展实际研究来思考如何能够更好地支持循证实践。（图 3）

对于规范性研究，我们是希望在目前已有的一些规划的原则、标准和模式之下，提出针对健康更好的、有突破性的和可操作性的一些建议和策略。这个有助于推进健康城市、健康社区研究的框架和我们的微更新结合，整体促进空间设计里面的健康。

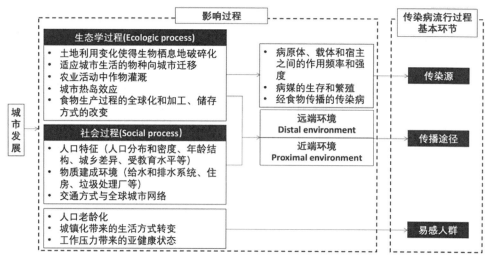

图 3 针对传染性疾病防控的城市空间干预策略

（来源：王兰，贾颖慧，李潇天，杨晓明．针对传染性疾病防控的城市空间干预策略 [J]．
城市规划，2020，44（08）：13–20，32.）

2.1　15 分钟社区生活圈

生活圈并不是一个完全新的概念，它最早在日本有所阐述和应用，到了我们这边，其实它主要的核心与要点和我们原来做公共服务设施是有所差异的，主要体现在从静态的空间视角走向时间和行为，即从人的时空行为出发，从物质空间转向对于人群和个体更详细的行为理解。这个其实给我们提供了很好的研究思路，帮助我们反过来思考，我们原来在这样一些公共设施配置里面。其实微更新里面有一个很重要的承载，即纳入新的公共服务设施，而这些设施配置本身和现在的导则有密切的关系。

我们反过来看一下现在这些导则里面提供的这些设施以及我们的一些空间范围划分到底是怎么样的。我们通过在上海开展的居民时空行为监测的实证研究发现，其实居民的整个时空轨迹和我们从社区出发去划定的这种 5 分钟、10 分钟的半径圆形的覆盖范围，哪怕是用 GIS 生成的网络化的都还是有很大的差异。它们往往是基于目的地，同时也受到比较大型的交通干道影响，以及在特定的公共空间会形成它们的一些集聚性，所以这个是进一步细分的。当时我们在宝山区顾村镇这样一个大型居住区，它有不同的人群，这些人群本身的工作性质和本身的生活条件、居住条件也影响了整个生活圈的范围。

刚才是时空问题，另外一方面也因为新冠疫情应急考虑，所以我们主要采用了案例研究，就是对于美国、日本还有一些其他国家，他们在社区层面针对流感、针对可能的疫情所采用的一些相应策略和设置的机构设施，同时在这个基础上去梳理我们国家已有和缺失的一些空间设施。最后，我们提出在原有的 15 分钟生活圈、日常健康的考虑之外，增设相应的疫情应急设施和一定的机构，这个也可以成为在微更新里的一些参考，也就是在现在疫情更加新常态的情况下，如何把应急设施和机构的设置做好。

2.2　替代性护理场所

第二个内容是我称之为替代性护理场所，这个和刚才那个有一些相似，但是又有所不同。前面讲的疫情（防护）可能是一个相对独立设置的场所和机构，那么，替代性护理场所更强调平疫结合。我们可以在更新中新增设施，或者我们通过更新，使得很多现有设施具有平疫结合的特点。（图 4）

替代性护理场所就是平疫结合的一个非常重要的切入点，因为它主要以非急性护理为主，同时也提供患者和医护人员基本生活的需求，能够容纳部分医院护理、急性护理和监护期的一些患者。其实在整个的流程中，各位可以看到它发挥着非常重要的作用，它提供了基本的治疗护理，同时起到了切断传染源途径的作用，我们用得比较多的旅馆、学校，还有发热门诊的设置，其实都是在这样一个大范畴之下。

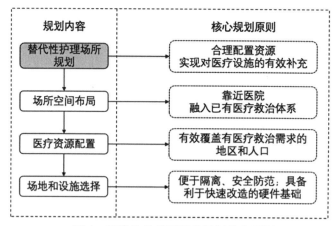

图 4　替代性护理场所的规划核心原则

（来源：邓琳爽，王兰．突发公共卫生事件中的替代性护理场所规划及改造策略 [J]．时代建筑，2020（04）：94-98．）

总结：案例地区社区健康应急策略及机构设置　　　　　　　　　　　　表 1

案例	美国	日本	英国	澳大利亚	中国台湾地区
主要策略和文件	●策略：为社区、公司提供指南 ●文件：《突发公共卫生事件的社区评估工具》《社区大流行性流感防疫缓解导则》《城市应急协议》、"公司突发事件可达系统"	●策略：依托生活圈建立地区全面照护系统 ●文件：《介护保险制度更改意见》《护理保险法》《地域综合支援中心业务手册》	●策略：建立分等级的国家大流行性流感服务 ●文件：《英国大流行性流感预防策略》	●策略：划定地方卫生区 ●文件：《新南威尔士州健康保护》《公共卫生应急预防最低标准》	●策略：推行健康社区营造计划 ●文件：《2020 健康国民白皮书》
主要机构和设施	●紧急医疗服务中心 ●日常保健供应类（家庭保健、药店、初级保健机构） ●诊疗设施（社区门诊、免预约诊所）护理设施（紧急、长期和备用护理） ●备用隔离空间（含独立浴室） ●临终关怀设施（缓和治疗机构、太平间）	●地区全面照护系统（医疗机构、照护服务机构、老年住所、协会组织） ●地区综合支援中心（照护、住所、医疗、预防、施救于一体） ●医院、照护服务机构、轻型养老院/护理院、其他非公资源 ●防灾公园（水资源设施、紧急厕所、储备仓库、避难广场）	●抗病毒药物供应点 ●初级保健设施、药房 ●社区医疗机构（支持居家隔离治疗） ●全科医生、社区药房、地区护士、牙科医生、护工、独立机构、养老院和志愿机构（支持社区医疗服务） ●二级医疗设施（针对疫情急救）	●公共卫生单元办公室（配备：医学冷冻库、常见病原体检测试剂和设备、流感病毒检测设备、军团菌检测设备、水质检测设备，以及雨雪天气户外执勤装备、应急响应手册）	●社区健康营造中心 ●健康防疫联络站
核心特点	●强调社区层面在日常的完善准备能够在突发事件中应对患者短时间大量增加	●依托生活圈（例如老人步行 30 分钟内可达范围内）建构日常护理和防灾防疫体系	●在社区建立日常公共卫生服务基础采用相称性原则建立响应等级及其配套	●依托公共卫生单元办公室开展健康促进和突发公共卫生事件相应	●社区层面专门机构日常协调医疗服务提供主体、并为应对疫情提供组织保障

（来源：王兰，李潇天，杨晓明．健康融入 15 分钟社区生活圈：突发公共卫生事件下的社区应对 [J]．规划师，2020，36（06）：102-106，120．）

其实，替代性护理场所就是在这样一些机构上去进一步明确平疫之间如何转换。这是我们根据这类设施、场所规划的核心原则和中观、微观室外场地设计以及室内设备转换的要求，以及基于很多案例研究的思考。在我们的更新中也可以去考虑、去进一步细化如何结合日常健康和疫情应急，特别是基于部分单位内一些设施怎么实现平疫转换。（表1）

2.3　社区健康设施布局评估

健康方面我们比较关注健康公平问题。我们采用了一些特定的方法，比如针对社区体育设施的研究。我们通过常规的人均和地均供应面积的公平性评价，可以发现它明显缺失的区域。同时，我们采用了基尼系数和洛伦兹曲线，更进一步地知道了现在这样一个空间分布是怎么样的。（图5）

我们还针对养老设施并结合人口结构，采用特定的分析方法来识别"高需求、低配置"的一些区域。我们把老年人的人口比例纳入到整个空间公平性的分析中，来明确哪些居委会是需求很高的，但是我们目前的配置很低的。通过这样的方法，为后面的更新提供很好的设施优化指导。（图6）

另外，我们也做了120急救站相应的一些分析。从上海市区关于120急救站的布局图可以看出，现在上海已经达到了平均12分钟即可到达救护，但是仍然有一些盲区和异常值，这个也是我们与上海市急救中心合作得到的空间引导图。同时，这部分也包括在我们为上海市总体规划做的评估里的一个健康城市专题里，我们有不

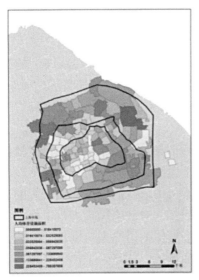

图5　基于人均、地均体育设施供应面积的空间分布

（来源：王兰，周楷宸. 健康公平视角下社区体育设施分布绩效评价——以上海市中心城区为例 [J]. 西部人居环境学刊，2019，34（02）：1-7.）

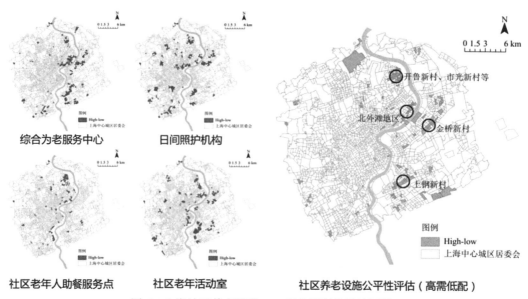

综合为老服务中心　　　　　日间照护机构

社区老年人助餐服务点　　　社区老年活动室　　　社区养老设施公平性评估（高需低配）

图6　上海社区养老设施——现状健康公平性评估

（来源：王兰，周楷宸，汪子涵.健康公平理念下社区养老设施的空间分布研究——以上海市中心城区为例 [J].
人文地理，2021，36（01）：48–55.）

同的内容，这一部分主要是针对社区提出后续哪些区域在更新中或者可能新的设施的植入中是需要重点关注的。

2.4　实践探索个案

前面的三个实证研究具有一定的应用性，这里介绍一个实践案例的探索。在健康城市规划设计的实践中，我在推的一个概念叫循证实践，它其实不是很新颖的概念，各个学科都在推进，它主要的目的是希望能够有不同的证据去支撑我们的实践，让我们的实践更加坚实。

其中，研究的支撑是循证实践很重要的一部分，通过循证实践可以搭接研究和实践工作。我在杨浦区做社区规划师，所以做了殷行街道开鲁新村的绿地设计，这个设计也被纳入到世界银行和人居署的健康设计案例中。我们根据前面积累的研究和一些健康设计的工作框架，开展了健康需求的调研，并对健康风险进行了叠加，包括冬季和夏季的风环境，还有日照。根据日照和风场整体的情况来对现状的一些树木进行可能的微调，同时也根据日照的情况来设定它的场地。这是一个社区公园，它的北面是小学，南面是幼儿园，所以这个公园其实是开鲁一、二、三村非常重要的一个公共活动中心。通过这样的技术和方法，使得我们可以更好地考虑健康。它其实没有高成本，只是在设计过程中更多地把一些健康风险和资源要素的考虑纳入其中。

图 7　小小规划师活动

同时，我们还开展了一些让不同的人能够参与了解它们的活动。因为这个项目的北面和南面有很多的小孩前往，现在也在提倡儿童友好城市，所以也开展了小小规划师的活动。这是小朋友在看现场，还有他们在我们给他们准备的图纸和一些设备上去阐述和表达他们希望这个公园有哪些相应的设施（图 7）。这是我们最终对方案本身做的一个健康效益的评估，目的是明确可能增加或减少的风险，增加活动场地可能促进的体力活动等。这是半建成的一些情况，后续还在优化。

最后，在整个健康规划以及健康导向微更新里面，我们最终希望通过实证研究，通过在实践中的摸索，来搭建这样一个健康城市规划的"金三角"：从底线控制健康的负效应、到预防干预并提供健康的保障、再到优化提升进行身心健康的空间促进，来实现健康导向微更新和整体的健康城市规划。在这三个路径、三个层级之下，我们都会相应地再明确它的技术指标以及它相应的阈值，这也是我们现在正在推进的一个工作。

参考文献

[1] Dahlgren G，Whitehead M. The Dahlgren–Whitehead model of health determinants：30 years on and still chasing rainbows[J]. Public Health，2021，199：20-24.

[2] 孙施文，等 . 品质规划 [M]. 北京：中国建筑工业出版社，2018.

[3] 王兰，周楷宸，汪子涵 . 健康公平理念下社区养老设施的空间分布研究——以上海市中心城区为例 [J]. 人文地理，2021，36（01）：48-55.

[4] 王兰，贾颖慧，李潇天，杨晓明 . 针对传染性疾病防控的城市空间干预策略 [J]. 城市规划，

2020，44（08）：13-20，32.

[5] 邓琳爽，王兰.突发公共卫生事件中的替代性护理场所规划及改造策略 [J].时代建筑，2020（04）：94-98.

[6] 王兰，李潇天，杨晓明.健康融入 15 分钟社区生活圈：突发公共卫生事件下的社区应对 [J].规划师，2020，36（06）：102-106，120.

[7] 王兰，周楷宸.健康公平视角下社区体育设施分布绩效评价——以上海市中心城区为例 [J].西部人居环境学刊，2019，34（02）：1-7.

[8] Wang L，Zhang S，Yang Z，Zhao Z，Moudon A，Feng H，Liang J，Sun W，Cao B. What county-level factors influence COVID-19 incidence in the United States? Findings from the first wave of the pandemic[J]. Cities，2021.

[9] Li L，Zhang S，Wang J，Yang X，Wang L. Governing public health emergencies during the coronavirus disease outbreak：Lessons from four Chinese cities in the first wave[J]. Urban Studies，2021.

[10] Integrating Health in Urban and Territorial Planning：A Sourcebook[M]. UN-Habitat and World Health Organization，2020.

[11] 王兰，孙文尧，古佳玉.健康导向城市设计的方法建构及实践探索——以上海市黄浦区为例 [J].城市规划学刊，2018（05）：71-79.

[12] 徐望悦，王兰.呼吸健康导向的健康社区设计探索——基于上海两个社区的模拟辨析 [J].新建筑，2018（02）：50-54.

备注：

本文根据作者于 2021 年 12 月 11 日《第六届中国城市更新研讨会》（福州）所作的报告整理。

城市更新中的文商共融与共荣

石晓冬 *

关于城市更新中的文商共融与共荣，主要从设计共赢、更新共生和消费共融这几个方面进行探讨。

从目前情况来看，消费升级是新时期我国的主要战略。从国家长期经济社会发展战略的若干重大问题当中可以看出，我们中等收入群体已经有 4 亿多，我国不仅是全球最大，也是最有潜力的消费市场。从很多大城市来看，如果核算碳排放量，我国多个城市的消费能耗已经超过了生产能耗，确实要对消费予以特别的关注，这是非常重要的方面，要建设消费和投资需求旺盛、强大的国内市场。（图 1）

在我国 12 月 10 日召开的中央经济工作会的背景下，谈到了中国所面临着需求收缩、供给冲击、预期转弱的三重压力。在这种压力下，再去看消费，在生产分配

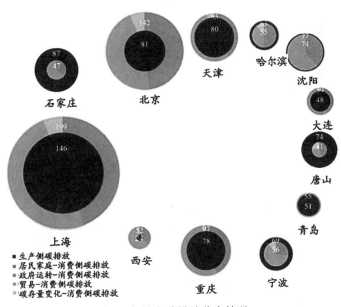

图 1　各城市碳排放分布情况

* 石晓冬，中共北京市规划和自然资源委员会党组成员，北京市城市规划设计研究院党委书记、院长。

流通、消费各个环节的循环畅通当中，是非常重要的。因为从这个角度来讲，支撑着整个的循环，在这个过程中，我们更应该关注末端，关注企业、社群的需求和行为，通过小发展来推动大发展。

我国在未来十年的人口结构转型将带来消费新需求。伴随着老龄化、家庭小型化、少子化等趋势，未来消费主力结构和消费特征都将发生深刻变化。未来十年，1965~1980 年出生、改革开放中成长的"新老人"将呈现出较强的消费能力。根据联合国预测，2030 年我国 60 岁以上人口将达 3.6 亿人，银发经济市场规模预计达到 15~30 万亿元；同时，1995~2009 年出生的 Z 世代人口成为职场新人，消费能力大幅提升，体现出悦己式消费、线上娱乐消费、圈层文化与兴趣付费、国货消费、品牌与潮流消费、重视社交性与互动性等鲜明特点，该群体引领的新消费市场规模在2030 年预计到达 20.5~24.5 万亿元。除此之外，晚婚晚育、结婚率大幅下降和离婚率大幅攀升的背景下，单身经济发展空间变大，单身人群呈现年轻化、高学历化特点，普遍储蓄低，追求高品质、高质量、高消费的生活，注重自我投资，助推了新消费模式，促进了文娱、宠物消费；已婚家庭中，家庭结构小型化的趋势也越来越显著，两人户占比近 30%，其家庭消费理念将更倾向于便捷消费，家电、家具、汽车等消费品的人均保有量将大幅提升。再换一个角度看，所谓 Z 世代的兴起引起了新消费，而新消费资金的体量也是非常大的。Z 世代指 1995~2009 年出生的人，是作为未来10 年重要的团体出现。通过我们的预测，这个群体当前的消费规模大概是 6~7.5 亿元之间，预计到"十四五"期末，将达到 15 亿元。（图 2）

国际消费中心城市培育建设呈现新趋势。2021 年 7 月，经国务院批准，在北京市、上海市、广州市、天津市、重庆市，率先开展国际消费中心城市培育建设。这几个城市都是全国历史文化名城，具有深厚的历史文化内涵和丰富的文化资源；在各市对国际消费中心城市培育建设的实施方案和相关行动计划中，呈现出文化体育消费、教育医疗消费、会展消费等新型消费领域崛起态势，中国智造与数字化趋势显著。

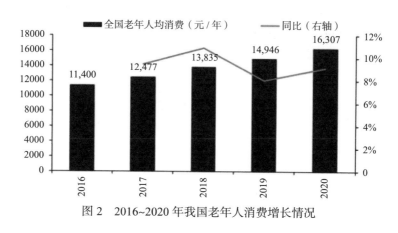

图 2　2016~2020 年我国老年人消费增长情况

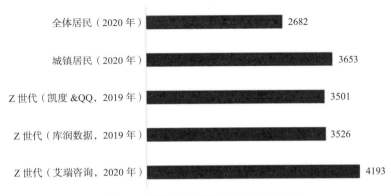

图 3　Z 世代和全国居民的可支配收入

同时，以北京为例，在市民的网络讨论词频分析中，也可以显著看出文化体育等新兴消费需求尚未得到满足。（图 3）

今天说到城市更新，城市更新在新的情况下，依靠供给侧改革来引领和创造新需求，用优质的供给带动消费升级，创造新机遇。面向城市消费的转型，空间、业态、品质的提升，人的生活水准和感受的提升，是这一轮城市更新的重要内容。

从城市规划角度来看，传统的城市设计，面临一种形势，也是更多的要响应文化价值、品质导向，形成多专业合力，通过一种陪伴式的孵化和各种消费空间的契合，寻找新的工作路径，在城市更新中推进消费关系的演进和城市空间的迭代。比如：我们传统的消费空间、百货商场、综合体等空间，由于不断融合新的功能，如商务、文化、体育、教育、培训、医疗，这些资源的引入和功能的需求会不断带来新产品，创造新体验，营造新场景，通过这种赋能去提升传统的消费空间。

面向城市消费的转型提质成为本轮城市更新的重要内容，在城市更新中推进消费关系的演进和城市空间的迭代至关重要，响应国家战略部署和时代需求，本文从设计、更新、文化、共创等角度盘点全球案例趋势，阐释推动消费共融的 4 维动力及其 14 个应用路径和策略。

第一维动力是以高水平的设计为驱动。高水平设计能促进多元消费资源的聚集和融合，优化传统消费空间、催生新型消费空间，是重塑消费关系的过程，而消费关系的演进又会推动消费空间乃至城市空间的进化。

策略 1：注重高质量城市设计，在新旧融合、文脉传承基础上，以高辨识度的建筑和景观形象汇聚注意力经济。要注重新旧融合，将现代简约元素融入传统建筑的改造设计中，让文物保护单位、历史建筑和其他传统风貌建筑在不断更新生长的过程中获得新的活力，如伦敦泰特现代美术馆（伦敦）和易北爱乐厅（汉堡），都位于城市中心地区，由工业建筑改造成大型公共文化设施，凭借别出心裁的建筑形象和极具吸引力的高品质公共空间，塑造了城市文化爆点，重塑了城市中心地区活力；要注重文脉传承，在老旧建筑改造中融入传统文化或特色风貌要素，赋予建筑生命和性格，增强建筑的可读性，为建筑空间价值赋能，如贝克特实验剧场（巴塞罗那）、柏林新博物馆（柏林）、苏施当代艺术博物馆（苏施）均为老旧建筑更新改造项目，他们对建筑的历史文化价值进行深度挖掘和思考，确定保留的建筑部分和部件，以此展示独特的建筑文化魅力。

策略 2：坚持高品质室内设计，以多元的艺术内容和丰富的软装手法塑造有吸引力的消费场景。通过充满艺术感的室内风格和丰富的艺术品展示，塑造具有稀缺性的场景，给消费者带来独特的体验，如知名的侨福芳草地（北京）围绕"让生活艺术化、让艺术生活化"的独特定位，打破艺术与商业固有边界，为商业场景与艺术交融的呈现方式开创了历史先河；可通过简约时尚的室内公共空间，塑造清新舒适的空间体验，辅以艺术化装置，让整个场所雅致而有格调，成为商办设施吸引高附加值办公客群的重要卖点，如万科时代中心（北京）在挑高大堂悬挂着法国著名艺术家 Charles Petillon 创作的巨型装置"云——城市的心跳"，赋予空间戏剧感，并通过开阔的讲演空间、悬浮的空中会议室等大尺度交流空间塑造更为人性化和交往友好的室内空间；可利用独特的区位优势打造充满意境的城市观景台，也成为消费空间重要的竞争力塑造点。借助城市优质景观资源，可以打造消费空间的稀缺性优势，如 Tokyo Plaza Ginza（东京）利用六层开放中庭可以俯瞰城市夜景，在这里举办社交聚会、艺术展演和商业活动等成为诸多社会人士和机构的首选。

策略 3：注重公共空间活化，充分利用街道、广场和微空间、灰空间，打造具有消费和交往活力的城市客厅。要以微空间设计的手法提升历史街区街道整体环境，通过店招牌、垃圾箱、地面铺装、绿化、护栏等城市家具的精细化刻画和设计引导，激发街道消费活力，如武康路（上海）位于徐汇区，建于 1907 年的老马路，在这条历史悠久的小马路上既有名人故居，也有各式各样的小店，业态丰富。在更新过程中，通过建立共商共治平台，对商店招牌、垃圾箱、地面铺装、绿化、护栏等进行统一设计和管理，逐步提升街道消费氛围，也激发了商户的更新动力；通过精细设计与管理公共空间，以审慎和包容的态度引导外摆等室外消费设施的设置，鼓励消费空间和消费氛围向公共空间延伸，如王府井小吃街（北京）、凤凰城内街（北京）、中粮广场建筑前空间（北京）等，通过商业界面和街道空间深度互动，不仅因其丰富的场景内容吸引了消费行为，也因其为周边社区提供高品质休闲空间而获得持续的活力；可以通过精细化设计导则或者指南，推动激活街道空间、边角空间，促进商业设施与城市公共空间整合互动，提升空间活力，释放街道经济价值，如波士顿街道空间导则中提出精细化的空间设计引导和管理建议。结合城市边角空间布局外摆，从改造冗余道路、补全街角、消除多岔路口等切入点划定外摆广场；鼓励临街店主自行申请出资将路边停车位改造为路边卡座，扩大经营面积的同时也可以提升临街空间品质。

第二维动力：以高质量的更新为带动。得体的消费氛围、精准的场景展现成为消费空间塑造的重要基础，面向全消费需求的多元功能、丰富业态至关重要，消费空间不再是一个功能孤岛，而是在商业设施和其他功能空间之间融合渗透，消费空间的提升更加依托全域、全要素的高质量更新带动。依托北京城市更新行动中的更新类型，面向多种更新对象，应多策略、多手段、多路径地提升要素价值，改善环境品质，激发消费活力。

策略4：在商圈/商业楼宇更新中，以灵活的规划土地政策和全周期的运营策划，推动商业模式创新。支持发展首店首发经济，塑造消费地标，为商业更新注入新动能。尤其是在历史建筑更新中依托历史悠久、特色突出的建筑载体，提升品牌的厚重感，与历史、艺术等主题深度融合，提升品牌内涵。总结国际知名首店和旗舰店的建设与运营特点：一是商业建筑历史悠久、特色突出，充分提升品牌的厚重感；二是店面形象新潮更迭频繁、互动性强，提供丰富的社交平台分享机会；三是营业时间和服务项目独具特色；四是消费体验独特、多元；五是与历史、艺术等主题深度融合，品牌极具内涵。可以通过提升土地和建筑利用的混合度，支撑功能融合需求，探索城市消费生活场景新方向，如恒基·旭辉天地（上海）位于黄浦区新天地商圈，项目不满足于传统纯商业零售运营模式，基于新时代下消费模式的转变，创新性地运用"前店后企"的方式，积极整合商办资源，形成"自我循环"的商业＋办公生态，打造全新"商办同圈"概念。通过推动商业空间与丰富的城市场景融合，塑造沉浸式消费体验，如北京王府井和平菓局在王府井北京百货大楼地下重建了一个2400平方米的老北京城，是国内首个京味场景沉浸式体验空间，逼真地还原了20世纪七八十年代老北京胡同生活，每天接待逾万人次，成为年轻人体验老北京文化、网络打卡的热门目的地。

策略5：在老旧厂房更新中，以适度宽容的功能转换政策和市场化运营模式，释放文创产业发展与消费潜力。以特色空间体验为基础，营造文化交流与休闲生活于一体的新场景，如国营751厂（北京）是第二批国家工业遗产，更新为751D·Park时尚设计广场，园区内提供精品商业（设计师买手店、北欧生活方式线下快闪店）、国际展演（国际设计节、TED演讲）、创意活动（创意集市、露天影院、夏日音乐会）等精品业态，不断提升活动质量与影响力。以社区文化设施精准供给为基础，塑造文化生活与休闲消费于一体的新场景，如郎园Vintage（北京）前身是万东医疗设备厂，2009年起开始改造文化创意产业园。园区提供良阅城市书房、虞社演艺空间、兰境艺术中心等自持文化设施并对外开放，定期举办讲座展演等，丰富社区居民的文化生活，通过社群培育和内容运营带动文化消费。

策略6：在公共设施更新中，鼓励多种方式引入市场化运营力量，释放文、体、医、养消费潜力。通过逐步引导城市大型美术馆、图书馆、体育场等设施综合化发展，推动文化创意、体育消费等产业动能转换，创造更高的经济和社会效益，泰特现代美术馆（伦敦）位于泰晤士河南岸，由一座闲置发电厂改造而成，成为城市文化地标。在更新中建筑本体保留标志性"大烟囱""涡轮大厅"等工业文化元素。新建建筑部分采用"大面融合，小处对比"的方式，主馆顶部加建"光之梁"为建筑注入活力。美术馆通过高水平运营，前期吸引社会资本，募集到 1.4 亿英镑启动资金。后期引入咖啡厅、餐厅、酒吧、纪念品商店等服务业态，在全伦敦创造了 2000~4000 个工作岗位，累计盈利 7500 万英镑 ~1.4 亿英镑，创造了较好的经济效益和社会效益，有力推动了整片区域的发展。

第三维动力：以文化竞争力为拉动。文化是城市的灵魂，文化塑造着一个城市与众不同的历史底蕴和精神气质，文化战略成为打造国际消费中心的重要手段。无论是 20 世纪的毕尔巴鄂靠"古根海姆效应"，用一座建筑复活一座城市；还是伦敦、巴黎、东京、纽约等大都市以文化战略为引领，用文化产业培育文化消费输出。今日，文化竞争力成为拉动城市消费产业活力的关键。

策略 7：围绕城市文化特色推动文化产业发展、带动相关消费输出，实现文商旅融合发展。以特色文化空间或文化产业为依托，激活文化旅游消费，东京依托杉并、三鹰等地的动漫资源扩大国际影响力、开发旅游路线，形成稳固的动漫旅游产业链，将动漫旅游资源与城市观光的食、住、游、购、娱结合，实现商旅融合。通过利用影视剧的关联带动效应，顺应"影视 + 旅游"新趋势，提升城市文化旅游和消费附加值，以名人效应、文艺作品和艺术创作为抓手，打造城市品牌，赋能城市空间，输出城市文化，培育国际文化影响力与文化吸引力。例如，伦敦国王十字车站利用《哈利·波特》文学及影视作品，打造沉浸式乘车和消费体验。据统计，2019 年国王十字车站（伦敦）的消费总量已经超过了伦敦高街。

策略 8：发掘传统街区和历史建筑的文脉特征和风貌特色，在活化利用文化遗存的同时，提升入驻商业品牌的附加值。在历史建筑中引入"首店首发经济"，已成国际顶级商业更新的重要王牌。众多国际知名旗舰店都依托历史悠久、特色突出的建筑载体，提升品牌的厚重感，与历史、艺术等主题深度融合，提升品牌内涵。通过利用城市知名文化赋能商业品牌价值，扩大商业品牌的国际文化影响力，如故宫角楼咖啡（北京）位于故宫博物院神武门外，游客无须"进宫"，就能感受故宫文化，隔扇、灰砖、木椅等陈设古色古香，养心咖啡、三千佳丽奶茶等特色饮品"宫"韵十足。

策略 9：挖掘"国潮文化"消费潜力，扩大在国际消费中的文化影响力。国潮文化运营与时尚元素设计的结合，正在成为年轻品牌和老字号等传统品牌共同的着力点，在文化传播和消费拉动上都取得了令人满意的效果。随着 Z 世代消费群体的崛起，这个群体的文化自信特质也反映到了其消费偏好中——对国潮文化的热衷。"国潮"是指传统文化与当下潮流的结合，始于文化，忠于原创。国人的消费理念已从对物质层面的追求上升到追求精神文化领域的自信和满足感，众多品牌将国潮作为时尚元素融入设计，展示品牌的文化内涵和差异化特征。

策略10：加强文化资源与城市功能、空间的协同联动，提升街区整体消费活力。在文化资源和设施集中的街区，以多层次、全品类文化消费空间的塑造，拉动文旅消费活力，如百老汇（纽约）和伦敦西区（伦敦）等国际都市文娱区通过影剧院、音乐厅、画廊、美术馆、博物馆、图书馆、主题商业场馆等文化设施的集中布局，在门票经济之外带动巨大的文化附加消费需求的释放，充分拉动了就业和经济。

第四维动力：以城市共创为推动，政府、社会、市民和各种组织共同参与和更新。

策略11：以城市功能复合化与空间活化，推动塑造丰富多元的消费场景。通过推动产业街区融合生活、消费、社交和休闲娱乐等功能和场景，响应新职场人群的服务需求。年轻一代对工作场所提出更多诉求，他们希望在工作8小时步行范围内，满足消费餐饮、生活服务、社交娱乐需求，提高生活效率和品质。在这一导向下，商务区将不仅是日间的笔记本电脑停放处，还需要重叠更多生活、社交和娱乐场景。通过多功能复合，提升人才吸引力，商务区才能获得更高的附加价值和持续的经济活力。推动社区开展空间活化和文化功能植入，培育空间自治和文化交流意识，提升社区消费活力。在多元参与的格局下，通过社区文化联合体、责任规划师组织协助居民开展微空间改造等方式，培育居民空间自治和文化交流意识，改善社区文化场所环境，也是激发街区活力和消费潜力的重要途径。如北京规划院运营的史家胡同博物馆，通过持续不间断的社区营造，在多方之间形成了文化联合体，引入文创机构运营社区文化生活馆，与胡同文创社合作举办活动。同时，责任规划师与居民一起开展胡同微花园改造工作，组织孵化实现社区绿色空间。这些细水长流的更新工作都在推动社区活力的延续。

策略12：统筹调动运营、管理与治理资源，支持商业新模式和高能级发展。如延长公共交通运行时间、提供便捷的停车空间管理、强化安保与环卫工作实时配合等，以高质量的城市交通、安保、环卫等管理水平支撑夜经济。在空间场地承载、管理平台建设、审批流程与财政资金等方面加强支持，支撑高能级商业资源对接与合作。如借鉴纽约、东京的经验，汇聚文化领域的高能级展会节事活动，与国际文化展会节事活动主办方建立更密切的合作关系，成为带动文化传播和消费输出的重要途径。"纽约X设计"是纽约设计的推广平台，指导委员会由纽约经济发展公司、纽约市长办公室、知名设计机构等组成。聚合纽约设计活动信息，为优质项目提供宣传和资源对接，每年度主办纽约设计周，颁发设计奖项等大型活动。

策略13：利用轨道微中心建设契机，激活城市消费枢纽。轨道中心是建设规模集聚的重要节点，也是商业人流、物流、信息流和资金流的聚集点，应加强互联互通，支持要素流动，建设成为消费微枢纽。如东京六本木之丘依托四条轨道交通交汇的便利交通条件，将地铁站点与建筑设计结合，将人群活动流线由横向引导为竖向，创造"垂直"都市，统筹商业活动与东京整体观光旅游，形成具有新都市生活形态的超大城市复合型休闲文化商业中心，打造城市文化艺术会客厅和垂直花园都市，增加"立体回游"森林的体验感。

策略 14：整合高科技手段和资源，推动城市街区整体营销。通过完善基础设施与平台保障，在商业更新中回应数字化发展趋势，探索支撑实体商业与数字商业融合的模式和路径。通过加快完善数字基础设施、升级实体空间、搭建数据平台、整合管理平台等举措，或能强化技术创新引致的供应侧产品创新，真正引导需求侧消费内容和方式的变革。通过积极布局融媒体、短视频、虚拟现实、移动游戏等新兴文化产业，围绕下一阶段的消费增长点形成产业集群和规模效应，率先构建完善的新兴文化产业生态。

城市进入存量更新时代，将推动城市价值载体从土地向空间的转变，城市更新建设的动力随之发生变化。

空间价值的赋值不仅受到区位、容积率、基础设施等因素的影响，而更加会被内容、品质甚至是场景等定义。在这样的背景下，本文提到的 4 个维度、14 条策略中，城市设计将成为响应文化价值与品质导向，形成多专业合力、陪伴与孵化消费空间的重要工作路径，在城市更新中推动消费关系健康演进和城市空间不断迭代。

备注：

本文根据作者于 2021 年 12 月 11 日《第六届中国城市更新研讨会》（福州）所作的报告整理。

建筑设计决策方法在城市更新中的应用与实践

庄惟敏 *

1999 年在北京召开了国际建筑师协会第 20 届世界建筑师大会，当时吴良镛院士作为大会执行主席做了一个非常重要的报告，这就是后来大家知道的《北京宪章》。《北京宪章》提出，我们正面临一个变化的时代、纷繁的世界，我们需要共同的议题及协调和行动。我们曾经经历的这个世纪是一个大繁荣，但又是一个大破坏的世纪，面对新世纪的到来，我们期待着一个大转折，针对城市的问题，针对环境的问题，要把建筑看作一个循环体，把城市看成一个复杂巨系统，着眼于我们创造美好人居环境的目标。

进入新世纪，随着建筑学科领域科学技术研究和实践的展开，基于绿色可持续发展理论、数字化的技术以及智慧城市、健康城市等基础研究变得越发重要且受到关注，但相关的基础理论研究仍显匮乏。两千多年前，维特鲁威在《建筑十书》中说的建筑原则：坚固、适用、美观，后来建筑界的普利兹克大奖，它的奖牌背面也写了六个字：坚固、适用、愉悦，我觉得这么一点点变化将美观这个词变成愉悦，实际上就非常有内涵。愉悦代表一种内心的感受，代表着一种主观的评价。所以，建筑和城市人居环境都有这样一种主观的成分在内，那么建筑这一科学与艺术相结合的学科，如何通过理论发展和技术手段，实现人们对建成环境主观感受的认同，这也成为当今落实习近平总书记倡导的"人民说好的城市，才是好城市"的宗旨，我们应付诸努力的行动。

改革开放以来成就巨大，但是确确实实我们对于一些问题不容忽视。第一个就是建筑大量短命拆除的问题。建筑的寿命被大大缩水，其实是一个最大的资源浪费问题。有数据显示，"十一五""十二五"两个五年规划，10 年间我们拆除建筑的平均寿命不到 40 年，但是非质量因素的拆除占到了 81%。第二个就是定位失当，规模夸张，一个县级中心建造费用高达 20 个亿，一个市级文化中心的运维费用每年竟高达 5000 万元，变成政府的财政窟窿。第三个就是建筑能效低下，不可持续发展。

---

* 庄惟敏，国家一级注册建筑师，全国工程勘察设计大师，中国工程院院士。

这些都与建设项目规划、设计和建造的科学性有关，而设计决策理论和方法是其中非常重要的一个环节，设计决策不科学是造成上述问题的关键。我们在 30 年的时间里，针对这一问题开展研究，提出了"前策划、后评估"理论体系。在这个理论体系中，第一项任务就是定义问题。事实上，在我们面对城市这个复杂的系统和建筑时，我们的难点是发现问题并定义问题。朱厅长的报告，我非常赞成，作为城市的管理者、建设者把问题定义出来了。我们现在要做的就是科学问题的挖掘。第二项任务就是数据分析，胡处长代表汪科司长演讲的内容里包括 CIM、BIM，其实都是借助于今天大数据和计算机数据平台做的数据分析，这一点和我后面要讲到的后评估有关。第三项任务就是设计决策技术的研发，这其中包括空间生成技术、任务书评价技术和模糊决策技术等。第四个任务就是设计验证，设计验证大家都很熟悉，但是大家一定要清楚，验证不仅仅是一个作品的诞生，更是对自己带有尝试性和探索性的设计理念付诸实施的验证研究。最后一项任务是评估反馈。以此形成一个全链可控、动态修正、精准预测和风险评价的闭环机制。我们说建筑的创作其实是两个基本层面：一个是满足它的底线要求，一旦突破了底线，建筑就是一个废品；但同时只守着底线还不够，它应该有一种美学价值的升华。在这两个层面上，底线是一个基础，所以刚才说到的前策划、后评估的理论或者说科学决策的理论，也是为了守住这个底线，将这个环节嵌入我们基本建设的流程里，而后通过使用后的评价，来实现一个前策划、后评估的闭环，为我们的设计提出一个科学合理的依据。

这个里面很重要的是建筑性能指标体系的问题，可以在短期、中期、长期三个价值层面对我们的建筑进行检测。在城市更新层面与城市建设层面有城市体检，同样不要忽略这里面还包含着建筑的体检，只有对这个数据本身充分地掌握，我们才能够回归到前端的规划和设计创作上，才能进行必要的修正和优化。

2015 年，李克强总理在国务院的一次讲话里讲到了数据是国家战略。但是恰恰在我们城市建设层面和建筑层面这个数据太缺乏了。为什么我们很多的房子这么短的时间内就拆除了？为什么我们很多建筑拿到了绿色建筑的认证，但使用效果并不好呢？这就需要使用后评估，需要有数据支撑。后评估短期检测的目的是看看我们对建筑的使用者是不是负责任，哪些需要修改，满足不满足当初的设计定位和意图。中期即一年四个季度运转之后，评估一下哪些指标合理，哪里不合理，哪些要进行优化，当初的策略有没有问题，这是为投资建设者提供证据，避免同样错误同样犯。长期评估指的是运行 5 年之后的各项指标评价，它是对行业标准和国家标准进行调整和修改的依据。比如研究型大学，其教学楼的空间配比就不能简单地用提高平面系数来约束，更不能简单地把它作为标准和规范。我们建立了一个使用后评估的理论模型，力求在人、环境、建筑、资源之间求得一个平衡。这也是我们今天讲到的人民的城市为人民的基本出发点。以往的后评估主要是集中在数据分析，包括室内空气质量、环境容量、交通问题等。但是，今天我们更多的还要关注人的主观评价，当然在后评估的理论体系中关于人的主观评价是个难点，随着相关学科技术的发展，现在我们也有越来越多的方式方法将人主观评价的感受数据化，而后转译到今天的后评估体系数据框架内。所以，我们也在对后评估阶段不断地进行补充。对城市更新本身也有一个城市体检之外的数据支撑问题。

接下来向大家介绍几个自己的实践案例。这些案例本身和我前面讲的是有紧密关联的，但并不代表某一个理论就对应着一个实践，它们是综合的。

第一个项目是延安宝塔山景区城市双修实践案例。延安是一个非常特殊的城市，从抗战之初到后来革命根据地的建立，作为我们国家高等教育的原发点，它是一个非常重要的基地，所以它的文化积淀不仅仅是红色革命这一部分，也包括我们说的教育，有中央美术学院、人民大学、中央音乐学院等，众多大师都是从这儿出来的。

从自然环境来讲，延安曾是黄土高原穷山恶水的地方，但是 20 世纪 70 年代、80 年代到 90 年代发生了突飞猛进的变化。这次我们接的任务是在宝塔山脚下建设一个结合红色旅游、展览、观光和城市市民广场的城市综合体。从现状我们可以看到，商业建筑见缝插针，建筑的体量和尺度杂乱，建筑群体杂乱无章，对城市街道造成巨大压力，市民缺乏必要的公共空间，山崖岩壁植被破坏。所以，它面临的是一个城市双修的问题，而不仅仅是一个宝塔山景区恢复的问题。我们借助于延安带型城市的空间形态，开展前期策划，将红色观览为主线，设计了一个面向宝塔山景区所特有的空间视廊。从它最南端火车站出来，沿着这条线一直面向着宝塔山，在一个沿着山、又沿着河的路线里形成延安城最重要的、带有视觉瞻仰特征和城市景观特征的空间整合。通过建筑群体的策划，将景区内遗址，包括日本农工学校、半山窑洞和高级法院等历史建筑串接起来，形成完整的城市与建筑功能空间。

延安是一个举世无双的红色革命圣地。这样一个概念应该把它作为最重要的基准点，将那些建筑作为背景，融在山体里边，融在城市里边，而将宝塔山作为最重要的一个景观控制点。

所以，大家看到了整体的策略就是在这样一个山崖上，先整治崖壁，防止塌落，防止水土流失，而在整治崖壁的基础之上，将建筑嵌入这个山体，建造出展览空间，游客服务中心、科研、智慧延安的管理空间等。将建筑的屋顶和广场环境绿化融合起来，900 米长的通道一直从南到北贯穿这条主路线。它是一个红色革命的建筑，但是我们并不希望把它变成一个非常严肃、刻板的场所，它应该还给人民，即便它是一个红色记忆，它也应该还给城市，应该是为老百姓服务的，应该让市民喜闻乐见，把它作为自己一个美好的人居空间融入其中。所以，我们策划的将建筑屋顶和山体结合，营造出市民广场。周末很多的市民愿意去那儿，因为他们体会到了在其中作为主人的闲适、愉快的感受。

主体建筑融入山体，对延河、对路的压力也减小了。为了解决埋在山体中建筑的采光和通风，我们策划了一个下沉的庭院广场，设计出两层高的天井来解决建筑的自然通风和采光问题，下沉两层的庭院，自然通风采光在这里也都展示了出来，即便在庭院里也可以仰视宝塔山，将宝塔山融入其中。沿街部分以依山窑的方式设有窑洞式的廊道，这些廊道里边都是展览空间，也是市民遮风避雨的空间，同时也减少了建筑群体对城市的压力。城市的公共交往空间在这里显现出来了，平时和周末市民们很愉快地把它当成一个广场公共空间。室内设计的风格和细部构造也借鉴和采用了当地的传统建造技术和工艺手法。这个项目最后获得了国际建筑师协会的 UIA 城市双修大奖。

九寨沟沟口游客服务中心项目。这个项目的策划设计是融入自然的一种定位。原来藏式风格的沟口游客中心在 2017 年 8 月地震以后都毁坏了，需要重建。沟口空间狭窄，为了解决 4 万多人在两小时内完成进沟，解决它的疏解问题成为关键，我们采取了类似航空港立体进出港的布局方式。以一个高架桥形成两层同时进沟出沟，上百辆大巴鱼贯接客，在短短的两小时之内可以解决 4 万人的进出。主要建筑"让开"这个沟口的自然景观，将建筑做在一侧，沟口的自然景观作为建筑最重要的景色，建筑结合了自然地形来实现。入口罩棚采用了当地的石材，建筑设计利用当地的元素文化。结构采用了木构桁架系统，实现了绿色低碳。景观的设置采用了小料石和周边的山体呼应。游客中心里设有展览空间，展览空间的设置也是非常独特的，展品本身是一部分，但是透过窗户看到外面的景色也是展览的一部分，所以参观者在观看室内展览的同时，还看到了外部的景观，将外部景元素观纳入里面，变成一个整体。所有展品的布置都是悬空的，飘在空中，让大家看到的是一个将自然和人文融合在一起的景致，透过中间的天井解决自然采光和通风，将自然的风景引入室内。

最后是延安大学的新校区项目。这个项目的特色是通过策划研究，在挖填方上合理布局建筑群体，以校园事业规划引导建筑设计，空间组成既符合当代大学的学科发展和教学模式，又结合当地人文地域特色，基本建筑材料选用当地的黄砂岩，结合土黄色的再生混凝土砌块，象征窑洞的意象。通过厚重的墙体解决节能、保温问题。这是一个低造价控制的项目，延安大学的主校区做完之后，得到了各方面比较好的反馈。

关于改造更新和拆迁的问题。大拆大建一定是问题。中国工程院正在开展一项课题研究，研究表明更新改造的碳排放远远低于新建，低于拆除重建。所以，更新改造不仅仅是说历史文脉的传承以及我们城市功能的延续，更重要的在双碳的道路上也是重要的路径之一。十九届五中全会谈到的实施城市更新行动，推动城市高质量发展，努力把城市建设成为人与人、人与自然和谐共生的美丽家园，我们还需努力。

备注：

本文根据作者于 2021 年 12 月 11 日《第六届中国城市更新研讨会》（福州）所作的报告整理。

历史性城市保护与更新之福州实践探索

严龙华 *

1 引言

经历 40 多年的改革开放，我国的城市发生了巨大的变化，城市建设也取得了辉煌的成就。有意思的是，1925 年建筑大师柯布西耶曾给巴黎老城区做过一个没有实施的旧城改造方案，但却在 30 多年来我国的旧城改造中不断得到实践，让各座历史文化名城产生不同程度的格局不完整与尺度突兀，文化遗产呈碎片化，福州亦然。

在此背景下，我们从福州古城独特的"三山两塔一楼一轴"格局修复开始，结合三坊七巷街区保护再生，对其周边关联环境进行整治与品质提升（即当下所说的"城市更新"），开启了福州名城整体保护与城市更新的工作。十余年来的实践，我们把福州历史文化名城作为一个整体作品进行再创作，重塑了这座名城的文化个性，提升了城市的身份认同。

2 福州独特的历史性城市格局

福州古城选址非常契合中国传统堪舆学说，城内三山鼎秀、城外群山环绕，一水（闽江）贯穿其中，加之人工巧妙结合自然的营城理念，形成了福州独有的城市格局，被吴良镛先生称为"绝妙的城市设计创造"。（图 1）

福州有着 2200 多年的建城史。西汉以前整个福州地区就是一个大海湾，城市在城北古城山脚下始筑，今称为"新店古城"。两千多年来，随着水退城进，城市一直向南发展，形成了古城区与滨江城区两大主要历史城区，构造了"一轴串两厢"的独特城市结构。虽历经不断的旧城改造，整体风貌呈碎片化，但仍存续着十二片相对完整的历史地段，包括历史文化街区与历史风貌区，沿由北往南的城市历史文化发展轴一直延伸到近现代城区滨江一带。此外，自西而东还有一条沿着闽江的城市"海丝"发展轴，从 5000 年前的昙石山文化遗址，一直到闽江出海口的闽安古镇、近现代马尾船政文化园，也有着丰富的历史文化名镇、名村及众多海丝、海防遗存。

---

* 严龙华，福建省首批工程勘察设计大师，福建工程学院教授。

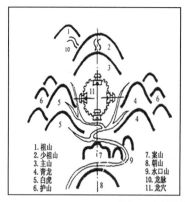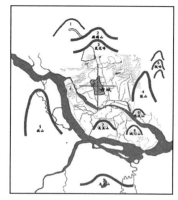

1. 祖山
2. 少祖山
3. 主山
4. 青龙
5. 白虎
6. 护山
7. 案山
8. 朝山
9. 水口山
10. 龙脉
11. 龙穴

图1　福州古城选址情况

3　福州名城保护框架体系与再生实践策略

在十余年的福州名城保护与城市更新实践中，我们梳理出一套行之有效的完整保护框架体系与再生实践策略,形成了规划、建筑、园林、营造和场所"五位一体"的创作理念和城市保护与更新的三种方法，即城市连接、文化史层揭示与类型学演绎。

我们通过不同尺度历史地区的不同连接方式，再造连续完整并具文化意义的历史空间与历史结构。城市均是数百年、上千年的历史叠加而形成，我们提出了文化史层揭示的概念，"以时间划分空间、以空间表达时间"，借鉴考古学理论，厘清文化史层与演变规律，通过设计手段给予揭示与可读性展示。而在更新改造中以类型学为理论基础，建立系统性的建筑文化基因谱系，为传承设计提供指导，于更新演绎中建立历史关联，使不断演进的城市文化特质得到保护、传承和创新演绎，再塑场所精神。

在福州名城整体保护与发展中，我们亦建构起了保护实践框架体系。其一为"重点修格局"，格局是历史文化名城的重要内涵，抓住名城格局中重要的地标和重要的核心节点，通过修复、整治、复原等技术手段，有效推动名城格局完善。其二是"连块组片区"，将分散的街区重新编织成连续而完整的有机整体，并融入当代城市空间，再塑城市整体历史景观特色。其三是"补线织网络"，针对历史文化名城支离破碎的传统老街巷，以不同的城市更新手段进行有机织补，再造名城骨架肌理的完整性。同时，我们将传统街巷网的保护与老旧社区微更新相结合，并强化其人地关系，重构名城人文脉络体系。其四就是"理轴构整体"，通过城市历史发展轴的整饬，以及通过全要素真实性、完整性的保护，串联起历史文化街区、历史风貌区、文物古迹点及其重要历史空间节点，重塑名城整体框架体系，彰显名城文化景观特质。

4 福州古城历史保护与更新实践历程

我参与福州古城保护与发展工作始于2005年，当年主持设计了古城格局结构中的重要标志物——屏山镇海楼重建工程。2008年竣工的镇海楼恢复了三山二塔一楼的结构关系，重构了城市历史发展轴格局的完整性。

2007年起，我带领设计团队承担了三坊七巷保护再生工程设计，在全面认知三坊七巷核心价值的基础上，提出整体、动态的可持续保护与再生理念。修复再生围绕街区三个核心价值展开：里坊制度活化石、明清建筑博物馆、半部中国近现代史。三坊七巷仍保留有唐代里坊制的遗痕，设计抓住三坊七巷历史文化保护之魂——"里坊制"，从居住功能（保留一定数量的原住民）、格局结构（鱼骨状）、细胞单元（深宅大院）和管理制度（坊墙坊门）等方面予以保护与再生；在街区肌理织补的同时也注重空间的留白，为适应城市生活变化留下空间；注重满足当代生活的功能、业态植入，建构社区活态博物馆等，以强化其持续的活力，让历史街区成为"城市会客厅"。设计同时注重建控区根源于历史的新旧融合，构造整体有机的屋顶特色肌理。如今若从东百16层俯视，三坊七巷与其周边紧邻的街区形成一个整体而富有地域性的文化景观，重现了福州古城历史独有的曲线律动的第五立面景观特性。

对于三坊七巷的鱼骨中轴——南后街，我们还提出了文化性修复的理念，注重其街道场所空间的营造，包括街道与坊巷之间传统美学意境的再造，通过拆除部分历史建筑、文物保护单位前的"一层皮"商业建筑，梳理、塑造出具有文化重要性的场所。

2012年起，我们在更大尺度范围内对历史城区风貌片区进行保护与整合，先后启动了朱紫坊历史文化街区、于山历史文化风貌区保护与历史关联性整合，以城市连接方法将朱紫坊、于山、三坊七巷与乌山重构为约1.5平方公里的"两山两塔两街区"的传统风貌遗产特区。

在朱紫坊保护再生过程中，特别关注其与三坊七巷的关联性与差异性，在一体化整合的同时强化其体验的迥异性，重塑其园林化情境的休闲生活方式。（图2）

在城南近现代滨江历史城区，我们也以同样的思路，通过历史街区保护与再生以及整个片区功能、空间、视廊、游线、风貌等关联性连接，重构起"两山（大庙山、烟台山），两岛（中洲岛、江心岛），两街区（上下杭及老仓山街区）"近现代风貌特区；此外，以更广域的视角将闽江沿岸、闽侯上街等区域进行城市连接，整饬为沿城市"海丝"发展轴的一个关联片区，此项工作仍在进行中，任重而道远。

上下杭是商贸、港埠为主要功能性质的街区，其所形成的街市特征，完全不同于三坊七巷的里坊制特征。两者虽均为院落式的组织肌理，但上下杭街区大部分建筑已为两层，其北面还有一个山地，依山就势的院落与平地院落组合起来的街区空间形态比三坊七巷更加多元而丰富。上下杭为福州传统商业街区，其风貌亦不同于

图2　朱紫坊历史文化街区

古城区，体现了城市近现代化进程。在保护再生中，我们特别需要认知其差异性，通过差异性的发现与重塑，拉开两个历史文化街区不同体验感知。如在三捷河场景重塑中，既保持了其格局、风貌的历史特征，又关注更新建筑的当代表达，以展现历史街区从历史走向当代、迈向未来的脉络关系，体现保护、延续与发展。（图3）

　　在各历史街区修复活化的同时，我们还对历史城区老旧社区进行了整治与品质提升。2013年起，我们全面展开了古城区老街巷保护与整治，并结合老旧社区城市微更新，以城市设计之综合手段实施老城整体保护与有机更新。老城区内众多既有

立面融合了西式建筑风格，建筑内部传承了传统合院的特征。

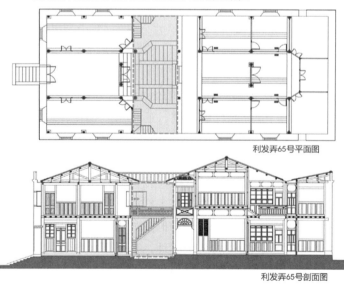

利发弄65号平面图

利发弄65号剖面图

图3　上下杭历史文化街区建筑特征

图 4　沿城市中轴线不同巷口空间的差异化表达

建筑都有明确的业主，拥有稳定的社会结构，所以需特别注重人地关系的保持，通过补短板整体提升老城的人居环境品质，重塑社区场所精神和场所特性。（图 4）

三坊七巷南街更新地段是福州传统中轴线核心区段，设计以城市连接、类型学演绎为方法，重建了南街段的活力。更新设计结合东街口地铁站，开发道路下空间，将沿街两侧功能区加以连接，并让地面商业、地下商业与地铁站融为一体，以有力地推动东街口商圈的振兴。设计注重与三坊七巷街区各坊巷空间、历史建筑、街区肌理的连接及风貌呼应，既表达了中轴线尺度，又响应了街区尺度。此项目建设过程中，我们又进行了古城中轴线的整体保护与整治设计工作，再塑了中轴线的个性特征。（图 5）

2014 年，结合冶山历史风貌区及中山社区整治，我们将历史相关联的西湖、冶山、屏山三个历史文化风貌区整合为"城市溯源风貌特区"。冶城是福州古城的发源地，设计将古城遗址保护与老旧社区微更新结合起来，让文化遗产走入百姓的日常生活，

图 5　历史中轴线保护与整饬

如结合唐代马球场遗址保护营造社区特色场所空间。中山堂是孙中山1912年莅临福州发表演讲之地,原为贡院,民国时期改为参议院,现称为中山纪念堂。设计通过"减法"整饬片区路网,完善交通体系、消防系统,重织传统街巷网;建构层级清晰的社区公共空间体系,并与冶山风貌区连缀起来;活化利用历史建筑作为公共配套用房(如巷子咖啡馆、社区文化馆、居民议事厅等),挖掘历史文化,营造各空间节点的场所特质。我们以"城市露天历史博物馆"的方式将一部连续而丰富的福州城市发展史以可观、可游、可读的生动形式展现给市民与游客,并融入中山社区百姓日常生活,以期树立起市民对城市历史文化的自信与自豪。

5　结语

十多年来,福州城市已建立起了"以历史文化街区与风貌区保护整治为契机、以历史街巷保护整治为肌理、历史中轴线为中枢、老旧居住小区环境综合整治为基础,通过整体创新保护,重塑名城整体特色空间结构,并将其丰富的文化遗产重新整合成有机整体,融入当代城市空间中"的历史文化名城保护与发展总体框架及实施内容。福州历史文化名城保护与发展已取得显著成效,城市历史文化特色得到彰显。我们希冀通过持续不断地"积极保护、整体创造",重塑历史文化名城整体空间独特性与强烈的文化景观个性,以重现东方城市的传统美学风采。

备注:

本文根据作者于2021年12月11日《第六届中国城市更新研讨会》(福州)所作的报告整理。

从《雅典宪章》到《马丘比丘宪章》
——浙江城镇空间更新的理论脉络与实践逻辑

陈前虎 *

改革开放以来，浙江小城镇在浙江经济社会发展过程中起到了晴雨表和改革探索先行地的作用。小城镇持续特色发展也是浙江城乡融合发展的奥秘所在，是浙江走向共同富裕的必由之路，也是浙江展示中国特色社会主义制度优越性重要窗口当中的一道靓丽风景线。

1 时空位：改革开放以来浙江小城镇发展历程与态势

40多年来，浙江小城镇，或者说浙江区域经济整体经历了从村镇经济到县域经济，再到都市区经济三个大的发展阶段。

在20世纪90年代，浙江依靠的是土地和劳动密集的低成本驱动发展模式；在2000年时代，是一种高投资的驱动模式；到2010年左右，主要靠密集的创新驱动的发展模式。在20世纪90年代或者2000年，总体来讲还是依靠低端工业化驱动的一种城镇化发展模式；但是2010年以来，很明显地出现了通过高品质城镇化来助推高质量工业化转型的新发展模式，在这样一个大的区域发展历史进程中，小城镇的发展可简单地用三句话来形容：第一个阶段，无心插柳，小城镇似雨后春笋，蓬勃发展；第二个阶段，有心栽花，小城镇的发展在整个区域经济当中，地位在日渐衰微；第三个阶段，柳暗花明，小城镇今天又遇到了新一轮的发展机会。（图1）

40多年来小城镇发展经历了从数量扩张到规模提升，再到特色成长的三个阶段，在这三个阶段发展过程中，政府——特别是浙江省省委、省政府一系列政策举措起到了非常好的引导作用，这一点我们从"十五"一直到"十三五"的20年里，省委省政府出台了一系列政策当中可以看出。（表1）

从未来的发展态势来看，2010年整个区域经济进入新常态以来，城市化进程当中的人口迁移出现了明显的"乡—城"就近迁移，到"非都市化—都市化地区"迁

---

* 陈前虎，中国城市科学研究会城市更新专业委员会副主任委员，浙江省国土空间规划学会理事长，浙江工业大学设计与建筑学院院长。

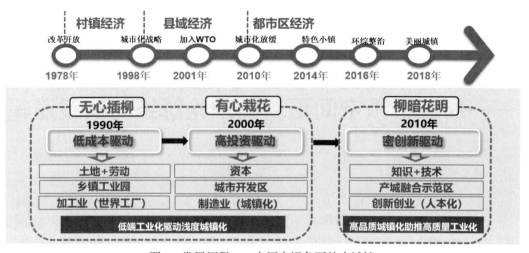

图 1 发展历程——大历史视角下的小城镇

	浙江省省委、省政府系列政策	表 1
时期	国家	浙江省
"十五"期间	●关于全面推进农村税费改革试点的意见（2003） ●关于促进农民增加收入若干政策的意见（2004） ●关于进一步加强农村工作提高农业综合生产能力若干政策的意见（2005）	●"千村示范、万村整治"工程暨"全面小康建设示范村"（2003-2007） ●千万农民饮用水工程（2003-2007） ●村村通公路的"康庄工程"（2003-2008） ●"山海协作工程"（2003） ●《浙江省统筹城乡发展推进城乡一体化纲要》（2004） ●关于进一步加强农村教育工作的决定（2004） ●"千万农村劳动力素质培训工程"（2004-2010） ●"绿水青山就是金山银山"（习近平，2005） ●"千镇连锁超市"和"万村放心店工程"（2005-2007） ●关于进一步加快欠发达乡镇奔小康的若干意见（2005） ●关于加强农村公共卫生工作的实施意见（2005） ●关于加快推进农业信息化工作的通知（2005）
"十一五"期间	●关于推进社会主义新农村建设的若干意见（2006） ●关于积极发展现代农业扎实推进社会主义新农村建设的若干意见（2007） ●关于切实加强农业基础建设进一步促进农业发展农民增收的若干意见（2008） ●关于促进农业稳定发展农民持续增收的若干意见（2009） ●关于加大统筹城乡发展力度进一步夯实农业农村发展基础的若干意见（2010）	●关于全面推进社会主义新农村建设的决定（2006） ●"欠发达乡镇奔小康工程"结对帮扶工作 ●关于开展政策性农业保险试点工作的通知（2006） ●关于加快发展农业主导产业推进现代农业建设的若干意见（2007） ●关于加快发展农家乐休闲旅游业的意见（2007） ●"浙江省农家乐特色村（点）" ●关于大力发展农业机械化的若干意见（2007） ●关于加强农村住房建设管理的若干意见（2007） ●浙江省村民一事一议筹资筹劳实施办法（2007）

时期	国家	浙江省
"十二五"期间	●党的"十八大"报告首次提出努力建设"美丽中国"的任务和目标（2012） ●住房和城乡建设部、文化部、财政部关于加强传统村落保护发展工作的指导意见（2012） ●国务院农村综合改革工作小组关于开展农村综合改革示范试点工作的通知（2012） ●中共中央1号文件提出要推进农村生态文明建设，努力建设美丽乡村（2013） ●财政部关于发挥一事一议财政奖补作用，推动美丽乡村建设试点的通知（2013） ●农业部办公厅关于开展美丽乡村创建活动的意见（2013） ●国家标准委美丽乡村建设指南（2014）	●美丽乡村建设五年行动计划（2011-2015） ●"两富"浙江（2012） ●"四边三化"（2012） ●"五水共治"工程（2013） ●"两美"浙江——关于建设美丽浙江创造美好生活的决定（2014） ●浙江省美丽乡村建设规范（2014） ●浙江省美丽乡村建设专项资金管理办法（2015）
"十三五"期间	●《关于开展特色小镇培育工作的通知》（2016） ●《关于做好2016年特色小镇推荐工作的通知》（2016） ●《关于开展2016年美丽宜居小镇、美丽宜居村庄示范工作的通知》（2016） ●《关于加快美丽特色小（城）镇建设的指导意见》（2016） ●《关于实施"千企千镇工程"推进美丽特色小（城）镇建设的通知》（2016） ●《关于推进政策性金融支持小城镇建设的通知》（2017） ●《关于推动运动休闲特色小镇建设工作的通知》（2017） ●《关于组织开展农业特色互联网小镇建设试点工作的通知》（2017） ●《关于规范推进特色小镇和特色小城镇建设的若干意见》（2017） ●《关于建立特色小镇和特色小城镇高质量发展机制的通知》（2018）	●《浙江省人民政府关于加快特色小镇规划建设的指导意见》（2016） ●《浙江省文化厅关于加快推进特色小镇文化建设的若干意见》（2016） ●《浙江省关于开展第三批省级特色小镇创建、培育名单申报工作的通知》（2016） ●《浙江省人民政府办公厅关于高质量加快推进特色小镇建设的通知》（2016） ●《浙江省关于特色小镇验收命名办法的通知》（2017） ●《浙江省特色小镇创建规划指南》（2018） ●《浙江省人民政府办公厅关于旅游风情小镇创建工作的指导意见》（2018） ●《关于高水平推进美丽城镇建设的意见》（2019）

移的新特征。我们从五普（人口普查）、六普（人口普查）和七普（人口普查）的数据可以很明显地看出来，浙江四大都市区人口出现了快速发展，特别是杭州这个大都市区，人口增长的速度进一步加快。其他地区，特别是浙江西部、西南部，这些区域人口在萎缩。（图2）

　　浙江衢州地区的一个县，曾经在2006年左右省委、省政府启动"小县大城"战略——那个时期工业用地需求非常多，但是到了2014年，很多园区里面有很多"半拉子"工程，园区里人去楼空，这些地方人口外迁非常明显。

　　在一些都市化地区的工业区也出现了功能转型，很多工业区都转化为其他的第三产业。从人口发展来看，城镇的人口在小城镇中也出现了两极分化的态势，大于

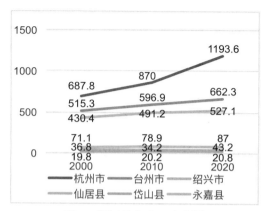

图 2 浙江县市人口变化图

10 万人口的城镇虽然占比只有 5.4%，但是它的人口总数却占到了将近 27%；而 3 万以下的小城镇数量占比超过 60%，但是它的人口总数却只有 20% 左右，两极分化趋势非常明显。工业的发展情况也是如此。

从职能上看，区域分化也进一步加剧。在省域的整个版图上，基本都集中在环杭州湾区。这里我们把小城镇的区域职能分为四种类型：综合服务型、旅游消费型、工业增长型和农业发展型，可以看到综合服务型城镇分布相对来讲比较均衡，但总体也是北部密、西南疏，旅游服务相对比较均衡。工业生产主要集中在北部、东北等杭州湾区域。农业的发展全省相对比较均衡，但它有一个特点是——围绕着地级市周边，这些小城镇农业的职能非常突出。

2 新阶段：小城镇发展新的阶段以及面临的老的问题

从 2020 年的数据来看，按照世行的标准，浙江省整体发展已经进入了工业化后期，达到了人类高发展水平地区的要求。2020 年浙江省的人均 GDP 已经达到了 14500 美元，按照世行标准 15000 美元是初级发达国家水准，浙江已经差不多迈进了初级发达国家水准，杭州则已经达到了 22500 美元左右，基本上接近中等发达国家水准。

到了这样一个阶段以后，居民的生活方式发生了根本性的转变，突出地体现在生活方式的闲暇化。随着人均 GDP 的提高，在经济生产、交换、消费三个环节上，城镇主要职能倾向于消费，公共设施、公共空间的供给对于消费质量和数量的提高也起到了关键性的作用。这些空间都是这几年美丽城镇建设当中重点改造的一些空间。

随着居民生活方式的根本性转变，我们也可以看到，呈现出来的是人们更加重视人与人之间的交往，追求品质化公共场所，以及对多样化服务的需求。因此，类似扬·盖尔的公共生活研究方法，对于这一轮浙江美丽城镇的规划建设起到了非常好的指导作用。

在这样一个新的阶段，企业的生产方式也在发生着根本性的转变，这种生产方式的高端化首先是由要素成本驱动的。在浙江大地上，我们可以看到这些小城镇的资本技术投入力度不断加大，通过城市环境的改善来吸引高端人才，从而实现科技创新和产业转型升级。

很多城镇都有了实验室，建立了一些科学装置；还有物流展览、电商直播这样一些设施。从产业链微笑模型上看，通过这些设施的建设供给，我们能看到浙江的产业集群正在由原来传统的以低端加工为主，向微笑模型的两端发展，这个趋势还是非常明显的。

现在，在小城镇上我们能看到企业的生态系统正在形成，这个生态系统的核心是"人才＋创新"，以品牌创新为主导，整个创新链正在形成。

温岭是温台沿海一个非常重要的县级市，温岭的泵业产值占到了全球60%，但是原来的水泵质量工艺都是非常有限的，但这几年正是在一个中心镇上，建立了国家水泵产品质量监督检验中心，杭州、上海、南京一些高校的科研团队会到这个小镇与企业作对接，寻求合作。

现在整个温岭水泵制造业建成了研发检测中心，并建立了一个台州市工程师创新工场——台州技师学院，其他的这些小镇则成了产业化基地。整个水泵产业链，围绕着电机、流体、电控三个关键节点建成了涵盖研发创新、中试、产业化这样一个全生命周期的平台链。现在浙江的各大产业集群都在争当产业链的链主。

生产方式和生活方式这种转变归根结底是需要政府职能的现代化转变。德国经济学家瓦格纳提出一个法则，当国民收入增长，尤其是转型发展阶段，政府支出占总收入的比重将会提高，这一点已经在浙江得到了很好的证实。政府职能的现代化，以这次美丽城镇为例，包括现在正在推进的未来社区和城乡风貌提升工作，都是通过一个系统化的方案来提供公共设施和平台的建设，从而在这个过程当中实现政府治理能力的提升。因此，这一系列的环境提升工作，从本质上讲就是一场治理体系和治理能力的现代化过程；所以，一个重资产的政府，一定会是一个人人向往的轻资产的社会；只有让企业和个人轻装上阵，这个地方才具有创新的活力。理解了浙江近十年的发展，我们也就能够理解世界上为什么会有那么多的国家爬不出低收入的陷阱。

今天浙江小城镇人居建成环境面临的困惑和困境，恰恰是由城市化的上半场留下来的。总体来讲，可以用三句话来形容：宏观上的结构控制失效——大尺度的功能分区；中观上的空间组织失灵，过度强调市场的作用；微观上的环境设计失败——缺乏以人为本思想。

进入下半场以来，人居建成环境面临的一系列问题阻碍了高端核心要素的空间聚集，严重影响了创新活动，这也是浙江美丽城镇建设的一个大背景，这是我们曾经在 2000 年初到处可见的大尺度功能分区现象。

丽水是一个拥有 30 多万人口的中等城市，但是它每天交通拥堵情况非常严重，原因在于北部全是生活区，中间隔了一个省级风景区，南部是一个大型开发区。这是舟山，600 多平方公里的狭长形岛屿也形成了北部生产、南部生活、中部山体这样一个大尺度的土地利用分区格局。绍兴县的总体规划当时也是这样编制的。这样一种土地利用方式在那个大规模生产的时代是适应，但是到了工业化和城镇化的下半场，我们可以看到，这种大尺度的功能分区带来宏观结构控制失效，首先是每天面临的拥堵交通现象；从中观上看，由于大街区宽马路、封闭破碎这种区划的组织，引发了严重的机动化出行，包括这些大尺度的楼盘，割裂了城市的空间；虽然每一个楼盘里面都是人车分离的，环境做得很好，但是我们可以看到，这些公共的界面都是相互隔离的。我们能看到的是他们大量的机动化出行。微观上，这种环境设计也存在很多问题。

3　新理念：从《雅典宪章》到《马丘比丘宪章》

近年来的发展思想，出现了从《雅典宪章》到《马丘比丘宪章》这样一种理念的转变。我们可以看到，城镇化上半场打造的是生产型的城镇化，大街坊宽马路，强调规模；下半场则是生活型的城镇，我们需要的是一种功能混合、小尺度、空间公共为主导设计思想。

上半场，低端工业化推动大量外来人口的聚集，带来很多城中村；但是下半场，我们整个逻辑思路就要通过"高品质的城镇化来吸引人才，最后助推产业转型升级"。

大规模生产的方式也正在改变，我们下半场需要从功能分区这种理性主义转向功能混合的人文主义，这正是当时从《雅典宪章》到《马丘比丘宪章》的整个时代背景。《雅典宪章》和《马丘比丘宪章》思想基础、思维方式、思维观和规划观都存在着极大的不同（表 2）。

《雅典宪章》与《马丘比丘宪章》的比较 　　　　表 2

	《雅典宪章》	《马丘比丘宪章》
思维基础	物质空间决定论（理性主义）	人的相互作用和交往（社会文化主义）
思维方式	分解—组合思维	系统整合思维（综合规划）
思维观	终极静态	过程动态、连续
规划观	精英规划观	公众规划观

4 新格局：面向可持续发展的美丽城镇建设

总结起来就是"五个美、十个一"。围绕"五个美"形成了一套指标体系。具体在行动上，每个县要编制一个行动方案，每个镇也要有一个行动方案。方法论上，主要是通过公共产品供给来促进小城镇持续特色发展，同时坚持全域系统动态成长的思想。

县级行动方案是每个县一个，它的成果是一本方案、九张主要图纸，基本就是这样一个思路。从问题层到目标层，再到操作层，这一轮编制的规划每一个都落地了，所以总结了一套"创建制规划"模式。

空间组织策略，即空间尺度上从关注车到关注人，特别强调10分钟步行公共生活圈的打造。产业发展上从关注单一的生产环节到关注核心的生态系统。创新是美丽城镇的最大公约数，特别是制度的环境和空间的环境。特色是美丽城镇的根本。

回顾展望美丽城镇建设，整体会经历三个阶段：第一个阶段，环境的综合整治，这项工作已经完成了；现在正在推进的是美丽城镇阶段；未来强调系统融合。考核验收有一个宗旨叫"以评促建，以评促改，以评促管"，这有点像我们高校的专业评估；原则就是分类管理、差异供给和区域协同。考核过程是政府引导、社会评价和公众参与。

备注：

本文根据作者于 2021 年 12 月 11 日《第六届中国城市更新研讨会》(福州) 所作的报告整理。

城市公共空间的更新

赵燕菁 *

  城市公共空间的更新在城市更新里面多有涉及，但通常都是捆绑在一起，单独把它区分出来的并不多。城市更新大部分关注点没有集中在公共空间上，以三旧改造为例，实际上改造的是政府已经出让给厂商或者私人的空间，这也是前一个阶段城市更新比较集中的地方。

  实际上公共空间在城市中也占有一定的比重。所谓公共空间，是一个与私人空间相对的概念。狭义的公共空间，是指以城市街道为核心的、由政府持有的物业产权，如街道上面的管线、广告等没有出让的部分；广义上讲，所有没有让渡给私人公共权力的资产（如学校、医院、广场、公园等）都属于公共资产。

  公共空间虽然不是城市更新的重点，实际上它在城市中占比很大。在一般的城市规划建设用地结构中，在公共部分，道路与交通基础设施，一般占到城市用地的10%~25%，绿地广场占到10%~15%，由此可见，除私人空间外的广义的公共空间可以占到城市总面积的30%~40%，如果再算上变电站、污水厂、公交停车场等，实际上广义的公共空间接近50%左右。而在大城市中公共空间可以涵盖更多，机场、港口等一些国有企业所控制的场地，广义上也属于城市的公共空间，这些都可以纳入到公共空间的存量中。这部分空间的升级具有非常大的潜力，但现在的城市更新中更关注私人已经出让的土地，往往忽略了政府实际上所控制这块的资产，而这部分也是非常巨大的。

  为什么这部分空间考虑得比较少，因为这部分公共空间大部分都是政府花钱，政府很少从这里赚钱，但凡是不赚钱的项目，只能做一两个进行尝试，长期花钱是不可持续的，其不能形成合理的商业模式，具有不可持续性。

  因此，不能将公共空间作为城市更新中的盲区，本文对其进行重新定义。传统来说，出让的土地、住宅、商业、工业这都是政府的收益，为什么能有这些收益？是因为政府提供了公共服务，居民为公共服务花钱，只有道路、管线、公园等地方花钱，学校、医院才能挣钱。因此，传统的理解认为公共就是花钱的，目的就是让剩下的地块能卖出更好的价值。

  但如果换一个角度思考，将整个城市理解为一个平台，其空间的含义就会丰富

* 赵燕菁，中国城市规划学会副理事长，自然资源部国土空间规划专家组成员。

很多。传统的思维认为城市应该是收税的，公园是收费的，但如果减掉这些收费，它的价值都转移到了周围土地，周边物业即会升值。比如修建地铁，地铁周围土地升值了；修建学校，学校学区升值了。所以，公共服务是一种转换，将价值进行了转移。

但这就形成一个问题，对于政府来讲，其收益是很难循环的，如在住宅旁修一个公园，房价上涨，但业主并不会将升值部分捐给公共。在一些国家，只要物业升值，政府的税收就会增加，所以政府就能进行循环回收，而中国现在并没有这种体制。地方政府如果收不回来，就像现有大部分旧城更新都只赔钱不赚钱，最后政府都是负债累累。中央经济工作会议也专门提出，严控地方政府债务，因此，一定要寻找出一种新的方式。

在网络技术的加持下，越来越多的企业把原本直接的商业模式转变为更加迂回和间接的商业模式——通过搭建平台，提供很多看似免费的商品或服务，其实质却是向第三方收费。这种通过搭建平台向第三方收费的方式被越来越多的企业采用。

在这种商业模式下，很多看起来免费的服务，其实都是基于第三方的盈利模式优化，即企业通过免费方式吸引到足够的客源后，将其导流给第三方，通过向第三方收费，让顾客少花钱或不花钱。诸如淘宝、微信、今日头条、美图秀秀等众多商业模式都属于此类，这些商业模式背后的企业也就是所谓的"平台企业"。

城市在本质上就是一个加载了各种公共服务的平台，地方政府属于典型的平台企业，因此可以学习阿里巴巴和腾讯等平台企业的运作模式。城市平台上面可以加载各种能盈利的程序APP，这些能带来盈利，那么城市可以找这些APP去进行收费，所以市政府不是只有一种盈利模式。通过城市平台，所有的公共资源进行集聚、重组和运营以后，是能够带来巨大收益的。

由于认识和理念上的偏差，目前大多数政府提供的公共服务设施存在"只花钱、不挣钱"的问题，大量公共资源被闲置浪费，公共产品的运营和管理效率低下，造成这一现象的主要原因在于产权。

具体来看，可以概括为以下三点：一是产权分化，由于城市里的公共存量资产形成的时间不同，历史上的开发者和运营者也不同，名义上这些公共资产的产权实际上是由不同层级的政府或不同的政府部门持有，但由于产权的所有人虚置，导致公共资源的产权不清，由此导致公共资源的管理混乱，这是造成公共资源的实际价值得不到充分发挥的根本原因。二是产权多元，受中国行政上"条条管理"的影响，在一个城市即便是针对同一个公共资产，也由不同的部门进行多方管理，各部门的权责存在交叉和衔接不畅的现象，在公共设施建设维护、改造更新等方面缺乏对多部门的统一协调和统筹。三是产权虚置，除产权分化和产权多元之外，由于公共资产本身具有无差别且难以排他的特点，在世界范围内都极易出现大规模的"免费搭车"现象。而中国由于以公有制为主体，公共资源的产权虚置，进一步加剧了很多公共资产被无偿使用，大家都想更多地占用公共服务使自己利益最大化，最终会导致"公地悲剧"。

2018 年的国务院机构改革，组建了自然资源部。根据中共中央、国务院《生态文明体制改革总体方案》：自然资源部门负责"统一行使全民所有自然资源资产所有者职责"，而城市道路、绿地等公共服务设施属于公共空间和公共资源，皆为全民所有，对其的管理与自然资源类似，可通过成立国有资产运营机构，对公共资源进行统筹运营，构建"国有资产运营平台"。按照"谁收费，谁管理"的原则，相关权力可下放给高水平运营商，负责平台的具体运营和事务管理。该平台的职责为对公共空间存量资产使用的进行策划设计、维护更新和收支管理等方面进行统筹，同时界定商业性公共资产的使用规则，对各种使用主体按照其空间使用情况收费。

城市运营平台即不断上线各种公共服务应用 App 的平台，通过平台免费和 App 收费的组合，达到公共资产提供公益性与资产经营营利性的双重效果（图 1）。平台通过给流量用户提供免费服务，汇聚大量流量，吸引应用程序获得盈利，平台从应用 App 收取费用，使得"平台—流量—应用—收费"的"流量变现"模式形成良性运转。城市政府就是一个巨大的平台，可通过增值收费、盘活资源和基础设施升级等场景构建公共资源管理的全新商业模式。

一是平台增值收费。平台通常提供两种服务：基础服务与增值服务。基础服务一般免费，而增值服务收费。城市运营平台也是如此，政府提供的道路、公园、管道等基础服务免费经营，而通过广告、冠名等增值服务获益。从公共服务的无偿占用到有偿使用，平台可针对公共资源（店前外摆、广告招牌、报亭报栏、闲置空间等）具体的使用类别、使用情况制定相应的具体付费及奖罚机制。

以广告投放为例，所有面向街道的广告均应界定为公共资产（需制定出台相关政策和法律作为支撑），按照地段和广告招牌面积进行收费，价格可通过城市平台拍卖竞价生成，拍卖金额平台可与业主进行分成。

二是盘活资源。城市运营平台的另一大盈利场景是以共享为商业模式，利用平台吸引大量分散的资源，经过有序整合，将它们提供给有需求的用户。通过产权的确定，可以在自己的需求得到满足的情况下，将闲置的资产出租给他人，让资源更

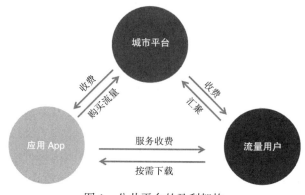

图 1　公共平台的盈利架构

合理地流动，提高资源的使用价值和使用效率，节约整个社会的成本。城市平台提供实时、精确的算法，将供给和需求进行有效匹配。通过强大的后台数据分析，以及价格杠杆来调节某一时段、某一地区的供需平衡。可通过如停车空间的"分时共享"、道路分时分路段收费报价系统、市政公服设施升级盘活周边土地价值、城市家具捐赠制度等资源的整合与利用，打造资产共享经济平台。

以道路分时分路段收费报价系统为例，学习新加坡的城市和交通管理经验，发挥经济杠杆的调节作用，实施差别化收费政策，对上路车辆征收交通拥堵费。建立城市平台的拥堵收费 App 系统，依靠大数据和其他辅助技术手段，令收费可根据交通情况进行实时调整，针对每天不同时间段、不同类型的车辆，收费不同，鼓励市民错峰出行，引导机动车合理使用道路。通过额外收费，增加道路使用成本，使居民在不必要的时候避免进入控制区域，以改善交通拥堵状况，从而避免陷入"一拥堵就修路，越修路越拥堵"的恶性循环。

三是基础设施升级。对公共资产的有效整合利用能提升其周边资产的价值，在此基础上，通过周边资产价值的提升与开发来反哺公共资产的运营，从而实现二者的双赢。如高压线入地、变电站入室，可明显提升周边土地及居住和商业空间的价值，政府可通过土地升值将这部分价值变现，用于后续相关设施的改善。在城市的公共用地中，中小学学校的达标操场占地面积越来越大。这些空间只有在学生上体育课或课间才会被使用，其他时间皆处于闲置状态。而一般学校往往布局于密集的居民区附近，这些地方普遍存在停车难的问题，因此可以考虑将学校操场作为地下停车空间进行开发和盘活，收取费用可用于操场的建设和维护。同时，充分挖掘公共存量资源的商业价值，鼓励市民通过认领和捐赠的方式对城市公共资源加以维护。如纽约中央公园椅子捐赠系统及厦门筼筜步道发起"美丽认捐"行动，在美丽的筼筜步道刻上铭牌等方式，都能很好地对公共资源与空间进行二次利用。

现在进入后房地产市场，房地产大规模快速度建设的周期已经结束了。建议现有开发商要从城市开发商的角色转变为城市的运营商。假设把城市理解成为一个平台，运营这方面有巨大的商机，所以将来在城市运营上，在这里赚钱的人可能比这个城市开发商赚的钱更多。由此形成一个平台，为城市创造现金流的模式，会制造一批城市发展的赢家。

土地财政前一个阶段，过去认为是大江大河，高山大海，实际上当城市进入了运营阶段以后，才是真正的城市。

备注：

本文根据作者于 2021 年 12 月 11 日《第六届中国城市更新研讨会》（福州）所作的报告整理。

2019-2022 年国内外城市更新研究进展

2021 年我国常住人口城镇化率高达 64.72%。根据诺瑟姆曲线的界定标准，中国经过七十余载的经济快速腾飞和城市空前发展，当前城镇化已处于中期后半阶段，中国城市的存量治理已取代增量建设成为城市规划面对的主要问题（赵燕菁，等，2021）。就我国城市现状而言，不同年代建造的建筑和街区，在不同程度上存在功能不全、市政配套缺失、风貌单一、交通拥堵、防灾性能差、运行能耗和碳排放量高、室内外环境品质低下等严重问题（董晓，等，2021）。从根源上解决这些问题，才能有效推动城市的高质量发展，这也意味着"盘活存量、做优增量、提升质量"的转型逻辑将是未来城市内涵式升级的关键，城市更新成为应对系列发展难题的有效手段（赵万民，等，2021）。城市更新是针对城市的物质性、功能性或社会性衰退地区，以及不适应当前或未来发展需求的建成环境进行的保护、整治、改造或拆建等系列行动，其经历了城市重建、城市再开发、城市振兴、城市复兴、城市再生等一系列概念迭代，内涵随着社会经济的发展和人们认知的提升而不断丰富（丁凡，等，2017）。城市更新理论和实践也从过去主要关注物质形态改造，转向以人为本的综合与可持续更新，并注重思考更新背后的政治、经济、社会等动力机制（张庭伟，2020）。

城市更新的主要类型有：（1）老旧小区改造；（2）危旧楼房改建和简易楼腾退改造；（3）老旧楼宇与传统商圈改造升级；（4）低效产业园区和老旧厂房更新改造；（5）城镇棚户区改造（李锦生，等，2022）。然而，我国现有的诸多城市建设与管理制度是改革开放以来为支持大规模、快速城镇化进程而确立的，在应对城市发展转型时表现出越来越明显的不适应性，对城市更新工作形成一定阻力，致使各地更新进程不时陷入困境（唐燕，2022）。目前，国内学者主要从空间规划、公共管理、社会学、制度经济学等视角分别对城市更新的技术手段、政策制度和社会影响等方面展开研究（姜凯凯，等，2022）（黄卫东，2021）（朱晨光，2020），为各个城市在城市更新工作中提供理论支撑。

追溯 2019 年以来中英文文献中出现的有关"城市更新 /Urban Renewal"的研究，通过中国知网及 Web of Science 获取相关文献，并结合文献分析工具 Cite Space 对国内外关于"城市更新"的最新研究进展进行梳理和归纳，总结城市更新研究的文献数量、发文期刊、主要机构，分析城市更新研究的最新热点，以期为未来中国城市更新的实践及研究提供可借鉴性启示。

1 国内外城市更新研究的总体情况

1.1 数据来源与分析方法

本文检索的中文文献主要来自于中国知网（http：//enki.net/），并从中限定中国期刊全文数据库中的核心期刊作为本文的检索范围。以"城市更新"作为关键词，以"核心期刊"作为检索范围，检索时间为 2022 年 5 月 24 日，共检索得到 2019 年以来的国内相关文献 451 篇，其中，2019 年 92 篇，2020 年 107 篇，2021 年 180 篇，2022 年以来 72 篇；英文文献主要来自于科学引文检索（Web of Science，http：//isiknowledge.com/），以"Urban Renewal"&"Urban Regeneration"作为主题，共检索得到 2019 年以来的国外相关文献 4591 篇，其中，2019 年 1378 篇，2020 年 1434 篇，2021 年 1364 篇，2022 年以来 415 篇。借助于知网及 Web of Science 的高级检索功能以及专业文献分析工具 Cite Space，对检索得到的文献进行分析，总结城市更新领域的最新研究趋势。结合聚类分析的结果，通过阅读相关文献的摘要来筛选出重要文献，并对其进行重点研读，从而总结归纳出国内外城市更新研究的最新进展。

1.2 城市更新研究的文献数量

城市更新是学界的持续研究热点，文献数量不断增长。本文基于中国知网及 Web of Science，统计了 2012 年以来关于城市更新研究的核心论文数量，得到 2012~2022 年的文献数量（图 1）。发现关于城市更新研究的文献数量经历了快速增

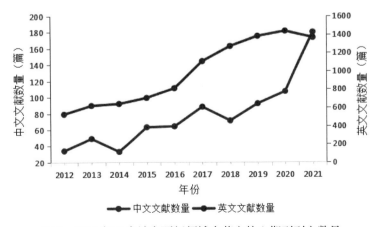

图 1　2012 年以来城市更新领域中英文核心期刊刊文数量

长的过程，中文文献由最初的 34 篇 / 年，稳步增至 2016 年的 64 篇，这四年间的增速较为平稳，但在 2017 年迅速增至 88 篇，并在 2020 年首次突破三位数，达到 107 篇，2021 年更是达到 180 篇；而英文文献也由最初的 525 篇 / 年，逐步增至 2020 年的 1434 篇。不断增长的文献数量，意味着城市更新这一话题正得到日益广泛的关注。

1.3 城市更新研究的主要期刊

城市规划是研究城市更新的主要学科。2019~2022 年，中文文献的统计结果表明城市更新研究主要集中在城市规划学科，其次是建筑学和人文地理。其中，刊文量最多的是《规划师》，高达 49 篇，其次是《城市发展研究》的 47 篇，而《城市规划》和《国际城市规划》的发文量也较多，分别达到 45 篇和 27 篇。此外，《现代城市研究》《建筑学报》《城市规划学刊》《建筑经济》《城市问题》等刊物也是城市更新研究的重要发文期刊。英文文献的统计结果同样显示出城市规划是研究城市更新的主要学科，其次是环境学科和地理学科。其中，刊文量前三位的刊物是 *Sustainability*，*Cities* 和 *Land Use Policy*，分别达到 273 篇 91 篇和 74 篇。此外，Journal of Urban History，*Urban Studies*，*International Journal Urban and Regional Research*，*Habitat International* 以及 *Housing Studies* 等刊物也是城市更新研究的重要发文期刊。

1.4 城市更新研究的主要机构

关于城市更新的研究机构呈现出大分散、小集聚的分布格局。中文文献中有关城市更新的研究机构遍布国内的各个区域，其中 2019 年以来发文量较多的机构主要有同济大学（44 篇）、清华大学（31 篇）、华南理工大学（22 篇）、重庆大学（19 篇）、东南大学（15 篇）、中国城市规划学会（14 篇）、广州市城市规划勘测设计研究院（13 篇）、北京大学（11 篇）、天津大学（11 篇）、南京大学（9 篇）、哈尔滨工业大学（9 篇）等高校和研究单位，其余各机构的发文量大多在 4 篇以下；英文文献中关于城市更新的研究主要集中在中国、美国、澳大利亚、意大利、西班牙、英国等国家，其中发文量较多的机构主要有欧洲研究型大学联盟（111 篇）、伦敦大学（74 篇）、那不勒斯费德里克二世大学（48 篇）、罗马大学（45 篇）、香港大学（30 篇）等。

1.5 城市更新研究的主题方向

城市更新的研究方向呈现出分散中聚集的特点。运用 Cite Space 工具对 2019 年以来的中英文文献共引聚类分析，对各个聚类提取共现度较高的主题词，从而获取城市更新研究的最新趋势。中文文献中，剔除干扰性较大的"城市更新"一词，通过聚类归纳可知，关于城市更新研究的主题词大体可以分为四类：第一类是社会空间关系与政策研究方面的内容，如全球化、空间尺度、文化创意产业、收缩城市等；第二类是城市更新的研究对象，如工业遗产、历史街区、历史文化街区、旧城改造、城中村等;第三类是城市更新的研究方法,如实证研究、城市设计、城市治理、存量规划、城市修补等;第四类是与地方相关的研究内容,如中国、深圳市、广州市、上海市、重庆市等。英文文献中,同样剔除干扰性较大的"城市更新(Urban Renewal)",发现关于城市更新研究的主题词主要有城市再生(Urban Regeneration)、乡绅化(Gentrification)、治理(Governance)、可持续性(Sustainability)、政策(Policy)、邻里(Neighborhood)和中国(China)等。

2 国内城市更新研究的最新热点

基于所获取中文文献的研究内容,并结合其关键词、研究对象等,对国内城市更新领域的最新研究进展进行分类,大致可划分为旧城区研究、城中村研究、旧工业区研究、工业遗产保护、老旧小区微改造、城市更新等方面的内容。

2.1 城市更新中的旧城区研究

伴随着城镇化进程的快速推进,人们对基础设施的要求不断提高,对美好生活的需求不断升级,旧城区改造涉及人民群众的切身利益和城市长远发展,有利于改善城市环境和基础设施水平(刘会晓,等,2021)。旧城区是指不能满足城市居民文化、政治、经济、社交等生活需求而导致衰落的区域,但强调城市中边界清晰和社会生丰富的区域(叶静,2021)。加强城镇老旧小区改造,对城区内功能偏离需求、利用效率低下、环境品质不高的存量片区进行更新改造,能使城市功能更加贴近人民生活的需要,为市民提供舒适、便利的环境,建设宜居城市(程铖,2021)。

基于旧城区的积弊,现今我国的旧城区研究主要聚焦于有机微改造、文化传承、适老化等方面(郑翔云,等,2021)(孙旭阳,等,2021)(冯聪,等,2021),如何建立科学有效的长效改造机制一直是学者研究的目的。旧城区改造的主要原则:(1)满足居民基本的生活需求:改造基本原则是能够满足居民最基本的生活需求,即确保基础设施的健全,从而促进该地区人们的消费需求,为该地区经济发展以及对改善邻居之间的关系起到积极的促进作用。(2)注重对该地区历史文化的保护原则:改造应对其所承载的城市历史文化进行调查,应结合现代建筑的特征与历史建筑文化的风格进行改进结合,确保完成在旧城区改建完成的基础上,尽可能地保护好当地的历史文化。(3)加强旧城区空间的合理利用:改造应对旧城区的景观及建设进行严格管理与控制,在保留该城区特色的基础上对其空间利用进行改造。将旧城区的建筑进行有机整合使其形成空间性较强的外部空间,既能够增强空间的合理利用,为居民提供一个良好的生活环境,又保证旧城区在整体风格、空间布局上能够与周边环境形成统一的整体。(4)促进人与自然的和谐发展,保护生态环境:改造应充分地考虑周边的生态环境建设,尽量减少对旧城区及其周边地区生态环境的污染与破坏，促进该地区良好的生态环境的建设（程铖，2021;孙世界，等，2021;丁竹慧，等，2021）。

现阶段我国旧城改造工作中，政府、开发商和旧城居民是主要的参与主体，其对于旧城更新的出发点存在差异。但我国保障多元参与的机制尚未形成，更新过程中仍然是以政府或开发商主导的一元主体局面，造成了政府力、市场力与社会力的失衡，因而需要在市场经济环境中探寻效率与公平高度协调的方法（霍艺，2022）。同时，旧城改造工作还面临着更新范式缺失和更新模式单一的困境（表1）（李云燕，等，2020）。

国内旧城更新的主要模式 表 1

模式类型	主导力量	资金来源	效果	不足	典型案例
纯立面改造	地方政府	财政收入	城市立面改善	资金投入高、社会效果不明显	重庆沿街立面改造
商品房开发	开发企业	企业资金	城市居住品质与环境提升	容积率高、各类设施配套不够	各类型房地产开发项目
文化创意产业开发	政府、开发商	财政收入企业资金	提升城市文化环境	文化过度商业化、存在同质现象	798、重钢搬迁
旅游地产开发	政府、开发商	企业资金	提升城市商业旅游氛围	高容积率开发、旅游设施过度商业化	上海新天地、重庆天地
公共设施开发	政府、融资公司	政府融资	改善公共服务	增加政府地方债务	重庆西站、沙坪坝站等各类高铁站

（资料来源：李云燕，2020）

2.2 城市更新中的城中村研究

"城中村"是伴随城市郊区化、产业分散化以及乡村城市化的迅猛发展，为城建用地所包围或纳入城建用地范围的原有农村聚落，是乡村向城市转型不完全的、具有明显城乡二元结构的地域实体（闫小培，等，2004）。其作为典型的城市非正规住房聚集区，改造模式具有"排斥性""非正规性""非正义性"等特征（尹稚，2021）。从城市空间结构来看，城中村区位优势明显，土地经济价值较高，但内部建造大量私房和商业设施以发展租赁经济，导致城市空间拓展乏力且与区域规划定位相去甚远。从城市空间品质来看，其在城市景观、社区综合发展方面呈现出负外部性。在此背景下，城中村治理已成为城市更新不容回避的问题。（陈天，等）

城中村价值研究。从社会经济的角度，城中村提供了大量的廉价出租屋，以较低的生活成本和便利的生活条件，为流动人口、外来务工者、新就业年轻人提供了在城市的落脚之地和安身之所。一定的程度上承担了部分"保障性住房"的功能，对城市经济发展及维系社会稳定有一定的积极作用（卢文杰，等，2020）。从空间差异的角度，可以认为城中村是城市中的"异质空间"，即它作为一种迥异于现代城市空间的特色空间，给城市带来了个性化的表达和一定的空间变化，增添了城市的文化特色（李海涛，2021）。同时，城中村还能够抵抗空间的商品化。城中村因其特殊的产权机制和良好的区位属性，能够以低廉的租金吸引各类创新要素集聚，间接地遏制了住房的商品属性（卢文杰，等，2020）（李海涛，2021）。

城中村改造模式和策略的研究。有学者认为，城乡二元土地产权结构赋予了村民强大的谈判能力，村民意愿是决定城中村更新能否顺利推进的首要因素（张理政，等，2021）。但我国"征收土地后再出让"的城中村改造模式过于强硬，这种以所有权变更为前提的改造引发了城中村更新的排斥性问题。因此，城中村更新理念应从排斥性规划转变为包容性规划（陈天，等）。同时，有力的公众参与和灵活的市场主体可以为城中村更新注入多元动力，规避传统治理模式对政策和财政资金的过度依赖，确保城中村改造工作的有序推进（张艳，等，2021）。

城中村问题个案研究。城中村现象在中国具有一定的普遍性，但城中村问题在广州市和深圳市尤为明显，故学术界对这两座城市的研究热度较高。袁定欢（2021）对2009~2019年期间深圳市政府公布的城中村改造政策进行文本分析，指出要善用多种非正式沟通策略，并加大对改造中弱势群体的关注。周艺（2021）以深圳福田水围柠盟人才公寓改造为例，指出要从立体的角度对城中村公共空间进行重构与有机微改造。卢文杰（2020）以广州仑头村为例，指出公共空间设计要以问题为导向，从急需改造、易于改造的方面入手，以点带面渐进更新，以此破解旧村居环境优化难题。

2.3 城市更新中的旧工业区研究

受产业转型升级与快速城镇化进程的联合作用，城市蔓延、退二进三、土地置换、污染企业外迁等成为当前我国城市发展进程中的普遍现象（胡茜，2021）。大量既有工业区由于规划建设的起点不高、园区建筑功能规划不明、用地布局杂乱等（胡艺萌，等，2020），导致如今面临着功能结构缺失、生态环境恶化、创新动能不足、工业文化流失等严重问题（王北辰，等，2021）因此，对既有城市工业区进行改造已成为我国必须面对的历史命题。

有学者基于不同城市代表性旧工业区更新政策的比较研究，指出各地治理通用的内在逻辑都是关注公共公益性和产业创新层面转型，即未来旧工业区将更新成为生态高效的创新型产城融合公园社区，实现产业创新场景、幸福生活场景和生态休闲场景的三景高度融合（王剑威，2021）。在未来旧工业区改造政策的实施过程中，可从以下几个方面进行改进：（1）划定工业区块线，保护产业空间数量。（2）引导市场改造预期，稳定空间成本上升速度。（3）加大改造期间安商、稳商力度，保护实体企业健康发展。（4）提升工业区经营管理水平，鼓励专业化运营。（5）健全产业监管机制，加强产业监管执行力度。（6）引入多方机构，多主体保障产业运营能

力。（陈小妹，等，2020）（丁晓欣，等，2020）

2.4 工业遗产保护与城市更新

工业遗产承载着国家工业的记忆，是工业时代的实体展品，具有科学技术价值与社会价值（朱小芳，等，2020）。随着城市更新脚步不断加快，工业遗产改造也有了紧迫性。（尹应凯，等，2020）。工业遗产的概念首次是在《卡塔吉尔宪章》中提出，它指"凡为工业活动所造建筑与结构、此类建筑与结构中所含工艺和工具以及这类建筑与结构所处城镇与景观，以及其所有其他物质和非物质表现"。工业遗产包括物质遗产和非物质遗产。前者是有形的物质性元素，包括历史建筑、机械、厂房、生产作坊、生产工艺乃至整个工业区；后者则包括工业遗产本身所蕴含的工业精神、工业历史、工业价值观等。物质遗产和非物质遗产本身所具有的历史价值、文化价值、审美价值等共同构成了工业遗产本身的价值内核（王珂，2021）。中国的工业遗产研究起步相对较晚，以2006年为分水岭，《关于加强工业遗产保护的通知》的正式发布，标志着中国在政策上正式启动工业遗产保护与认定工作（尹应凯，等，2020）。

工业遗产的保护利用涉及许多学科交叉（吕建昌，2022）；可以拆解为"保护"和"开发"两个层次，（尹应凯，等，2020）。近些年中，学者一方面关注国内典型的工业文化遗产保护案例。学者相继对北京东燕郊旧工厂建筑景观改造（朱小芳，等，2020）；杭州市大城北炼油厂（蓝杰，2020）；东北制药厂南厂区遗存型工业用地（金连生，陈晨，2021）;无锡"永泰丝厂旧址"（刘抚英，等，2021）;景德镇陶溪川（王珂，2021）等案例进行研究分析，总结经验模式，为后续更新提供可借鉴经验。另一方面，学者借鉴国外的实践和理论，寻找工业遗产更新的破局之道。汪文结合澳大利亚工业遗产实施的三个成功案例，从遗产管理、经营模式以及遗产与城市关系等方面探讨了工业遗产适应性再利用的三种实施模式——法定机构主导的一体化模式、多方合作的微改造模式，以及政府持续引导的城市更新综合模式（汪文，等，2021）。刘歆基于对意大利伊夫雷亚工业遗产,对案例进行价值剖析、适应性保护策略的解读（刘歆，多俊玉，2020）。刘抚英等分析美国马萨诸塞州洛厄尔市布特工厂案例，阐述了项目决策、机制、模式的相关思考（刘抚英，等，2021）。陈翠容则是基于可视化知识图谱分析，较为系统地梳理了国外工业遗产保护与再利用领域的研究，指出未来适合我国工业遗产保护与再利用的研究方向（陈翠容，蔡云楠）。

现阶段，工业遗产保护与更新有了新的发展，工业遗产保护更新成为实现"双碳"背景下城市工业空间转型的重要手段（韩晗，2021）。尹应凯总结出了一套整体的工业遗迹开发框架。首先根据对固有价值的定义，识别工业遗产的基本价值属性，即判断工业遗产是否具有保护价值，再根据工业遗产的开发价值，判断工业遗产的实际开发保护模式。最后结合国内工业遗产保护状况，构建固有保护与创新利用、政府资本与社会资本、文化效应与经济效应的"三个平衡"路径机制（图2）（尹应凯，等，2020）。然而现阶段下，工业遗迹保护与更新仍然存在规划欠协调、遗产再利用程度不高等问题，金连生等针对现有问题提出建立"与城市总体相协调的分片区保护、与城市更新相统一的分地区保护、体现遗产价值的单体分层级保护"的保护框架，以及"修缮展示利用、修缮延续利用、改造置换利用"的再利用模式，探索工业遗产保护与城市发展规划相协调的遗产保护模式以及因地制宜的遗产再利用模式等一系列建议（金连生，陈晨，2021）。

2.5 老旧小区微改造及社区更新研究

社区作为承载人民生活最基本的空间和社会构成单元，与人民的获得感、幸福感和安全感有着直接且紧密的关联（陈伟旋，等，2021）。为解决当前城市中的大量老旧社区存在诸多突出矛盾，折射出居住空间发展不充分、不平衡的问题，城市更新呈现出显著的"社区转向"。社区更新成为当前国家转变城市发展方式的城市更新战略行动的最重要内容之一（谢璇，刘笑，2021）。社区微更新是指通过对社区建筑的改造和维护、零散低效土地的再利用、闲置资产的挖掘、社区文化的培育等方式

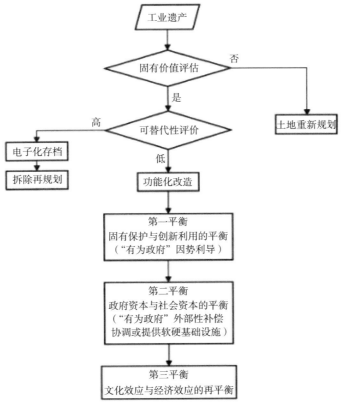

图 2　工业遗产保护的"三个平衡"路径机制

（来源：尹应凯，2020）

来提高居民生活质量的一种治理模式（梁颖，2021）。

社区更新既包括物质要素的更新，也涵盖非物质要素的协调，是强调社区发展的活动，强调规划中的互动过程。具体来说，社区更新涵盖空间维度、产业维度和治理维度的全过程，政府支持、资金来源、社区意识是影响社区更新的重要因素（秦怀鹏，2022）。我国现阶段下的社区更新秉持"以人为中心"的核心理念，既面向社区和城市的整体发展，又面向人的个体需求（图1）（刘佳燕，等，2021）。然而，在聚焦人本需求的社会性设计的属性下，社会空间和物理空间的多元挑战造就了社区更新的高度复杂性（梁颖，2021）。

国内学者主要从社区更新的模式、动力机制、更新潜力评价、特定情境下的社区更新等话题开展了一系列的研究，为新时代下社区更新提供了一定的指导。

陈伟旋梳理了广州市老旧社区微更新的公众参与模式，分析其中异同（表2）（陈伟旋，等，2021）。丁竹慧从区位条件、人口经济、环境质量、服务设施水平四个方面刻画企业社区更新潜力的内涵（丁竹慧，等，2021）。

社区微更新参与模式对比表　　　　　　　　　　　　　　　表2

对比内容	单向递进模式	代表反馈模式	物业介入模式	外部第三方机构参与服务模式
决策者	政府	政府	政府	政府
决策者参与方式	独立参与	建立共识	建立共识	建立共识
治理模式	自上而下	自上而下与自下而上结合	自上而下与自下而上结合	自上而下与自下而上结合
居民态度	抑制或反对	较抵触	较积极参与	积极参与
居民意愿	弱	较弱	较强	较强
微更新成效	低	较低	较高	较高

（资料来源：陈伟旋，等，2021）

孙中锋等探讨了社区更新动力方面的研究，梳理我国社区更新的发展过程、解析社区更新的动力机制转向（表3）。研究发现，社区更新的动力机制正在由"政府—市场"机制向"政府—社会"机制转变，"政府—社会"机制主要是通过政府引导，社会（社会组织、居民）的参与耦合来推动（孙中锋，张彪，2021）。另有学者聚焦社会社区更新社会绩效的评估当中（郑露荞，伍江，2022）。

随着我国老龄化进程加速，作为基础养老治理单元的社区，成为城市适老化更新的重要一环（陈烨，等，2021）。我国社区适老化更新研究已经从物质空间改造转变为老年人行为特征和社区需求，社区生活圈、完整社区等理念的提出推动了适老性更新从工程导向向人本导向的转型（姚之浩，秦亮，2021）。李媛媛等提出构建全

我国社区更新发展的阶段 表3

	时间	更新理念	更新内容	更新机制
阶段一	20世纪70年代以前	充分利用、逐步改造；填空补实	棚户区与危房改造基础设施建设	政府主导，国家福利
阶段二	20世纪70年代~80年代末	统一规划、综合改造	"单位制"下的新区建设与旧区改造	政府主导，单位福利
阶段三	1900~2000年	地产开发与经营	老旧社区大拆大建、城中村改造	市场主导，政府与市场资本共同推动
阶段四	2000~2014年	综合性与整体性	以物质环境更新为主，但已开始注重历史街区保护、人文生态文化等多维度协调发展	政府扶持、市场运作、社会组织与专业人员开始介入
阶段五	2015年至今	社区微更新	空间重构、社区精神激活、文化传承、社区营造等	政府引导、社会协同、居民参与；建立社区治理体系，吸引社会力量参与

（资料来源：孙中锋，等，2021）

要素、系统化的社区支持体系（图3），统筹考虑政策制度、物质空间、社会人文等多维度的更新需求，以实现高效、合理的适老化社区更新（李媛媛，等，2022）。夏大为通过系统分析空巢家庭关联者的现状与需求，建议老旧社区更新目标应从以老年人为中心的适老性改造转向多年龄层次的新型社区关系营造，并从人口结构、社

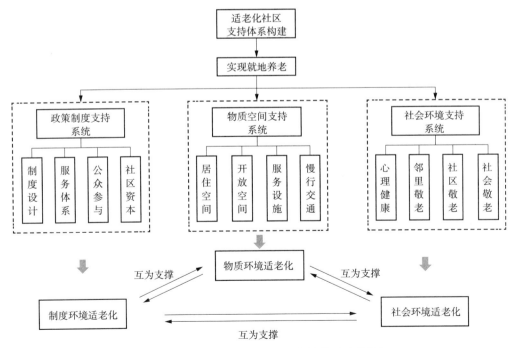

图3 就地养老模式下适老社区支持体系建构框架

（资料来源：李媛媛，等，2022）

会空间两个路线来建构匹配当代中国家庭人口结构特征并适应传统养老观念的更新模式（夏大为，等，2020）。高岳等则是基于"行为者网络理论"，具体讨论了适老化改造中的加装电梯问题，剖析社区微更新产权变更和报建过程中具有关键影响的"行为者"及其相互作用关系，提出相关建议，用于指导我国老旧小区加装电梯工作（高岳，等，2021）。

社区更新中的生态问题是另一个热点话题。越来越多的学者关注居民的生活健康，社区微气候环境（颜文涛，等，2022），从社区生态修复和社区修补两方面考虑社区更新规划，在社区修补的基础上，提出修复生态景观，加快海绵社区建设，开发低效土地等社区生态修复策略（图4）（张晓东，等，2021；田从祥，刘显成，2021）。

学者总结国外先进的更新理念和实践，旨在将先进经验引入中国情境下的社区更新。例如，李宇宏梳理英国社区可持续更新实施策略的历史演进与实践特征，以期为我国城市存量提升发展时期的社区可持续更新发展提供经验（李宇宏，刘翠翠，2021）。EKHI等就西班牙低碳能源的发展情况讨论了共享更新模式的可扩展性。（A et al.，2022）

3 国外城市更新研究的最新热点

基于所获取英文文献的研究内容，并结合其关键词、研究对象等，对国内城市更新领域的最新研究进展进行分类，大致可划分为城市更新与可持续研究、棕地研

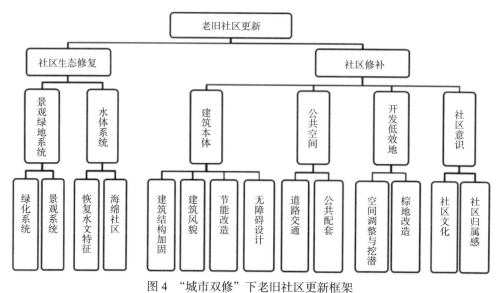

图4　"城市双修"下老旧社区更新框架

（资料来源：张晓东，等，2021）

究等方面的内容。

3.1　城市更新与可持续研究

城市更新被认为是可持续城市发展的一个重要因素，城市更新实践可以通过精心设计和建造的良好建筑环境改善城市的社会可持续性，解决人口快速增长和随之而来的无计划城市化带来的社会问题（Yildiz et al.，2020）。社区作为城市的基本组成部分，是城市可持续更新的重要板块。Tang针对目前社区城市更新中存在的一些问题，提出了一个社区级可持续更新框架该框架考虑了代谢流和社区更新操作（Tang et al.，2020）。工业遗迹的更新也被认为是组成可持续城市更新的重要一环，提高其发展的可持续性对城市更新具有重要意义（Guo et al.，2021）。

在推进可持续城市更新的进程中，基于指标的方法被认为有助于提高可持续性的城市更新决策能力（Zewdie et al.，2021）。Lin提出了一个基于混合多属性决策（MADM）的事前决策模型，从政府角度，基于经济、社会文化和环境三个维度，评估城市更新项目的可持续性（Lin et al.，2021）。Tian等为再利用工业建筑的可持续性评估提供一种合理有效的方法（Tian et al.，2021）。Wu等则是通过地表温度这一指标，来表征不同城市更新模式对城市规划和实现城市可持续发展的影响（Wu et al.，2022）。城市更新中建筑环境设计与社会可持续性之间也存在有密切的联系，Yildiz解析了他们之间的作用机理，为衡量城市更新项目社会可持续性的模型提供了基础（Yildiz et al.，2020）。Hatz等基于维也纳城市更新项目，剖析了其中社会可持续性的现行机制，重点探讨了公共补贴项目的影响（Hatz，2021）。

然而，现在的可持续城市更新中也存在一些问题，典型的是Gaziosman Pasa案例，从中可以发现，具有包容性可持续发展特征的城市更新总体规划很容易被地方当局颠覆，地方当局的根本目的是从指定用于公共用途的绿地中获取利润，使得可持续性城市更新规划没有得到很好的实践（Yazar et al.，2020）。

3.2　棕地研究

棕地是指存在或潜在存在有害物质或污染物对开发构成障碍的土地（Foley et al.，2021）。目前，城市发展往往面临可用空间不足的问题，由于棕地通常位于中心位置，再开发价值高，棕地为可持续城市规划提供了巨大潜力（Szabo and Bozsoki，2022）。棕地修复已成为城市经济转型和复兴的一个重要途径，为城市提供了许多社会、经济和环境效益（Song et al.，2022）。

快速工业化和城市化导致了棕地数量的迅速增加，确定城市候选棕地是棕地项目的一项基本任务（Song et al.，2022）。Wang等根据棕色地带与城市复杂生态系统的关系，对我国棕色地带进行了界定，构建了包括社会经济子系统和生态子系统的综合评价指标体系（Wang et al.，2022）。Song等提出一种利用多源数据识别城市候选棕地的新方法，生成的城市候选棕地地图也可以为当地政府机构提供棕地修复的技术参考（Song et al.，2022）。

城市棕地是棕地研究中的一个重要领域，一般指废弃的工业用地，其再开发可能会受到环境污染的影响，因为环境污染可能会给居民带来健康风险（Slawsky et al.，2022）。例如，暴露于受多环芳烃污染的棕地土壤会增加健康风险（Tian et al.，2022）。Zhao 等采用单因子指数、地质累积指数和人类健康风险评价方法，对土壤污染和环境风险进行了评价，在棕地更新规划下，为土壤重金属的生态修复提供了一种有效的识别方法，并对补救措施提供了一些建议（Zhao et al.，2022）。农业棕地是棕地研究中另一个重要的板块，关系到乡村发展。Klusacek 分析后社会主义环境中成功再生后农业棕地的决定性因素和限制、加速器和障碍（Klusacek et al.，2022）。Navratil 则是基于社会、经济和环境特征探讨了农业棕地再生的影响机理（Navratil et al.，2021）。

与棕地和绿地使用相关的工业园区投资项目的实施是一个不断争论的问题，评估投资棕地的风险是另一个主要话题（Pavolova et al.，2021）。由于土地污染，棕地开发包括私人和公共成本。棕地对房地产的生存能力产生了负面的外部影响，被认为是有风险的，开发成本也很高。生存风险使得棕色地块上的经济适用房开发在财务和经济上更具挑战性。为了理解这一问题，Squires 引入了一个概念模型来分析和克服经济、金融障碍（Squires and Hutchison，2021）。每个棕地的独特性可能会限制其再生的一般方法，识别棕地的相似和共同特征有助于提高初始阶段的再生潜力，Tureckova 通过因子分析提出了一组棕色地块再生潜力指标（Tureckova et al.，2021）。Melstrom 进一步对棕地清理和土地开发的经济效益分配进行了研究（Melstrom et al.，2021）。

还有部分学者关注棕地在开发后的效益问题，Washbourne 对棕色地块的生态系统服务需求进行了定量调查，大多数利益相关者都希望从以前的棕地场地创建多功能绿色空间（Washbourne et al.，2020）。然而，有些学者从生态多样性角度出发，认为棕地遗址提供了有限干扰的稀缺栖息地，因此反过来也被认为具有生态价值。棕地遗址的开发可能会对生物多样性产生意外的负面影响（Macgregor et al.，2022）。棕地研究已经成为近些年来学者们关注的热点，Jacek 对棕地研究进行了较为全面的梳理（Jacek et al.，2022）。

4　结语与展望

城市更新是 21 世纪备受关注的城市发展与规划议题，将伴随城市发展的整个过程，它是对城市中衰落区域进行重建、整治和功能改变为目的的行为。本文基于中国知网及 Web of Science 中关于 "城市更新 /Urban Renewal" 研究的最新文献，运用文献分析工具 Cite Space，对国内外 2019 年以来关于城市更新研究的文献数量、发文期刊、研究机构、主题方向等进行了统计分析，发现关于城市更新研究的文献数量呈现快速增长的态势，城市规划是研究城市更新的主要学科，而《规划师》, *Cites*, *Journal of Urban History* 是国内外重要的发文期刊。研究结构则呈现出大分散、小集聚的分布格局。在统计分析的基础上，结合研究对象与主题方向，从不同方面对城市更新的最新研究进展进行了总结分析，其中中文文献主要从城中村、旧工业区、旧城区、社区更新等方面进行总结分析，英文文献主要是从城市更新与可持续发展、棕地和适应性再利用等方面进行总结分析。

　　城市更新作为城市研究的一个新热点，应当在前人研究的基础上，结合地区实际情况进行优化调整，同时应考虑生态环境、社会环境和经济发展等多层次的可持续研究，融合多学科的研究方法，对其进行更加深入的分析。对国内未来的城市更新研究，本文提出如下展望：第一，研究对象与内容。从研究对象说，当前针对城市更新的研究主要集中在大城市，未来应逐步向中小城市拓展；从研究内容上说，城市更新应该从"三旧"改造进一步拓宽，对城市环境、城市历史、空间特征等宏观因素进行深入研究分析。第二，多层面的城市更新。未来应从过去以规划设计为主的物质更新，转变为经济学、社会学、环境学、地理学等多学科交叉融合的综合性思维，构建具有中国特色的城市更新体系。第三，更新方式。未来要重视利用历史遗产保护、生态导向和重大事件导向等方式来对原土地低效利用和废弃区域进行改造和更新，更多地进行促进闲置和公共土地参与更新方面的研究。第四，更新研究方法。针对当前城市更新研究主要依赖于调研、访谈等定性的研究方法，未来应探索空间分析、大数据手段、数学建模等新技术和定量方法的运用，分析城市更新的时空格局，探究城市更新过程中的问题与对策、解读生态、经济、社会等多因素在城市更新中的互动。第五，制度层面。要加强城市更新法律法规体系建设探讨，探究如何吸引社会资本参与城市更新，平衡各相关利益主体之间的需求，构建起协作式的城市更新治理模式，以实现多方共赢。

参考文献

[1] 赵燕菁，宋涛.城市更新的财务平衡分析——模式与实践 [J].城市规划，2021，45（09）：53-61.

[2] 董晓，刘加平.城市更新面临的"顽疾"与对策.城市规划，2021，45（05）：56-60.

[3] 赵万民，李震，李云燕.当代中国城市更新研究评述与展望——暨制度供给与产权挑战的协同思考.城市规划学刊（05），2021：92-100.

[4] 丁凡，伍江.城市更新相关概念的演进及在当今的现实意义 [J].城市规划学刊，2017（06）：87-95.

[5] 张庭伟. 从城市更新理论看理论溯源及范式转移 [J]. 城市规划学刊, 2020 (01), 9–16.

[6] 李锦生, 石晓冬, 阳建强, 张国伟, 邓堪强, 唐燕, 于洋. 城市更新策略与实施工具 [J]. 城市规划, 2022, 46 (03): 22–28.

[7] 唐燕. 我国城市更新制度建设的关键维度与策略解析 [J]. 国际城市规划, 2022, 37 (01): 1–8.

[8] 姜凯凯, 孙洁. 城市更新地方法规文件的内容框架、关键问题与政策建议——基于 21 个样本城市的分析 [J]. 城市发展研究, 2022, 29 (02): 72–78.

[9] 黄卫东. 城市治理演进与城市更新响应——深圳的先行试验 [J]. 城市规划, 2021, 45 (06): 19–29.

[10] 朱晨光. 城市更新政策变化对城中村改造的影响——基于新制度经济学视角 [J]. 城市发展研究, 2020, 27 (02): 69–75.

[11] 刘会晓, 邱小亮, 耿红生. 焦作市中心城区旧城更新规划探析 [J]. 规划师, 2021, 37 (22): 66–73.

[12] 叶静. 无锡旧城区小尺度公共空间改善设计研究 [J]. 设计, 2021, 34 (21): 76–78.

[13] 程铖. 城市旧城改造与规划设计研究 [J]. 居舍, 2021 (27): 99–100.

[14] 郑翔云, 马利诺夫·阿列克桑德罗·阿列克桑德洛维奇, 朱玲. 旧城区老年人户外活动空间景观设计研究 [J]. 工程建设与设计, 2021 (02): 14–15.

[15] 孙旭阳, 汪丽君, 廖攀, 顾宁. 旧城区街角小微公共空间老年人自发参与性研究 [J]. 建筑学报, 2021 (S1): 65–69.

[16] 冯聪, 陈敏怡. 以健康城市为导向的广州老旧城区空间改造策略研究 [J]. 城市住宅, 2021, 28 (10): 219–222.

[17] 孙世界, 熊恩锐. 空间生产视角下旧城文化空间更新过程与机制——以南京大行宫地区为例 [J]. 城市规划, 2021, 45 (08): 87–95.

[18] 丁竹慧, 董欣, 路金霞, 刘林, 杜雅星. 功能修补视角下西安市老旧城区微空间改造研究 [J]. 规划师, 2021, 37 (20): 29–36.

[19] 霍艺. 基于三方博弈的旧城区改造利益主体策略研究 [J]. 四川建筑, 2022, 42 (02): 26–28, 32.

[20] 李云燕, 赵万民, 朱猛, 王梅. 我国新时期旧城更新困境、思路与基本框架思考 [J]. 城市发展研究, 2020, 27 (01): 57–66.

[21] 闫小培, 魏立华, 周锐波. 快速城市化地区城乡关系协调研究——以广州市"城中村"改造为例 [J]. 城市规划, 2004 (03): 30–38.

[22] 尹稚. 城市与社区治理 [J]. 住区, 2021 (01): 7–8.

[23] 陈天, 王佳煜, 石川森. 巴西贫民窟协作式规划对我国城中村治理的启示——以贝洛奥里藏特市为例 [J]. 国际城市规划, 2022, 3.

[24] 卢文杰, 程佳佳, 方菲雅. 广州市城中村微改造行动规划探索——以仑头村为例 [J]. 城市发展研究, 2020, 27 (05): 94–100.

[25] 李海涛. 从对立到融合——对城中村价值的补充认识和城村融合发展探讨 [J]. 城市发展研究,

2021，28（01）：53-59.

[26] 张理政，叶裕民 . 前景理论视角下城中村村民更新意愿研究——基于广州市 25 村问卷调查 [J].
现代城市研究，2021（12）：19-26.

[27] 张艳，朱潇冰，瞿琦，周维 . 深圳市城中村综合整治的整体统筹探讨 [J]. 现代城市研究，2021
（10）：36-42.

[28] 袁定欢，黄小琦，鲍海君，林文亿 . 深圳市城中村改造政策主题及演变过程分析——基于
2009-2019 年政策文本分析 [J]. 城市规划，2021，45（02）：92-98.

[29] 周艺，李志刚 . 城中村公共空间的重构与微改造思路研究 [J]. 规划师，2021，37（24）：67-73.

[30] 胡茜 ."十四五"时期我国推进城市更新的思路与举措 [J]. 中国房地产，2021（07）：48-55.

[31] 胡艺萌，张改景，安宇 . 既有城市工业区改造的能源高效利用及能流—碳流图分析 [J]. 绿色建
筑，2020，12（05）：25-28.

[32] 王北辰，顾康康，罗毅，唐玲玲 ."城市双修"背景下的旧工业区改造规划研究——以合肥市
东部新中心西部地块为例 [J]. 城市建筑，2021，18（16）：5-10，20.

[33] 王剑威 . 政策导向下旧工业区更新方法组合论及其应用 [J]. 城市建筑，2021，18（11）：35-
38.

[34] 陈小妹，贺传皎 . 旧工业区改造政策瓶颈与改进思路——以深圳市为例 [J]. 中国土地，2020
（04）：48-49.

[35] 丁晓欣，张继鹏，欧国良，朱祥波 . 深圳市城市更新"工改工"项目开发的困境与路径分析 [J].
住宅与房地产，2020（17）：67-73.

[36] 陈翠容，蔡云楠 国外工业遗产保护与再利用研究进展——基于可视化知识图谱分析 [J]. 工业
建筑，2021，1：1-13.

[37] 韩晗 ."双碳"目标下城市工业空间转型的优化策略与选择路径——以工业遗产保护更新为视
角 [J]. 上海师范大学学报（哲学社会科学版），2021，50：88-94.

[38] 金连生，陈晨 . 存量更新背景下东北制药厂南厂区遗存型工业用地保护性开发策略研究 [J]. 工
业建筑，2021，51：81-86，80.

[39] 蓝杰 . 工业遗产档案保护与利用研究——以杭州市大城北炼油厂为例 [J]. 浙江档案 . 2020：62-
63.

[40] 刘抚英，李圆天，杨尚奇 . 纺织工业遗产保护与再生经典范例研析——美国马萨诸塞州洛厄
尔市布特工厂 [J]. 城市规划，2021，45：65-75.

[41] 刘抚英，于开锦，唐亮 . 无锡"永泰丝厂旧址"保护与再生 [J]. 工业建筑，2021，51：54-58.

[42] 刘歆，多俊玉 . 意大利伊夫雷亚工业遗产区域适应性保护策略 [J]. 工业建筑，2020，50：189-195.

[43] 吕建昌 . 多学科视域下三线建设工业遗产保护与利用路径研究框架 [J]. 东南文化 . 2022：33-
39，191-192.

[44] 汪文，王贝，陈伟，等 . 澳大利亚工业遗产适应性再利用的经验与启示 [J]. 国际城市规划，
2021，36：129-135.

[45] 王珂 . 工业文化的承继性与工业遗产保护——评《现代化工企业管理》[J]. 塑料工业，2021，49：163.

[46] 尹应凯，杨博宇，彭兴越 . 工业遗产保护的"三个平衡"路径研究——基于价值评估框架 [J]. 江西社会科学 . 2020，40：127–137，255.

[47] 朱小芳，刘泽青，胡慧敏 . 工业遗产保护与再利用研究——以北京东燕郊旧工厂建筑景观改造设计为例 . 工业建筑 [J]，2020，50：194.

[48] ＡＥ，ＺＩ，ＣＩＩ，等 . 西班牙低碳能源社区的可扩展性：一种源自共享更新模式的经验方法 [J]. 城市规划学刊 2022：123–124.

[49] 陈伟旋，王凌，叶昌东 . 广州市老旧社区微更新中公众参与的模式探究 [J]. 上海城市规划，2021：78–84.

[50] 陈烨，张尚武，施雨，等 . 适老化视角下的上海老旧小区更新与治理路径思考——以上海长宁路 396 弄工人新村社区调查实践为例 [J]. 城市发展研究，2021，28：39–44.

[51] 丁竹慧，吴文恒，黄坤，等 . 基于多元数据的西安市企业社区更新潜力评价 [J]. 现代城市研究，2021：44–51，59.

[52] 高岳，李峰清，黄璜 . 网络视角下存量规划方法研究——上海老旧社区加装电梯微更新为例 [J]. 城市发展研究，2021，28：13–18.

[53] 李宇宏，刘翠翠 . 从"政府权力制约"到"伙伴关系模式"：英国城市社区可持续更新的实施策略发展研究 [J]. 装饰，2021：12–19.

[54] 李媛媛，李晋轩，曾鹏 . 基于适老化社区支持体系的社区更新实施路径初探 [J]. 现代城市研究，2022：15–23.

[55] 梁颖 . 老旧社区更新的多元挑战与方法要点——以北京市新源西里社区为例 [J]. 城市问题，2021：29–35.

[56] 刘佳燕，邓翔宇，霍晓卫，等 . 走向可持续社区更新：南昌洪都老工业居住社区改造实践 [J]. 装饰，2021：20–25.

[57] 秦怀鹏 . 上海市杨浦区社区更新实践策略与行动配合 [J]. 规划师，2022，38：78–84.

[58] 孙中锋，张彪 . 基于社区概念演变的社区更新动力转向研究 [J]. 装饰，2021：50–54.

[59] 田从祥，刘显成 . 基于"城市双修"理念下民主街老旧社区公共空间更新设计 [J]. 建筑结构，2021：51：160.

[60] 夏大为，林煜芸，陈奕安，等 . 空巢化背景下的城市老旧社区更新模式研究 [J]. 城市发展研究，2020：27：87–93.

[61] 谢璇，刘笑 . 社区更新文化弹性机制的构建与实践探析——以广州老旧社区微改造工作坊为例 [J]. 美术学报，2021：121–124.

[62] 颜文涛，李子豪，菅天语，等 . 空气环境健康导向下的老旧社区生态化更新：理论框架与案例实践 [J]. 城市发展研究，2022，29：121–132.

[63] 姚之浩，秦亮 . 我国老旧小区适老性更新的研究进展与评述 [J]. 城市问题，2021：95–102.

[64] 张晓东，杨青，严莹."城市双修"背景下的老旧社区更新策略研究 [J]. 建筑经济，2021，42：78-82.

[65] 郑露荞,伍江.基于社会网络分析的社区更新社会绩效评估——以上海市大学路"发生便利店"项目为例 [J]. 城市问题，2022：65-75.

[66] GUO P，LI Q，GUO H，et al. Quantifying the core driving force for the sustainable redevelopment of industrial heritage：implications for urban renewal[J]. Environmental Science and Pollution Research，2021，28：48097-48111.

[67] HATZ G. Can public subsidized urban renewal solve the gentrification issue? Dissecting the Viennese example[J]. Cities，2021：115.

[68] LIN S-H，HUANG X，FU G，et al. Evaluating the sustainability of urban renewal projects based on a model of hybrid multiple-attribute decision-making[J]. Land Use Policy，2021：108.

[69] TANG M，HONG J，WANG X，et al. Sustainability accounting of neighborhood metabolism and its applications for urban renewal based on emergy analysis and SBM-DEA[J]. Journal of Environmental Management，2020：275.

[70] TIAN W，ZHONG X，ZHANG G，et al. SUSTAINABILITY ANALYSIS OF REUSED INDUSTRIAL BUILDINGS IN CHINA：AN ASSESSMENT METHOD[J]. Journal of Civil Engineering and Management，2021，27：60-75.

[71] WU P H，ZHONG K W，WANG L，et al. <p>Influence of underlying surface change caused by urban renewal on land surface temperatures in Central Guangzhou</p>[J]. Building and Environment，2022：215.

[72] YAZAR M，HESTAD D，MANGALAGIU D，et al. From urban sustainability transformations to green gentrification：urban renewal in Gaziosmanpasa，Istanbul[J]. Climatic Change，2022，160：637-653.

[73] YILDIZ S，KIVRAK S，GULTEKIN A B，et al. Built environment design – social sustainability relation in urban renewal[J]. Sustainable Cities and Society，2020：60.

[74] ZEWDIE M，WORKU H，BANTIDER A Inner City Urban Renewal：Assessing the Sustainability and Implications for Urban Landscape Change of Addis Ababa[J]. Journal of Housing and the Built Environment，2021，36：1249-1275.

[75] FOLEY T，WOLF A M，JACKSON C，et al. Development of a brownfield inventory for prioritizing funding outreach in Tucson，Arizona[J]. Geo-Spatial Information Science，2021，24：742-754.

[76] JACEK G，ROZAN A，DESROUSSEAUX M，et al. Brownfields over the years：from definition to sustainable reuse[J]. Environmental Reviews，2022，30：50-60.

[77] KLUSACEK P，CHARVATOVA K，NAVRATIL J，et al. Regeneration of Post-Agricultural Brownfield for Social Care Needs in Rural Community：Is There Any Transferable Experience?[J]

International Journal of Environmental Research and Public Health，2022，19.

[78] MACGREGOR C J，BUNTING M J，DEUTZ P，et al. Brownfield sites promote biodiversity at a landscape scale[J]. Science of the Total Environment，2022：804.

[79] MELSTROM R T，MOHAMMADI R，SCHUSLER T，et al. Who Benefits From Brownfield Cleanup and Gentrification? Evidence From Chicago[J]. Urban Affairs Review，2021.

[80] NAVRATIL J，KREJCI T，MARTINAT S，et al. Variation in brownfield reuse of derelict agricultural premises in diverse rural spaces[J]. Journal of Rural Studies，2021，87：124-136.

[81] PAVOLOVA H，BAKALAR T，TOKARCIK A，et al. An Economic Analysis of Brownfield and Greenfield Industrial Parks Investment Projects：A Case Study of Eastern Slovakia[J]. International Journal of Environmental Research and Public Health，2021：18.

[82] SLAWSKY E D，WEAVER A M，LUBEN T J，et al. A cross-sectional study of brownfields and birth defects[J]. Birth Defects Research，2022，114：197-207.

[83] SONG Y，LYU Y，QIAN S，et al. Identifying urban candidate brownfield sites using multi-source data：The case of Changchun City，China[J]. Land Use Policy，2022：117.

[84] SQUIRES G，HUTCHISON N. Barriers to affordable housing on brownfield sites[J]. Land Use Policy，2021：102.

[85] SZABO M，BOZSOKI F. Redevelopment of Brownfields for Cultural Use from ERDF Fund-The Case of Hungary between 2014 and 2020[J]. Journal of Risk and Financial Management，2022，15.

[86] TIAN W，GUO P，LI H，et al. Probability risk assessment of soil PAH contamination premised on industrial brownfield development：a case from China[J]. Environmental Science and Pollution Research，2022，29：1559-1572.

[87] TURECKOVA K，NEVIMA J，DUDA D，et al. Latent structures of brownfield regeneration：A case study of regions of the Czech Republic[J]. Journal of Cleaner Production，2021：311.

[88] WANG Z，CHEN X，HUANG N，et al. Spatial Identification and Redevelopment Evaluation of Brownfields in the Perspective of Urban Complex Ecosystems：A Case of Wuhu City，China[J]. International Journal of Environmental Research and Public Health，2022，19.

[89] WASHBOURNE C-L，GODDARD M A，LE PROVOST G，et al. Trade-offs and synergies in the ecosystem service demand of urban brownfield stakeholders[J]. Ecosystem Services，2020：42.

[90] ZHAO W，LIAO Y，ZHOU S，et al. Ecological remediation strategy for urban brownfield renewal in Sichuan Province，China：a health risk evaluation perspective[J]. Scientific Reports，2022，12.

作者信息

冯帅，男，重庆大学管理科学与房地产学院，研究生。
黄壹品，男，重庆大学管理科学与房地产学院，研究生。

2021-2022 年城市更新十大事件

1 住房和城乡建设部印发《关于在实施城市更新行动中防大拆大建问题的通知》

2021 年 8 月 30 日，为积极稳妥实施城市更新行动，防止大拆大建问题，住房和城乡建设部发布了《关于在实施城市更新行动中防止大拆大建问题的通知》，具体内容如下：

（1）坚持划定底线，防止城市更新变形走样

严格控制大规模拆除，除违法建筑和经专业机构鉴定为危房且无修缮保留价值的建筑外，不大规模、成片集中拆除现状建筑；严格控制大规模增建，除增建必要的公共服务设施外，不大规模新增老城区建设规模，不突破原有密度强度，不增加资源环境承载压力；严格控制大规模搬迁，不大规模、强制性搬迁居民，不改变社会结构，不割断人、地和文化的关系；确保住房租赁市场供需平稳，不短时间、大规模拆迁城中村等城市连片旧区，防止出现住房租赁市场供需失衡加剧新市民、低收入困难群众租房困难。

（2）坚持应留尽留，全力保留城市记忆

保留利用既有建筑，不随意迁移、拆除历史建筑和具有保护价值的老建筑，不脱管失修、修而不用、长期闲置；保持老城格局尺度，不破坏老城区传统格局和街巷肌理，不随意拉直拓宽道路，不修大马路，不建大广场，严格控制建筑高度，最大限度保留老城区具有特色的格局和肌理；延续城市特色风貌，不破坏地形地貌，不伐移老树和有乡土特点的现有树木，不挖山填湖，不随意改变或侵占河湖水系，不随意改建具有历史价值的公园，不随意改老地名，杜绝"贪大、媚洋、求怪"乱象，严禁建筑抄袭、模仿、山寨行为。

（3）坚持量力而行，稳妥推进改造提升

加强统筹谋划，不脱离地方实际，加强工作统筹，坚持城市体检评估先行，因地制宜、分类施策，合理确定城市更新重点、划定城市更新单元；探索可持续更新模式，探索政府引导、市场运作、公众参与的城市更新可持续模式，政府注重协调各类存量资源，加大财政支持力度，吸引社会专业企业参与运营，以长期运营收入平衡改

造投入，鼓励现有资源所有者、居民出资参与微改造；加快补足功能短板，聚焦居民急难愁盼的问题诉求，鼓励腾退出的空间资源优先用于建设公共服务设施、市政基础设施、防灾安全设施、防洪排涝设施、公共绿地、公共活动场地等，完善城市功能；提高城市安全韧性，不过度景观化、亮化，不增加城市安全风险，鼓励近自然、本地化、易维护、可持续的生态建设方式，优化竖向空间，加强蓝绿灰一体化海绵城市建设。

2 住房和城乡建设部办公厅印发《关于开展第一批城市更新试点工作的通知》

2021 年 11 月 4 日，住房和城乡建设部办公厅发布《关于开展第一批城市更新试点工作的通知》（以下简称《通知》），《通知》指出，为积极稳妥实施城市更新行动，在各地推荐基础上，遴选了北京等 21 个城市（区）开展第一批城市更新试点工作。第一批试点自 2021 年 11 月开始，为期 2 年。

《通知》要求各地结合实际，因地制宜地探索城市更新的工作机制、实施模式、支持政策、技术方法和管理制度，推动城市结构优化、功能完善和品质提升，形成可复制、可推广的经验做法，引导各地互学互鉴，科学有序地实施城市更新行动。试点地区将重点开展探索城市更新统筹谋划机制、探索城市更新可持续模式以及探索建立城市更新配套制度政策等工作。具体内容如下：

（1）探索城市更新统筹谋划机制方面，加强工作统筹，建立健全政府统筹、条块协作、部门联动、分层落实的工作机制。坚持城市体检评估先行，合理确定城市更新重点，加快制定城市更新规划和年度实施计划，划定城市更新单元，建立项目库，明确城市更新目标任务、重点项目和实施时序。鼓励出台地方性法规、规章等，为城市更新提供法治保障。

（2）探索城市更新可持续模式方面，探索建立政府引导、市场运作、公众参与的可持续实施模式。坚持"留改拆"并举，以保留利用提升为主，开展既有建筑调查评估，建立存量资源统筹协调机制。构建多元化资金保障机制，加大各级财政资金投入，加强各类金融机构信贷支持，完善社会资本参与机制，健全公众参与机制。

（3）探索建立城市更新配套制度政策方面，创新土地、规划、建设、园林绿化、消防、不动产、产业、财税、金融等相关配套政策。深化工程建设项目审批制度改革，优化城市更新项目审批流程，提高审批效率。探索建立城市更新规划、建设、管理、运行、拆除等全生命周期管理制度。分类探索更新改造技术方法和实施路径，鼓励制定适用于存量更新改造的标准规范。

具体工作要求各省级住房和城乡建设主管部门要组织本地区试点城市（区）编制实施方案，明确试点目标、试点内容、重点项目、实施时序和保障措施。要高度重视，加强组织领导，严格落实城市更新底线要求，切实落实试点实施方案，扎实推进试点工作，确保试点取得成效。要广泛宣传城市更新理念内涵，加强对本地区试点工作的支持力度，督促和指导实施方案落实。各试点城市（区）要及时研究解决试点工作中的难点问题，认真梳理总结好经验、好做法、好案例。

3 深圳市人大常委会通过《深圳经济特区城市更新条例》

《深圳经济特区城市更新条例》（以下简称《条例》）经深圳市第六届人民代表大会常务委员会第四十六次会议于2020年12月30日通过，自2021年3月1日起施行。主要内容如下：

1. 明确城市更新的原则目标和总体要求

《条例》立足建设社会主义先行示范区的要求，对城市更新应当重点把握的原则性、方向性问题进行明确。

（1）明确了城市更新应当遵循的原则，强调城市更新应当遵循政府统筹、规划引领、公益优先、节约集约、市场运作、公众参与的原则。

（2）明确了城市更新的具体目标，强调城市更新要着眼于加强公共设施建设，提升城市功能品质；拓展市民活动空间，改善城市人居环境；推进环保节能改造，实现城市绿色发展；注重历史文化保护，保持城市特色风貌；优化城市总体布局，增强城市发展动能。

（3）明确了城市更新的总体要求，强调拆除重建和综合整治并重，并做好与土地整备、公共住房建设、农村城市化历史遗留违法建筑处理等工作有机衔接，相互协调，促进存量低效用地再开发。

（4）明确了城市更新的公益优先导向，强调城市更新项目应当优先保障公共利益的落实，用于建设与城市更新项目配套的城市基础设施和公共服务设施应当优先安排，与城市更新项目同步设施。

（5）明确了城市更新的历史文化保护责任，强调城市更新应当加强对历史风貌区和历史建筑的保护与活化利用，继承和弘扬优秀历史文化遗产，促进城市建设与社会文化协调发展。

2. 关于市场化运作的更新方式

市场化运作是我市城市更新的重要机制创新。《条例》在全国率先探索城市更新市场化运作路径，在坚持政府统筹的前提下，主要实行市场化运作模式，由物业权利人自主选择的开发建设单位（以下统称市场主体）负责申报更新单元计划、编制更新单元规划、开展搬迁谈判、组织项目实施等活动，充分发挥市场在资源配置的决定性作用。

3. 关于严格规范城市更新规划与计划管理

（1）发挥规划引领作用。规定市城市更新部门应当按照全市国土空间总体规划，组织编制全市城市更新专项规划，作为城市更新单元划定、城市更新单元计划制定和规划编制的重要依据。

（2）城市更新单元实行计划管理。规定城市更新计划依照城市更新专项规划和法定图则等法定规划制定，实行有效期管理，并对城市更新单元计划申报主体和申报条件做出了具体规定。

（3）明确了城市更新单元规划编制要求。规定城市更新单元规划是城市更新项目实施的规划依据，根据城市更新单元计划、有关技术规划并结合法定图则等各项控制要求进行编制。

4. 关于规范城市更新市场主体行为

为了进一步规范市场秩序，促进城市更新市场健康发展，《条例》从多个方面对市场主体及其开发建设行为进行规范。

明确市场主体准入门槛和选定市场主体方式，规定参与城市更新的市场主体必须是具有房地产开发资质的企业；规定市场主体变更程序；建立市场退出机制；规范市场主体的开发行为。

5. 关于保护城市更新物业权利人的合法权益

为了更好地保护物业权利人的合法权益，《条例》从信息公开、补偿方式、补偿标准、产权注销等多个方面进行了一系列制度设计：

（1）规定信息公开范围。要求加强城市更新信息系统建设，依法公开信息，保障公众对城市更新政策关键环节和重要事项的知情权、参与权和监督权。

（2）规定多种搬迁补偿方式。明确物业权利人可以自主选择产权置换、货币补偿或者两者相结合的搬迁补偿方式，充分尊重物业权利人的自主意愿，发挥居民的积极性。

（3）规定搬迁安置最低补偿标准。明确已登记的商品性质住宅物业（即红本住宅）采用原地产权置换的，按照套内面积不少于 1：1 的比例进行补偿，其他合法建筑和历史违建的搬迁补偿标准，由市场主体与物业权利人协商确定。

（4）规定面积误差处置方式。明确要求产权置换的实际面积不得少于约定面积，产权置换面积因误差导致超出面积在 3% 以内的，物业权利人可以不再支付超面积部分的房价。

（5）规定不动产权属注销节点。明确市场主体与区城市更新部门签订项目实施监管协议，并向区住房建设部门备案后，方可按规定拆除建筑物。建筑物拆除后，由物业权利人或其委托的市场主体依法办理不动产权属注销登记手续，最大限度地保护物业权利人的合法权益。

6. 关于破解城市更新搬迁难的问题

为了有效破解城市更新搬迁难问题，《条例》进一步明确了政府实施征收的适用情形、征收程序和补偿方案，创设了"个别征收＋行政诉讼"制度，规定旧住宅区城市更新项目个别业主经行政调解后仍未能签订搬迁补偿协议的情况下，为了维护和增进社会公共利益，推进城市规划的实施，区人民政府可以对未签约部分房屋实施征收。

4 广东省人民政府办公厅发布《关于全面推进城镇老旧小区改造工作的实施意见》

2021年2月5日，广东省人民政府办公厅发布《关于全面推进城镇老旧小区改造工作的实施意见》（以下简称《实施意见》），旨在更好地发挥城镇老旧小区改造在推动惠民生扩内需、推进城市更新和开发建设方式转型、促进经济高质量发展。

《实施意见》分为总体目标、明确改造任务、建立健全组织实施机制、建立改造资金合理共担机制、落实支持政策、强化组织保障、附件等七个方面内容。根据国办发〔2020〕23号文提出的"既尽力而为，又量力而行"等基本原则，《实施意见》针对工作推动中存在的资金不够用、居民不积极、企业没兴趣、机制不完善等问题，结合广东省的实际，提出了具体工作措施，主要包括以下部分：

（1）总体目标。提出城镇老旧小区改造"十四五"时期的工作目标。2021年，全省开工改造不少于1300个城镇老旧小区，惠及超过25万户居民，基本形成城镇老旧小区改造制度框架、政策体系和工作机制；到"十四五"期末，基本完成2000年底前建成的需改造城镇老旧小区改造任务，有条件的地区力争完成2005年底前建成的需改造城镇老旧小区改造任务。

（2）明确改造任务。按照分类推进的原则，从确定改造对象范围、合理确定各类（基础类、完善类、提升类）改造内容、编制改造规划和年度计划等三个方面提出要求。

（3）建立健全组织实施机制。坚持"共同缔造"理念，发挥党建引领作用，从动员居民参与、项目推进和小区后续管理维护等方面建立健全实施机制，采取"菜单"方式为居民提供"点菜式"征求意愿服务。

（4）建立改造资金合理共担机制。落实居民出资责任，加大政府财政税收支持力度，引导社会力量、金融机构积极参与。

（5）落实支持政策。重点落实项目审批、技术标准、存量资源整合、土地支持政策等配套支持政策。

（6）强化组织保障。强调政府要发挥统筹协调作用，建立工作统筹协调和督导检查机制，压实工作责任。

此外，《实施意见》附件列明了省各有关单位的职责分工，并结合实际，为全面推进城镇老旧小区改造工作提出以下政策措施：

（1）鼓励规模化实施改造。合理选择改造模式，支持城镇老旧小区改造规模化实施，鼓励采用工程总承包（EPC）、国企平台等市场化方式推进。

（2）多渠道筹集管理维护资金。鼓励通过增设停车位、开辟广告位等方式增加小区公共收入来源，增强小区"自我造血"功能。

（3）创新市场运作模式。对增设停车库（场）、经营性服务场所、加装电梯等改造项目，探索"改造＋运营服务"一体化的市场运作模式推进小区改造。

（4）鼓励片区改造。鼓励各地按照连片整合、统筹配套、分批推进的要求，进行大片区或跨片区联动改造，实现片区基础设施、服务设施、公共空间等共建共享。符合"三旧"改造政策的老旧小区纳入"三旧"项目一并实施改造。

（5）制定土地和规划调整政策。对存量房屋建设各类公共服务设施的，实行5年内暂不变更用地主体和土地使用性质的过渡期政策；结合城市更新全面改造、混合改造等改造方式，制定相关规划调整支持政策和流程指引。

5 北京市人民政府发布《北京市人民政府关于实施城市更新行动的指导意见》

2021年6月10日，北京市人民政府发布《北京市人民政府关于实施城市更新行动的指导意见》。强化圈层引导和街区引导，首都功能核心区以保护更新为主，中心城区以减量提质更新为主，城市副中心和平原地区的新城结合城市更新承接中心城区功能疏解，生态涵养区结合城市更新适度承接与绿色生态发展相适应的城市功能。北京市城市更新的主要更新方式包括老旧小区改造、危旧楼房改建、老旧厂房改造、老旧楼宇更新、首都功能核心区平房（院落）更新等。

实施老旧小区综合整治改造，根据居民意愿，可利用小区现状房屋和公共空间补充便民商业、养老服务等公共服务设施；可利用空地、拆违腾退用地等增加停车位，或设置机械式停车设施等便民设施。同时，鼓励老旧住宅楼加装电梯。

在危旧楼房改建方面，对房屋行政主管部门认定的危旧楼房，允许通过翻建、改建或适当扩建方式进行改造，具备条件的可适当增加建筑规模，实施成套化改造或增加便民服务设施等。鼓励社会资本参与改造，资金由政府、产权单位、居民、社会机构等多主体筹集。居民异地安置或货币安置后腾退的房屋，可作为租赁房等保障房使用。

在老旧厂房改造方面，鼓励利用老旧厂房补充公共服务设施。鼓励老工业厂区通过更新改造或用地置换的方式实施规划，增加道路、绿地、广场、应急避难场所等设施。五环路以内和城市副中心的老旧厂房可根据规划和实际需要，补齐城市短板，引入符合要求的产业项目；五环路以外其他区域老旧厂房原则上用于发展高端制造业。

在老旧楼宇更新方面，鼓励老办公楼、老商业设施等老旧楼宇升级改造、调整功能、提升活力，发展新业态。允许老旧楼宇增加消防楼梯、电梯等设施，允许建筑功能混合、用途兼容；鼓励对具备条件的地下空间进行复合利用。

6 重庆市人民政府印发《重庆市城市更新管理办法》

2021年6月18日，重庆市出台《重庆市城市更新管理办法》（以下简称《管理办法》），旨在落实国家城市更新行动决策部署，强化改革的先导和突破作用，推动城市结构优化、功能完善和品质提升，加快实施扩大内需战略，建设"近悦远来"美好城市，建立健全与城市存量提质改造相适应的体制机制和政策体系，助力建成高质量发展高品质生活新范例。

《管理办法》提出，城市更新不是搞大拆大建，而是将建设重点转向存量提质改造，通过要素优化配置，从源头上促进经济发展方式转变，积极探索"受惠于百姓、放权于区县、让利于市场"的城市更新模式。《管理办法》共8章、42条，适用于主城都市区范围，主要内容分为三大板块，具体内容如下：

（1）建立城市更新工作机制。《管理办法》建立了城市更新工作机制，成立城市更新领导小组，明确市区两级政府、部门及各方主体职能职责，领导小组办公室设在市住房城乡建委；建立基础调查制度、专家咨询制度、公众参与制度。

（2）规范城市更新工作流程。构建适应城市更新需要的规范化、可操作的实施程序。在规划计划层面，明确编制更新规划、更新导则、片区策划方案、年度计划；在项目实施层面，明确编制项目实施方案并下放审批权限，强化项目实施和运营监管。

（3）制定城市更新保障措施。明确资金来源渠道、资金整合使用、创新融资方式等相关规定；市住房城乡建委会同市规划自然资源局等相关市级部门重点就土地、规划、产权、审批、消防等方面制定相关政策。

7 北京市住房和城乡建设委员会印发《北京市"十四五"时期老旧小区改造规划》

2021年8月19日，北京市住房和城乡建设委员会印发《北京市"十四五"时期老旧小区改造规划》，指出北京市老旧小区改造工作主要改革措施如下：

（1）"平台+专业公司"模式统筹推进

①鼓励社会资本参与老旧小区改造，推动市、区属国有企业通过"区企合作""平台+专业企业"模式参与改造实施。

②发挥平台统筹利用存量资源和融资功能，坚持在"微利可持续"原则下，按照基础类、完善类和提升类改造内容分类，引入社会资本参与养老、托育、家政、便民等配套设施新建补建，融合城市更新，推动市场化改造。

③具备条件的项目，采取"物业+""投资+设计+施工+运营"等模式实施。

（2）制定老旧小区改造技术导则

制定和出台北京市老旧小区改造技术导则。从评估、方案设计、改造、验收、长效机制建设等方面明确工作流程，按照基础类、完善类和提升类分类标准，细化具体改造内容和标准。

（3）推进老旧小区适老化改造

出台《关于老旧小区综合整治实施适老化改造和无障碍环境建设的指导意见》。加强适老化改造设计管理，突出加装电梯、公共环境适老化改造和无障碍环境建设等重点任务，统筹养老、助残等相关政策，鼓励"物业服务＋养老服务"。

（4）完善资金分摊规则

研究制定基础类、完善类、提升类三种类型的资金分摊方案。基础类改造，政府补贴为主;完善类改造，多方主体合理共担，政府奖励;提升类改造鼓励社会资本参与。

（5）完善财政补助资金管理办法

出台财政补助资金管理办法。规范和加强老旧小区改造补助资金使用管理，明确补助资金支持范围，加强资金下达和使用的监督管理，提高资金使用效率。

（6）个人提取住房公积金用于老旧小区改造

完善住房公积金支持老旧小区改造的相关政策措施。明确个人提取住房公积金和申请公积金贷款用于老旧小区改造的相关政策和办事流程。

（7）存量资源整合利用

①业主共有资源由业主共同决定使用用途。

②区属行政事业单位所属配套设施及区属国有企业通过划拨方式取得的小区配套用房或区域性服务设施，可将使用权或一定期限的经营收益作为区政府老旧小区改造投入的回报。

③市、区属国有企业通过出让方式取得的配套用房及产权属于个人、民营企业和其他单位的配套用房，需恢复原规划用途或按居民实际需要使用。

（8）优化审批流程

①加强改造方案规划设计审查，对技术指标一次性提出审查意见，提高设计精细化水平。

②简化立项用地规划许可。不涉及土地权属变化，或不涉及规划条件调整的项目，无须办理用地规划许可。精简工程建设许可和施工许可办事程序。

③对通过事中事后监管能够纠正且不会产生严重后果的行政审批事项，全面推行"告知承诺"制度，建立"告知承诺"清单，改造完成后开展联合竣工验收。

（9）完善工程建设管理相关配套措施

①出台优化工程招投标指导意见，切实优化招投标工作程序,加强招标工作指引。

②出台《老旧小区综合整治管线统筹工作手册》。

（10）推进中央单位在京老旧小区综合整治

①依托首都规划建设委员会工作机制，完善老旧小区综合整治央地联席会议制度，加强中央对口单位与市级相关部门的沟通联系，加强央地协同。

②针对央企在京老旧小区确定产权、土地、"三供一业"移交细则与移交标准，坚持先改造后移交。

8 上海市人大常委会表决通过《上海市城市更新条例》

2021年8月25日，《上海市城市更新条例》（以下简称《条例》）在上海市十五届人大常委会三十四次会议上表决通过，于9月1日起施行，上海"城市更新"首次上升到地方人大立法层面，主要内容如下：

（1）原则目标升级。一是强调对历史文化的传承与保护，并引入了绿色、低碳、数字化等原则，充分呼应了国家双碳目标及十四五规划。二是明确公私合作的更新模式，由政府推动、市场进行运作，促进城市更新成片推进。

（2）明确政府各部门具体的职责分工，同时设立了城市更新中心和专家委员会，建立健全公众参与机制，建立统一的城市更新信息系统。

（3）建立"城市更新指引—更新行动计划—更新实施方案"的三层更新体系。从市政府编写更新指引，到区政府编写行动计划，再到实施主体编写更新实施方案，层层递进。

（4）建立了区域统筹机制。一是明确城市更新方式，分为更新区域内更新活动和零星更新项目。二是建立统筹主体机制，明确由更新统筹主体负责推动达成区域更新意愿、整合市场资源、编制区域更新方案，统筹、推进更新项目实施。三是建立统筹主体遴选机制，确定合适的市场主体作为更新统筹主体，对于特定的更新项目，政府有权指定统筹主体。四是对统筹主体充分赋权赋能，政府可根据实际情况，赋予统筹主体参与规划编制、土地供应、统筹利益等职能。

（5）明确了城市更新要求。一是明确一般性要求，包括基础设施建设、绿色建筑、海绵城市、地上地下空间、数字化转型、微更新。二是明确质量安全要求，建立更新项目质量和安全管理制度，提升更新区域整体抗震、消防性能。三是明确风貌协调要求，应控制使用性质、高度、体量、立面、材料、色彩等方面。

（6）解决了城市更新重点难点问题。一是城市更新中的房屋征收问题，明确针对被征收人不提起诉讼，且不按时搬迁的，区政府可向人民法院申请强制执行。二是针对拆除重建和成套改造，实施主体应与人数和专有部分面积均达到95%以上的业主签约，业主拒不配合时，规定了"调解＋裁决＋复议"的方式，公房承租人拒不配合的，公房出租人可以依法向人民法院提起诉讼。三是针对产业用地，鼓励通过创新土地收储管理、协议转让、物业置换等方式，统筹发展力度，引导产业转型升级。

（7）实施丰富的保障政策，包括金融、标准、规划、审批等一系列的优化措施，鼓励市场主体参与城市更新，确保城市更新顺利落地。

（8）特别强调国有企业应带头承担重要更新区域开发，实施自主更新，积极向市场释放存量土地，建立健全参与更新的考核机制。相较于《深圳经济特区城市更新条例》（以下简称《条例》）中提出的：城市更新项目由物业权利人、具有房地产开发资质的企业，或者市区人民政府组织实施。《条例》更加注重国有企业对于城市更新项目的促进作用，预示着国有企业在未来的城市更新中将扮演更重要的角色。

（9）建立全面监管体系。一是明确建立全生命周期管理系统，要求将全生命周期管理纳入土地使用权出让合同中，有关部门通过信息共享、协同监管，实现更新项目的管理。二是明确政府、审计、社会、人大的具体监督责任。

（10）单列浦东新区，赋予了浦东新区人民政府更大的自主权。明确浦东新区政府可指定统筹主体，鼓励浦东空间垂直利用、复合利用，加强旧区改造，盘活产业用地。将浦东作为先锋试点，探索创新城市更新机制、模式，并在未来将其应用到全市。

9 2021中国国际城市建设博览会系列活动之城市更新论坛顺利召开

2021年6月25日，由中国建筑文化中心、中国城市规划学会城市设计学委会、中国城市规划设计研究院共同举办的2021中国国际城市建设博览会系列活动之城市更新论坛在北京举行。论坛采用"线上＋线下"相结合的方式举办，除来自住房和城乡建设及规划管理部门，社区建设和城市更新规划、设计、施工、管理、投融资单位，以及建筑类高等院校的线下参会代表外，还有全国各地6万余名专业观众参加同步在线论坛。论坛分为行业专家主题报告、信息发布会、城市更新项目实地观摩等三个部分。

论坛的主题报告紧跟"'十四五'规划"和2035年远景目标纲要精神，围绕住房和城乡建设部2021年重点工作，聚焦行业热点话题，交流了城市更新使生活更美好、城市更新长效机制研究、城市社区营造与建设、城市更新圈层式思考、工业遗存利用与城市复兴、城市更新视角下老旧小区改造探索实践和从城市色彩规划角度探索既有建筑改造等行业热点内容。

论坛特别组织策划了对"鲁谷街道老旧小区综合整治项目＋首钢园城市复兴项目"和"北京崇雍大街城市设计暨综合环境整治提升工程项目"实地观摩，更直观地介绍了城市更新在提升城市品质、推动城市高质量发展中发挥的重要作用。

10 第六届中国城市更新研讨会发布《中国城市更新福州宣言》

2021年12月10日，第六届中国城市更新研讨会在福州顺利举办，研讨会由福建工程学院和中国城市科学研究会城市更新专业委员会共同主办，福建工程学院建筑与城乡规划学院、福州城市建设投资集团发展公司、龙岩市城乡规划设计院、凯辉高德城市更新研究中心共同承办，会议采取线下和线上结合形式进行来自中国城市更新专业委员会的委员、会员，全国各高等院校、科研院所从事城市更新相关研究的专家、学者、师生代表，从事城市更新工作的相关企事业单位、行业企业的相关专家、实际工作者代表等300余人参加现场会议，另有2万多人收看线上会议直播。

大会发布了《中国城市更新福州宣言》（以下简称《宣言》），《宣言》由中国城市科学研究会城市更新专业委员会牵头，从事城市更新理论研究和实践的158家单位共同倡议、发起，旨在进一步贯彻落实"实施城市更新行动，推动城市高质量发展"。

经全体代表讨论，一致通过《中国城市更新福州宣言》。

一、城市更新坚持"以民为本、以城为源"基本原则，以推动城市复兴，人民群众以有获得感为目标，尊重人民群众意愿、切实保护人民群众利益，立足于提升城市新活力。

二、城市更新要坚持划定底线，严控大拆大建、大规模增建、大规模搬迁、过度房地产化，防止城市更新变形走样。在城市更新过程中，统筹考虑人民群众住房保障等重点民生问题。

三、城市更新应发挥地方政府整体统筹和规划引导的作用。探索适用于存量更新的规划、土地、财政、金融等政策，完善审批流程和标准规范，坚持城市体检评估先行，合理确定城市更新重点，科学编制城市更新规划和计划，创新奖补机制，推动城市更新相关立法工作，推动因地制宜的城市更新政策体系构建。

四、城市更新要顺应城市发展规律，重视地方实际和居民意愿，切实保护和平衡市场各主体和人民群众的利益，不破坏城市社会格局，防范社会阶层分化和社会排斥问题的加剧。

五、城市更新要重视城市特色风貌的延续和地方历史文化的保护。切实抓好既有建筑保护和利用，采用"绣花功夫"，最大限度保留老城区具有特色的空间格局和肌理，保持老城格局尺度。

六、城市更新项目要分类施策，要有明确的实施目标、有明确的项目载体改造、有明确的内容导入、有明确的运营方式和功能补全等方案及落实执行，确保项目更新的有效实施和可持续发展。

七、城市更新要顺应城市发展规律，切实保护生态文明。严守生态底线，以内涵集约、绿色低碳发展为路径，对自然生态格局坚持低影响的更新建设模式，保持老城区自然山水环境不受破坏。

八、城市更新要与城市治理相结合，确保城市的安全韧性。鼓励腾退空间资源优先用于建设公共服务设施、市政基础设施、防灾安全设施、防洪排涝设施、公共绿地、公共活动场地等，改善公共环境和城市功能，消除安全隐患。

九、城市更新要加强城市科学治理的意识和水平。提升智慧城市技术和加强信息化管理，利用科技手段完善基础设施，强化城市服务功能，提高公共服务水平和效率，营造城市无障碍环境。

十、要实事求是、精准施策、平稳有序地推动城市更新行动，促进城市高质量发展，优化人民群众的生活环境，不断增强人民群众的获得感、幸福感、安全感。

作者信息

范利玮，女，重庆大学管理科学与房地产学院，研究生。
张宇航，男，重庆大学管理科学与房地产学院，研究生。

城　市　篇

当前城市更新研究的总体趋势

1 当前城市更新的研究趋势变化

城市更新不仅仅是一种物质层面的重建或翻新改造活动，更是一种复杂、动态的经济活动和政治过程，其本质是以空间为载体，基于不同的权力、资源、谈判能力，形成不同的权力结构和决策取向，并由此进行资源与利益再分配的多方博弈，其中牵涉的利益主体及利益格局十分复杂。我国系统的城市更新开始于 20 世纪 80 年代，并伴随着 20 世纪 90 年代市场经济的大潮和城镇化的推动持续升温，特别是 2009 年广东省首先试点推行"三旧"改造以来，城市更新得到地方政府和学术界日益广泛的关注。在城镇化进程不断深化、严格保护耕地安全和促进城市紧凑发展的背景下，2012 年全国性的"棚户区改造"项目更是掀起了城市更新的燎原之势，学术研究领域也随之呈现出百花齐放、百家争鸣的局面。

从学术界已有的研究成果来看，"城市更新"与"城市运营"均成为近年来的热点词汇，其核心和侧重点都在于既有城市空间资源的再分配和相关利益主体之间关系的再调整。尽管"城市运营"在城市规划与城市更新领域内出现和应勇都较晚，但是早期的学者已经从成本收益、利益博弈等角度开始探讨城市更新中的主体和客体关系。随着我国的城市发展由增量扩张到存量优化的转变，城市运营与城市更新的相关实践不断推广，对有关问题的研究也在不断深化、细化和实化，相应的研究对象、研究内容、研究方法逐渐多元化、复杂化。

1.1 研究对象的变化

长期以来，相关研究以涉及城市更新治理整体结构的总体更新政策和涉及复杂产权关系及城乡发展的集体土地再开发为关注焦点，近年来的相关文章数量约占有关城市更新文章总数的一半以上。旧城和旧厂作为城市的重要组成部分，也是城市更新治理研究的关键组成部分，其中具有历史保护价值的空间得到了历史遗产更新保护的专门研究。随着近年来城市更新类型从拆除重建为主到综合整治和功能重构并重的转变,城市更新治理研究的领域也进一步细分。2016 年《广州市城市更新办法》提出"微改造（微更新）"的更新模式,2018 年住房和城乡建设部正式提出"共同缔造"

的社区更新理念。由此，社区微更新逐渐从传统的旧城更新模式中分离，成为近期城市更新治理研究的新热点。

1.2　研究内容的变化

早期的城市更新研究主要借助土地租金、空间生产等理论剖析更新治理的动力机制，并借助利益相关理论、城市政体理论、博弈理论等从超越物质规划的角度分析城市更新治理中的利益主体关系及利益博弈过程。并在此基础上进一步从实施效率和社会公平等维度厘清更新治理的实践困境，并从产权安排、土地增值收益分配、公众参与、规划制度等多角度剖析困境的形成机制。随着城市更新实践的推广和问题的暴露，学者们越发积极地探寻国内外的微更新治理经验，梳理相关的政策工具，从而得到有利于我国城市更新有序实施、保障社会公平的启示。与此同时，学术界开始关注定量评价体系或预测模型的构建，旨在提高城市更新治理决策的科学性，并明晰城市更新治理实施的有效性。学者们从经济、社会、生态等维度建立指标评价体系，试图在更新实施前和实施后进行预测或评价。

1.3　研究方法的变化

现阶段，国内已有的研究总体呈现出以定性研究为主、以定量研究为辅的特征。现有的定性研究主要通过文献分析、访谈调查、实证案例分析等方法，结合理论框架的构建进行城市更新治理的详细分析。随着更新治理研究的不断深入和细化，一些学者试图借助数理统计方法更清晰地剖析城市更新治理过程中的利益博弈，另外还有一些学者试图借助统计分析等方法探讨城市更新治理中合适的土地增值收益共享模式，此外还有学者通过构建量化的指标评估体系为城市更新治理提供决策支持或影响评估。评估方法和评估数据从传统类型到创新类型不等，既包含基于问卷调查的统计分析，又包含基于互联网开放数据乃至大数据的 TOPSIS 法等。

2　当前城市更新的主要研究视角

当前对城市更新的研究视角主要有以下几种：有机更新研究视角、产权交易研究视角、城市微更新研究视角、制度经济学研究视角等。

2.1　有机更新研究视角

有机更新理论的提出，实际上是对城市更新实践进行理性思考后得出的必然结论。有机更新理论认为，城市是一个不断进化的有机体，有着其自身变化发展的过程和规律。在城市更新过程中，要限制其尺度和规模，进行有限改造。同时，要关注城市历史、现状、未来之间的关联性以及城市功能区域的均衡发展。有机更新理论的基本观点表明，城市更新绝非一蹴而就，一劳永逸，而是一个不断持续演化的动态更新过程。

有机更新理论提出后，一直在不断地发展完善之中。但是，有机更新，说到底，还属于一个学术上的概念，到目前为止，并未能真正大量运用到城市更新实践中。系统性和完整性是有机更新最为明显的特征，要准确理解城市更新的内涵与实质，既要从时间、空间维度来考虑，更要从社会、经济、人文等多个角度对其进整体分析。

近年来，我国在城市更新的制度建设方面进行了大量的实践与探索，特别是一些经济发达的城市，如上海、深圳、广州等地，开始借助市场力量来推进城市更新，并通过城市经济社会环境、历史人文环境等的优化，来增强城市综合竞争力。在实现城市结构布局优化和产生结构升级调整的同时，也保护为了城市原有的风貌与文脉。单就概念而言，目前的城市有机更新，已经不再局限于传统的城市规划建设范畴，已经拓展到城市未来发展的高度。

2.2 产权交易研究视角

基于产权的激励与约束、外部成本内部化、资源配置三重功能特性，产权交易视角下的城市更新问题主要有三个：一是博弈产生的交易成本导致城市更新低效；二是市场失灵导致城市公共利益受到损失；三是资本介入导致城市更新失衡。进入城镇化的后半场之后，各大城市开始逐步由增量发展进入存量发展的时代，城市更新成为一种新常态，取代原有的城市开发建设模式。城市更新可以促使土地产权重组，实现城市空间再生产，优化配置城市各类存量资源。产权交易在城市更新中发挥着重要作用，城市更新的综合效益取决于产权交易的效率与公平，在一定意义上可以讲，产权交易的有效与否，直接决定着城市更新的成败。

2.3 城市微更新研究视角

微更新是城市更新未来发展趋势之一。当前普遍倡导"小规模渐进式更新""有机更新""城市针灸术"等，尽可能避免大规模推倒重建，强调对既有建筑的维护、修补、改造和更新。"微更新"主张小规模、渐进式的更新改造。但是，如果遇到空间规模单一或外延不明确的情形，该理论的应用场景就会变得非常有限。因此，微更新理论发展的主要趋势之一是研究内容的具体化。通过对城市空间格局与土地功能利用进行辨别，选择保留、传承、融合等内容，以确定更新和重构的目标。随后按照更新要求与程度，对应各构成要素进行传承、完善、调整与改造。各要素之间相互联系、相互促进，最终达到城市空间优化、居住水平提升的目的。

2.4 制度经济学研究视角

从制度经济学的理论出发，城市规划"合理性"包括两个方面：一是交易成本为零的"科斯假设世界",最有效率的城市规划,就是"最合理"的;二是扣除交易成本后,最有效率的城市规划,就是"最优"的。城市更新是城市规划实现的路径之一,属于制度设计的层面。在存在交易成本的世界里,如何通过产权配置和交易制度设计,尽可能减少交易成本,提高交易效率,已成为城市更新制度完善的路径。

首先,城市更新的过程复杂而烦琐,涉及改造前的产权主体的界定及利益归属,也包括更新改造后的利益再分配。在这一过程中,面临的首要问题是产权的明晰化,包括产权主体与产权客体范围的确定、产权的明晰化,不仅是一种单方面的纯粹技术投入,也是一种谈判过程。其次,这种谈判不仅发生在与产权相关的私主体之间,同时也发生在政府与产权人、开发商与产权人之间。其次,产权主体意愿的达成也需要消耗大量的谈判成本,特别是产权主体众多的城市更新项目更是如此。再次,城市更新的实施涉及土地规划用途的变更,产权的变更转移(私主体之间的交易或政府收回后的重新出让)等问题,是否能够顺畅地达成上述目标也是影响交易成本的重要因素。新制度经济学视角下的城市更新策略主要体现在三个方面:一是全面分析城市更新主体利益需求;二是组建中间平台;三是构建利益最大化的签约方案。

除上述研究视角外,国内外学术界还从文化导向、包容性更新、可持续发展等角度对城市更新进行了深入研究,并取得了一定的研究成果。

3 城市更新治理研究的主要内容

目前学术界对城市更新治理的研究从主体关系、动力机制、实施困境、形成机制、决策支持、影响评估等方面进行了研究。

3.1 城市更新治理的主体关系和动力机制

城市更新实际上是一种城市资源在规划建设层面上的再调整过程,也是一个不断将蛋糕做大的过程。通过在规划建设中形成的"土地租金差"来推动土地开发和再开发。城市更新治理通过建立一套利益分享机制,对增值收益进行再分配,形成财产权的分离、解构、形塑、再分配。政府—开发商—原业主是这种资源再分配中的主要利益构成主体,三方关系是核心的城市更新治理关系。

随着中国城市更新的发展推进,学者们分别探讨了不同发展阶段的利益主体关系及博弈。一些学者从制度变迁的视角,梳理了全国整体和地方局部的城市更新治理中的主体关系和治理结构变化,也有学者就不同城市、不同项目的更新治理进行了横向比较。

从纵向演化分析来看,我国城市更新治理变迁的历程总体上经历了"政府主导—政府和市场合作—政府、市场主体、权利主体、公众等多元主体协同合作"的探索演进。初期阶段,中国的城市更新主要采用政府主导模式,市场和权利主体参与其中,所有资金、人力投入的压力以及与权利人的博弈都要由政府来承担。随着更新规模的扩大，这种模式已经难以为继。改革开放以来，政府开始探索在城市更新中引入市场的力量。然而，张京祥（2021）从公权与私权博弈的视角分析了转型期的中国城市规划建设，指出地方政府运用对行政资源、垄断性资源（如土地）来谋求自身利益的短期最大化，与开发商、投资商等结成非正式的"增长联盟"。从国内已有的研究看，该阶段国内城市更新基本上是政府与开发商合作开发，经济利益是二者的共同追求，旨在捕获更新过程中的"租隙收益"，城市更新呈现出明显的房地产开发导向，许多城市更新项目置公众利益和社会目标于不顾，市民社会、非政府组织的力量极其微弱。随着城市更新改造方式从传统的单一化走向多元化，更新投资模式从政府拨款转变为全社会共同支持，空间话语权从垄断走向更多利益相关方分散，更新治理的相关主体也越发多元化，出现了政府、开发企业、合作组织、权力人、规划师共同参与更新改造的局面。社区参与、共同缔造成为更新治理的创新方式，并逐渐成为学界研究的热点。已有的研究表明，这种多元参与的发育不同，地区与地区之间、项目与项目之间的差异较大。

从横向比较来看，不同城市之间的发展路径、政企关系、政社关系有差别，其更新治理中的主体关系特征仍存在着差异。一些学者对全国多地的更新治理进行了研究，其中北上广深四大一线城市多为研究热点。研究发现，北京的城中村改造和上海的城乡建设用地减量化改造均采用政府主导、市场和原业主参与的模式，是自上而下的权威型治理。广州的城市更新进行了多种尝试，政府角色一直在变迁，加之珠三角较为均衡的政社关系使得其市民话语权普遍高于其他地区，使得更新治理模式从在"政府主导"与"政府与市场合作"之间摇摆，逐渐转向多元主体的"合作型"模式。长期以来，深圳的城市更新采取了更为市场化的模式，政府遵循不干预原则，仅通过政策支持、规划引导、审批管理等职责，以鼓励和吸引社会投资，最终呈现政府、企业与社会多元参与的特征。通过对城市更新治理模式的研究，可以发现城市资源禀赋差异影响着更新治理模式的发展。

与此同时，一些学者通过对集体土地再开发、经营性建设用地再开发、历史街区更新保护以及社区微更新等具体项目的比较分析，发现项目层面的治理模式也丰富多元，可以划分为政府主导、市场主导、权利人主导、政府与市场合作、政府与权利人合作以及多元主体共治的多种模式。现实中，更新治理往往同时涉及几种基本模式，并伴随具体的情况和环境不断调整。

3.2　城市更新治理的实施困境与形成机制

中国的城市更新存在着政府、市场和原权利人的非均衡博弈，这种非均衡性的博弈往往导致了城市更新治理的困境，此外相关规则的约束和配套制度的缺乏更阻碍了困境的破解。总体来看，我国城市更新治理的困境可以归纳为两大类型，一是实施效率的困境，二是社会公平的困境。实施效率的困境主要体现为原权利人参与更新积极性低、更新改造周期长、更新实施搁置；社会公平的困境主要体现为"钉子户"问题频发、"反增长联盟"形成、碎片化的更新与整体秩序的矛盾、市场主导下的再开发强度过高和公共配套落实难、原有社区解体造成对社会网络格局的冲击、社会阶层分化及外来人口权益不受保障等。这些困境的形成与政府或市场主导下的更新治理模式以及不成熟的多元合作治理模式有关。已有的研究主要从产权安排、收益分配、公众参与和规划制度等四大方面展开分析。

从产权安排的角度来看，存量用地的再开发不仅是物质空间的再利用，还是基于产权关系重组的利益再分配过程。一些学者借助新制度经济学的产权理论，从产权配置的角度剖析了更新治理的困境。随着个体产权意识的日益觉醒，分散、复杂的土地和房屋产权往往涉及众多利益相关主体，更新过程中难以达成协议，交易成本极高，"钉子户"漫天要价的行为更是导致了反公地困局，尤其在以市场为主导、缺少强制力约束的城市更新中，"钉子户"问题的产生更是不可避免的，这将深深制约着产权规则的重构。

从收益分配的角度来看，理性的相关利益主体往往追求自身利益最大化，在这样的背景下，多方主体很难就土地增值收益分配达成协议，由此导致了更新实施的搁置。由于土地财政作用日益突出，在更新改造中，地方政府倾向于提高土地增值收益，而理性的土地使用者以及市场同样希望收益最大化，其对获取土地租金差的期望值往往超出控制性详细规划的预期。当各利益主体间分配的界限模糊时，土地增值收益则被无序争夺，界限清晰但非合作的利益博弈最终也会影响到更新进程。一些地区缺乏激励机制的设置，导致政府难以撬动社会资本介入更新中的公共物品供给环节。此外，府际收益分配是影响管理主体推动更新实施积极性的重要因素，财权与事权不对等削弱了管理主体的积极性。

从公众参与的角度来看，相比于增量扩张，城市更新在更大范围内和更大程度上与土地、房地产权利人的切身利益相关。为响应权利人的利益诉求，应对潜在的利益冲突，公众参与应当是城市更新过程中必备的工作内容和技术手段。现有的研究表明，我国城市更新的公众参与多停留于局部地区的探索尝试，尤其集中在旧城改造和社会微更新的实践中，鲜有将公众参与正式纳入城市规划编制与管理制度，缺乏系统性和常态性。就目前的更新治理的公众参与方式的研究看，学者们主要就社区参与的尝试展开了分析，发现其中仍存在着体制机制和公治能力的问题。

从规划制度的角度来看，城市规划编制、实施与管理的各项环节设置同样影响着更新治理的效率与公平。除规划编制与实施体系的不完善外，现有的城市更新规划往往缺乏区域统筹，政府自由裁量权过大，更新决策易受土地开发利益诉求的牵引，导致局部地段开发强度过高，更新项目结构与布局不合理等问题，使得公共利益受到损害。

3.3 城市更新治理的决策支持与影响评估

迄今为止，我国城市更新治理制度尚未完全建立，也缺乏相应的标准体系和评价体系。为提高更新治理决策的科学性并明晰更新治理实施的有效性，学术界开始关注定量评价体系或预测模型的构建，并尝试从不同维度、结合多源数据、利用多种分析方法建立起更新实施前的决策支持体系和更新实施后的效益评估体系。

在决策支持的研究方面，田莉等（2020 年）构建了多情景的"成本—收益"测算模型，评估了不同情景下的政府、开发商与村集体收益，从经济可行性角度为更新治理提供决策支持。邵任薇（2012 年）在社会维度上指出城市更新中在政府、开发商、社区和居民四个层面都会产生不可避免的社会成本，提出了从多维度构建社会成本的评估体系，认为应及时测量和评价社会成本的大小，在居民可承受的范围内推进城市更新。董君等（2016 年）在安全维度上基于有机更新理论，对城市旧城区进行空间环境、建筑环境、社会环境的安全风险综合评价，由此为更新治理提供决策支持。

在影响评估的研究方面，现有的研究主要从综合效应出发，建立社会、经济、生态等多维度的评价指标对土地再开发、历史街区更新保护等更新治理的实施效果进行评价。徐敏和王成晖（2019 年）通过将基础数据和大数据相结合，以多源数据为基础，从历史文化传承、城市功能优化、产业转型升级、人居环境改造、创新氛围营造的五维度建立对历史文化街区更新的全过程、综合性评估体系。郑沃林等（2016 年）构建了村镇建设用地再开发后评估的指标体系，即在考虑利益相关者的诉求、评估客体的特性及再开发后评估的基础上，提出目标实现、执行规范、土地利用与管理、经济效益、社会效益及生态效益等六大村镇建设用地在开发后评估指标体系，根据指标的含义确定运算公示，据此进行影响评价，较好地反映了村镇建设用地再开发后地实施状况。

此外，一些研究就特定的关注角度从具体效应建立相应的评价指标，目前集中在社会效应的评估上。何深静和刘臻（2013 年）专门针对社会影响的维度进行分析，通过问卷调查对亚运会驱动下的城市更新对社区居民的影响进行了研究，指出城市更新应更多关注社会利益与公众参与。吕斌和王春（2013 年）从主体参与程度、对地方形象和城市设计定位认可度对城市设计实施效果的满意度三大方面构建了历史街区可持续再生城市设计绩效的社会评估体系，对历史街区再生的实施效果进行了评价。

参考文献

[1]　周霞，王楠．共同缔造——城乡社区治理的新模式 [J]. 城市管理与科技，2021，22（04）：88-91.

[2] 焦丹峰，唐楷. 城市更新中土地产权与收益分配的制度分析——以深圳市为例 [C]// 面向高质量发展的空间治理——2021 中国城市规划年会论文集（02 城市更新），2021：678-686.

[3] 魏志贺. 城市微更新理论研究现状与展望 [J]. 低温建筑技术，2018，40（02）：161-164.

[4] Pontus Cerin. Bringing economic opportunity into line with environmental influence：A discussion on the Coase theorem and the Porter and van der Linde hypothesis[J]. Ecological Economics，2005，56（2）

[5] 邵任薇. 城市更新中的社会成本：成因与控制 [J]. 东南学术，2012（04）：45-56.

[6] 徐敏，王成晖. 基于多源数据的历史文化街区更新评估体系研究——以广东省历史文化街区为例 [J]. 城市发展研究，2019，26（02）：74-83.

[7] 郑沃林，闵丽，肖琴，谢昊. 经济快速发展地区集体建设用地的二次开发策略研究 [J]. 上海经济研究，2016（10）：116-120

作者信息

李政清，男，经济师，北京市住房和城乡建设委员会，北京市通州区。研究方向：新型城镇化建设、城市更新。

高质量发展背景下的城市更新机制研究

摘要： 自 2020 年，新冠疫情仍然持续，2021 年 7 月到 8 月初，河南郑州新乡、湖北荆州洪水、南京疫情，在面临着自然灾害、公共卫生问题及城市自身常态的发展与更新的复杂、多元、综合的问题下，国家发布实施城市更新行动中防止大拆大建征求意见，要求城市更新治理以精细化、高效化管理面向高质量发展目标。目前，城市存量发展、治理、双修、有机更新、可持续更新、韧性城市、健康城市、智慧城市发展的理念越来越重视城市更新建设的高质量。明确城市更新建设过程继续对已有城市建成物质层面的城市空间形态特色、文化产业创新活力、土地公平合理利用关注；还要对城市所凝结的非物质层面城市文化的传承沉淀、城市居民方便美好的生活社交、城市治理的行政管理与居民的自主参与进行探寻。本文通过横向空间剖析城市更新的多样性，纵向层次分析国家城市更新、广州城市更新及其重要节点的空间更新历程，利益相关人员与非利益相关使用者的诉求，力求能够结合当下体制和平台从城市更新数据监控与现实需求、时间与空间的设计与人文历史的沉淀、精细而不冗杂的行政管理与自发善治的居民参与，形成城市自发、应激、有机的系统更新机制。

关键词： 高质量发展；精细化管制；城市更新

1 引言

城市是综合、复杂、多样的空间载体，也是不断动态发展的有机体。自古以来，城市的产生、建设、发展、更替无不与社会的经济、文化、制度、管理等意识及背景息息相关。严密精细等级明确的里坊制长安城市到官厢设立沿街布市的街巷制汴京城，都在各自时期的文化、生活、交往、城市管理制度综合要素融合的背景下让人们的生活更舒适。城市的发展在自然生长，文化沉淀、基因记忆传承，在时间和空间中叠加向前。我们国家经历了快速的土地城镇化发展时期，粗犷式的城市扩张和大拆大建式的城市更新，在新的高质量城市发展目标要求下，力求改变城市更新中资源浪费、公平性不足、切实生活需求不便以及相关更多的城市问题。城市更新面向生活者、居住者、使用者的切实需求性最终凝聚。城市高质量发展目标定位需要更加完善，精细化管理机制更加精确实施，城市居民更加自发有效的参与，城市更新系统更加适应城市发展的能力。城市会以更加丰富多样的形态旺盛生长。

2 横向空间城市更新发展的多样性及现状

"新陈代谢""精明增长""城市更新"更多强调的是对城市物质环境的保护与发展；"有机更新""城市再生""城市复兴"则从更多的视角对城市更新的理解蕴含了文化、经济、社会、政治等多维度内涵[1]。在经济高速发展创造了基本的物质条件后，就要根据需要提供高质量的产品。对应城市化高速发展引发的"城市病"越来越被人们关注，倒逼中国城市空间的增长主义矛盾空前[2]。以高质量发展为核心的"存量"，乃至"减量"规划，已经成为我国空间规划的新常态[3]。土地发展权的价值分配及公平性也成为存量规划机制研究的重点[4]。高质量为目的，精细化为手段的城市更新必须先明确现在已经具备的更新基础，继而再评估规划城市整体功能提升、结构优化、社会关系融洽、居民生活舒适。

2.1 城市居住用地公平性及空间布局设计现状

城市更新在居住用地上以"大拆大建"的房地产更新模式进行着。近十年来，老旧小区使用年限已经达到30年，其空间使用、外部环境要素和建筑外在形态都与现在的生活方式产生了矛盾。与此同时，城市高速发展新建的居住区与老旧小区形成鲜明对比，使老旧小区成为"老、破、小""脏、乱、差"的集中区域。但是其优势的区域位置以及高密度、低容积率的现状给高利益的房地产开发带来很大的发展空间。这些居住用地面积不等，在既有建成的道路空间以及公共配套设施下加大容积率建设来保证拆迁居民及开发商的利益。高容积率的建设要容纳更多的居住者，这些居住者不仅使用通过报批开发的这块土地空间，同时也要使用这块土地周边的道路、公共服务设施、教育设施以及公园绿地等。如此这样，为周边的居民公共空间资源增加了困扰，产生了交通堵塞、就医排队、上学资源紧张等更多的城市社会问题。《城市居住区规划设计标准》对于15分钟、10分钟、5分钟生活圈及居住街坊的居民分别应该设置的相应配套设施都做出了明确的规定。但是这些空间规划设计针对的主体只是参与报批的这块土地的面积和人口，没有从更宏观、更高的区域进行统筹。空间布局设计也只停留在单独的报批地块上，通过降低建筑密度，提高建筑高度的一栋栋塔楼得以实现。从整体的更新成果望去，虽然解决了面前的居住环境问题，但是未来生活中的社会矛盾以及整体的城市空间设计、功能协调问题仍然存在。

2.2 城市工业用地更新及产业创新融合现状

改革开放后城市建设规模及建设边界在不断地扩大，以此来容纳更多的居民居住、交通、工作和游憩。原来城市"边界"上的工业用地现在逐渐成为中心城区"存量工业用地"。在城市化、郊区城市化、逆城市化、再城市化的城市发展历程中，存量工业用地在时间与空间的累积下形成闲置型存量工业用地、淘汰型存量工业用地、低效型存量工业用地[5]。工业用地的低效、粗放、不经济以及其在城市中的优越区位也是其成为城市更新中又一其中类型。工业用地的更新首先面临着产权的问题。工业用地在"招拍挂"中获取的是一定有效期内的土地使用权，其中占有权、处置权、转让权都没有进行明确精细的界定和划分[6]，造成更新过程中更多问题的产生。

存量工业用地在更新过程的转变方式。在政府提出"产业转型""产城融合""功能提升""生态宜居"等多种发展战略下，其呈现出强烈而多元的更新需求[7]。不仅仅是向房地产、商业街区、科技文化创意产业园、大型公共服务配套设施、工业遗产保留等方向的物质空间更新，更应该注重更新后社会循环层面新功能用地内部的企业之间联系[8]与外部周围建成环境的融合考虑。城市内部不同区位条件下散落的"旧厂"如何有效地活化利用以促进城市整体功能提升与结构优化，也是城市更新中"旧厂"更新面临的普遍问题。

2.3 城市历史街区更新保护及文化基因传承现状

城市历史街区是城市发展过程中在不同的地域空间下凝结人工技艺、人文环境，承载着城市主要的物质文化遗产与优秀传统文化。但是在历史街区的更新与大建设背景下，其经历了 20 世纪 80 年代的"失语"、90 年代的"失守"、2000 年的"失控"[9]过程。2008 年，国务院颁布《历史文化名城名镇名村保护条例》已经明确历史城区及周围环境整体保护策略。现在对于街区的保护从非物质角度融合文化传承的保护与空间的规划整合，但实际上仍然存在空间的整合、历史风貌的保留和修缮以及相应商业文化业态引入的活化。在非物质文化传承方面，人们在生活、工作、休闲时会体验不同地区历史街区的社会人文内涵，越来越觉得不同地区的文化内涵质量仍然不够，商业气氛浓重，重复化严重。不同城市历史文化积淀，人文文化教育式体验不能够系统、明确、有特色地表达。历史街区的建筑特色、文化特色、教育传承特色面临着越来越"一致"的商业连锁侵蚀。

2.4 城市更新高质量目的及精细化管理现状

城市更新的复杂性就像生物体自身的有机性，遇到新的"病毒"就会慢慢调节机能，产生新的抗体，如此在不断地进化过程中不断地丰富自己、调整自己。通过十九届四中全会提出"加快推进市域社会治理现代化"，要求"提供精准化、精细化服务"，

习近平总书记指出 "城市管理应该像绣花一样精细" [10]。伍江教授认为城市有机更新，精细回应城市生长的细微变化，城市的生长才会更加旺盛 [11]。段进教授认为精细化是以 "为人民服务，塑造美好的生活家园高质量发展目标，提供精准化、精细化服务"。不是简单的粗放式开发转变为精细开发。城市更新面向高质量建设、精细化操作实施。现在面临着怎么对建设高质量结果的定位以及对精细化管理过程的具体把控。

3 纵向各层级城市更新的历程及特征

1933 年《雅典宪章》代表主流功能城市建设的目的，对城市进行功能性的分区解决工业化时期城市土地供给与空间布局问题。1977 年《马丘比丘宪章》对城市的发展认识从单纯的物质空间规划走向经济社会发展相支撑的综合空间规划、机械的功能分割到系统综合、终极空间状态描述到动态空间系统复合、专家决策表达到公众自发参与。纵向更深层级空间的发展模式在其特殊的经济、人文、制度、背景下保留着自己的特色。想获取高质量发展成果和更加精确的管理手段，首先要对不同层级、不同时期的更新历程及特征进行梳理。在充分掌握城市发展与市场运作的客观规律时，处理好城市更新过程中的功能、空间与权属等重叠交织的社会与经济关系 [12]。

3.1 国家级城市更新的历程及现状

纵观中国城市更新 70 年的发展历程，经历了四个阶段：第一阶段（1949~1977 年），解决城市居民基本生活环境和条件问题；第二阶段（1978~1989 年），开展大规模的旧城功能结构调整和旧居住区改造；第三阶段（1990~2011 年），开展的旧区更新、旧工业区的文化创意开发、历史地区的保护性更新；第四阶段（2012 年至今），强调以人民为中心和高质量发展、城市综合治理及社区自身发展多层次、多维度探索的新局面 [13]。中华人民共和国成立初期国家经济百废待兴，经济的压力集中在工业建设，相对非生产性建设、公共服务配套不足、历史文化遗产保护意识不足。但在思想上，此时的 "梁陈方案" 已经在城市整体的更新发展上有了指导。"文化大革命" 后、改革开放时期、工业化初期，国家开始有序地进行法规的编制，明确城市的功能分区及公共服务设施的建设。此时，吴良镛先生的 "有机更新" [14]，保护城市原有的肌理和有机秩序防止城市 "大拆大建"。市场经济体制下，功能利益为主造成更多的城市更新困境、环境问题、社会网络断裂。我国城镇化率突破 50% 以后，高速的城市空间增长逐渐放缓 [15]，以人为本，生态文明及文化建设的城市高质量更新开始。

3.2 广东省城市更新历程与现状

单独城市更新的历程也是在国家城市发展的大阶段下指导进行着，不同的城市有着自己不同的特色。广州在近代时期的商贸文化背景下的商贸建筑空间实体 [16]，在改革开放 30 年内广州经历的市场驱动阶段的小规模填充式开发到大规模推倒重建；政府包办阶段有机更新注重城市形态；政府主导阶段"三旧改造"注重土地权属人的优先利益和现阶段的"微更新"尊重物质空间下社会关系的多元包容探索"三阶段五类型"城市更新历程[17]。城市更新发展有其延续性，不同的时期只是其主要特征的概述，其实真实的更新是交叉叠加进行，后期更新仍然会出现早期的问题。这是复杂城市要素在同一时间段不同区域的不同融合结果的呈现。

3.3 广州具有的代表性的城市节点更新历程

线性角度：自秦朝以来，广州城市的变迁遵循的是"叠合式"的轨迹，历代以来都是以现代北京路为中轴线、越秀区为中心向外围逐渐拓展开[18]；20 世纪 90 年代到 2009 年城市化快速结束末期，广州城发展形成新的中轴线——珠江新城[19]；以及现在沿珠江沿岸新的城市更新轴线的延伸。具体节点角度：北京路、南越王博物馆展览的都是不同时期城市叠加的痕迹，但是也被淹没在没有特色代表的现代零售商业小店和孤立的遗产博物馆中；始建于明代万历年间的莲花塔、琶洲塔和赤岗塔"三支桅杆"作为明清时期珠江航道上的地标式建筑，也被现在的"小蛮腰"新地标取代。但是他们共同作为城市文化沉淀的见证，分布在城市的不同区域，现在也被认真地保护修复。在城市建设的全局中通过什么样的方式将重要节点的修复利用与线性文化的连接，形成丰富的城市网络，仍需精细的规划和探索。

4 城市更新制度设置面向的参与对象

城市更新面向的不仅仅是各个功能空间再设计、产业结构调整布局、土地治理效率及价值提高等物质层面的高质量。还要应对存量优化的高度复杂性、建成环境的高质量提升、城市再开发的公平性、增强城市的善治性[20]。在非物质层面仍然有城市的管理机构及其制定的相关管理制度、城市文化内涵，城市空间使用权者、相关利益所得者、非利益空间使用者的社会关系、生活、工作、游憩等综合性城市更新高质量改善。以下从三类相关城市更新参与者进行分类说明。

4.1 城市更新管理视角的政府职能

城市的新建、再生及更新都离不开城市政府总体管控的资源配置、利益协调、行政审批和监督实施。空间治理研究政府职能的四个阶段及类型：全面决断政府主导型、市场运作政府引导型、市场实施政府导控型、社企合作政府监管型[21]。在不同时期，影响城市更新要素、目标及参与者的强弱关系起着不同的决定作用。在政府主导型的初期进行快速的城市更新，也忽略了更多的上层社会文化建设要素；在市场运作下利益至上的冲突中，政府起到总体引导控制保证相对资源的公平配置，无法更加具体；在社会环境越来越成熟、更新内容越来越多元的城市更新中，政府如何把碎片化[22]的管理职能在总体上再进行统筹精细化，处理成为更亟须关注的重点。

4.2　密切利益相关的开发商及所得利益居民

城市更新最大的受益者有城市居住用地使用者、城中村集体多有者、工业用地占用者以及通过城市更新创造经济利益的开发商。城市更新初期，高房价、既有土地相对建设容积率低下的居住用地、工业用地，甚至公共服务配套设施用地被用以房地产开发为导向的大拆大建。所得利益居民不仅能够获得居住环境的改善，相对更好的公共服务配套以及巨额经济赔偿。开发商更是直接关注城市更新的商业价值及经济效益[23]。这两者在切实的自身利益面前更多的是推动城市更新向自己获得更多利益的方向进行，而不能客观公正地从城市再生的总体、城市的性质及特色所要求的城市用地结构比例出发。

4.3　日常生活无直接获利的城市其他参与居民

这里主要指生活工作在城市更新区域内的非土地占有、使用的周边居民。他们的生活、工作、交通受到城市更新建设带来的不便。城市更新再开发项目中的增量开发、环境、交通、公共服务成本转嫁给相邻街区乃至城市整体，如果不相应地对增量收益进行公共性还原，将会形成难以弥补的制度缺陷[24]。纵观城市更新发展中公民社会的逐渐形成，其影响力进一步扩大。随着社会结构的多元化发展，参与到城市更新的治理主体也呈现多元化。社区居民、社会组织均能够通过市场化路径参与到城市更新治理中的决策过程，这使多元共治成为可能[25]。

5　高质量目标与精细化管理下的城市更新

城市高质量发展，不仅需要空间与设施等"硬件"支撑，更需要统筹"硬件"和"软件"的城市治理体系的高效运行[26]。同时，自然灾害和突发公共卫生事件的常态化也要融入到城市高质量发展的目标中。"十四五"时期，广州城市更新工作投资额达3315亿元[27]。如何统筹多种复杂叠加要素在空间、经济及社会关系中协调发展，共建新时期高质量发展成为重要讨论议题。高质量发展将会成为人们定义城市、选择城市和建设城市中最重要的评价标准，并且会决定城市未来发展的可持续性。

5.1　城市更新数据监控与现实社会生活需求

大数据背景下多元数据的获取和分析越来越用到城市空间及城市更新的问题上。宏观的遥感影像获取并且监控地图土地数据，中观的国土空间规划技术平台对城市用地的统一管控，微观的三维空间扫描，对于复杂单体的模型空间扫描和构建。获取的强大、精细的数据库能够提供不同层次的数据源。因此，在进行区块城市更新的时候，可以先从非物质的社会生活及文化需求等角度出发，获取定性数据继而转换为定量数据。将定量数据结合数据库多元数据在不同范围的区域内进行叠加分析，获取更智能、更高质量的城市更新策略。

5.2 时间与空间的设计与人文历史的沉淀传承需求

根据多元数据分析的城市更新策略不能简单地直接使用原有的纯工科城市空间规划设计手法去安排不同的功能单位，而是更加细致地融入设计空间场所，查询更加精细的历史文化沉淀及内在的社会网络联系。力求空间功能设计的成果与真实使用人群的需求得到相互补充和满足。这是当下历史街区和历史建筑遗存点能够高效活化利用的关键所在，需要人文地理学家、历史学家、文学家、考古工作者等不同专业人员的综合讨论研究。

5.3 精细而不冗杂的行政管理与自发治理的居民参与

规划精细化不是把规划做得更细致，而是把握规划措施的精准、精确。尽管城市规模变得越来越大，而单个人的活动空间越来越小。人和人交往的社会网络空间越来越小。陌生、不稳定、没有血缘的邻里关系的信任空间也越来越小。如何增加居民之间无形的信任空间，让生活更舒适，比之前仅考虑数据空间的大小更具有更

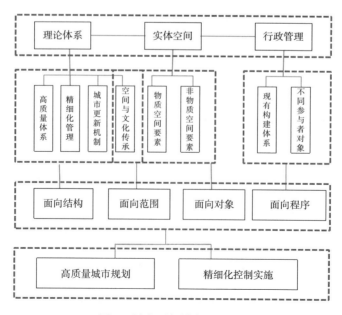

图 1 城市更新模式的转变

新意义。行政管理能够根据需求设立新的制度，精准地进行监控管理，多元的居民能够进行自发的治理参与。行政权得到有效的下放，与居民合理合规的自发治理达到某种程度上的平衡，是大家共同期待的结果。（图 1）

5.4 城市自发、应激、有机的系统式更新机制

城市更新的应对系统，能够像人的免疫系统一样不断地自我适应，更新、记忆、增强。

其实，我们已经有以人为本的 15 分钟社区生活圈规划建设（从人的居住、生活、最基本、最切实的需求出发配套和需求建设单元）替代原有的城市居住区概念。韧性城市、智慧城市、健康城市不同理念的提出都是针对一个角度进行单项说明。城市是复杂的、综合的多元系统。能够在多元数据监控与城市社会切实需求出发，以空间及其背后的社会人文建设综合考虑，运行以行政管理的大脑和积极参与的居民免疫细胞，整个城市的再生运行如人体机能一样自发主动。

6 结语

城市更新是一个具备动态性、长期性、艰巨性和复杂性的生长过程。无论参与其更新过程的要素多样性还是利益团体的复杂多样性以及与之相适应的制度多样性，通过精准的治理以及高质量的要求，我们期待城市更新的持续、活力、健康与和谐发展。

参考文献

[1] 徐振强,张帆,姜雨晨. 论我国城市更新发展的现状、问题与对策 [J]. 中国名城,2014（04）:4-13.

[2] 张京祥，赵丹，陈浩. 增长主义的终结与中国城市规划的转型 [J]. 城市规划，2013，37（01）:45-50，55.

[3] 施卫良. 规划编制要实现从增量到存量与减量规划的转型 [J]. 城市规划，2014，38（11）: 21-22.

[4] 田莉，姚之浩，郭旭，殷玮. 基于产权重构的土地再开发——新型城镇化背景下的地方实践与启示 [J]. 城市规划，2015，39（01）: 22-29.

[5] 曾鹏，李晋轩. 存量工业用地更新与政策演进的时空响应研究——以天津市中心城区为例 [J]. 城市规划，2020，44（04）: 43-52，105.

[6] 顾岳汶，吕萍. 产权博弈视角下存量低效工业用地更新机制研究——以深圳市新型产业用地改革为例 [J]. 城市发展研究，2021，28（01）: 71-77.

[7] 梁印龙,孙中亚,蒋维科. "市场诱导"与"政府失灵":存量工业用地更新的困境与规划初探——以苏州工业园区为例 [J]. 城市规划学刊，2018（06）: 94-102.

[8] 戴俊骋，那鲲鹏.内城工业用地更新与企业网络演化——以北京普天德胜科技园为例 [J]. 城市发展研究，2019，26（04）：1–5，11.

[9] 林林.基于历史城区视角的历史文化名城保护"新常态"[J]. 城市规划学刊，2016（04）：94–101.

[10] "城市精细化治理与高质量发展"学术笔谈 [J]. 城市规划学刊，2020（02）：1–11.

[11] 支文军.有机更新语境下的城市精细化治理 [J]. 时代建筑，2021（04）：1.

[12] 阳建强.走向持续的城市更新——基于价值取向与复杂系统的理性思考 [J]. 城市规划，2018，42（6）：68–78.

[13] 阳建强，陈月.1949-2019年中国城市更新的发展与回顾 [J]. 城市规划，2020，44：9–19，31.

[14] 吴良镛.从"有机更新"走向新的"有机秩序"——北京旧城居住区整治途径(二)[J]. 建筑学报，1991（2）：7–13.

[15] 张京祥，赵丹，陈浩.增长主义的终结与中国城市规划的转型 [J]. 城市规划，2013（1）：47–52，57.

[16] 刘琼琳.广州近代商贸建筑研究 [D]. 广州：华南理工大学，2015.

[17] 王世福，卜拉森，吴凯晴.广州城市更新的经验与前瞻 [J]. 城乡规划，2017（06）.

[18] 广州市域历史变迁 [J]. 中国城市林业，2007（06）：14–15.

[19] 许培武.广州中轴线（1999-2009）[J]. 中国摄影，2010（02）：112–117.

[20] 王世福，易智康.以制度创新引领城市更新 [J]. 城市规划，2021，45（04）：41–47，83.

[21] 司婧平.空间治理视角下城市更新中的政府角色研究 [D]. 大连：大连理工大学，2019.

[22] 林存松.城市更新中的政府职能碎化及其影响——以南京市为例 [A]// 中国城市规划学会.城乡治理与规划改革——2014中国城市规划年会论文集（11——规划实施与管理）[C]. 中国城市规划学会：中国城市规划学会，2014：13.

[23] 张潇涵.城市更新中的政府职能研究 [D]. 上海：上海交通大学，2016.

[24] 王世福，易智康.以制度创新引领城市更新 [J]. 城市规划，2021，45（04）：41–47，83.

[25] 张潇涵.城市更新中的政府职能研究 [D]. 上海：上海交通大学，2016.

[26] "城市精细化治理与高质量发展"学术笔谈 [J]. 城市规划学刊，2020（02）：1–11.

[27] 陈家文.重磅！广州十四五规划出炉！城市更新投资达3315亿![J]. 房地产导刊，2021（06）：32–35.

作者信息

胡小稳，工程师，注册城乡规划师，广州新华学院资源与城乡规划学院。研究方向：城市更新与遗产保护。

我国城市更新发展的问题审视、解决思路与政策建议

1　我国城市更新发展的问题审视

1.1　存在的问题

和西方发达国家相比，我国的城市更新有着其特殊的经济和社会背景，具有其自身的特殊性和复杂性。改革开放之后，上述问题在不同程度上得到了缓解和改善。但由于原有城市结构存在的发展惯性以及历史上积累的问题和矛盾，积重难返，改变非一朝一夕之功。鉴于此，进入 21 世纪后，随着城市建设速度的加快，城市旧区存在的结构、功能衰退和物质性老化等严重问题更加凸显。一方面，城市旧区环境在一定程度上得到改善，但与城市经济社会发展的速度仍不适应、不协调，并未从根本上改变城市旧区的持续衰败。另一方面，在城市整体结构中，原有稳定的城市物质空间和社会人文空间的平衡，受到了市场经济的巨大冲击，破坏了原有的稳定结构。当前我国城市更新在发展过程中主要存在以下几方面问题：

第一，城市更新目标上存在着物质性单一化倾向。城市更新最主要的目标是调整用地结构、盘活存量土地资源、提升基础设施、改善城市环境、保护历史文化。但在实际操作中，政府往往把城市更新变成一项在规定时间内需要完成的工程建设任务，过度趋利性更新导致城市空间的分异加剧，其结果是物质环境虽有所美化，基础设施有所改善，但是拓宽的道路导致人行道的减少，吸引了机动车的增加，造成了更加严重的停车难、行车难等问题。外观优美的建筑环境，丧失了地域文化特征，千城一面的趋同化现象越发严重。高强度的开发导致新住民的地缘关系无法建立，人们生活在冷漠的邻里环境中。

第二，政府部门存在职能职责不清的问题。城市更新的工程项目涉及财政、发展改革、规划自然资源、住房和城乡建设等行政职能部门，但是传统的层级式管理体制，导致部门职能的分割和本位主义严重，特别是与广大人民群众利益攸关的核心问题——城市土地和房屋的管理上。基于利益的存在，土地也成为从中央政府到地方政府有关行政机博弈的焦点，导致了管理机构存在着职能交叉和相互之间的利

益冲突。如之前的住房和城乡建设部与国土资源部在城市规划、不动产登记等方面存在着严重的职能交叉。如果说中央一级组织的冲突还表现得比较抽象的话，那么在地方的城市政府机构中，各种矛盾就更为明显而具体。随着土地使用制度的改革，土地管理不再是从行政角度对城市土地进行看守，还隐含着经济和权力的再分配。

第三，城市更新主体企业化运作不规范。由于城市更新改造的工程建设属性，往往由职能单一的改造工程指挥部甚至由企业性质的房地产公司直接作为实施主体。如果管理体制上不完善、调控程度和办法不健全，就不能对其追求单方面目标或经济利益最大化的原动力进行良好的引导和调控。特别是像房地产开发公司作为自负盈亏的经济实体，必然是以盈利为目的的，维护公共利益，有时就变成了一句空口号。

第四，城市更新改造组织方式缺乏公众参与。一般情况下，政府和开发商形成了更新改造的共同体，整个决策和实施过程基本处于封闭状态，公众参与仍是一种理想层面的设想，由此缺乏社会广泛参与协调的更新机制，往往导致民众与政府、开发商的对立。特别是涉及搬迁补偿，处理不当极易引发社会不稳定事件。鉴于当前对城市房屋征收补偿搬迁的法律法规的不健全以及体制机制的不顺畅，目前的房地产市场评估，并未能完全有效地解决此类问题。由此引发的矛盾将会阻碍城市更新活动的顺利进行。

第五，城市更新的实施结果缺乏效率和效果的评估反馈机制。工程项目式的更新改造，近乎封闭式管理，往往项目之间缺乏联系和相互借鉴，对其结果没有绩效评估，有了绩效评估也往往只是内部消化的问题，并未引起政府、社会从高度和广度上的关注。机制上的缺失导致了同类问题随着实施项目的反复出现，层出不穷。

1.2 问题的分析

我国目前的城市更新，虽然已经开始转入城市存量建设的阶段，但是在理念上还延续着以往的政府宏观调控、经济效益有限等大规模开发阶段的思维定式。以往的模式，尽管能够实现速度的要求，但是，城市更新更需要解决的社会问题、文化保护问题往往被忽视，是一个难以持续的更新模式。对上述城市更新存在问题的分析中，可以进一步得出以下的结论。

第一，城市更新如果从单纯的物质性改造出发，不能解决城市发展面临的问题。城市更新不能只关注物质层面的问题，只解决眼前的问题，还要综合考虑经济、社会和环境等方面的目标因素，将城市更新工作作为一项系统工作来抓。

第二，城市更新要遵循市场规律，但又不能完全依靠市场化的作用。城市的发展、土地用途的转变，都有市场机制在起作用，因此必须遵循市场的规律，不能完全依靠政府的行政力量制定改造的方向，否则，更新很有可能会偏离政府的规划方向，造成资源的浪费。如深圳八卦岭工业区改造就曾出现过类似的问题，即工业区没有按照政府制定的以住宅为主的改造方向，而是成为城市中极具活力的就业地带，用地向混合功能方向发展。

第三，城市更新的各个参与方都应该加强沟通与合作。城市更新从政策制定上看涉及土地、规划、环境等各个部门；从资金来源上看涉及政府、企业、私人等各个方面；从组织机构设置上看涉及中央和地方、公共部门与私人开发商等各个层次。因此，城市更新的顺利开展需要加强多方沟通与协作。很多城市更新不能进行，在很大程度上都是由于各个参与方没有相互配合，缺乏沟通和合作造成的。

第四，城市更新行动的有效实施有赖于城市更新管治模式的科学高效。开放包容的决策体系、多方参与的决策过程、多元博弈的实施机制必不可少。改造过程中不能只考虑少数群体的利益，而忽略公众的利益，特别是一些社会弱势群体的利益，从而滋生社会不稳定因素。应该充分发挥政府层面的规划引领作用，出于公共利益出发的规划设计，有利于维护城市的整体利益和长远利益，同时也能够更好地实现当前的公众利益。城市更新政策的制定，要坚持以人为本，以公众利益的实现与否作为根本评判标准。

第五，城市更新应该有计划、有步骤地进行，避免出现由于无计划性导致的乱拆乱建现象。政府部门要放眼长远，统筹全局，协调好各方利益，既要注意解决好物质层面的更新，又要将完善城市结构功能、优化城市布局、维护城市生态环境、延续城市文脉等有机结合起来，尊重城市发展规律，树立正确的城市更新理念，循序渐进，实现城市更新的有序发展、有机发展和可持续发展。

第六，城市更新应防止出现过度开发的现象。城市更新不同于以往的房地产开发模式，要正确处理好开展城市更新活动和房地产开发之间的关系，防止借城市更新之名行房地产开发之实。要注重城市更新的效果，不能简单地将城市更新作为刺激经济发展的手段，更不应该使之指标化。

第七，城市更新要有科学合理的推进实施方式。谨慎采用大拆大建式的更新形式，城市更新不能只采取一种方式，国外在 20 世纪四五十年代以及我国以往的城市更新中，往往只采取大拆大建的方式来达到更新的目的，严重破坏了城市的肌理和历史文脉，特别是许多历史文化名城中的历史建筑在一次次更新中被处理掉。

虽然我国的城市更新还存在着很多的问题，但是经过长期的实践发展，城市更新在更新理念、内容、机制等方面都取得了很大的进展，已进入到反映新时代要求、承载新内容、重视新传承、满足新需求的城市有机更新阶段。

2　我国城市更新发展的解决思路

通过上述对城市更新过程中存在的种种问题的描述与分析，可以发现，城市更新中的问题，有共性，也有个性。城镇化发展到中高级阶段后，原有发展模式的转型变得势在必行。新发展阶段要实现城市更新的模式创新。城市运营与城市更新的根本目标一致，参与的主体也基本一致，要借鉴其中的有效理念，将其引入到城市更新的模式创新或制度创新中。主要思路如下：

2.1 政府层面

在城市更新的过程中要科学界定政府在其中的利益角色，实现公共利益与城市政府利益的协调，同时要做到调整好更新过程中的利益关系。针对城市更新中政府存在的种种问题，诸如自身利益定位不准、利益实现方式存在误区、各方利益未能实现有效均衡等，政府要加强对自身职能的优化调整。城市更新中的政府职能优化，就是要规范城市政府的行为模式，主要表现在政府职能的完善、政府行为的规范、政府责任的控制以及公共行政精神的重塑等方面。一是要完善政府职能，城市政府要明确自身的服务定位，以社会公共利益为根本出发点，转变为公共服务的供给者。二是规范政府自身行为，城市政府必须要依法行政、依法履职，依法处理经济社会事务，同时要加强行政监督，做到违法必究。三是要加强政府自身责任控制机制，树立责任政府意识，加强内部监督，建立责任追究制度，同时要积极接受外部的监督。四是要重塑公共行政精神，加强各级政府行政人员的为民服务宗旨意识。

2.2 市场层面

城市更新要充分发挥市场主体的作用，其中特别要重视的是城市更新投融资体制机制的改革。针对当前对城市更新资金支持不足的问题，要广泛借鉴和吸收发达国家的城市更新融资模式，对其加以灵活运用。在坚持市场化、多元化、可持续的大前提下，加快城市更新融资模式的创新。主要从以下方面发力：一是加快完善产权制度，引入市场竞争机制。二是积极引导社会资本参与，实现城市更新投资主体的多元化。三是完善法律法规，加强政府引导，保护投资者合法权益。

2.3 社会层面

城市更新是一个系统工程，不仅涉及物质层面的更新，还涉及包括政治、经济、文化、生态、环境等多方面的更新。城市更新的顺利实施，不能仅仅依靠政府和少数实施主体的决策与推动，同时需要全社会的广泛参与。当前的社会参与在城市更新活动中仍属薄弱环节，引导社会力量积极参与城市更新，可从以下方面入手。一是加快社会参与的制度建设，积极鼓励多种主体参与城市更新规划的制定。二是建立协商民主的城市更新治理机制，构建多元主体协同创新平台，在社会与市场、政府之间架起信息桥梁。三是整合社会多方力量，以城市更新为载体，实现城市包容性发展的长效机制，通过多元主体良性互动形成传统文化保护的长效机制。

综上所述，城市更新是涉及一项涉及经济、社会、生态、环境多方面的综合系统的城市治理工程，要充分借鉴和吸收城市运营中的先进理念，坚持规划引领，通过资本运营，运用政府引导、市场主导的方式，充分挖掘城市存量资源，实现提升城市功能，优化城市布局，增强城市综合竞争力。

3 我国城市更新发展的政策建议

通过对我国城市更新实施过程中存在的问题分析，借鉴国内外城市更新的已有经验，结合本论文的研究发现，就下一步做好城市更新工作提出如下建议：

3.1 完善法律法规体系

第一，国家层面加强立法，做好顶层设计。城市更新的制度建设需要与当前的国土资源空间规划、城市总体规划等规划体系相衔接起来，加强系统设计，总体规划，全局统筹。针对当前城市更新遇到的困难和问题，加强基本的法律法规建设，出台支持城市更新治理高质量发展的政策法规体系，并在此基础上，对地方城市更新的相关工作加强监督和指导。

第二，城市政府层面构建精细化的城市更新治理体系。立足地方实际，结合中央层面的有关要求，尽快制定地方性行政法规及其配套政策，制定城市更新的规划和行动计划，尽快形成完整的包括管理程序、技术规范、操作指引的政策性文件，规范城市更新的运作实施流程。

第三，建立城市更新政策调整的动态机制。城市更新活动涉及政策面广，包括城市规划、建设、税费、社保等各个方面。而我国目前总体上法律制度相对比较薄弱，出台的政策文件缺乏高层级的指引，难以形成系统性，同时还存在着时间限制及与现行法律、法规有冲突的地方等问题。虽然近年在各地实践中陆续出台了一系列地方性规章制度，但存在着层级较低、无上位法支撑等问题。因此，要在城市更新的实践基础上进一步完善相关法律法规，探索适合中国国情的城市更新制度体系，更好地推进城市更新行动。

3.2 创新行政管理机制

第一，统筹管理、综合引导城市更新活动。厘清部门职责，构建多元协作平台，形成科学、高效、规范的管理体制。因地制宜、适时适需逐步开展城市更新活动。进入高质量发展阶段后，迫切需要转变城市发展方式，实施城市更新行动。全国各地应结合本地区实际，遵循客观规律，按照因城施策、尽力而为、量力而行的原则循序渐进地开展城市更新行动，采用保护、整治、重建、开发利用等不同途径推进城市更新，避免出现城市空间结构单一化。转变政府职能，积极发挥政府统筹引领作用。

第二，简化城市更新项目的审批许可手续。出台城市更新项目的审批许可管理办法，提高行政效率。城市更新活动是城市经济增长的重要手段，是城市经济高质量发展的必然选择。我国与其他国家相比，土地资源供需矛盾更加紧张。因此，需要对城市存量土地资源进行再分配，充分挖掘存量用地潜力，树立集约、节约、高效用地理念，建设紧凑型城市，变以经济利益为主导的发展模式为以环境、经济、社会协调发展的可持续发展模式，为城市更新的顺利推进提供良好的思想基础。

第三，强化规划的控制和引导作用。城市更新是在城市总体规划、专项规划、街区规划等指导和引领下开展进行的。但是，我国目前多数地区规划编制，标准缺失，相互衔接不够，规划数量众多，缺乏总体统筹，指导和牵引作用不够。因此，建议进一步统筹整合现有的各类规划，强化其控制和引导作用，以优化布局、完善功能为主要目的，提高用地效率，以实现城市发展方式转型、城市结构优化升级的目的。

3.3 健全公众参与制度

第一，积极推进城市更新治理的多元共治。构建面向多元主体的协商机制，规划编制、审批以及改造意愿征集等过程要积极征求多方意见，明确城市更新过程中社会组织和社会公众的参与模式，并对其参与的形式、流程、范围、权责等做出明确规定，构建有效的城市更运行环境与实施机制。

第二，强化与城市基层社会治理的互动。积极支持和鼓励各类组织，包括非政府组织、各级基层组织、各类群众自治组织等参与城市更新活动。创新方式，搭建多方协作平台，整合各种资源，回应各种诉求，通过多种方式和途径，积极推动基层社会治理与城市更新的协同发展与相互促进。

第三，保障公众在城市更新项目中的知情权与参与权。征求公众意见是城市更新项目实施的关键环节。城市更新需要建立有效的公众参与机制，保障社会公众特别是利益相关者的知情权，使利益相关者从更新项目策划到实施落地都能表达各自的诉求与建议。

第四，持续不断地加强城市更新公众参与制度的建设。城市更新公众参与制度的实施需要建立、发动起基层社区，建立有效的咨询和听证制度。通过持续的制度建设和实践博弈，实现城市更新利益分配关系和公共利益底线的基本共识，审批完成的更新规划成为公众监督城市更新的基本依据，形成利益各方稳定的社会预期。

3.4 拓展金融支持渠道

第一，拓宽城市的融资渠道。建立多元化的投资运作模式。借鉴国外城市更新项目的先进融资经验，通过发行债券、设立基金等其他创新金融工具来吸引和吸收社会资金。同时，设立如城市开发公司、市区城市更新局之类的机构，采取多元化的资金运作模式，保障城市更新项目的顺利进行。

第二，设立市一级的城市更新专项基金制度。规定专项基金的资金用途，转款专用，封闭运行，区分城市更新项目财政投入的经济导向和社会公益导向，政府财政应该更多地投入到民生保障和历史保护类的更新项目中，对市场主体不愿进入的衰败地区更新项目进行资助。根据变化发展着的经济社会环境，基于政府—市场—社会三方合作的模式，采用竞标的方式使用更新基金，以公共投资撬动更大幅度的社会投资。通过有效竞争提高更新方案的质量，通过基金拨付监督更新实施。通过创新不同的融资模式[如国家政策性资金、金融机构信贷资金、政府与社会资本合作（PPP）等]，积极引导社会资本通过各种可行的方式参与到城市更新活动中。

3.5 加大利益统筹协调

第一，构建平衡各方利益的制度体系。积极研究城市更新中各利益主体的相互博弈机制，优化利益分配格局。制定公开透明的增值收益分配和协调的政策法规，激发城市更新多元主体动力。同时，城市更新在注重经济利益的同时，还要关注民生、历史文化、公共安全等高质量发展需求，创新多主体协同发展的城市更新模式。

第二，强调政府在公共利益方面的调控作用。城市政府应站在推进城市经济高质量发展的角度，将城市更新作为实现城市发展战略的重要抓手。强化城市更新项目的公益性属性，积极为维护社会公共利益，如明确公共利益用地和用房配置要求，鼓励公共责任捆绑、建立实施监管协议制度等一系列政策措施，强化城市公共利益保障的政策保障和落实。

第三，积极鼓励社会公众参与城市更新。尊重各利益主体的合法权益，拓展社会参与的深度与广度。在城市更新过程中，充分尊重和保障权利主体的合法权益，如制定合理的补偿安置办法、提供政策和资金支持、完善权利主体的自主更新路径等。同时，建立城市更新的沟通协商平台，优化社会公众参与机制，共同推进城市更新的有效治理。

第四，制定合理的激励机制。在城市更新的政策体系内，科学、合理地制定相关奖励政策，积极引导市场主体承担社会责任。如明确合理的功能调整与容积率奖励转移机制、优化存量用地地价计收体系、提供财税政策创新与资金支持等，调动市场参与的动力，发挥市场运作的优势。还应加大对城市公共产品运营的关注，挖掘更多潜在的市场价值。同时不断强化市场主体在承担公共利益责任和实现城市功能品质提升等方面的社会责任，引导市场主体更加积极地参与城市高质量发展。

总之，城市更新是后城镇化时期所面临的必然选择。通过制定和完善中央到地方的法律法规政策体系，构建多元共治的城市更新运营模式，城市更新才能实现高质量发展，城市才能实现高水平治理。

作者信息

李政清，男，经济师，北京市住房和城乡建设委员会，北京市通州区。研究方向：新型城镇化建设、城市更新。

城市更新视角下沈阳城市文脉的传承与创新

摘要："十四五"开局之年，落实党中央、国务院决策部署，住建部提出要坚定不移地实施城市更新行动，推动城市高质量发展，并在全国范围内按下城市更新"启动键"。在此之前，王蒙徽部长在沈阳任职市委书记期间曾提出《沈阳振兴发展战略规划》，科学有效地指导了沈阳有序开展城市更新工作，在不断提升老工业基地内生动力和整体竞争力的同时，在传承城市文脉、提升城市魅力上下足工夫，走出了一条保护、更新、振兴、复兴的城市发展路线。本文通过对"沈阳建设史"的梳理，展现城市文脉的形成与发展；围绕沈阳城市更新建设发展中的实践成果，展示城市发展印记与文化魅力；总结面临的挑战与机遇，展望沈阳以历史文化、红色文化、工业文化为城市文化品牌的建设下，传承城市文脉，体现"人民城市"重要理念。

关键词：城市更新；文脉传承；文化创新；城市文化

1 引言

1.1 城市更新下城市文脉的概述

城市文脉是城市演进过程中形成的特有历史文化印记，不仅是指当时存在的文化，还包括过去的文化。党中央十九届五中全会提出实施城市更新行动，对进一步提升城市发展质量做出重大战略部署。建议以实施城市更新行动为抓手，推动各地转变城市开发建设方式，统筹城市规划、建设和管理，加快建设宜居、绿色、韧性、智慧、人文城市，为人民群众创造高品质的生活空间。习总书记高度重视历史文化保护和城市风貌塑造工作，在扎实推进长三角一体化发展座谈会上强调"不能一律大拆大建，要注意保护好历史文化和城市风貌"，避免"千城一面、万楼一貌"。提出扩大历史文化保护内涵，建立历史文化保护传承体系三级管理机制，尽快形成行之有效的标准规范和监督机制。

在城市更新中延续好城市文脉，是城镇化进程中迫切的时代课题。正如伦敦BDP规划师所说："到 2030 年，伦敦将会发生翻天覆地的变化，但唯一不变的是城市的文脉，这是更新之后的伦敦，仍是伦敦的关键所在。"在城市更新中延续城市文脉，是城市能够立足城市文化底蕴，挖掘独特城市魅力，塑造多样化人文景观的重要城市治理维度。城市更新中要对城市文化的重要"角色"充分理解，做好传承与创新相结合、传统和现代相融合，依托城市文化资源的独特性、延展性与创造性，提升城市活力与文化自信。让城市留下记忆，给人们记住乡愁的同时，塑造和提高城市品质。

1.2　沈阳城市文化的发展环境

"城市是文化的容器"，城市的根本动能在于文化积累、文化创新，在于留住文化教育人民。自党的九中全会以来，沈阳正经历着前所未有的变革，紧紧围绕建设国家中心城市的总目标，"一枢纽四中心"城市新形态、构建沈阳现代化都市圈的新要求，将沈阳的城市更新与文化建设深度融合，为从工业时代的"优等生"转变为生态文明时代"模范生"提供了坚实的基础。

2020 年 12 月，住建部与辽宁省政府在北京签署了《部省共建城市更新先导区合作框架协议》。王蒙徽部长提出："要积极支持辽宁探索区域协同发展、激发内生动力、修复城市生态、完善城市功能、传承历史文化、促进数字化应用、改进城市管理等方面的体制机制创新。"

同年 12 月，省委省政府提出沈阳市建设区域性文化创意中心。2021 年年初，市委十三届三次全会提出了建设"一枢纽四中心"的战略目标，建设区域性文化创意中心成为重要内容之一，并写入市政府工作报告。同年 6 月，沈阳市召开文化工作会议，出台《沈阳市建设区域性文化创意中心行动方案》，提出沈阳将围绕建设国家中心城市和国际文化旅游城市的目标，秉承以人为本、延续文脉、创意融入和可持续发展理念，以创新创造为驱动，促进"文化 +"深度融合。

2　纵向梳理，留住历史文脉

城市文脉是城市发展中所留下来的重要资源，记录了一座城市的地貌、城池、政治、经济和文化。随着大型事件以及城市化进程中更迭变化所留下来的物质和非物质资源的综合，给予了城市不断发展的动力和能够赋能并增强城市功能的底气。

2.1　古城沈阳

有着 2300 年建城史的沈阳，是一座拥有灿烂文明的古城，它为我们留下了精彩的记忆和骄傲的文化（图 1）。公元前 300 年，燕国东拓设斥堠所成为沈阳建城之始，后经秦汉候城县，辽金、沈州城，元代沈阳路城，使其成为辽东贸易重镇和佛教中心。明代沈阳中卫城由土城改为砖城，城市格局形成了四门十字大街的结构，在交叉点上建有中心庙，城外设有山川坛、社稷坛等。1625 年，努尔哈赤将后金都城从辽阳

（东京）迁都沈阳，再由皇太极改称"盛京"，经过历代皇帝对盛京城的建设与完善，最终形成了"内方外圆、四塔四寺、八门八关"的都城格局，这标志着沈阳中心城市建设的正式起步，成为全国乃至东北亚地区的政治军事中心。直至 1644 年，清政权迁都北京，沈阳作为"龙兴故地"的陪都盛京，依然保有东北政治、军事、经济、文化中心的地位。（图 2）

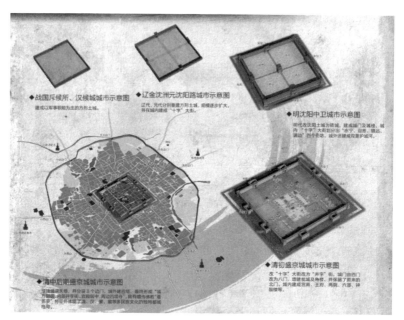

图 1 沈阳古代城市演变

2.2 包容沈阳

随着时间的推移，西方文化的融入，沈阳的城市格局、建筑风貌、风土人情逐渐发生了转变。1858 年，牛庄（营口）开埠；1898 年，沙俄在盛京城西侧修建中东铁路支线，沈阳进入铁路交通时代，逐渐发展形成了以盛京城、满铁附属地、商埠地、民族工业区为主体的板块拼贴式城市格局。

民国初期，蓬勃发展中的沈阳被称为"东北第一都会"，拥有城市四通八达的铁路线网、东塔机场、东三省总督府等行政机构、各国领事馆、金融银行、东北大心、金融商业中心和文化教育中心。（图 2）

1931 年 9 月 18 日，日本关东军借由柳条湖事件攻打北大营，东北军在沈阳打响了抗日第一枪，拉开了中国"十四年抗战"、世界反法西斯战争序幕。次日，中共满洲省委发布了《满洲省委为日本帝国主义武装占领满洲宣言》（简称《九一九宣言》），是中国第一份抗日宣言，表明了中国共产党坚决反对日本帝国主义入侵的立场，也滋养出了宝贵的精神财富，孕育了沈阳的红色文化。（图 3）

奉天驿

东三省总督府

俄罗斯领事馆

东北大学

图 2　民国初期沈阳的主要建筑

图 3　中共满洲省委旧址及刘少奇旧居

2.3　工业沈阳

　　沈阳是中国重要的装备制造业重工业基地，有着"共和国工业长子""东方鲁尔"的美誉。1896 年，盛京将军依克唐阿创办沈阳第一家工业企业——盛京机器局，开启了沈阳近代工业发展的序幕；1917 年起，奉系主政东北，张氏父子及杜重远等爱国人士大力发展民族工业，建设有中国最早的民族工业区——大东新市区、我国第一个机器制陶工厂（肇新窑业公司）。此时的沈阳民族工业进入了蓬勃发展的阶段，奠定工业企业在城市发展中的重要地位。1948年沈阳解放后，沈阳工业依靠老技术工人和工业基础，迅速恢复生产，为支援全国解放、抗美援朝，为新中国的巩固、发展奠定了坚实的基础。"一五"期间，全国由苏联援建的156项重点工程中，沈阳有6项，总量排全国第六位。

沈阳凭借雄厚的工业基础，以"工业立市"的城市建设理念，建立起以机械工业为主涵盖机械、化工、制药、冶金、轻工等行业等综合性工业基地，不仅创造了中国历史上一百多个全国"工业第一"、支援全国数百个三线建设项目，也为新中国形成独立的现代化工业体系作出了历史性贡献。（图4）

图4　新中国成立初期沈阳工业用地布局及铁西工业区鸟瞰

2.4　城市文脉

沈阳市凭借雄厚的文化底蕴，于1986年入选第二批国家历史文化名城。历经千年古城变革与进取、军阀时期的风云鼎盛与包容开放、沦陷时期的奋起抗战、共和国工业长子的拼搏奋斗，给这座城市留下了灿若繁星的文化瑰宝与精神财富，现有313处市级以上文物保护单位（包含沈阳故宫、东陵、北陵3处世界历史文化遗产），162处、302栋历史建筑，221个全市非遗代表性项目，176名代表性传承人，2处国家工业遗产，3个历史文化名村，4个中国传统村落等。

沈阳是中国民族文化的发祥地之一，古代融入了多元民族的文化传统，又融入了近代外来文化以及受工业大发展影响，融入异邦文化和工业文化，形成了空间各异、对立鲜明的不同城市板块，这些板块相互拼贴，造就了具有清初皇城风貌、民国多元开放城市风貌、共和国时期国有大型工业厂房及工人生活风貌、西塔朝鲜民族风貌、西关回族民俗风貌等多姿多彩的城市人文风貌以及山、水、城交融的"山水盛京"形胜格局。（图5）

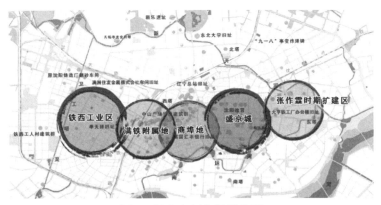

图 5　城市空间布局结构图

3　更新空间，城市转型发展

随着城市的不断发展，顺应时代和实践要求，城市的建设也反映出人民意愿和期待，在不同阶段下的城市也一直在探索最优的更新发展路径。从工业城市老大哥，到经济发展新一线，沈阳不断寻求更新、变革，伴随着城市成长。

3.1　沈阳城市发展战略与突破

2002 年的沈阳为走出老工业基地振兴的新路子，面对整体城市定位的确立和空间结构的构筑，在中国工程院院士吴志强教授带队下，领全国风气之先，开展了城市发展战略规划，其关键在于对传统城市规划编制理论与方法的突破和创新，是沈阳面对新的经济形势下的全面城市更新的重要战略引导。在沈阳市发展战略和城市空间发展概念规划的指导下，沈阳市启动了"金廊""银带"与四大发展空间的规划和建设，逐步构筑起协调和解决由于经济体制转型、产业结构调整、城市功能提升带来的空间拓展需求与区域协调发展、生态环境保护之间创新的规划体系。

"金廊"沈阳中央都市走廊，是《沈阳城市发展战略规划》的核心理念，也是沈阳城市发展战略在空间上的投影，又是沈阳集全市之力推动都市面向国际化发展的新起点。2003 年制定的《沈阳金廊城市设计》将金廊定位为"沈阳最重要的经济带之一，它集聚了金融贸易、商务办公、公司总部、科技会展、文体休闲、现代生活等功能，是未来服务于东北乃至东北亚的区域中枢，是体现城市的活力和魅力、展示城市形象的窗口"。

经过近 20 年的发展建设，在战略性城市设计和专项规划的指导下，金廊建设方向是正确的，能够展示出这一时期的沈阳建设成就。"金廊"的城市都市发展中轴线已深入人心，对于整合城市资源、明晰城市结构、完善城市功能、提升城市竞争力、改变城市形象具有积极的意义。"金廊""银带"的城市骨架让沈阳走出了

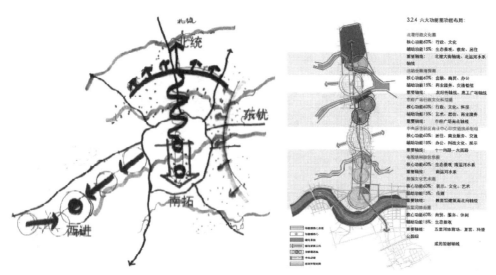

图 6 沈阳城市发展战略规划及金廊城市设计空间结构布局图

图 7 沈阳浑河沿线景观鸟瞰

单纯的"工业城市"形象，迈向繁华大都市的台阶，延续曾经沈阳作为东北大都会的脉络，成为东北亚地区重要的国际中心城市，为担负国家中心城市提供了卓有成效的战略部署。（图6、图7）

3.2 老城区的再生与创新

重构城市发展新动能，城市更新促进产业升级，补齐发展短板。沈阳皇姑区北站北红钻区（以下简称"红钻区"）城市设计规划范围北至崇山东路，南至昆山东路，西至北陵大街，东至松花江街，面积129公顷，有两条主要道路与北运河围合的空间形态如同钻石，又象征着商业金融蓬勃发展而得名"红钻"。红钻区规划为上海复旦大学建筑设计研究院敬东教授团队为皇姑核心发展区做的城市更新探索。

为摆脱长期被定义为辽宁省行政中心区和文化教育大区，缺位支柱经济发展动能，皇姑区在"十三五"发展报告中提出了环省政府红钻区开发建设，与环北陵商务集聚区建设相衔接，重点发展金融与总部经济、智能物联、数字经济、智能交通等产业，不断强化核心的复合功能和综合实力。

规划从交通要素、经济要素、空间要素三个层面着手，打破金廊北端的沈阳北站北广场片区的交通、功能、空间发展不平衡的问题。每个层面从区域、城市、片区三个维度分别对基地发展背景进行研究，提出"站前一体化"战略，即"政策服务一体化""南北交通一体化""空间功能一体化""区域行为一体化"。（图8、图9）

"政策服务一体化"红钻区享受北站南金融商贸中心区的优惠政策，同时借鉴上海金融商贸区的好的政策。"南北交通一体化"将北站南北广场通过地下通道的形式联结一体。"空间功能一体化"通过地下、地上与地面的三维连通将红钻区打造为一个整体空间。"区域行为一体化"优化北广场公共设施，利用现状乐天商务展示等功能，起到串联各功能区的重要纽带作用。将红钻区作为皇姑区转型发展的首位引领区，聚集科技金融、高端医疗、现代商贸功能，打造成国家创新型试点城区的核心区、东北科技金融中心和沈阳商业文化娱乐休闲中心。

项目在"十三五"期间开展实施，初步形成了新模式下的空间格局。北站北广场正式投入使用，带动沈阳北部区域交通系统发展；区域产业经济年均增长达到

图 8　皇姑区红钻地区用地现状图

图 9　更新后交通流量图

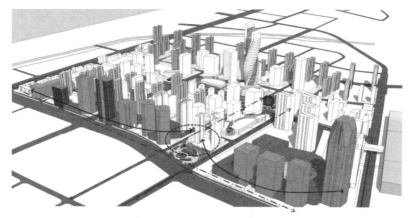

图 10　北陵大街城市天际线

图 11　红钻区周边新建项目——保利大厦都会更新、旭辉铂悦公望项目

40% 以上，高新技术企业增长近 100 家；沿北陵大街建设保利大都会、旭辉铂悦公望项目，包含住宅、商业、公寓、写字楼多种物业类型，将商贸与住宅有机融入北金廊红钻区核心。以规划引领运用城市更新的理念，如同杠杆一样，撬动该片区长期以来的沉寂，激活了该片区的发展潜力。（图 10、图 11）

3.3　红色精神的传承与发扬

中国医科大学是中国共产党最早创建的院校，毛泽东主席曾为其题词"救死扶伤，实行革命的人道主义"。中国医科大学于 1931 年创建于江西瑞金，1934 年从瑞金出发，随中央军委进行二万五千里长征，最终进驻沈阳市。中国医科大学的故事被传唱为"播种在井冈山，诞生于瑞金城；锤炼在长征路，成长于延河畔；驰骋在东北疆场，腾飞于辽沈大地"，因在办学办医过程中凝练"红医精神"和"红医文化"，可谓沈阳最具有红色文化的地标，已经成为中国特色社会主义的医学精神和医学文化，继续传承红色基因、践行初心使命。

中国医科大学老校区其前身为日本 1911 年在奉天（现沈阳）创办的满洲医科大学，位于沈阳市中山路省级历史文化街区内，老校区用地内存有多处历史建筑（南满医学堂、体育馆、大学大典纪念馆等）。2015 年随城市发展老校区主体功能搬迁至沈北新校区，该地区院校一体的发展模式发生改变，现状内仅剩中国医科大学附属第一医院，老校区地块发展面临"去"与"留"的困境。（图 12）

为了能够保留红医文脉延续，传承"红医精神"，在区域风貌保护与民生改善、功能转型升级与文物历史建筑活化利用背景下，2017 年沈阳建筑大学朱京海教授团队提出：以健康经济推动城市转型发展，依托老校区及周边区域以历史建筑空间保护为核心，打造开放、共享、区域一体化的"白钻区——东北区域医疗综合体"。围绕中国医大附属第一医院打造国际医疗和大健康产业轴线，深入融合中山路历史文化

图 12　南满医学堂基础学院（1914 年）

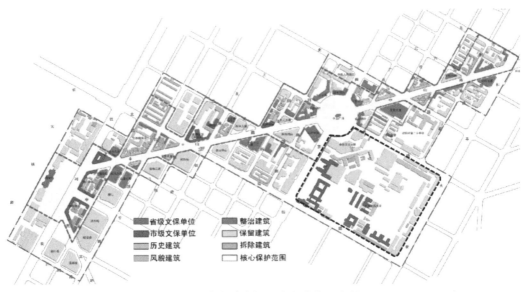

图 13　中山路省级历史文化街区保护

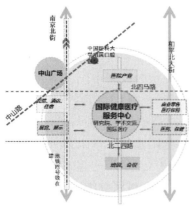 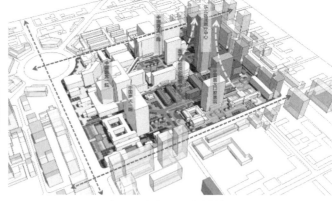

图 14 产业发展轴线图　　　　图 15 老校区空间结构图

街区打造文化旅游发展轴线，与沈阳城市转型及升级和东北老工业基地的振兴之路融为一体。(图 13、图 14)

白钻区规划研究与实施中严格保留了现有区域的历史建筑，从优化学校闲置空间与经济核算两个层面出发。通过自主更新，积极释放存量空间，科学论证历史建筑使用条件，落实国家老城区开发建设主导政策，改变原有土地出让商业开发计划。结合学校附属医院发展空间受限的实际情况，将老校区部分划拨给学校附属一院、附属口腔医院，将医疗资源产业集聚，规划实施释放存量空间为附属医院的医疗服务水平、发挥引领辐射作用、带动区域医疗服务能力有效提升。2019 年 9 月国家卫生健康委在北京举行第一批委省共建国家区域医疗中心签约仪式，中国医科大学附属第一医院成为首批国家区域医疗中心委省共建医院。(图 15)

3.4 "盛京皇城"中华文化地标建设与创新

打造"盛京皇城"中华文化地标，是沈阳的重点发展项目。盛京皇城作为省级历史文化街区，是清文化和民国文化的重要载体，是东北地区历史文化遗存最集中的区域，拥有包括沈阳故宫、张氏帅府在内的文物保护单位和历史风貌建筑 42 处，文庙、萃升书院等文物古迹遗址 57 处，历史街巷 67 条，老字号和非物质文化遗产 49 项。范围东至东顺城街、西至西顺城街、南至南顺城路、北至北顺城路，街区呈方形布局，各边长约 1.3 公里，街区面积约 166 公顷。

2020 年初，沈阳市成立了盛京皇城综合保护利用工作领导小组，并下设工作专班，印发了《沈阳盛京皇城综合保护利用工作方案》科学统筹开展各项工作。以盛京皇城历史文化街区城市设计为指引，通过开展"工程实施、管理服务、创建申报"三方面工作，实现空间环境提升改造（硬件建设）、管理服务升级完善（软件建设）和核心品牌创建三大任务，实施 19 类"88+N"个项目，建设充分展现盛京皇城独特魅力的"文化旅游聚集区"。近期目标为国家 AAAAA 级旅游景区创建，远期目标为将盛京皇城

图 16　盛京皇城城市设计

图 17　通天街更新改造后

图 18　中街头条胡同改造后

图 19　街区内张氏帅府更新改造后

打造成为东北地区历史文化地标、国家级旅游文化产业示范区、世界级旅游目的地。

目前已改造了具有近 400 年历史的中国第一条商业步行街；恢复了承载着悠久历史文化记忆的盛京皇城老胡同，整理修缮官局子、头条等胡同；通过满族大院再现皇城味道，未来"盛京皇城"必将成为沈阳最具知名度的城市文化名片之一。（图 16～图 19）

3.5 中华人民共和国成立初期国内最大的工业区变迁与更新

　　沈阳铁西老城区是我国出现最早且规模最大的现代化工业区。工业的历史地标跟随着战争掠夺的苦难、共和国长子的荣耀、改革转型的跋涉，连同凤凰涅槃的局面一起在铁西矗立了百年之久。（图 20）

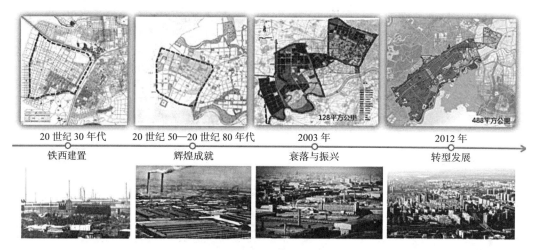

20 世纪 30 年代	20 世纪 50—20 世纪 80 年代	2003 年	2012 年
铁西建置	辉煌成就	衰落与振兴	转型发展

图 20　铁西工业区更新变迁

　　随着对工业遗产的重视，铁西区在走过了大规模建设开发阶段，开始转变发展思路，对现有的工业遗产保护与利用方面也做了大量工作，积极为保留大工业时代的集体记忆积极探索。铁西区为贯彻落实国家、省、市关于文化传承与文化建设方面的各项要求，以建设"工业文化公园"为目标，推进铁西老城区文化与科技、商业、旅游等相关产业融合发展。在城市布局上，结合铁西工业文化要素，从老城区整体"南宅北厂"的城市空间结构出发，以卫工明渠为廊道，串联起周边中国工业博物馆、铸造博物馆、电机厂、中铁物流公司、冶金机械厂、沈阳热电厂、红梅味精厂等工业建筑，通过功能转换、空间重构、材料重组、形象更新、氛围营造，完善居住区级教育、文化、体育、医疗、养老等公共服务设施，为城市提供新的体验场所与新的记忆，提升铁西老城区整体工业文化的价值。

　　目前已形成依托国家工业遗产——沈阳铸造厂建设的中国工业博物馆、沈阳铸造博物馆、原重型机械厂改造的 1905 创意文化园、沈阳自行车厂改建的奉天记忆、沈阳耐火材料厂改建的奉天工厂、沈阳红梅味精厂改建的 1939·红梅文化创意园等，为市民和游客提供了具有铁西工业文化特色的展示体验空间。（图 21）

3.6 中国风水文化的传承与创新

　　城市形态是城市整体的物质形态和文化内涵双方面特征和过程的综合表现，南

图21 卫工明渠周边工业遗产改造情况
（上：铸造博物馆；下左：奉天工厂；下右：红梅文创园）

市场即这样的一个存在。南市场（八卦街）始建于1919年，位于沈阳市和平区南市地区，面积约7.7公顷，包括1处建于伪满洲国时期的历史建筑。其是张作霖时期依据中国古代八卦：乾、坎、艮、震、巽、离、坤、兑来定街路之名称。中间以小广场为中心，象征八卦中"一元"，一元生二极，二极生四象，四象生八卦。由八卦街分出多条小胡同，取地名温、良、恭、俭、让、刚、健、笃、实、辉、生、廉12字位系统，每条胡同第二个字取八卦街名中第二个字来合成，形成具有特色文化寓意的街巷名称。南市场地区规划融合西方以道路为几何中心规划思想和中国传统的八卦文化，形成全国十分特别的八卦街区。

随着八卦街建设的成功，也带动了商业行业向南市场大量聚集。到1931年，南市场的商业呈现兴盛局面。据1933年《奉天商业汇编》统计，当时南市场八卦街及其周边十一纬路、十二纬路等临街商业企业有54个种类，近300家。1982年起，八卦街周边老旧建筑陆续拆除。2000年，八卦街第一号标志性建筑辽宁艺术剧场消失。2010年沈阳地铁开通，"南市场站"成为沈阳地铁的重要车站之一。然而，没有主题的历史遗迹，仍没有使八卦街脱颖而出。

为了保留和利用有历史文化价值的街道、延续原有城市肌理，2017年，和平区提出重建八卦街，把它打造成集"文商、文旅、文创"于一体的新式"八卦街特色街"。更新规划的"八卦街特色街"，体现了对原有八卦路格局的历史尊重，以"东门西柱"的形式，在彩蝶园主入口处形成一座复古的牌坊，上书"1918八卦街"，以作为沈阳的新地标。（图22）

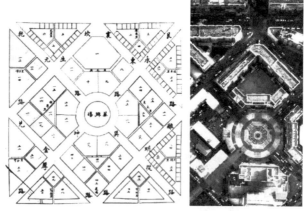

图 22 　原有八卦街平面与今改造后的对比

4　多维建构，传承城市文脉

城市文脉，是一座城市的记忆丰碑，更是城市历史、城市空间、城市生活和城市竞争力的综合体现。近几年沈阳对历史文化保护力度的加强，使得城市文脉传承呈现出良好的发展态势。但也不可避免的，在不同阶段更新主导下，存在对于城市文脉认识、传承、创新不足的问题，需进一步强化空间品质，分类推进城市更新，加强文脉传承与功能的创新。

4.1　面临的挑战与机遇

4.1.1　城市文化认同感弱，文脉传承受限

沈阳印象较多的围绕沈阳故宫、张氏帅府、九一八历史博物馆等历史景点，1905 文创园、红梅文创园等文创产业园，并不能充分展现沈阳的文化特色和文化内涵。从几个角度分析，首先对沈阳历史文化内涵缺乏研究，对文化定位多追求"高大上"，而非真正的"自己"。沈阳的历史文化亮点多数在开拓与创新，很多时候其历史意义在于开拓，而非真正的鼎盛。如同沈阳故宫与北京故宫相比，虽不够富丽堂皇，但是它保留了最初清王朝建立都城时的印记，有着多民族多种思想包容与发展印记；亦犹如沈阳的工业，它在新中国时期壮大、宏伟，也因此在中华人民共和国成立初期为全国的建设发展提供了大量人才、设备、财力。它所蕴含着工业时代的红火记忆与不断改革创新、奉献精神，而非高精尖技术。总结起来，沈阳的文化有着精神上的富足，但缺少物质表现上的丰富与光彩。

4.1.2　空间的品质需提升，文化展示不够

往往对历史文化资源的保护与利用多存在于文物与历史建筑的本体保护与展示，而忽略可达性、观景视觉廊道、周边绿化环境以及配套设施的统筹考虑，缺乏

由建筑到环境、特定历史片区的整体特色风貌的塑造。导致盛京城历史城区、盛京皇城等重要历史街区出现格局和风貌不清晰、不完整、感知度不强、观景空间狭小局促，新乐遗址、第二次世界大战盟军战俘营等重要文物藏匿于小胡同里，北大营营房旧址、皇城城墙隐没在民房中等问题。我们在谈及城市文化的同时，要让我们的文化空间载体拥有所谓的"尊严"，从可达性、便利性、选择性、生态化、尺度感等多方位得到充分的展示和品质的提升。

4.1.3　功能更新的单一化，融合创新薄弱

目前，文物与历史建筑的利用改建功能较为单一，业态品质不高。如文物多用于机关企事业单位办公用房、博物馆展示馆等，而多数工业厂房、仓储等多改建为文化创意产业园，且中山路历史文化街区两侧的多数历史建筑被用为围绕餐饮业、小型商业集市、仓储等低端功能业态。其更新改造利用与运营均为企业或个人自发行为，缺乏整体战略部署、修缮技术引导、运营管理机制、政策资金扶持及法规条文约束。呈现出文化资源的零散化与碎片化、功能更新无法保障历史原真性与完整性的同时，更无法满足现代功能需求，使得历史资源的文化价值得不到充分发挥与保障历史文脉的可持续发展。

4.2　多维空间网络构建

4.2.1　承文续脉——文化主线交织

沈阳的城市文脉主要围绕历史文化（包含古文化、辽、金、元、明、清、民国的多元文化遗产），红色文化（包含中国共产党带领下的抗战、革命历史事件发生地等），工业文化（包含近现代工业发展的生产设备、厂区、工业区等文化遗产）三大主题展开。通过对三大文化内涵的提炼与对应典型文化空间的更新改造提升，以历史文化要素为基点，以点、线、面结合，构建承载沈阳"历史文化、红色文化、工业文化"三大主题文化网络，不断挖掘、整理、展示，可以适时策划和推出文化主题旅游线路。

4.2.2　凝练融合——文化魅力彰显

通过对沈阳文化的深入研究，凝练出以彰显沈阳城市文化特征的"包容、开放、创新、奉献"为内涵的重点文化空间，发挥优势、突出特点与重点，打造文化空间地标与品牌，带动文化繁荣发展。如推进以沈阳北大营抗战遗址纪念馆为标识的"抗战"地标群、以沈阳市博物馆为标识的"文博"场馆群、以沈阳皇城为标识的"盛京文化"展示群、以铁西工业遗产群为标识的"工业遗产更新"创意群等标志性文化地标群建设。

实施"文化+"策略，加大文化资源挖掘、要素整合、产业耦合力，推动沈阳文化产业高质量发展。主要表现为加强历史文化资源、非物质文化遗产与特色商业、文化旅游、艺术创作、文创产业等的有机融合，促进历史文化资源的活态传承，提质增效，不断增强文化创新创造活力，彰显城市文化魅力。

4.2.3 活态传承——讲好乡愁故事

文化的传承不仅仅是遗留下来的建筑,更多的是围绕资源所共同拥有的人物、事件、地方文化、传说、技术、生活方式等。在科学规划的引领下,可结合文化空间周边老旧小区改造提升,留存居民生活生产的生态环境,结合特色文化策划节庆、创作、演艺等打造品牌文化活动,致力于创造活力生活氛围与场景营造,留住市民的乡愁与吸引新市民的注入,增强地区特色文化的参与度、感受度、知名度,强化文脉的活态化传承。

5 结语

行文至此,梳理了沈阳城市文化与文脉的思辨,倍加珍惜和发扬沈阳城市文化,我们还要继续努力学习。要贯彻执行"人民城市为人民"的理念,面对中央推动城市更新工作的要求,做好 2035 年前分阶段实施的目标任务,充分发挥地域优势,广开思路,积极筹措城市建设的金融和土地资源,让更多的市民分得和分享更新行动的红利,充分发挥数字化的优势,推陈出新;发挥城市及区域的整体优势,讲好沈阳的故事,为复兴和振兴东北再做贡献,再创辉煌。

参考文献

[1] (英)安德鲁·塔隆.英国城市更新 [M].杨帆,译.上海:同济大学出版社,2017.

[2] 何依.四维城市——城市历史环境研究的理论、方法与实践 [M].北京:中国建筑工业出版社,2016.

[3] 张凡.城市发展中的历史文化保护对策 [M].南京:东南大学出版社,2006.

[4] 王茂生.从盛京到沈阳——城市发展与空间形态研究 [M].北京:中国建筑工业出版社,2010.

[5] 秦虹,苏鑫.城市更新 [M].北京:中信出版集团,2018.

[6] 陶松龄,张尚武.现代城市功能与结构 [M].北京:中国建筑工业出版社,2014.

[7] 唐燕,(德)克劳斯·昆滋蔓等,创意城市实践 [M].北京:清华大学出版社,2013.

[8] 李和平,肖瑶.文化规划主导下的城市老工业区保护与更新 [J].规划师,2014(07):40–44.

[9] 鲍晶晶.城市历史街区的保护与更新研究 [D].苏州:苏州大学,2017.

[10] 李其荣.城市规划与历史文化保护 [M].南京:东南大学出版社,2003.

[11] 张京祥,胡毅.基于社会空间正义的转型期中国城市更新批判 [J].规划师,2012(12).

[12] 吴晨.城市复兴"理论辨析"城市的未来就是地球的未来——肯尼斯·鲍威尔 [J].北京规划建设,2005(01).

作者信息

金锋淑,女,城市规划工程师,沈阳市规划设计研究院有限公司、历史文化保护所。

对比视角下苏州城市更新实施机制的优化策略探讨

摘要：优化城市更新实施机制是促进城市更新实现城市集约高效发展的关键。首先，本文在文献阅读的基础上，将城市更新实施机制归纳为管理机构设置、政策法规制定、土地与资金管理、公众参与四个部分，并梳理了苏州市城市更新实施机制现存问题；然后，基于地区对比视角，比较台北、广州、深圳、上海四地的城市更新实施机制，总结实践经验；最后，借鉴四地经验有针对性地提出苏州城市更新实施机制的优化策略，以期更好地推动苏州城市更新行动，并为其他相似城市的城市更新工作提供借鉴。

关键词：城市更新；实施机制；优化策略；对比

1 引言

当前,中央"十四五"规划纲要和2020年中央经济工作会议报告均明确提出"实施城市更新行动",城市更新已成为我国城市建设领域的主旋律。城市更新是城市可持续发展的必然选择,而城市更新实施机制是城市更新工作有效落实的重要环节,其完善性关系到城市更新全生命周期的稳定和发展。如何依据自身城市特点,优化城市更新实施机制,是亟待城市规划领域关注的重要问题。

截至目前,我国只有台北、广州、上海、深圳等少数城市更新案例较多,建构了规范且成体系的城市更新管控体系,而多数城市缺乏完备的更新制度体系。基于此,本文首先以城市更新实施机制为切入点,将其归纳为管理机构设置、政策法规制定、土地与资金管理、公众参与,并分析苏州城市更新实施机制现存问题;然后,选取台北、广州、深圳、上海为研究案例,通过文献查阅法和比较分析法研究四地实施机制的共性和个性,总结成功经验;最后,结合四地的成功经验提出具有苏州特色的城市更新实施机制的优化策略。这不仅有利于规范苏州城市更新工作,而且有利于丰富城市更新实施机制的理论研究,为国内城市更新工作的开展提供理论和决策支持。

2 城市更新实施机制概念界定与研究进展

2.1 概念的界定

在生物学和社会学上，"机制"是指能够协调生物体各构成部分或社会内部组织结构间的相互关系，其能够促成整个生命体或社会稳定运行[1]。随着城市更新工作的需要，相关学者将实施机制应用于城市更新工作中。例如，王洋认为实现旧城更新并达到城市可持续发展目标的核心是要建立操作层面系统的实施机制，包含城市规划、土地资产经营、运行保障等方面[2]；黎志辉认为体制改革、资金筹措和政策的制定是城中村改造顺利实施的关键所在[3]。由此可见，城市更新工作中的实施机制由多个子机制构成，包含决策、运行、管理、参与等。具体到本文，考虑到研究深度和采集资料难度，笔者将实施机制概括为管理体制和运行机制两个部分，更新实施机制研究主要围绕管理机构、政策法规、土地与资金、公众参与展开。

2.2 城市更新实施机制研究进展

国内针对城市更新实施机制的研究较少且涉及内容较为单一，主要从城市更新的管理和运行机制、政策法规、土地与资金、参与主体等展开研究。在管理和运行机制层面，叶磊从组织、运作和管理三个层面探讨了城市更新运行机制的构建路径[4]。林华琪以深圳罗湖区为例，分析了城市更新管理中的事权配置，认为存在权责不对等、不明确、不稳定和信息传达失效等问题[5]。在政策法规层面，邓志旺认为城市更新政策有利于指导城市更新工作的实施[6]；朱海波认为制定《城市更新法》、搭建城市更新法律制度体系对城市可持续发展至关重要[7]；程则全在对比研究国内城市更新成功案例的基础上，结合济南实际提出了"1+1+N"的三级更新政策法规体系[8]。在土地与资金层面，古小东等认为城市更新在土地开发、融资方式等方面应采取适当的创新方式[9]；袁利平基于资金平衡，对广州城市更新提出了优化策略[10]；严若谷等认为台湾城市更新的单元规划有助于整合土地权利，多种奖励制度和融资方式减轻了权利人的更新资金压力，促进了权利人自治更新[11]。在参与主体层面，吕晓蓓回顾深圳市早期城市更新实践，强调了政府在城市更新中的主体地位[12]；陈煊研究了武汉汉正街更新过程中地方政府、开发商、民众的角色关系[13]；胡茜认为创新多主体参与的城市更新公众参与制度对"十四五"时期推进城市更新行动十分重要[14]。

综上所述，近年来，我国城市更新趋于从技术方向研究转为内部机制研究，内容涉及管理机构设置、更新立法保障、更新政策创新、公众参与等方面。但对更新实施机制的系统研究较少，在更新实施层面还未形成完整的理论体系，缺乏共识；此外，多数研究成果缺乏实证研究，现实可操作性不强。因此，本文在比较典型的城市更新成功案例的基础上，以苏州为研究案例，分析城市更新实施机制现状问题，提出机制优化策略，这不仅能够填补城市更新实施机制研究的实证空缺，也能有效反馈历史文化名城城市更新现状，指导政策的制定，有着较好的实践操作和理论补充价值。

3 苏州城市更新实施机制的现状与问题

3.1 更新管理机构现状与问题

自 2019 年苏州市机构改革以来，城市更新组织已基本形成由领导机构（市级领导机构）、管理机构（市级更新部门）、实施机构（区县更新部门）组成的三级更新管理体系（图 1）；部门管理由设在市自然资源和规划局的详细规划处（历史文化名城保护处）负责；区县人民政府负责本辖区内的城市更新工作，一般指定市自然资源和规划局相关市辖区分局为专门的组织实施机构。

苏州各区的更新项目往往涉及多个管理部门，区自然资源和规划局负责组织编制更新实施方案并统筹城市更新工作，区文化体育和旅游局、区交通运输局等政府部门须对照自身职能配合相关工作。这种更新组织往往具有一定的临时性，在涉及跨行政边界的项目或需要更专业的协调和管理能力时，更新实施较为困难。即使是不涉及控规调整的微更新项目，如开辟一条慢行通道，都可能需要协调环保、公安、绿化、河道、消防等多个部门，以街道为主体推进更新工作困难较大。

3.2 更新政策法规体系现状与问题

苏州城市更新政策法规体系缺乏系统性且针对性不强。其他城市如：台北和深圳均已立法通过城市更新法规政策，而苏州目前尚未出台市级层面的地方性法规或是政府规章，缺少核心性的城市更新政策法规文件；目前的城市更新政策种类（表 1）不能涵盖苏州全市多类型的更新活动，在工业用地、老旧小区、城中村等操作层面

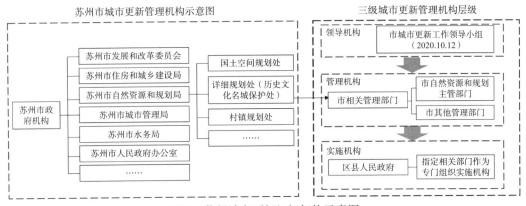

图 1 苏州城市更新组织架构示意图

的配套政策尚待完善，否则将引起更新项目混乱，造成更新难的问题。

苏州主要城市更新相关政策文件 表1

年份	文件名称
2002	《苏州市古建筑保护条例》
2003	《苏州市历史文化名城名镇保护办法》（苏州市人民政府令第33号）
2013	《关于进一步加强历史文化名城名镇和文物保护工作的意见》（苏府办〔2013〕159号）
2013	《关于鼓励积极盘活存量建设用地促进土地节约集约利用的实施意见》（苏府〔2013〕4号）
2013	《关于优化配置城镇建设用地加快城市更新改造的实施意见》（苏府办〔2013〕147号）
2015	《关于加快土地利用方式转变深化国土资源保护和管理的意见的通知》苏委发〔2015〕28号
2016	《苏州市工业用地弹性年期出让实施意见》（苏府规字〔2016〕11号）
2017	《关于促进低效建设用地再开发提升土地综合利用水平的实施意见》（苏府〔2017〕60号）
2017	《苏州国家历史文化名城保护条例》（苏人发〔2017〕66号）
2018	《苏州市江南水乡古镇保护办法》（令〔2018〕144号）

3.3 更新土地管理与资金保障现状与问题

从苏州现行土地政策来看，原土地权利人进行自主改造模式已经开展，改造主体和改造方式也较为多样。例如：在《关于促进低效建设用地再开发提升土地综合利用水平的实施意见》中提到"在符合规划的前提下，鼓励原土地使用权人通过自主、联营、入股、转让等多种方式对其使用的存量建设用地进行改造开发。"但在资金层面，一方面，苏州目前存在更新资金来源单一且后续资金筹集困难的问题，虽然地方如枫桥街道在探索片区"退二优二"项目融资模式[15]，但总的来说尚处在初期，须借鉴相关城市经验，拓宽资金筹措渠道。另一方面，苏州通过奖励机制吸引开发商参与更新运作，但目前奖励机制较为单一且缺乏创新，无法在有效吸引开发商投资建设的同时推动更新工作的公益性。

3.4 更新过程中公众参与现状与问题

城市更新往往涉及多方利益，广泛的公众参与十分重要。苏州在城市更新公众参与层面存在以下问题：一方面，从苏州市政策体系建设的角度，缺乏专门的公众参与政策，在更新的全过程中，不能切实保障公众参与的过程与结果；另一方面，许多公众的规划基础知识较弱，很难对更新工作进行利弊权衡，往往很难有效了解规划实质，后期是否可以引入相关非营利机构帮助民众了解更新项目，可以适当考虑。

4 对比视角下台北、广州、深圳、上海城市更新实施机制分析

城市更新是释放城市空间，满足发展需求的有效方式。中国台湾自20世纪80年

代开始积极探索西方国家的城市更新经验，并于 1998 年结合城市建设实际需要，立法通过《都市更新条例》。深圳于 2009 年颁布了《深圳市城市更新办法》作为指导更新工作的核心依据，其后广州、上海等地也颁布了《广州市城市更新办法》《上海市城市更新实施办法》，对更新制度体系进行了探索（表 2）。经过多年实践，台北、深圳、广州、上海在城市更新方面积累了丰富的经验。选定四市为对比分析对象，主要考虑到城市更新制度建设方面的实践创新先驱地位，及其在全国产生的深远影响。

台北、深圳、广州、上海《城市更新办法》　　　　　表 2

城市	核心文件	实施时间
台北	《都市更新条例》	1998 年 11 月 11 日
深圳	《深圳市城市更新办法》（市政府令第 211 号）	2009 年 12 月 01 日
广州	《广州市城市更新办法》（市政府令第 134 号）	2016 年 01 月 01 日
上海	《上海市城市更新实施办法》（沪府发〔2015〕20 号）	2015 年 06 月 01 日

4.1 更新管理机构比较

（1）广州：广州市城市更新项目建设管理处。2015 年，广州市在原有"三旧办"的基础上，成立了我国第一个市级城市更新局，作为广州市城市更新的专门机构。竖向看，市区联动，市城市更新局内部设立七个处室和四个事业单位[16]，向下设区城市更新局，具体落实城市更新项目。横向看，机构平行，广州市城市更新局与市国土资源和规划委员会、市住房和城乡建设委员会等部门同级。由于广州市更新局作为独立型政府机构，在更新工作协调中会出现不同部门间审批时间长、效率低的问题。为此，2019 年广州市城市更新局撤并，设立城市更新项目建设管理处，其职能划入广州市住房和城乡建设局（图 2a）。

（2）深圳：深圳市城市更新和土地整备局。2015 年，深圳成立深圳市城市更新局，隶属于深圳市规划和国土资源委员会。竖向看，深圳市城市更新局内设四个处级部门辅助工作，下设区城市更新局，负责城市更新项目实施[16]。横向上看，深圳市城市更新局多涉及土地管理问题，需要和市土地整备局进行土地储备和项目实施上的对接，而市城市更新局同当时的市土地整备局处于平行关系，存在运作低效问题。2019 年，深圳开展了政府机关改革，原深圳市城市更新局、土地整备局合并为深圳市城市更新和土地整备局，归属市规划和自然资源局统一管理，为高质量推进城市更新和土地整备工作提供有力的制度保障（图 2b）。

（3）上海：上海市城市更新处。上海并未成立独立的城市更新局，仅在市规划和自然资源局下设立城市更新处，负责全市城市更新工作。各区县人民政府负责城市更新的组织实施。这一点与深圳相似，城市更新管理机构均由市规划和自然资源局负责（图 2c）。

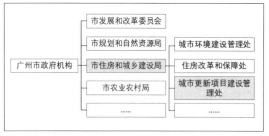

（a）广州市城市更新管理机构架构

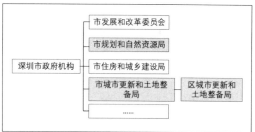

（b）深圳市城市更新管理机构架构

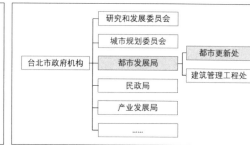

（c）上海市城市更新管理机构架构

（d）台北市城市更新管理机构架构

图 2　四市城市更新管理机构架构示意图

（4）台北：台北都市更新处。台北市在所属的一级机关都市发展局下设置了都市更新处，负责处理都市更新相关业务[17]。管理和审议工作适当分离，审议工作由各级都市计划委员会负责（图 2d）。

从城市更新管理机构来看，四市均设置了专门的管理机构，进行工作指导和管理。将原有分散在规划、建设等部门的职能整合到一个专门的更新职能机构，有利于权力集中，加强管控，提高运作效率。

4.2　更新政策法规体系比较

（1）广州：以"1+3"政策为统领，配备多种辅助文件。广州市首先在全市层面出台《广州市城市更新办法》作为纲领性文件，即为"1"；同时，针对旧村庄、旧厂房、旧城镇三种类型出台 3 个配套文件；此后，广州市根据自身特点，在管理层次、操作指引层次、技术标准层次不断补充细则和文件，完善政策体系。值得注意的是 2021 年广州启动城市更新立法工作，形成《广州市城市更新条例（征求意见稿）》，向社会公众公开征求意见。

（2）深圳："1+1"政策为核心，配备多种辅助文件。法规层面，出台《深圳市城市更新办法》和《深圳市城市更新办法实施细则》作为更新体系核心文件；在两者基础上，深圳又根据实际需要完善了从法规政策到操作指引及技术标准的多样配套文件。值得注意的是，2021 年人大表决的《深圳经济特区城市更新条例》正式实施，对城市更新行业法制化发展具有重要意义。（图 3）

图3 深圳城市更新政策体系

（3）上海："1+1"政策为统领，配备多项辅助政策。类似深圳，前一个"1"是《上海市城市更新实施办法》，为城市更新统领文件，但该文件不同于其他两个城市，其对城市更新类型进行了扩展，包括公共空间，社区微空间、街道等;后一个"1"是《上海市城市更新规划土地实施细则》对实施办法相应内容进行细化规定。此外，上海市也提出多项配套政策，更好地落实城市更新工作。（图4）

（4）台北：台湾地区的政策法规体系主要从两个层次展开，首先为"1+8"的体系架构，"1"是台湾都市建设三大母法之一的《都市更新条例》;"8"是八项子法如《都市更新条例施行细则》等[11];其次为"1+N"的体系架构，"1"为台北市以立法通过的《台北市都市更新自治条例》，修补了《台北市都市更新实施办法》的不足;"N"为多种技术标准和操作规范类文件。

从城市更新政策法规体系来看，四市均已形成较为完善的体系架构。首先，各城市均出台了自身的《办法》或《条例》作为更新核心指导文件;其次，出台了《实施细则》对办法进行细化规定;此外，四市均颁布多套配套文件来指导、规范城市更新工作。值得注意的是：相对于其他两个城市，台北的政策法律效力较强;上海方面，城市更新政策文件基本覆盖了城市更新实施过程中的各个环节，更注重实施性。

图 4　上海城市更新政策体系

4.3　更新土地管理与资金保障比较

在土地管理方面。深圳、广州在相关文件中鼓励原土地权利人自主或参与改造，有利于解决市场过度追求经济效益的问题；台湾地区以城市更新单元为规划手段，大力倡导民间自主更新，以"多数决"和"权利变换"的手段快速实现更新单元内的民众产权整合[11]。此外，四地均强调对零散用地的合并利用。

在资金保障方面。广州和台北设置了城市更新专项资金，台北出台了《都市更新基金收支保管运用自治条例》，扩大了经费来源渠道；广州吸引多方融资，包括国家政策性贷款、土地和房屋权属人资金投入、商业银行贷、PPP、社会资本等举措；深圳和上海在这方面则没有较多的涉及，但对城市更新主体给予了一定的优惠政策；以减少资金压力，加快工作落实。

在实施奖励方面。就上海而言，为其提供容积率奖励，但须为社会提供相应公共空间，这有利于满足市场和社会两方需求。相对于上海，台北对提供公共产品或空间的开发者给予更多类型鼓励，包括容积奖励、税赋减免、帮助民间资源顺利进入开发阶段所设置的快速审批程序等；此外，还可以帮助开发者解决贷款难的问题。两市的实施奖励不仅提升了开发者的动力，也推动了城市更新以公共事业为导向合理发展。

4.4　更新公众参与比较

广州、深圳和上海三地在自身的更新办法中提出了公众参与的相关章程，例如在更新规划的制定环节均规定了应进行规划公示、征求意见、公示期要求等，但对公众能否参与到更新规划与政策制定、审批和实施的各个环节未做出明确说明。而台北对城市更新中公众参与的参与途径和环节均有明确规定，在城市更新全生命周期里，均要求举行听证会，保障公众参与[6]。听证会这一形式给予了相关权益人的话语权，同时相关部门可以借助听证会了解群众意见，及时对工作作出调整，确保城市更新工作的可实施性。

5 苏州城市更新实施机制优化策略

5.1 设立负责自上而下更新项目的实施机构

借鉴四市经验，苏州可尝试设立专门负责城市更新的政府常设机构，作为实施更新项目的主体自上而下地制定更新计划、实施更新项目、监督实施成效。此外，参考相关经验，先在苏州各区县层面设立半临时性质的城市更新办公室负责更新相关事务，待时机成熟再转变成类似城市更新局的常设机构[8]。（图 5）

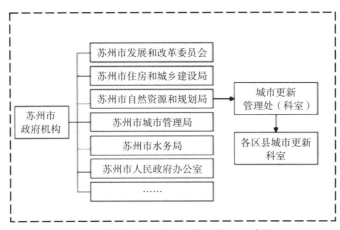

图 5 苏州更新管理机构的设立思路图

5.2 构建层级分明的更新政策体系

借鉴四市经验，苏州可尝试构建"1+1+X"的城市更新政策体系。前一个"1"指的是从地方性法规层面着手，研究出台《苏州市城市更新条例》，从更高层次保障更新工作规范化和法制化。后一个"1"，是指从地方政府规章层面着手，研究出台《苏州市城市更新办法》，作为核心指导后续的实施细则和配套政策的制定工作。"X"是指在整合现有更新政策文件的基础上，针对不同更新对象、不同更新模式等需求，出台一系列操作指引和技术章程，加快推动城市更新工作落实。（表 3）

5.3 实施创新多样的更新保障制度

在奖励机制方面，苏州作为历史文化名城，其更新中的奖励机制应坚持以公共利益为前提，为城市物质环境和功能带来全面改善。可借鉴台北经验，对在更新活动中提供公共空间和功能、保护历史建筑和传统风貌或者其他满足公益性要求的实施者，创新奖励机制。例如：帮助民间资源顺利进入开发阶段的快速审批程序，提供规划设计技术服务和指导[18]，给予适度的贷款担保及延长还贷等。

更新政策体系构建思路图　　　　　　　　　　　　　　　　表 3

效力层级	政策名称
地方性法规	苏州市城市更新条例
地方政府规章	苏州市城市更新办法
规范性及指引性文件	苏州市城市更新办法实施细则
	苏州市城市更新基础数据调查管理办法
	苏州市城市更新历史用地处置暂行规定
	苏州市城市更新单元规划审批操作指引
	……

在资金保障方面，苏州可设立城市更新专项资金，针对特定项目和奖励工作，做到专款专用。此外，应继续吸引优质社会资本参与城市更新，不断创新融资方式，借助"投资人 +EPC"模式、PPP 模式、贷款、资产证券化等多种方式[19]筹集资金，解决更新工作中资金难的问题。

5.4　建立切实可行的公众参与机制

苏州可借鉴我国台北和欧美国家的经验，制定专门的公众参与政策，同时优化更新三个阶段即城市更新计划阶段、规划阶段和实施与监督阶段中公众参与的流程（图 6），增强公众的知情权，保障公众参与的过程与结果[20]。此外，可借鉴台北已有对于第三

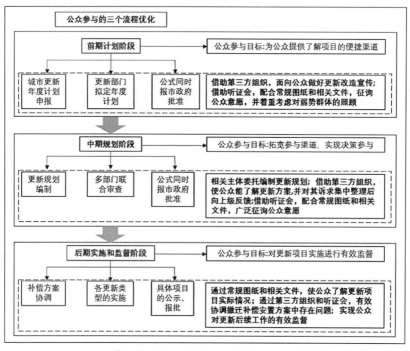

图 6　苏州市城市更新公众参与体系优化示意图

方组织的成功经验[21]，引入与更新无关的非营利组织，为相关权益人提供更新工作的有关咨询和服务，并从中协调和避免矛盾，促进不同利益主体之间良好的沟通和协作，保证城市更新工作有序进行。

6 结语

本文基于当前城市更新工作在实施过程中面临的困境，在台北、广州、深圳、上海四地在城市更新实施机制上的实践进行横向比较并总结其成功经验的基础上，结合苏州实际情况提出苏州城市更新实施机制的优化策略，包括设立负责自上而下更新项目的实施机构、构建层级分明的更新政策体系、实施创新多样的更新保障制度、建立切实可行的公众参与机制，以期更好地推动苏州城市更新行动，并为其他相似城市的城市更新工作提供借鉴。

参考文献

[1] 杨瑞 . 成都城市更新管理机制研究 [D]. 北京：清华大学，2013.

[2] 王洋 . 城市中心区旧城更新实施机制研究 [D]. 武汉：武汉理工大学，2007.

[3] 黎智辉 . 城中村改造实施机制研究 [D]. 武汉：华中科技大学，2004.

[4] 叶磊，马学广 . 转型时期城市土地再开发的协同治理机制研究述评 [J]. 规划师，2010，26（10）：103–107.

[5] 林华琪 . 深圳市罗湖区城市更新中的政府事权配置问题研究 [D]. 深圳：深圳大学，2017.

[6] 邓志旺 . 城市更新政策研究——以深圳和台湾比较为例 [J]. 商业时代，2014（03）：139–141.

[7] 朱海波 . 当前我国城市更新立法问题研究 [J]. 暨南学报（哲学社会科学版），2015，37（10）：69–76，162–163.

[8] 程则全 . 城市更新的规划编制体系与实施机制研究 [D]. 济南：山东建筑大学，2018.

[9] 古小东，夏斌 . 城市更新的政策演进、目标选择及优化路径 [J]. 学术研究，2017（06）：49–55，177–178.

[10] 袁利平，谢涤湘 . 广州城市更新中的资金平衡问题研究 [J]. 中华建设，2010（08）：45–47.

[11] 严若谷，闫小培，周素红 . 台湾城市更新单元规划和启示 [J]. 国际城市规划，2012，27（01）：99–105.

[12] 吕晓蓓，赵若焱 . 城市更新中的政府作为——深圳市城市更新制度体系的初步研究 [A]. 中国城市规划学会 . 生态文明视角下的城乡规划——2008 中国城市规划年会论文集 [C]. 中国城市规划学会：中国城市规划学会，2008：9.

[13] 陈煊 . 城市更新过程中地方政府、开发商、民众的角色关系研究 [D]. 武汉：华中科技大学，2009.

[14] 胡茜.“十四五”时期我国推进城市更新的思路与举措 [J]. 中国房地产，2021（07）：48–55.

[15] http：//www.snd.gov.cn/hqqrmzf/zwxw/202012/b5589ad24a0b466682f8e9847ca59c44.shtml.

[16] 杨东.城市更新制度建设的三地比较：广州、深圳、上海 [D]. 北京：清华大学，2018.

[17] 程则全，赵阳.关于构建与完善城市更新实施机制的思考——基于穗、深、沪等地实践 [C]// 中国城市科学研究会，河南省住房和城乡建设厅.2019 城市发展与规划论文集.北京：中国城市出版社，2019：6.

[18] 刘波.我国台湾地区都市更新制度研究 [D]. 郑州：郑州大学，2011.

[19] 韩文超，吕传廷，周春山.从政府主导到多元合作——1973 年以来台北市城市更新机制演变 [J]. 城市规划，2020，44（05）：97–103，110.

[20] 中国 2010 年上海世界博览会官方网站 .http：//www.expo2010china.com/.

[21] 王艳.人本规划视角下城市更新制度设计的解析及优化 [J]. 规划师，2016，32（10）：85–89.

[22] 王晓雨.城市更新中第三部门介入的模式与对策研究 [D]. 武汉：华中科技大学，2018.

作者信息

韦虎，男，苏州科技大学，研究生。

广州市旧城更新改造创新机制与策略研究

摘要： 本文通过介绍广州市旧城的现状建设情况以及历次改造工作开展情况，分析了广州旧城改造所面临的瓶颈问题，并基于城市更新行动下的问题导向和目标导向提出优先保障民生、注重历史传承、激发经济活力三大新时期旧城更新改造策略导向。同时，结合上海旧区改造、杭州未来社区试点建设的经验，从改造方式、旧城高质量发展新要求、多元化经济平衡模式以及保障民生下的市场参与机制四个方面提出广州旧城更新改造创新策略，以期为存量时代旧城更新改造实践提供创新启示。

关键词： 旧城更新改造；改造机制与策略；资金平衡

1 引言

广州是一座具有 2200 多年历史的历史文化名城和 1500 多万人口的超大型城市，两千多年来旧城区一直是全市的政治、经济、文化中心，是人民群众安居乐业的重要集聚区、岭南特色文化的承载地和具有深厚底蕴的商业名城。千年的积淀使得旧城区拥有大量的历史文化遗迹、完整的明清时期城市格局和深厚的产业、文化传统，是未来广州打造城市特色品牌、参与全球竞争的重要战略资源。但是上千年的发展也给广州旧城留下了沉重的包袱，房屋日益危破、居住安全受到威胁、公共服务配套设施落后、市政设施逐步陈旧、交通日益拥堵、空间环境日益局促、空间结构失衡。旧城的保护与更新发展一直是当前城市更新所亟待解决的问题。

作为全国城市更新的样板，广州市城市更新政策创新一直走在全国前列，但是目前仅在旧村庄、旧厂房更新改造方面形成相对完善的政策体系并积累了较多的项目实施样板，旧城更新改造方面的政策相对滞后，实施上仅以老旧小区微改造为主。

《中共中央关于制定国民经济和社会发展第十四个五年规划和二〇三五年远景目标的建议》提出"实施城市更新行动"，加强城镇老旧小区改造和社区建设，全国住房和城乡建设工作会议提出"全力实施城市更新行动，推动城市高质量发展，全面推进城镇老旧小区改造"，均明确要求强化历史文化保护，塑造城市风貌，全面推进城镇老旧小区改造。国家的政策环境和广州旧城面临的困境均要求实施旧城更新，如何释放广州旧城存量空间潜能、培育社会经济发展新动能成为广州现在面临的重要课题。

2 广州市旧城概况

2.1 现状情况

2.1.1 建设情况

广州旧城是在唐宋时期已经奠定的古城空间格局基础上历经不同历史时期的城市建设和改造，形成的生产、居住和商贸多功能混合叠加的城市空间。改革开放以来，伴随着经济的快速增长和人口的迅猛增加，广州旧城改造呈现大规模见缝插针式的无序开发建设，在 2014 年《广州市历史文化名城保护规划（2011-2020）》公布实施后，转向老旧小区微改造。

目前，广州旧城房屋建筑年代主要集中在 1960~1980 年，多数面临迫切的改造诉求；在建设强度上，旧城范围现状毛容积率在 2.0 以上，平均建筑密度 40%，呈现高强度、高密度的特征；在用地功能上以居住和公共服务功能为主，医疗、教育、卫生等公共设施呈现严重的不均衡状态；在人口分布上，人口密集，人口结构趋向老龄化，其中越秀区人口 2018 年人口密度达到 3.49 万人 / 平方公里，老龄人口占比 18%。（图 1、图 2）

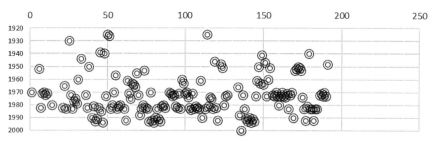

图 1　广州市中心城区房屋建成年代统计示意

（来源：《广州市旧城镇更新专项规划（征求意见稿）》）

2018 年广州市老龄人口占比及常住人口密度（万人 / 平方公里）

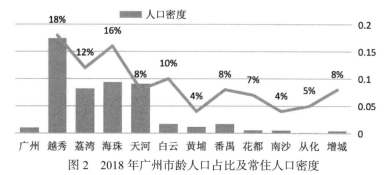

图 2　2018 年广州市龄人口占比及常住人口密度

（来源：《广州市旧城镇更新专项规划（征求意见稿）》）

2.1.2 名城保护

广州历史文化名城的历史城区传统格局因 20 世纪八九十年代的道路改造、建设遭到严重破坏，部分历史街道尽管没有拓宽，其间见缝插针、碎片化新建的高层建筑也极大地改变了历史街道的空间尺度与风貌；部分特色街道因难以满足现代商业集团化和综合经营模式的需要而衰败。依据 2014 年公布实施的《广州市历史文化名城保护规划（2011–2020）》，历史城区环境协调区内新建或扩建的建筑高度宜控制在30 米以下（现状建筑的高度可维持不变），但 2014 年版保护规划批复前，历史城区范围内已经有近 20% 的地上建筑超过了 30 米限高，建筑高度的失控直接破坏了广州旧城的整体历史格局与风貌，而且短时间内也难以得到全面的改善。

历史文化街区的保护因周边新建建筑缺乏有效的控制，周边新建的高层建筑在体量、颜色、材料上与历史环境极不协调，同时由于受到产权、资金、人口等因素的制约，现存历史文化街区的传统风貌建筑普遍破损严重，街区环境质量较差，影响了街区的历史风貌与环境；文物保护单位周边历史环境不佳、非物质文化遗产传承在逐步消逝，历史文化名城的保护面临挑战。

2.1.3 经济产业

目前广州旧城主要以传统第三产业发展为主，在旧城区内集中了纺织、鞋帽、海味干货、五金机电、百货、图书、玩具等各类专业批发市场。改革开放初期，这些传统第三产业为广州经济发展做出了突出贡献。但是随着经济的发展，旧城原有的发展方式无法适应新时期的需求。商贸批发业虽然对旧城经济发展有一定的带动性，但是高度聚集的人流对旧城发展也带来了较大的影响，而且商贸批发业现金交易方式对当地经济的实质性贡献比较小。旧城经济增长速度逐年降低，现有的经济增长方式难以为继，甚至出现经济下滑的现象。以越秀区为例，2018 年度 GDP 为3281.61 亿元，占全市 14.36%，2019 年度 GDP 为 3135.47 亿元，占全市 13.27%，比重下降；2018 年度税收 357.48 亿元，同比下降 0.1%，2019 年为 429.19 亿元，同比下降 10.1%。从数据可以明显看到，地方税收呈逐年下降趋势，在新的城市发展背景下，旧城一定程度上呈现衰落的现象，其经济增长方式亟待转变和突破。（图 3）

总体上，广州旧城由于建成时间长、人口密集，内部的城市配套基础设施严重不足。另外，诸如医疗、教育、卫生等公共设施又呈现严重的不均衡状态，导致旧城部分地区已经对年轻一代不具有吸引力，成为老龄化严重的衰败地区。旧城现状与广州建设美丽宜居花城、活力全球城市实现的发展目标相差甚远，因此旧城亟待更新改造，实现老城市新活力。

2.2 旧城改造总体情况及成效

广州经历了"三年一中变""中调""亚运整治"等城市景观整治为主的表皮性改造，转向以政府财政出资的老旧小区微改造工作为主，累计推进约 626 个项目，

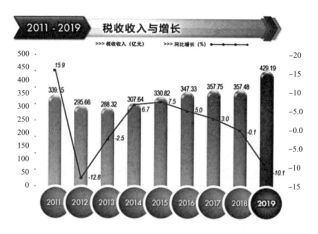

图 3　2011–2019 年越秀区税收收入

（来源：广州市越秀区人民政府数据发布）

截至 2020 年底，已完成 442 个项目，累计微改造总投资估算约 37 亿元，已完工及正在建设的老旧小区微改造项目惠及 55.6 万户家庭 178 万人，改造老旧建筑 3781 万平方米、拆除小区违法建筑物、构筑物及设施 16 万平方米，规整"三线"1674 公里，整治雨污分流 323 公里，增设无障碍通道 76 公里，完善消防设施 4.68 万个，新增口袋公园和社区公共空间 315 个，完成电梯加装 6465 台。通过开展老旧小区微改造提升了人居环境、保护了历史文化、促进了城市活力，让广州旧城在微改造的大潮中焕发了新的活力，但从长远来看广州旧城改造也面临瓶颈。

3　广州旧城改造面临的瓶颈

3.1　改善社区公共环境的微改造难以有效解决旧城根本问题

广州旧城改造的实践，一是因为复杂的产权关系，导致旧城改造难以形成统一的改造意愿进行拆除重建式更新；二是因旧城现状建设强度大，且旧城内较大范围用地涉及历史城区、白云山风景名胜区等管控，建筑高度受限；三是受制于目前尚未制定适用于旧城区的规划技术标准，包括建筑退线、建筑密度、建筑间距、消防技术规定等，制约了旧城更新改造，导致更新改造方式单一，以微改造为主，全面改造难度极大。

而微改造主要解决改善和美化社区公共空间的问题，包括修复公共设施、活化公共空间，如优化服务设施、路面平整、加装电梯、安装监控系统、增设停车泊、三线下地等。此外，老旧小区微改造规模较小，实施对象分布零散，不同项目的改造意愿难以统一，无法形成连片的整体区域，导致目前开展的旧城更新工作无法挖掘旧城的整体优势。

单纯外部公共空间的物质更新，导致旧城产业转型升级难以实现。小范围针对居住社区外部公共环境的改善无法实现管线改造、消防设施等市政基础设施升级改造，对于旧城广泛存在的消防安全隐患，市政基础设施承载力、交通承载力不足等旧城发展面临的核心问题没有得到根本解决。

3.2 以政府财政资金投入为主的改造模式难以为继

老旧小区改造是城市政府改善民生、拉动经济的一项长期工作，点多面广，公益性强，资金需求量大，社会资本不愿介入，地方政府财政压力巨大。广州市目前开展的 626 个微改造项目，社会资本参与的项目极少，居民参与出资的改造内容也不多，基本以市、区两级财政出资为主，难以大力全面推进。而且，由于改造后的老旧小区缺乏"自我造血"功能，后续管养存在问题，原本未投入任何成本就实现了居住环境的改造提升导致部分居民缺乏保护改造成果意识，甚至滋生了设施设备失修破损后政府会不断兜底延续改造投入的心理。

3.3 旧城更新改造策略导向

高质量发展的时代背景之下，新时期的广州旧城更新应以诠释"老城市新活力"的价值内涵为目标，从单纯的财政投入的公益性导向模式或以土地财政为目标的房地产开发导向模式转向实现保障民生、改善人居环境、传承历史文化、提升经济活力，且兼顾平衡存量资源所依托的各方利益关系的城市建设与社会治理相结合的更新模式，通过开展面向存量资源再利用模式的创新探索实现人居提升、文化传承、产业活化。

3.3.1 优先保障民生

在"人民城市为人民"的理念下，旧城改造的目的就是为了不断满足人民群众对美好生活的需求，保障社会民生，优先补足公共服务设施，构筑合理、便捷的城市交通体系，进行支撑性、结构性、系统性更新，进而创造高质量和具有持久活力的城市生活，使旧城区因品质的提升，带来空间资源价值的高回报，从而影响市场对于旧城的吸引力。同时改善人居环境，加强老旧社区存量住房改造提升，实现多样化的舒适居住空间，补足旧居住社区配套设施短板，提供便捷可达的社区服务，完善绿色宜人的公共空间及适龄设施，构建和谐的社区治理环境，通过旧城更新实现完整社区建设目标。

3.3.2 注重历史传承

历史文化积淀是旧城的本底，也是广州建设世界名城的宝贵资源。旧城的传统文化及其载体是核心竞争要素，也是广州区有别于其他城市的独特标识。因此，在旧城更新改造中既要注重历史文化街区的保护与延续，也要结合城市空间布局的调整，发展适合旧城传统空间特色的文化事业和文化旅游产业，提升广州的文化软实力。通过对历史城区的整体保护与小规模更新改造的实施方式，对历史文化街区、历史风貌区、文物保护单位、历史建筑、传统风貌建筑优先保护，凸显广州在地文化特色，重视非物质文化遗产及民风民俗的传承，以"绣花功夫"实现岭南文化的有机传承。

3.3.3　激发经济活力

借助旧城服务配套优势，夯实产业发展基础，同时通过旧城更新促使传统商贸区的传统产业加快升级，吸引高端产业要素旧城区内部集聚，以旧城特有的文化要素导入引入战略性新兴产业，大力发展商务、会展、创意、旅游等新兴产业，全面优化产业发展格局，创新地区经济发展模式。实现"以产促城，以城兴产"。借鉴新加坡2050年总体规划方案中提出进一步利用市中心土地进行弹性复合开发利用，对商业、住宅、公共设施用地进行功能置换、捆绑设置，促进中心区功能混合紧凑发展。

4　旧城更新改造创新模式研究

4.1　相关经验借鉴

4.1.1　上海旧区改造

2018年底，由上海市属功能类企业上海地产（集团）有限公司成立了上海城市更新发展公司，并与区属国企合作成立各区城市更新公司，分别作为各区旧区改造的平台公司，通过充分发挥各区和功能性国企的改造主体作用，解决中心城区旧改任务重、前期资金投入大、成本收益倒挂、风貌保护越来越高等问题。经政府遴选确认的公益性、功能性项目采取通过"预出让"的方式确定功能性国企为旧改项目一级、二级开发主体，负责旧改项目的立项可研、征拆资金的筹措，参与旧改项目策划和规划调整等工作。2019年开展的四个项目实施共投资700亿元资金由上海10家银行合作联合提供。针对旧改项目经济平衡问题，主要通过规划调整、容积率转移、资源地块捆绑、市政道路和公建配套设施建设支持等综合政策解决。

4.1.2　杭州未来社区试点建设

2019年，杭州市提出将未来社区试点建设与城中村改造、拆迁安置房建设、老旧小区综合改造提升等重点工作有机结合，通过空间资源的集约利用，破解旧城中心区老旧小区居住密度高、改造提升资金难平衡的难题。通过支持试点项目规划指标创新和绿色审批通道加快项目落地，在延续城市记忆的同时，基于和睦共治、绿色集约、智慧共享的理念，打造居住、商务、商业和文化旅游功能复合的高密度、高容积率开放街区。在改造资金筹措方面，一方面将原国有存量建设用地出让收益中市级计提部分，用于试点项目的征地和拆迁补偿、土地开发等合规支出；另一方面试点项目建设完成并经省政府验收通过的，市本级财政再给予适度的资金奖补。

4.2　广州市旧城更新改造模式探索

2020年，广州市住房和城乡建设局组织编制了《广州市旧城镇更新专项规划

（2018-2035）》，通过专项规划的梳理，对全市的旧城存量资源进行了盘点，基于问题和目标双导向，对旧城更新改造提出行动要求。根据专项规划的要求，广州陆续出台多个配套政策文件，并结合试点项目的开展，持续推进旧城更新改造的模式探索。

4.2.1 试行"混合改造"

2020年，广州针对旧城现状建设复杂的情况，提出"混合改造"的创新模式探索，并推行了"环市东商圈""南洋电器厂"等26项"混合改造"旧城更新试点项目。根据旧城更新改造拆建必要性及实施难易程度，通过"全面改造"和"微改造"相结合的方式，对老城区的以旧城区为主，混合部分旧厂、集体权属的综合片区进行更新改造；在改善人居环境品质的同时，鼓励合理的功能置换、提升利用与更新活化，对地区产业进行转型升级，充分提升区域综合价值，让老城市焕发新活力。

4.2.2 推进城市高质量发展

（1）注重优质老旧设施的更新改造

旧城建成区不仅是人们居住和生活的物质载体，还是人民生命安全的重要保障。旧城改造要优先补足配套公共服务设施，其难点主要在于老旧设施自身的改造提升。广州市旧城区拥有大量的优质教育、医疗等配套设置资源，经初步摸查，旧城涉及各类配套设施用地约29.5平方公里。以医疗资源为例，广州是华南地区的医疗卫生中心，拥有48家三甲医院，有11家医院名列全国顶级百强医院，但实际中均面临用地不足、设施老旧等问题，多家医院均提出了扩容改造的需求。在政策探索中，广州创新提出国企参与旧城改造的模式，并出台了旧城改造成本核算指引，为旧城改造补强配套短板提供了较好的路径。

（2）多元路径实现历史文化街区更新改造

文化是提升城市吸引力、软实力和魅力的重要依托。广州是第一批国家级历史文化名城，有26个历史文化街区，但多数街区面貌均面临不同程度的风貌破坏及衰败。广州在旧城改造探索中，强化历史文化要素的保护与传承，通过多项目捆绑实施的方式，将历史文化街区的改造任务与其他有盈利空间的旧城改造项目联动实施，实现岭南文化传承与人居环境提升的多赢效应。

（3）量化城市更新项目产业导入要求

广州市于2020年9月出台了《广州市城市更新实现产城融合职住平衡的操作指引》，划定三个城市规划建设管理圈层，明确了不同圈层城市更新单元产业建设量占总建设量的最低比例要求。旧城存量用地大量集中在第一圈层，其要求产业建设量原则上最低占比为60%。旧城改造成为吸引高端产业向中心城区聚集，进一步优化城市功能和人口布局的主要抓手。

4.2.3 改造平衡模式探索

（1）单项目的平衡创新探索

以产权情况较为单一的政府公房改造为切入点，允许有条件的改造项目合理新建、改扩建用于公共服务的经营性设施（如停车场、闲置用房等），公开确定有意向的企业出资对社区进行改造及经营管理，通过"以商养居"实现经济平衡。在资金筹措方面，由政府引导多方出资共建，通过居民出资、政府补助、专营单位和原产权单位出资等渠道，统筹专项补贴等政策资源来实现资金平衡。

（2）城市更新项目之间捆绑搭配

将一个或多个旧城更新改造项目与相邻的旧厂房或城中村等项目捆绑统筹，形成老旧片区更新改造项目，通过项目统筹搭配，实现自我平衡。以广州市直管公房混合改造项目为例，改造涉及越秀区天成路地块和海珠区得胜岗、万寿北地块，此项目是广州市首宗跨区平衡的旧城混合改造项目，对于历史文化街区的改造提升和活化利用、老城区产业的优化和升级、直管公房的配套完善及人居环境品质提升意义重大。其中，越秀区天成路地块位于海珠南—长堤历史文化街区核心保护范围，建筑限高 12 米，片区整体活化微改造成本资金缺口约 8900 万元，通过与海珠区得胜岗、万寿北地块的捆绑实现改造资金平衡。

（3）城市更新项目搭配储备用地

针对无法在更新改造项目之间搭配平衡的项目，广州积极探索城市更新项目与储备用地搭配实施的方式。以西坑村的改造为例，因白云山风景名胜区限高和广州花园控规中将西坑村部分用地规划为停车场、绿地等，导致在控高和现行控规的要求下，西坑村改造无法实现在地平衡。通过对比政府征收和城市更新的不同路径，后续项目由市政府统筹协调。通过搭配白云区的储备用地，实现项目跨区搭配平衡。搭配储备地的平衡方式，也成为旧城改造项目的可选择路径之一。

4.3 保障民生下的市场参与机制创新

4.3.1 前期策划主体

在借鉴学习上海等城市旧改经验的基础上，充分发挥功能性国企在承担政府战略发展任务、实现经济效益和社会效益为主要目标的作用。2020 年 4 月广州市住房和城乡建设局印发了《广州市城市更新"中改造"项目实施操作指引》。文件明确可由区政府选定具有一定房地产开发、城市更新或工程建设项目管理实力的市或区属国企（含市 / 区属国有企业联合体）作为片区综合改造前期策划主体，开展基础数据调查、居民改造意愿征询、片区综合改造方案编制及控规调整方案编制等工作。前期策划主体身份的明确，为市场主体在前期参与项目提供了路径，强化了项目后续引入市场力量的可实施性。

4.3.2 筹集改造资金

经公开招标确定的旧城实施主体，需要承担旧城改造一级成本。实施主体使用自有资金或与银行等金融机构对接，筹集改造所需资金。改造资金需存入监管账户，并与区城市更新负责部门、监管账户开户银行签订三方协议，加强资金使用监管，确保专款专用。改造主体按照改造方案中核定的复建安置资金在土地出让评估价中予以扣除后的金额缴纳土地出让金，并签订土地出让合同。这个流程设计，在不增加政府隐形债务的前提下，引入社会资本，实现旧城改造多元融资。

4.3.3 开发与运营联动

广州现有老旧小区微改造项目完成后，均面临没有"造血"功能、缺乏可持续管养的问题。广州积极探索改造权、物管权、运营权，三权合一，由改造实施主体承担物业管理和运营责权。这对改造实施主体的综合实力要求较高，对于旧城区，尤其是老旧小区的长效管理提供了保障。在前期以纯投入为主的旧城更新改造项目，可探索针对三权合一的试点项目申请专项改造资金，通过社区服务设施改造、智慧社区平台运营以及物业管养维护等盈利平衡改造资金。

5 结语

旧城更新改造是我国"十四五"期间实施城市更新行动的重要任务，也是广州实现老城市新活力的必然路径。广州在面临旧城改造模式单一、资金来源不可持续、管养运营缺失等问题，一方面必须从全市一盘棋的角度，盘整各类存量资源，统筹资源搭配解决缺口问题；另一方面为保障旧城改造资金来源、旧城改造开发与运营的综合谋划，必须丰富旧城更新改造项目的实施路径，创新市场主体参与旧城更新改造的机制，实现广州旧城更新改造的创新。

参考文献

[1] 邓堪强. 城市更新不同模式的可持续性评价——以广州为例 [D]. 武汉：华中科技大学，2011（76）.

[2] 李占涛. 创新机制模式，加快推进上海旧区改造 [J]. 上海房产，2019（11）.

[3] 郎晓波. 对推进杭州"未来社区"建设的思考 [J]. 探索，2019（11）.

[4] 陈春，谌曦，罗支荣. 社区建成环境对呼吸健康的影响研究 [J]. 规划师，2020（09）.

[5] 杜春宇，王园园. 上海虹口区 63 号街坊风貌保护更新策略研究 [J]. 规划师，2020（15）.

作者信息

骆建云，男，广州市城市更新规划研究院，教授级高级工程师，院长。

窦飞宇，广州市城市更新规划研究院，高级工程师，策划部副部长。

刘娴，广州市城市更新规划研究院，工程师，策划部主任规划师。

高密度语境下澳门都市更新体系的经验及启示

摘要： 进入 21 世纪，高密度城市已引起学术界的广泛关注。文章以世界高密度城市的典型代表澳门为例，梳理澳门都市更新发展历程，分析澳门应对高密度地区都市更新中，在法制建设、组织架构、更新策略、公众参与等方面的经验，这对我国高密度城市的更新具有一定的借鉴意义。

关键词： 都市更新；高密度城市；澳门

当前，世界城市人口数量攀升迅速，全球城市化时代已经到来 [1]。据 2021 年第七次全国人口普查结果公布，我国城镇人口占总人口的 63.89%，城镇人口比重较 2010 年上升 14.21 个百分点，人口密度已成为衡量高密度城市的主要指标，中国的香港、澳门、上海、深圳、重庆等已成为新时期高密度城市的典型代表。国内外学者就高密度城市可持续发展，从微地空间增量、改善城市通风、社区改造、交通疏导、清洁能源应用、街景美化等视角探讨其城市更新的路径 [2-8]，并引入了空间数据模拟、大数据学习等方法 [9-12]，为城市更新提供科学决策。香港作为高密度城市的典型代表，其城市更新的相关研究成果丰富 [13-16]。澳门是一座中西文化融合发展的城市，国内外学者分别就澳门历史文化遗产保护、澳门近现代城市发展、现代城市规划体系建立、绿地空间营造、公众参与制度、城市更新机制等内容进行了深入研究 [17-22]。澳门自 1999 年回归后进入快速发展阶段，迅速攀升的人口与逐步老化的楼宇、稀缺的土地资源之间的矛盾日益凸显，城市更新已成为我国澳门空间发展的重要议题，因此特区政府联合国内高校、研究机构亦开始相关专题研究，并向我国香港、新加坡等城市学习城市更新经验，建立了一套自适应的城市更新体系。

1 澳门高密度城市更新的研究背景

澳门自清代起的一百余年内开展了多次填海工程，据记载其土地面积由 1912 年的 11.6 平方公里，增至现今的 32.9 平方公里。截至 2020 年，总人口达 68.31 万人，人口密度达 20800 人 / 平方公里，居全球之首。澳门经济状况总体向上，社会发展良好，但其 65 岁以上人口已占澳门总人口的 12.9%，城市建筑老化情况严重，约有 11% 的人口居住在楼龄超过 40 年的住宅建筑中，楼龄 30~40 年的建筑 3697 座，这对居民居住安全、生活质量带来显著的负面影响。同时，2005 年澳门历史城区以其丰富多元的遗产被列入《世界文化遗产名录》，这也在一定程度上制约了澳门城市建设。为此，澳门特区政府制定了相应的城市更新策略，在近 20 余年的城市更新工作中，经历了由旧区重整到都市更新的理念转化，逐步形成了一套适合澳门城市更新的体系，在改善居民生活环境，提升澳门城市活力方面取得了一定成效，但仍任重道远。

新时期高密度语境下历史文化城市的更新机制探索将成为澳门的长期任务，本次研究旨在总结 1999 年澳门回归以来其城市更新的政策和经验，为我国高密度城市的更新提供启示。

2　澳门城市更新的简要历程回顾

19 世纪末，葡萄牙政府便制定了《澳门城市改善计划报告》《澳门港改善草案》等计划，开启了早期城市更新工作。本次研究以"1999 年澳门回归"作为时间节点，将澳门的城市更新历程分为以下三个阶段。

2.1　1999 年回归以前的缓慢发展阶段

1845 年，澳门进入近代历史阶段[23]，直至 1999 年澳门回归中国，大部分城市建设以《都市建筑总章程》为指导，完整的城市规划体系尚未建立。回顾 1999 年以前澳门地区的城市更新可分为 1845~1918 年、1919~1942 年、1942~1960 年、1960~1975 年、1975~1999 年五个阶段，各阶段城市更新主要内容见表 1。澳门在回归前的城市更新工作主要致力于城市环境美化与历史遗产保护，并形成了早期历史文化遗产保护思想。同时，为保存旧城区的城市肌理，采用卫星城建设的方式疏导旧城区人口与土地压力的先进思想，至今仍值得借鉴，更为澳门历史城区申报世界文化遗产奠定了基础。

2.2　1999~2015 年探索阶段

1999 年澳门回归后，以《21 世纪澳门城市规划纲要研究》为标志，澳门政府全面分析了未来城市建设发展的定位与趋势，着手城市规划体系建立，如《澳门城市概念性规划纲要》《澳门总体城市设计研究》《澳门城市规划编制体系研究》《澳门土地用途分类研究》等。立法方面在《中华人民共和国宪法》《澳门特别行政区基本法》及其他全国性法律规范的大框架下，编制了《城市规划法》(第 12/2013 号法律)、《土地法》(第 10/2013 号法律)、《文化遗产保护法》(第 11/2013 号法律)、

1845~1999 年澳门城市更新相关章程及主要更新内容 表 1

阶段	与城市更新相关的章程、规划等	城市更新的主要内容
1845~1918 年	1883 年：《澳门城市改善计划报告》 1884 年：《澳门港改善草案》 1909 年：《城市总体卫生规划》	·清淤治滩工程、城市给水排水工程、街道照明、交通体系、港口治理、卫生环境整治、棚屋区改造、绿化种植等
1919~1942 年	1928 年：《澳门区市政章程》 1933 年：《亚美打利卑卢大马路建设改造计划》 1936 年：《自来水供给章程》 1940 年：《澳门殖民地私家建筑兼卫生章程》	·在保持原有建筑物风貌的前提下开展城市改造，开启澳门历史城区的改造工作，影响深远 ·基础设施改善
1942~1960 年	1946 年：《澳门城市建筑总体章程》 1949 年：《国家建筑文物鉴定法》	·城市发展缓慢，私人建设仍在进行 ·开展澳门历史建筑普查工作
1960~1975 年	1963 年：《澳门调整计划》《澳门建筑条例》 1964 年：第 7471 号训令《新口岸及南湾之新填地都市化计划实施章程》 1966 年：《总督计划》 1970 年：《澳门地区规划》	·《总督计划》：旧城改造计划中提出保护旧城区、保持传统商业、港口业务及相应的住宅区；主要的葡萄牙人居住点，将其视为旅游业发展的重要依靠 ·《澳门调整计划》：成立都市美化委员会，负责旅游资源开发 ·政府确立工作小组专门开展历史建筑、艺术文物等的保护工作
1975~1999 年	1976 年：成立文物保护委员会，并颁布了第一个关于文物保护的法令第 34/76/M 号法令 1977 年：第 1/77/M 号法律《繁荣计划》 1979 年：《澳门总体整治计划》 1982 年：创立文化学会（澳门文化司署） 1984 年：澳门《政府公报》第 56/84/M 号法令确定了文物定义和分类及保护方法 1992 年：澳门《政府公报》第 83/92/M 号法令公布了文物列表和文物地图	·通过保全历史文物及相关旅游工程，扩展旅游业 ·进行社会、经济规划，保护文物，安排绿色空间，确定总体交通策略 ·历史遗产保护体系基本建立

来源：作者依据杨雁《澳门近代城市规划与建设研究》整理

《经济房屋法》（第 10/2011 号法律）等法律法规，成立了城市规划委员会，建筑、工程及城市规划专业委员会，旧区重整委员会等组织。为扭转澳葡政府时期公众参与薄弱的现象，澳门特区政府极为重视营造良好的公众参与环境，颁布了《公共政策咨询规范性指引》作为公众参与城市一切事宜的专门性规范，并开放了政府网络咨询平台、网络邮箱、社交媒体等多途径咨询窗口，落实"澳人治澳"的基本方针。

澳门回归后，澳门特区政府积极发展文化创意产业，编制了《澳门创意产业园区规划》，期望通过复苏、活化历史城区的建筑，联合博彩业共同支持澳门旅游业发展。随后澳门历史城区申遗成功、港澳个人自由行的政策实施，使澳门进入经济快速发展阶段，人口数量快速上升，自 1999 年至 2009 年，澳门总人口达 53.3 万人，城市总用地仅 29.5 平方公里，人口密度 18067 人 / 平方公里，以 2005 年特区政府成立澳门旧区重整咨询委员会为标志，澳门进入"旧区重整"时代。政府开展了"澳门居民综合生活素质现况调查（2005）"，以尽快掌握澳门居民的生活现况，并借鉴我国香港、新加坡等多地城市更新经验开展《旧区重整法律制度》的立法工作，该法案自 2006~2011

年共开展了约 50 次的立法会议讨论,但伴随 2012~2013 年《文化遗产保护法》《土地法》《城市规划法》相继立法,政府发现原先制定的《旧区重整法律制度》已不能满足时代发展需求,于 2013 年撤回了《旧区重整法律制度》法案。2015 年,特区政府正式引入 "都市更新" 概念①,认为都市更新包含两层内容:即都市更新区内的楼宇重建、维修保养与修复,及相应配套基础设施、公共设施、公共场所的规划建设,让旧区环境增值;都市更新范围外的能带来居住、社会、环境、经济效益的楼宇应予以重建、维修、保养和修复,都市更新亦成为《澳门特区城市发展策略(2016-2030)》五年计划的重要内容。"都市更新" 概念的引入标志着澳门城市更新理念的全面转型。

2.3　2016 年至今转型发展阶段

2016 年特区政府成立都市更新委员会,作为协助特区政府制定都市更新政策的咨询机构。2019 年设立澳门都市更新股份有限公司(以下简称都更公司),作为政府推动城市更新的专门机构,着手《澳门都市更新法律制度》的建立,该法案于 2020 年 5 月公布了咨询总结报告,将成为澳门都市更新的专门性法律。在此期间内,相继通过了《都市建筑及城市规划范畴资格制度》(第 1/2015 号法律)、《重建楼宇税务优惠制度》(第 2/2019 号法律)、《都市更新暂住房及置换房法律制度》(第 8/2019 号法律)、《社会房屋法律制度》(第 17/2019 号法律)、《经济房屋法》(第 13/2020 号法律)等法规,以确保都市更新工作的有序开展。2021 年澳门特区政府完成了《澳门特别行政区总体规划(2020-2040)》草案的公开咨询,可以说是澳门第一份正式的城市总体规划,该规划中明确了澳门都市更新的总体原则与开发模式,强调重要历史文化景观与城市肌理的传承。从 "都更公司" 的建立、立法及澳门总体规划的编制可以看出,澳门特区政府在都市更新体系建立中,极为重视顶层设计以确保都市更新的稳步进行。

3　澳门应对高密度挑战的都市更新探索

澳门特区在近 20 余年的城市更新中,始终面临人口密度大、用地极度紧张的实情,但其在平衡公众利益、推动社区活化更新、提升居民生活环境上仍取得了一定成效。从高密度城市的更新视角来看,澳门地区所推行的相关政策值得我国内地类似城市借鉴。

3.1　依法设立独立机构,为推进都市更新提供保障

2016 年依法成立都市更新委员会,负责一切都市更新事宜,包括都市更新策略制定及其与其他领域政策的协调、都市更新活动、都市更新措施及行动效果、都市更新范畴的法规、规章草案研究等。但都市更新委员会的成立在推动都市更新工作

上较为缓慢,践行成效一般。故 2019 年澳门特区政府设立都市更新股份有限公司(以下简称"都更公司"),其中澳门特区政府持股 96%,工商业发展基金占 3%,科学技术发展积极占 1%,相对于都市更新委员会,都更公司更具备应对市场的灵活性,是新时期澳门开展城市更新的重要战略。

都更公司依法承担的主要都市更新工作包括:(1)协调都市更新相关活动,重点推进都市更新范围内公共空间、基础设施、集体设施及建筑物的活化和重整;(2)推动预防现存建筑物老化及卫生、美观、安全条件恶化;(3)修复空间的创新城市功能发展。都更公司业务范畴除了澳门特区内城市更新活动工作,还可经董事会同意后开展澳门特区范围外的城市更新工作,亦可以与其他公司组合出资、订立合同开展工作②。都更公司由股东会、董事会、公司秘书、监事会四个机关构成,股东会由全体股东构成,具有总决策权;董事会由最多七名公司股东或非公司股东构成,主要进行公司事务管理工作;股东会代表和董事会主席由特区政府直接任命;执行委员会由董事会直接授予工作内容;公司秘书配合股东会、董事会完成各事项会议记录、签署等工作;监事会对董事会提交年度报告、账目等进行监督核查。总体来看,澳门都更公司是由特区政府作为总背景支持的独立运作机构。

3.2 不断完善都市更新策略,提高都市更新效率和效益

2005 年澳门特区政府推出《旧区重整法律制度》,其中一项重点在于楼宇重建业权百分比的调整。澳门在回归前,私有土地受葡萄牙法律保护,土地及房屋产权收回需得到 100% 才能开展旧改工作。但澳门移民多,在葡萄牙政府、澳门政府的双重管理下,产权呈现多元化、分散化现象,使旧改工作难以推动。《旧区重整法律制度》则提出重置楼宇项目,非政府划定重整区,需取得 90% 业权统一;政府认定的重整区,由私人发起旧区重整的,征得 80% 业权统一;由政府征收,征得 70% 同意,虽最终该法律制度被搁置,但从一定程度上推动了澳门旧改工作[21]。《澳门都市更新法律制度》在《旧区重整法律制度》基础上,从都市更新执行主体、实施模式、都市更新范围确定标准、启动都市更新的条件等方面作出改进③。首先,澳门引入了多元化都市更新执行主体理念,以政府全资拥有的都更公司为主导,私人实体可选择与都更公司合作;或者在合法情况下,由私人实体主导,都更公司提供技术指导,促进市场参与都市更新发展工作。其次,都市更新的模式上,澳门特区立足建筑老化速度快、数量大的特点,提出都市更新模式从重建转向保养、维修与活化利用的方向。同时,针对澳门都市更新工作的紧迫性,划定了都市更新区,而针对都市更新区外围的建筑 30 年楼龄以上的才可纳入都市更新范畴,其中对楼宇重建业权百分比进行了细分:即楼龄 30~40 年的,90% 业权人同意;楼龄 40 年以上的,80% 业权人同意;被权限部门认定为残危、危及公共卫生、安全的,或被拆卸的楼宇,60% 业权人同意即可;若未能达成最低业权情况下,可介入征收制

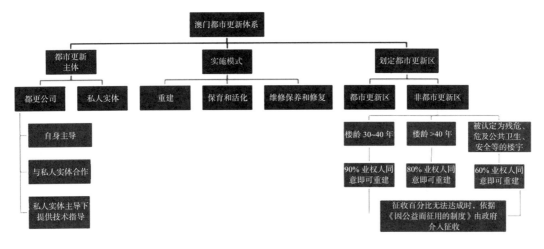

图 1　澳门都市更新体系

度，并依据《因公益而征用的制度》进行最终业权整合（图 1）。为推动都市更新工作，特区政府采取了相应保障措施，针对居住用途的不动产，采用"楼换楼"（包括回迁、异地安置）、现金补偿（包括按照楼龄进行换算、按照当下市场价格外再增加（20%~30%）进行补偿、参照重建后容积率标准进行补偿、其他额外补贴）；针对非居住用途的不动产参考经营年期、所在区域等进行现金补偿和额外津贴补偿。同时，《都市更新暂住房及置换房法律制度》作为补充措施，推动都市更新执行。

3.3　践行公众参与，确保城市更新的有序和谐

回归之后,澳门特区政府秉承"澳人治澳"原则,强调公众参与公共事务,依托《澳门基本法》于 2011 年公布实施《公共政策咨询规范性指引》条例（以下简称《指引》）以推行咨询工作的进行，提高城市建设的制度透明化。具体做法包括：

一是,成立专门的咨询委员会,如旧区重整时期,成立了澳门旧区重整咨询委员会,新时期由都更公司负责,推出了都更公司微信公众号、都更公司网页、YouTube 频道等咨询平台,其主要成员为政府各部门主要司长、局长及专业人士组成,专门咨询委员会针对更新区的范围、重建对象、更新模式、置换房置换方式、赔偿等开展宣传活动,促进全民了解并参与都市更新工作;相关法律制度、政策的实施则会多次收集民意,公布调整方案。另外,政府设置了北区、中区、离岛三个社区咨询委员会,负责收集相关服务区域市民提出的意见,形成自上而下、分区管理的公众参与制度。

二是，在都市更新个案中，可委托专业机构开展调研，通过调查问卷、访谈、宣传册发放、网络平台等收集民意，依据《指引》公布调研问卷等数据，做到公开、透明。如澳门祐汉七栋楼群都市更新项目，2019 年都更公司委托"我城社区规划合作社"于 2020 年 6 月 ~8 月对祐汉 2556 户住、商户开展全覆盖调查，为期 10 个月，

问卷完成率73.8%，并公布了详细的调查报告数据和分析结果④。针对澳门建筑老化问题，从楼宇破损方面统计了祐汉七栋建筑的情况，并以此作为建筑拆除重建前、维修、检测的重要依据；另外，通过问卷调查发现重建—暂住—回迁模式不是祐汉居民的理想选择，邻区置换更符合居民的取向，也为政府选址新建置换房、招揽私人实体重建祐汉地块提供了前期论证。

三是，基层社会团体的参与，澳门最早的社团成立于1569年，发展至2015年已达到7100个，其数量仍在增长，社团是澳门特区政府与民众沟通的重要桥梁，其类型可划分为基于职业特征的社团和基于社会特征的社团，从而形成社团网络，社团往往通过组织聚会、联欢、交友、社会服务等方式联系成员，进而建立密切的关系网，并形成如中华总商会、澳门街坊会联合总会等顶级社团，得到政府与社会的认可[24]。因此，在城市规划中，应充分发挥社团基层组织作用，协助政府宣传规划、发布规划咨询、收集民间意见，是协调利益平衡、防止冲突扩展的重要媒介，故澳门已形成了个人—社团—政府自下而上的公众参与模式。以2014年着手编制《澳门历史城区保护及管理计划》为例，汇总了公众参与的全过程（表2），市民提出关于历史城区景观视廊建议被规划编制采纳。

《澳门历史城区保护及管理计划》公众参与情况汇总　　　　　表2

时间	主要参与成员	事件	公众参与方式及情况
2013年至今	文化局、在校中学生	走访中学，推出《文化讲堂》，举办不同专题的文化讲座，介绍文化局与民间合作活化利用的文物建筑，宣传历史城区，保护公众参与的重要性	师生在校参与
2014年7月7日	文化局、文化财产厅、土地公务运输局、民政总署、市民	文化局举办《澳门历史城区保护及管理计划》框架公开咨询启动会，公众咨询会为期60日	1. 于指定地点获取纸质文本； 2. 网络查阅； 3. 政府指定场所进行内容展板的巡回展览
2014年10月25日~2014年10月26日	文化局、市民	1. 文化局举办《澳门历史城区保护及管理计划》框架首两场公众咨询会；2. 文化局局长主讲文化讲座《十九世纪绘画中的澳门历史城区》，并向公众讲解文本内容	1. 参与咨询会； 2. 市民可填写文本后的意见收集表，以邮寄、电子邮件、传真等方式提交； 3. 两场咨询会合计约160人出席
2014年11月22日~2014年11月23日	文化局、市民	1. 文化局举办《澳门历史城区保护及管理计划》框架第三、四场公众咨询会；2. 文化局局长主讲文化讲座《从古地图看澳门历史城区》，并向公众讲解文本内容	1. 参与咨询会； 2. 市民可填写文本后的意见收集表，以邮寄、电子邮件、传真等方式提交； 3. 两场咨询会合计约170人出席
2014年11月29日~2014年11月30日	文化局、市民	文化局举办《澳门历史城区保护及管理计划》框架第五、六场公众咨询会	1. 参与咨询会； 2. 市民可填写文本后的意见收集表，以邮寄、电子邮件、传真等方式提交； 3. 两场咨询会合计约80人出席

时间	主要参与成员	事件	公众参与方式及情况
2014年12月8日	文化局、市民	《澳门历史城区保护及管理计划》框架咨询会结束	1. 共收集756份，合5913条意见； 2. 前后累积12场咨询活动，参与人次600余次
2015年6月6日	文化局	公开《澳门历史城区保护及管理计划》框架咨询意见汇编文本	1. 民众可网络下载； 2. 办公时间前往塔石广场文化局大楼、文化局下辖公共图书馆查阅
2018年1月15日	文化局、市民	举行《澳门历史城区保护及管理计划》第二阶段公开咨询新闻发布会	1.《澳门历史城区保护及管理计划》公开咨询专题网站； 2. 公开咨询文本可在咨询期首日于政府指定地点索取； 3. 市民通过邮寄、传真、电邮、网页或亲临等方式，向文化局提供意见
2018年1月27日~2018年1月28日	文化局、市民	举行《澳门历史城区保护及管理计划》第二阶段第一、二场公开咨询：提出历史城区具体保护对象和管控措施	制作展板于2018年2月23日~2018年2月25日在指定场所展出；2018年1月27日~2018年3月20日于郑家大屋内展出
2018年3月4日	文化局、民政署、文化遗产厅、市民	举行《澳门历史城区保护及管理计划》第二阶段第三场公开咨询：向市民讲解文本内容	展板设置于郑家大屋（展至2018年3月20日）及塔石广场（展至2018年3月10日）
2018年3月5日~2018年3月6日	文化局、澳门街坊会联合总会、城市规划委员会、都市更新委员会	文化局向澳门街坊会联合总会、城市规划委员会、都市更新委员会做专场介绍	55人出席，参与讨论交流、发表意见
2018年3月10日	文化局、中华新青年协会	文化局为澳门中华新青年协会举行专场咨询会，听取青年团体对《澳门历史城区保护及管理计划》的意见	会上亦有意见指出在旧区街道风貌管理措施落实时，应强化与相关持份者的交流和沟通，亦提出文物建筑修复工作应建立合适的材质或技术标准，以及在文本的基础上进一步完善公众参与的管道等
2018年3月11日	文化局、民政署、文化遗产厅、市民	举行《澳门历史城区保护及管理计划》第二阶段第四场公开咨询：向市民讲解文本内容	展板设置于郑家大屋（展至2018年3月20日）
2018年6月30日	文化局	文化局公布《澳门历史城区保护及管理计划–公开咨询意见总结报告》	1. 举行了四场公众咨询会及六场咨询专场，共约300人次出席，共收集到1790份，合共2050条意见； 2. 众自即日起可于文化局专题网页下载相关报告； 3. 办公时间内亲临文化局大楼及辖下之公共图书馆查阅

市民提出的意见：

1. 除了对历史城区静态建筑物的保护外，期望计划就历史城区的动态事物，包括人流、交通、自然环境等做出相应的规管；

2. 市民主要关心广告招牌安装、城区的空间承载力、新建建筑风格的限制；公共空间优化、步行舒适性及交通问题、城区自然环境的保护；宣传普及与教育、鼓励措施等问题；

3. 有意见认为下阶段文本须提出更详细及具体的措施与准则、明确高度限制的要求、明确具有价值的景观及视廊等。

总结市民意见反馈：讨论量排名首位的议题为"景观视廊"，约占总体意见数量的50%以上。

采纳情况：需关注主教山望南湾方向之景观视廊被文化局认为具有建设性，并采纳。

来源：作者依据澳门特区政府新闻整理

4 澳门都市更新的几点启示

4.1 以动态发展的视角客观认识澳门都市更新现状，树立正确的都市更新发展理念

澳门都市更新历程中重视对历史文化遗产的传承与保护，注重传承城市旧有的城市肌理，通过振兴创意文化产业，活化历史遗产，发挥城市更新的价值。虽其现代都市更新体系处于初步建设阶段，但始终客观对待高密度城市发展的局限性，不断调整都市更新思路，谋求社区整治、再开发、历史资源保护并重的一套更新理念。目前，我国许多城市仍以拆除重建作为主要更新手法，切断了城市固有的人脉、地脉、文脉，澳门新时期都市更新方法值得借鉴。

4.2 重视立法工作，为推进都市更新提供强有力的保障

澳门都市更新经验表明，设立专门法律、机构是保障都市更新顺利进行的重要保障。我国在全国层面尚未形成顶层统一的城市更新法律，多为地方根据自身情况制定城市更新相关条例和办法。上海、广州、深圳等地的城市更新、旧城改造等走在全国前列，地方城市多向其效仿，但上海、深圳等大城市的经验，并不符合我国大量的基层城市，生搬硬套大城市的更新经验，导致更新效果差，甚至激发社会矛盾。因此，加快我国城市更新顶层立法工作迫在眉睫。

4.3 建立建筑维修与活化机制，以应对澳门高密度挑战

澳门地区老化楼宇重建需经历较长时间的确权过程，但楼宇老化速度快。因此，特区政府制定了楼宇维修制度，以确保重建前，建筑的安全及居民的卫生环境。对于确实需要拆除重建的楼宇，特区政府为安置居民除了提供了楼换楼、现金补偿等机制外，还新建了长者公寓，以转移独居老人，缓解社会住房、暂住房压力。另外，澳门地区充分利用历史建筑进行活化改造，取得较好成效，其中以社区图书馆最为典型，全市共 17 处，有 12 处为历史建筑活化再利用，为提高居民文化生活、传承地方历史文化发挥了重要作用。面向存量时代，我国也开展了微更新等改造手法，探索多元可持续建筑更新路径是未来城市更新的重要途径。

4.4 建立健全的都市更新的公众参与制度，打造透明更新

澳门特区政府在公共参与工作中取得了显著成效，其可采纳的方法有：（1）创建多样公众参与平台及多元都市更新宣传手段，开展多轮咨询会，且部门领导亲临、举办讲座，切实走向民众，让利益关联者切实了解更新项目；（2）项目编制前后分别举办不同阶段咨询会，采集项目数据，形成项目咨询报告并开放于市民，为后期规

划编制提供了编制方向，市民也可充分了解信息采纳情况和最新政策；（3）民间社团组织在协调市民和政府之间发挥了强有力的作用，形成了自下而上的反馈机制，有效参加了都市更新。但澳门特区在开展公众咨询环节中也存在历时长的弊端，城市更新公众参与可借鉴澳门多元的宣传方式，充分调动社区团体力量，探索适合国内城市的多层次咨询模式。

5 结语

本次研究对澳门的都市更新历程进行了梳理，了解其都市更新产生的背景、定义、模式、政策、立法、现状等内容。研究发现，澳门都市更新体系虽处于初步建立阶段，在应对高密度城市发展背景下，已形成重点突破、以点带面、分区整治的更新体系；重视顶层法律立法及相关配套法规的制定，建立都市更新专门机构，融合多元合作模式推动都市更新；对都市更新的定义、类型、治理模式进行了详细划定；重视公众参与平台建立，建设透明更新。澳门特区应对高密度城市更新的经验可为类似城市更新改造提供借鉴。

注释

① 澳门政府新闻：行政长官：将"都市更新"概念引入旧区重整。https://www.gov.mo/zh-hant/news/145535/，最后一次访问时间：2021年8月6日。

② 澳门特别行政区第2/2020号行政法规《设立澳门都市更新股份有限公司》。

③ 澳门政府发布《澳门都市更新法律制度》。https://www.gov.mo/zh-hant/policy-consultation/303284/，最后一次访问：2021年8月6日。

④ 澳门都市更新有限公司公布"祐汉七栋楼群"调查报告。https://mur.com.mo/iaohon_interviews，最后访问时间：2021年8月6日。

参考文献

[1] 李和平，刘志.中国城市密度时空演变与高密度发展分析——从1981年到2014年[J].城市发展研究，2019，26（04）：46-54.

[2] 金科伟，王薇.基于地理信息系统的高密度城市住区天空开阔度研究[J].工业建筑，2021，51（02）：1-6，75.

[3] 王薇，陈明，夏斯涵.高密度城市住区绿地空气负离子浓度分布特征及其与微气候关系[J].生态环境学报，2020，29（07）：1367-1376.

[4] 郭飞，祝培生，王时原.高密度城市形态与风环境的关联性：大连案例研究[J].建筑学报，

2017（S1）：14-17.

[5] Helen W Zheng，GeoffreyQPShen.Neighborhood sustainability in urban renewal：An assessment framework[J]. Environment & Planning B：Planning & Design，2017，44（5）：903-924.

[6] 郑颖生，史源，任超，吴恩融.改善高密度城市区域通风的城市形态优化策略研究——以香港新界大埔墟为例 [J]. 国际城市规划，2016，31（05）：68-75.

[7] LaurenceTroy.The politics of urban renewalin Sydney's residential a partment market[J]. Urban Studies，2018，55（6）：1329-1345.

[8] 李敏，叶昌东. 高密度城市的门槛标准及全球分布特征 [J]. 世界地理研究，2015，24（01）：38-45.

[9] ZuoJin，ShiJikang，LiChen，MuTong，ZengYun，DongJing.Simulation and optimization of pedestrian evacuation in high-density urban areas for effectiveness improvement[J].Environmental Impact Assessment Review，2021，87：106521.

[10] ZuoJin，ShiJikang，LiChenetal.Simulation and optimization of pedestrian evacuation in high-density urban areas for effectiveness improvement[J]. Environment alImpact Assessment Review，2021，87.

[11] BuJiatian，YinJie，YuYifanetal.Identifying the Daily Activity Spaces of Older Adults Livingina High-Density Urban Area：A Study Using the Smartphone-Based Global Positioning System Trajectory in Shanghai[J]. Sustainability，2021，13（9）.

[12] JianGuo，BingxiaSun，ZheQin，SiuWaiWong，ManSingWong，ChiWaiYeung，QipingShen. Astudy of plotratio/building height restrictions in high-density cities using 3D：spatial analy siste chnology：Acase in Hong Kong[J]. Habitat International，2017，65：13-31.

[13] 凌晓红. 紧凑城市：香港高密度城市空间发展策略解析 [J]. 规划师，2014，30（12）：100-105.

[14] 陈汉云，陈婷婷. 紧凑而富有活力的香港城市发展模式 [J]. 国际城市规划，2017，32（03）：1-5，20.

[15] QipingShen，HaoWang，BosinTang.Adecision-making framework for sustainable landuse in HongKong' surban renewal projects[J]. Smart and Sustainable Built Environment. 2014,3（1）：35-53.

[16] HaoWang，QipingShen，Bo-sinTang，MartinSkitmore.Anintegrated approachto supporting land-usedecisionsinsitere development for urban renewal in HongKong[J]. Habitat Inter national，2013，38：70-80.

[17] 肖希，李敏. 澳门半岛高密度城市微绿空间增量研究 [J]. 城市规划学刊，2015（05）：105-110.

[18] 肖希. 澳门半岛高密度城区绿地系统评价指标与规划布局研究 [D]. 重庆：重庆大学，2017.

[19] 刘敏诗. 澳门城市更新中的公众参与研究 [D]. 厦门：华侨大学，2020.

[20] 韩佩诗. 浅谈澳门城市规划体系的建立与挑战 [J]. 城市规划，2014，38（S1）：19-22.

[21] 盛力. 澳门都市更新：机制、成效与建议 [J]. 港澳研究，2020（04）：73-80，96.

[22] 郑剑艺 . 澳门内港城市形态演变研究 [D]. 广州：华南理工大学，2017.

[23] 杨雁 . 澳门近代城市规划与建设研究（1845-1999）[D]. 武汉：武汉理工大学，2009.

[24] 潘冠瑾 . 澳门社团体制变迁：自治、代表与参政 [M]. 北京：社会科学文献出版社，2010：
50-55.

作者信息

张虹，女，澳门城市大学创新设计学院城市规划与设计在读博士；福建工程学院建筑与城乡规划学院，讲师。

北京城市更新的实践与思考

　　北京作为城市更新的试点城市，在探索城市更新工作体制机制、实践模式、政策措施、实施路径等方面须重点加强，以实现城市空间结构和功能布局的不断完善，并在此基础上优化投资供给结构，带动产业和消费升级，改善人居环境和城市安全条件，推动城市发展由依靠增量开发向存量更新转变。本文回顾了北京城市更新发展历程，分析了近期北京城市更新的最新进展情况及其存在问题，提出了相应的改进措施和政策建议。

1　北京城市更新的发展历程

　　改革开放后，北京城市建设步伐加快，城市建设思路由满足基本配套功能需要向建设开放性国际城市转变。1982年编制完成了《北京城市建设总体规划方案》，针对之前工业过于集中在市区、单位挤占居住用地、基础设施欠账严重、交通拥堵、空气污染等系列城市问题，提出要统筹好经济建设与人民生活，控制重工业发展速度，生产生活并重的城市更新理念逐渐形成。同年，《中华人民共和国文物保护法》颁布，北京获第一批"历史文化名城"称号，基于历史文化保护的城市更新工作得到深化。1982年和1992年两次城市总体规划均将历史文化保护提到重要位置，加大文物修缮力度，整治文物周围环境，出台了一批文物保护的政策法规。（图1）

　　1980年，北京旧城居住问题已十分严重，旧城平房四合院内出现大量违章建筑。这一阶段的城市更新立足解决城市建设"骨头"和"肉"不配套、住房紧张、旧城风貌破坏等问题，危旧房改造成为城市更新的重点工作，通过调整用地布局、补足配套设施、实施整体保护等手段保障城市发展。1988年，东城区菊儿胡同、西城区小后仓、宣武区东南园作为危旧房改造的试点形成了可复制推广的改造经验以解决住房紧张问题。菊儿胡同作为新四合院危房改造工程，是北京第一批危改结合房改的试点，提出了居住区的"有机更新"与"新四合院"的设计方案，用插入法以新替旧，维持原有胡同—院落体系和社会关系，延续了旧城环境及其肌理，避免全部推倒重来的做法。菊儿胡同的探索经验是北京城市建设从"大拆大建"到"有机更新"转变的有益尝试，基本实现了整体性保护的目的。（图2）

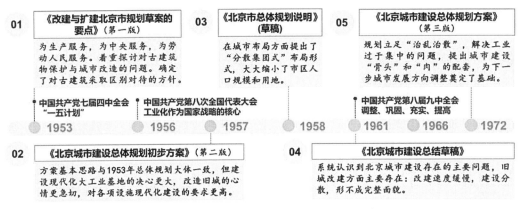

图 1　1949~1978 年历版总体规划提出的北京城市建设要点

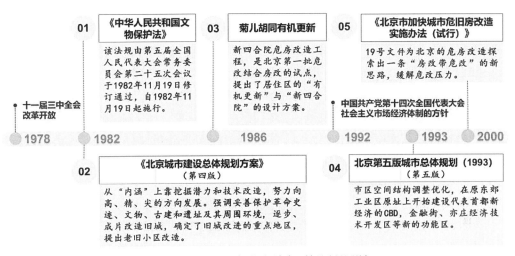

图 2　1978~2002 年北京城市更新历程回顾

1990 年，"开发带危改"政策出台后，拆除重建类的项目规模急剧增大，出现了拆除重建、开发带危改、市政带危改、房改带危改、绿隔政策带动旧村改造几种危旧房改造模式，更新主体在不断变化，居民由被动等待角色，转变为在政府组织下参与决策，实现了"民主决策、自我改造"，以人为本的理念得到进一步深化。

2000 年出台《北京市加快城市危旧房改造实施办法（试行）》19 号文件，为北京的危房改造探索出一条"房改带危改"的新思路，通过政府组织、企业投入、百姓参与，居民回迁享优惠政策，开发企业免除土地出让金、市政费及相关费税，缓解危改压力。金鱼池小区作为"房改带危改"的试点，在危改中采取就地回迁、异地回迁相结合的拆迁安置和补偿方案，居民以房改购房的形式投资共同参与房改，保障了居民切身利益。

进入 21 世纪后，面对城市资源环境压力不断加大、人居环境恶化、城乡发展差距扩大等诸多问题，2004 年《北京城市总体规划（2004 年 -2020 年）》，提出旧城整体保护的理念，中心城功能调整优化，通过建设轨道交通线网加强新城建设，并对生态环境保护和城市公共设施建设提出了更高标准；各项基础设施建设现代化的要求进一步提高。城市空间结构的展开和 11 个新城的建设为旧城区更新改造释放了更多的空间，支撑了旧城区从"成片整体搬迁、重新规划建设"向"区域系统考虑、微循环有机更新"的转变。这一阶段的城市更新由前期大规模、高速开发式的拆旧建新，转而开始注重历史文化内涵的保护、多元主体参与等。促进旧城整体保护与历史文化街区有机更新，从探索保护模式转型保护实体空间在经历了 20 世纪 90 年代的"开发带危改"及 2000 年后的"房改带危改"等"大规模拆除重建"模式后，从2004 年开始，北京市政府停止审批成片拆除旧街区的项目，危旧房改造不搞"一刀切"，开始在旧城尝试"微循环"改造模式，以居民自愿为前提、不搞"一刀切"、不搞房地产开发、鼓励多方参与危改工作，通过开展"历史文化保护区带危改"的试点工作推进风貌保护区整治，文化导向下小尺度空间调整的更新方式日渐明晰。

2012 年以后，北京的城市更新进入以人为本的精细治理阶段，这一阶段更加注重生态文明建设，通过疏解腾退和减量提质治理城市病，提升首都功能。北京市自 2014 年大力推进棚户区改造。2017 年后，党中央、国务院相继批复了《北京城市总体规划（2016 年 -2035 年）》《北京城市副中心控制性详细规划（街区层面）（2016 年 -2035 年）》与《首都功能核心区控制性详细规划（街区层面）（2018 年 -2035年）》，构建了北京规划的"四梁八柱"，确立了"控增量、促减量、优存量"的城市更新方向，为高质量发展、高水平治理做出了高位指引。（图 3）

2020 年，党的十九届五中全会首次提出实施城市更新行动，提出以高质量发展为目标，以满足人民宜居宜业需要为出发点和落脚点，以功能性改造为重点的城市

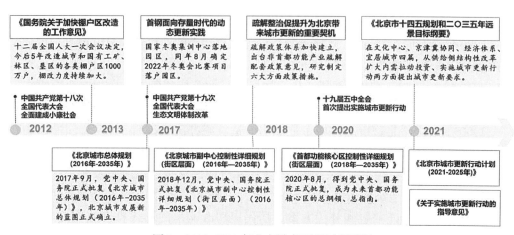

图 3 2012~2021 年北京城市更新历程回顾

更新工作要求。北京的城市发展从集聚资源求增长向疏解功能谋发展转变，城市更新工作迈向新阶段。

2 近期北京实施城市更新进展情况

在城市更新制度建设方面，北京相较于其他三个一线城市步伐略显滞后。深圳在 2009 年就出台了《深圳市城市更新办法》，上海和广州也于 2015 年分别出台了城市更新实施办法，而北京在"十三五"期间尚未在政策上明确提出"城市更新"的概念。直至 2021 年 5 月才正式出台《关于实施城市更新行动的指导意见》，8 月份又出台了《北京市城市更新行动计划（2021–2025 年）》及多项配套政策，构成了北京"十四五"期间城市更新工作的纲领性文件。而此时，深圳、广州和上海已经出台或正在形成各自的城市更新条例，将城市更新政策上升到地方法规层面。

法规和制度的滞后与北京的城市定位、历史发展等因素有关。作为国家首都、有着近千年历史的文化名城，城市建筑不仅产权形式复杂，而且涉及大量历史文物需要保护，城市更新实施难度巨大。因此，北京的城市更新多以政府主导的棚户区改造和微更新为主，参与主体也多为国企、央企。

与其他城市不同，北京将城市更新纳入经济社会发展规划和"多规合一"的国土空间规划统筹实施，在行动计划中明确了"规划引领，试点先行"的基本原则，提出城市更新要做到严控总量、分区统筹、增减平衡。

在组织架构方面，北京市委城市工作委员会所属城市更新专项小组负责统筹推进城市更新工作，下设推动实施、规划政策、资金支持三个工作专班，各司其职。2021 年 5 月出台的指导意见对城市更新配套政策方向给予了明确。在规划政策上，突出"正面清单"的作用，对符合正面清单规定用途的规划，可以根据实际需要获得更多的支持。

在土地政策方面，提供较多的可用模式。更新项目用地可依法以划拨、出让、租赁、作价出资（入股）等方式办理用地手续。

在资金政策方面，所需经费涉及政府投资的主要由区级财政承担，市级财政按照有关政策给予支持。鼓励市场主体投入资金参与城市更新，鼓励不动产产权人自筹资金用于更新改造，鼓励金融机构创新金融产品支持城市更新。目前政府正在积极沟通协调金融机构，磋商构建政银、银企合作机制，畅通城市更新实施主体融资渠道，开展设立城市更新基金的研究工作。

2021 年 8 月 31 日的行动计划对各项政策框架进行了分类细化，围绕城市更新各环节，确定了 22 项政策框架，其中包括综合类政策 6 项、规划类政策 5 项、建设管理类政策 8 项、资金类政策 3 项，对逐项政策明确了责任单位和时间表。按照进度安排，全部 22 项政策措施均需在 2021 年 12 月前完成。全方位的政策措施和技术规范将为

近年来北京城市更新政策 表 1

时间	政策名称	政策要点
2014 年	《北京市人民政府关于加快棚户区改造和环境整治工作的实施意见》	到 2017 年底，全市完成棚户区改造 15 万户，基本完成四环以内棚户区改造和环境治理任务
2016 年	《关于进一步加快推进棚户区和城乡危房改造及配套基础设施建设工作的意见》	力争 2015~2017 年改造包括城市危房、老旧小区在内的各类棚户区住房 12.7 万户、农村危房 2600 户，加大配套基础设施建设力度
2017 年	《关于进一步规范棚户区改造项目融资工作的通知》	市、区财政可以通过资金注入、以奖代补、贷款贴息等多种方式支持棚户区改造，吸引社会资本参与棚户区改造工作
2018 年	《老旧小区综合整治工作方案（2018–2020）》	老旧小区综合整治主要实施"六治七补三规范"
2020 年	《北京经济技术开发区关于城市更新产业升级的若干措施（试行）》	提高工业工地集约利用水平，不断优化新一代信息技术、新能源智能汽车、生物医药和大健康、机器人及装配制造四大主导产业布局，促进经开区产业结构改善和产业素质与效率的提高
2021 年 4 月	《关于老旧小区更新改造工作的意见》	规范老旧住宅楼加装电梯，支持利用现状房屋和小区公共空间补充社区综合服务设施或其他配套设施，增加停车设施
2021 年 5 月	《北京市人民政府关于实施城市更新行动的指导意见》	明确了老旧小区改造、危旧楼房改建、老旧厂房改造、老旧楼宇更新、首都功能核心区平房（院落）更新、其他类型等六大更新方式；制定了规划、土地、资金政策的基本框架
2021 年 8 月	《北京市城市更新行动计划（2021–2025 年）》	实施城市更新行动，聚焦城市建成区存量空间资源提质增效，不搞大拆大建，除城镇棚户区改造外，原则上不包括房屋征收、土地征收、土地储备、房地产一级开发等项目

北京"十四五"城市更新工作奠定了坚实的制度基础。

2021 年 8 月，中共北京市委办公厅、北京市人民政府正式印发《北京市城市更新行动计划（2021–2025 年）》后，笔者结合工作实际，通过对相关政策文本的研究，具体项目的实地走访，与有关专家座谈，对行动计划发布实施以来的各项工作进展进行了总结，梳理提炼出更新项目在实施过程中的瓶颈问题，最后在项目推进机制、吸引社会资本、创新政策体系、加强街区统筹四个方面提出了下一步实施城市更新行动计划的对策建议，以期为政策的不断优化完善提供参考。（表 1）

2.1　建立城市更新实施组织机构

北京市城市更新行动计划明确由北京市委城市工作委员会所属城市更新专项小组负责统筹推进城市更新工作，下设推动实施、规划政策、资金支持三个工作专班。推动实施专班建立城市更新行动项目储备库、编制城市更新行动示范项目清单和政策清单；规划政策专班研究城市更新政策体系，打好政策"组合拳"；资金支持专班研究城市更新各项投融资政策，吸引社会资本积极参与城市更新。

2.2 搭建城市更新政策框架体系

一是有序推进城市更新立法工作。2021 年的《市政府今年立法工作计划》已将《北京城市更新条例》列入立项论证项目，开始起草《城市更新条例（初稿）》。二是构建城市更新政策体系。市级各有关部门不断改革创新，陆续已出台各类改革政策共计 20 多项，例如北京市住房和城乡建设委员会牵头出台了《关于引入社会资本参与老旧小区改造的意见》《关于进一步做好危旧楼房改建项目审批工作的通知》等支持政策。三是细化生成城市更新政策二级、三级清单。在 22 项一级政策清单基础上，聚焦实施问题痛点，细化城市更新二级、三级政策清单，以更精准的政策创新加快城市更新项目落地。

2.3 建立城市更新项目实施清单

一是建立项目储备库。各区结合自身情况、根据轻重缓急，因地制宜地按照分类指导、动态调整、滚动实施、边实践边完善政策机制的原则，梳理报送储备项目，目前入库项目约为 900 项。二是制定年度拟实施项目清单。以项目储备库为基础，梳理 2021 年拟实施项目共 641 项。三是精选形成示范项目清单。筛选出一批涵盖不同类型的、有创新性和示范意义的拟实施项目或在实施项目，形成示范项目库。四是深入分析典型项目实施经验。聚焦 59 个示范项目，参照朝阳区望京小街、东城区光明楼简易楼改建等项目实施路径，总结经验，形成一批可复制、可推广的案例指引。

2.4 研究制定金融支持措施

持续研究金融支持措施，进一步加强与金融机构的合作。一是开展设立城市更新基金的研究工作。二是与中国建设银行北京分行签署《合作备忘录》，就共同推动城市更新金融支持工作。三是协调国家开发银行北京分行在老旧小区改造、棚户区改造方面提供低息、超长期限创新金融产品。

2.5 全面推进城市更新项目实施

北京城市更新项目分为首都功能核心区平房（院落）申请式退租和保护性修缮及恢复性修建、老旧小区改造、危旧楼房改建和简易楼腾退改造、老旧楼宇与传统商圈改造升级、低效产业园区"腾笼换鸟"和老旧厂房更新改造、城镇棚户区改造六大类。目前具体实施情况如下：老旧小区综合整治全面展开，截至 2021 年底，改造实现新确认小区 558 个，新开工小区 301 个，新完工小区 177 个；老城平房申请式退租有序推进，申请式退租共完成 2008 户，完成平房修缮 1576 户，已全面完成今年任务；危旧楼房改建形成示范案例，重点推动 11 个危旧楼房改建试点项目启动实施，朝阳区光华里 5 号楼、6 号楼，劲松一区 114 号楼，东城区光明楼 17 号楼开工建设，西便门 10 号院、真武庙三里、百万庄、中关村东区 4 个中央单位项目，正在抓紧推进项目前期启动准备工作；传统商圈、老旧楼宇、老旧厂房改造进展顺利，王府井、CBD、方庄等 13 个传统商圈基本完成改造，第一批实施的 48 个老旧厂房改造项目进展顺利；棚户区改造着力推进"拔钉子"和土地入市，全市实现 15 个项目净地，完成"拔钉子"787 户（宗），占全年任务 451 户（宗）的 175%。完成棚改户数任务 4547 户，占全年任务 3995 户的 113.8%。

3 存在的问题分析

目前北京城市更新主要在项目推进、政策法规、体制机制、融资渠道、社会参与等方面存在问题与不足。

一是项目推进相对无序。从 2000 年起开始实施的城市危旧房改造，标志着北京城市更新的系统化推进，同时伴随住房制度改革以及随后对房地产支柱产业的定位，北京掀起了以一股以房地产开发为导向的旧城改造运动，此即为现代意义上的北京城市更新雏形。但这一阶段中，由于房地产、土地、规划等相关政策调整以及北京城内各类建筑产权主体种类繁多等因素，导致无序开发、无序改造现象较为严重。

二是政策法规相对缺位。北京的城市更新活动虽然起步较早，如制定了老旧小区改造、危旧楼房改建、棚户区改造等相关政策，各区也都以不同方式、不同程度地开展了相关工作，但是使用"城市更新"这个概念构建制度体系却晚于其他城市，尚未形成系统完整、各具特色的城市更新制度和配套体系。当前，城市更新已上升为国家战略，在全国大力实施城市更新背景下，北京如何总结以往经验、前瞻城市发展、统筹推进更新工作，面临着理论准备不足、政策储备不够等问题。

三是体制机制相对滞后。城市更新是一个完善城市功能、优化空间结构、提升人居环境的持续性过程，涉及规划统筹、土地利用、品质提升等。在传统规划引领下，国内外大多城市将规划和国土等部门设为更新的牵头部门，如上海、广州、深圳均由规划国土部门牵头，成立了城市更新局（办公室）。虽然在工作推进中，暴露出逐利导向下的容积率突破过多、基础设施和公共服务供给不足、部门协调不畅、群众满意度不高等问题，更新推进并不理想。但是，北京市目前由住房和城乡建设部门牵头引领更新工作的城市更新工作专班，仍未将更新工作体制机制完全捋顺，目前尚未对城市更新工作形成闭合管理。

四是融资渠道相对狭窄。融资永远是城市更新项目成败的关键因素。在北京以往的城市更新项目中，主要以政府投资和房地产开发企业投资为主导，这使得融资面过于狭窄。具体表现为政府投资只能针对部分关键性项目，覆盖面严重不足；而开发企业投资往往片面强调经济效益，忽略公共利益和长远收益，一些明显具有社会效益但短期经济效益不明显的项目无人问津。上述情形直接导致城市更新领域内的有效投资不足，投资可持续性较差，进一步制约了城市更新项目的推进实施。

五是社会参与相对不足。在城市更新发展中，其他主要城市均经历了"自由市场—政府主导—政府和市场双向参与"的演变过程，取得成效的同时也暴露出社会资本参与不足的问题。在自由市场阶段逐利导向下容易导致城市更新失衡，企业仅仅热衷于产权关系简单、收益率高、快回报类的项目。政府直接投资的城市更新项目，回报率降低，导致市场和业主参与动力明显减弱。同时，更新后的居住和商业功能挤占了大量在城市更新中释放出的其他性质用地指标，相应地减少了其他产业用地的规模。与此同时，政府主导不足，导致更新碎片化，城市整体完善升级目标难以实现。当前，北京城市发展已由大拆大建的更新转向小规模、渐进式的微更新，由政府包揽向市场参与转变，在政府投入减少背景下，如何从实际出发，创新政策、活化机制、吸引社会资本，共同推动城市更新成为必须要迈的门槛。

4 改进措施及建议

城市更新行动已经成为推动首都高质量发展和构建新发展格局的重要载体。当前，有效推进北京城市更新工作需要贯彻新发展理念，找准阶段性特征，对接市场需求，聚焦重点项目，抓住关键节点，探索城市规划建设管理工作的新路径，加强舆论宣传引导，逐步形成可持续的更新机制和政策体系。主要应从以下方面发力：

一是推进城市更新的试点先行。坚持试点引路，坚持边改边建、边破边立，在过程中发现问题、完善政策。实行"远近"结合，眼前过河，长远修路；实行"大小"整合，成片改造和微改造共同推动。北京可借鉴上述经验，围绕轨道交通沿线、重点功能区、重大项目、重点商圈、重点街区等，围绕社区建设、风貌保护、功能提升、设施完善等，制定行动体系，选取试点项目，打造示范样本，探索城市更新的新模式、新路径、新机制。

二是创新城市更新的协同推进。坚持政府引导、市场运作，探索"市区联手、以区为主、政企合作"的城市更新模式。建立市、区两级城市更新工作领导机构，市级管统筹、区级抓落实，市区两级融合政策，整合资源，协同联动。市级层面，加强高位协调和部门协作，对现有与城市更新相关的领导小组进行整合，成立市级城市更新工作领导小组，下设办公室，负责组织协调、政策研究、统筹规划、项目实施、技术标准制定、工作评估等，北京市相关部门和各区政府为成员单位，并设立住建、规自、发改、经信、商务、人防、园林等工作专班。区级层面，借鉴深圳经验，"强区放权"、以区为主，引导各区建立适应城市更新的组织机构、工作机制、政策措施，做到运行高效、机制灵活、政策完备。市场层面，借鉴其他城市先进经验，依托国企搭建市区两级城市更新平台，负责城市更新项目的规划设计、投资融资、建设实施、运营管理等工作，承担政府与市场的衔接角色，对上执行政府意志，对下通过委托、股权合作等形式引入社会资本参与更新。

三是强化城市更新的政策集成。坚持系统观念，实行市场平台和政府平台的双向推动，围绕管理机构设置、管理办法建立、多元角色参与、更新运作模式设定和配套政策建设等方面来谋划和推进。建立城市更新专项规划和年度实施计划，发挥市区两级联动作用，塑造从战略到实施的有效传导制度路径。实行项目申报核准制度，搭建项目审批电子平台，分类分区设置核准条件和标准，实现一网通办，简化流程，压缩周期。坚持问题导向，建立评估反馈机制，针对实施过程中的问题及时调整完善。借鉴国内外先进经验，探索城市更新的路径和模式。路径上，推行全面改造与微改造相结合，政府与市场互补互动，全面改造项目由政府主导、成片统筹，微改造项目多为独立项目、单一地块，以市场为主。突出"政府引导下的减量增效"，实行"区域评估—实施计划（全生命周期管理）"的实施路径，以微改造为主。设定容积率并调整上限，明确获得容积率提升或奖励的前提是为城市做出公共贡献，如增加公共空间、建设公共设施、提供公共住房等。

四是拓宽城市更新的融资支持。城市更新需要加强财政资金支持和金融创新，多管齐下解决资金缺口。比如，借鉴国外建立城市发展基金，采取无偿资助、利润分成和低息贷款三种方式予以资助。设立"城市更新专项资金"，从全市层面进行统筹平衡资金，弥补特殊更新项目对历史街区、生态敏感区保护及投入基础设施建设所产生的经济成本。

五是引导城市更新的公众参与。城市更新的决策往往是平衡集体效率和个体诉求的结果，应重视公众参与，通过法规制度形式保障公众参与更新计划的编制、更新项目的设计与实施，以及后续运营反馈。可设立城市更新项目咨询平台，用以提供城市更新政策协调和技术咨询服务；建立专家论证制度，设立城市更新专家库，决定哪些项目进行和如何落实更新；建立公众咨询委员会、村民理事会，通过自治方式协商解决利益纠纷和矛盾冲突；采取多元协商、意见征求等不同参与模式。通过采取政府主导、公众意愿征集方式实现公众对城市更新工作的参与。

通过梳理北京市的城市更新历程以及近年来的制度创新实践，可以发现三点重要的转变：一是从自上而下到自下而上的机制转变，即在现今的城市更新中，不再仅仅通过自上而下的政府意志推动，而是受到自下而上的社会需求的驱动，社会资本与民间力量发挥的作用越来越大，特别是在街区整理、街巷整治、院落共生等方面与政府管理部门一起主导空间的演进；二是从土地开发到邻里更新的模式转变，即新增的土地开发比例逐渐降低，而建筑保护修缮与邻里更新成为主流的更新模式，强调对公共空间的综合整治；三是从环境改造到社会共治的目标转变，即不局限于对物质空间的规划与环境品质的提升，而是更加注重人的社会活动场所营造和社会经济文化导向下的社会多元参与及空间综合治理。

参考文献

[1]　王崇烈，陈思伽. 北京城市更新实践历程回顾 [J]. 北京规划建设，2021（06）: 26–32.

[2]　赵莹莹. 北京城市更新五年行动计划出炉 [N]. 北京日报，2021–09–01（009）.

[3]　北京市住房和城乡建设委员会 2021 年度工作报告。

作者信息

李政清，男，经济师，北京市住房和城乡建设委员会，研究方向：新型城镇化建设、城市更新。

厦门城市更新历程回顾与核心政策演进

摘要:本文回顾了厦门市城市更新工作经历的试行期、转型期和优化期三个阶段，总结了厦门城市更新从自主改造、共同缔造到规范管理、集约利用，再到统筹实施、以人为本的特点。梳理了三个阶段城市更新政策的变化趋势、评估政策的价值导向、更新的组织模式、规划管控与具体的实施政策，在此基础上，提出新时期厦门市城市更新政策体系构建的总体思路和方法。

关键词:厦门；城市更新历程；政策演进；政策体系构建

1 引言

20世纪90年代以来，厦门开展了一系列城市更新工作，主要以拆除重建式的旧城更新为主。2012年以后，厦门城市更新工作加速推进，历经了试行期（2012~2016年）、转型期（2017~2019年）和优化期（2020年至今）三个主要发展阶段。

2012~2016年，是厦门城市更新改造的试行期。该阶段以推动产业转型为目标，厦门首先以工业、仓储国有建设用地的自行改造为主推进城市更新，计划在积累经验后逐步推广到对旧城镇与旧村庄的改造，但在改造实施过程中遭遇困境、一度暂缓；该阶段同时还探索了旧城旧村的共同缔造微更新。

2017~2019年，是厦门城市更新改造的转型期。在前一阶段的政策试行基础上，开始进一步完善改造政策制度，规范改造行为，强调在"保护中改造"；同时更加关注土地节约集约利用目标，陆续出台了341号文件和土地节约集约利用的特区立法，推进土地利用的优化、存量土地的盘活。

2020年至今，是厦门城市更新改造的优化期。该阶段探索了片区综合开发、实施以完整社区为目标的老旧小区改造，改造更强调了政府统筹、引导开发、市场参与的改造方法，突出保障公众利益的改造目标；同时在功能变更的政策与实践中，强调了顺应市场（商业改办公）和补足民生短板（改工业）。

2 历程回顾

2.1 2012~2016 年：试行期（自主改造，共同缔造）

2.1.1 鼓励旧工业仓储自行改造

2008 年起，厦门就着手开展了"三旧"改造的实践，友丰文创商业城、厦门牛庄文创园、灿坤文创园、龙山文创园等多个文化创意园都是通过旧工业房改造而成。

2010 年，为贯彻落实省政府出台的《关于加快推进旧城镇旧工业房旧村庄改造的意见》，厦门市国土局联合市规划局编制了《关于推进旧城镇旧工业房旧村庄改造有关土地政策的意见》。从 2011 年起，厦门成立"三旧"改造工作领导小组，全市开展有关"三旧"改造项目前期调查摸底和规划策划研究。2012 年，市委市政府在落实土地管理制度综合配套改革工作调研时指出：国土部门要向产业转型、结构调整争取土地；向土地整理要土地；向"三旧"改造要土地，通过"三旧"改造把原来的土地盘活起来；向规划调整要土地，通过规划的调整不断优化、增减、用好、盘活土地。2012 年 10 月，厦门市国土资源和房产管理局、厦门市再次联合出台了《关于推进工业仓储国有建设用地自行改造实施意见的通知》（厦府〔2012〕399 号）决定优先推进工业、仓储国有建设用地的自行改造工作，在积累经验后再逐步推广到旧城镇和旧村庄的改造。该政策允许全市原有工业仓储用地的产权人在符合规划条件的前提下，可申请改变用途，改造为办公、商业、酒店等。通过该政策，企业获得再开发权，因此在市场上该政策受到普遍欢迎。2013 年 2 月，首批以"夏商大厦"地块（原湖滨大饭店）为代表的 6 个旧改项目奠基，其中思明区 2 个、湖里区 1 个、集美区 2 个、翔安区 1 个，6 个地块总投资 45 亿元；这些项目的集中动工标志着厦门"三旧"改造工作正式拉开序幕。

随着工业(仓储)国有建设用地改造工作的推进，厦门市政府牵头成立"退二进三"产业提升领导小组，明确加强监管，提高准入门槛设置。为此，在 2014 年出台了《厦门市推进工业（仓储）国有建设用地改造试行方案》（厦府办〔2014〕78 号），提出了"促进产业转型升级、提升城市面貌""集中成片改造为主，促进低效土地高效集约利用"和"试点先行、逐步推广"改造原则，针对联合改造、改造后转让提出具体政策，针对保留原有建筑和拆除重建项目形成不同的地价标准[①]。同时，还出台了

---

① 明确对建设总部经济、软件和信息服务业、文化创意产业、研发中心和产业孵化器等加大政策扶持力度，允许土地使用权人与投资方签订联合改造协议，共同申请改造，在地价征收方面给予一定优惠。改造项目可按市场价缴交地价后进行转让，其中酒店用途的，应办理整体产权，整体自持或整体转让；办公用途的地上建筑面积自持部分不得少于 50%，剩余部分允许分割转让给单位法人，转让最小单元应在 500 平方米以上；商业可以分割转让。保留原有建筑物，改造为软件和信息服务业、文化创意、研发中心和产业孵化器项目的，土地用途仍保留为工业用途，不征收土地收益差额；经规划批准，原有建筑可划定不高于 20% 的面积作为商业配套。拆除重建项目按"岛内 1.5 倍、岛外 1.3 倍基准地价修正值扣除原用途的土地权益价"征收地价差额，总部项目在此基础上再打"八折"标准征收，主要目的是公开透明，便于改造主体成本测算，同时节约时间和委托评估成本，提高审批效率。

《厦门市工业仓储建筑使用功能临时变更审批管理办法和土地年租金征收管理暂行规定的通知》（厦府办〔2014〕69号），针对工业（仓储）用地的临时功能变更进行规范化审批管理，划定临时功能变更政策区，要求临时变更的功能应为政府鼓励发展的第三产业。按照市政府关于集中成片开展退二进三改造试点的工作要求，2014年重点开展了第二阶段工业（仓储）国有建设用地的改造工作，加强规划引导，指导各个区确定了8个片区作为改造示范区，开展规划编制工作。集中成片改造突出了各个片区产业发展的定位，增加了产业引导，体现了规划对城市功能布局的调控，加强了政府主导作用，促进了土地的节约利用。

2016年，市政府发布《厦门市人民政府关于开展特色小镇规划建设的意见》（厦府〔2016〕309号），提出鼓励利用现有房屋和土地，兴办旅游、电商、民宿、文化创意、科研、健康养老、工业旅游、众创空间、"互联网＋"等新业态的，可实行继续按原用途和土地权利类型使用土地的过渡期政策，过渡期为5年。过渡期满后需按新用途办理用地手续，符合划拨用地目录的，可依法划拨供地。

但是，在推行工业（仓储）建设用地拆除重建改造中，部分申请改造的企业自身未实现产业转型发展目标，而是通过公司转让、股权转让等形式倒卖，牟取土地变性后的暴利，从而极大地刺激了企业欲望。部分实施改造的单位，不断向政府提出放开物业销售限制、提高办公销售比、取消最小销售面积和销售对象限制等要求，已背离产业转型的初衷，演变为房地产开发销售、快速获取利益的手段。还有一些不符合改造政策、无法实施改造的企业，如轨道影响范围内的企业，以改造后的获利漫天要价，直接要求抬高土地房屋征收补偿标准或土地收储成本，影响政府土地房屋征收或土地收储工作秩序。因政策引起的主要原因有：一是政策出台的系统性不足，缺乏后续监督、管理措施。例如，缺少按时开工等的监督惩罚措施，导致项目推进缓慢；存在个别企业利用图则批复或规划批复文件进行倒卖项目或非法融资，甚至出现经济、法律纠纷；执行过程中土地使用权人炒卖改造用地，以及导致征收、收储难度进一步增加。二是未充分考虑成片改造难度。虽然划定了成片改造的示范区，但是在成片改造规划区内缺少有实力的企业，难以以企业为主体统筹片区改造；而成片改造设计的企业众多，且改造意愿不尽相同，导致区政府在成片改造工作中难以协调各企业进行统一改造。此外，政府收储政策与被收储企业期望差距大，在不改变收储政策的前提下，区政府难以通过收储零散用地后整体开发来推进成片改造。三是政府未对改造后的功能定位等进行统筹，增加了改造风险。对于改造功能后的功能定位、产业定位等，政府未进行系统的统筹引导；而大多数企业缺少相应的地产开发经验，往往试图通过招商引进合伙人或转让以营利，但是由于该阶段地产行业不景气，企业招商并不顺利，推进工作遇到困难。

2.1.2　推进老旧小区、城中村的共同缔造

2015年9月，厦门市开始采用共同缔造理念，进一步推动老旧小区改造提升工作，并选取海洋新村为代表的6个小区进行前期试点开展工作。以"核心是共同、基础

在社区、群众为主题"，以空间环境为载体、以奖励优秀为动力、以分类统筹为手段，统筹政府、群众、社会等不同主体参与，促进群众参与到基础设施、环境建设、公共服务等群众所需的项目建设中，因地制宜地开展促进社区环境改善的行动。

2016年4月，厦门出台《厦门市老旧小区改造提升工作意见》，决定在思明和湖里两区开展老旧小区改造提升，明确了老旧小区的划分范围，主要是1989年底前检查并通过竣工验收的非商品房小区（项目）和非个人集资房小区（项目）；按照"先民生再提升"的思路，改造内容包括市政配套、小区环境及配套设施、建筑物本体、公共服务设施等；改造由居民向街道提出申请；改造资金由居民出资、管线经营单位投资、财政以奖代补等方式筹集。2016年5月，市政府办公厅分别发布《思明区老旧小区改造提升工作实施方案》（厦府办〔2016〕59号）《湖里区老旧小区改造提升工作实施方案》（厦府办〔2016〕60号）。

2017年3月，《厦门市人民政府办公厅转发市建设局关于完善提升旧住宅小区市政配套设施工作方案的通知》（厦府办〔2017〕35号），改造范围进一步扩大到全市，改造对象也从1989年底建成的非商品房住宅小区和非个人集资住房小区扩展到2000年底建成的小区。

2.2　2017~2019年：转型期（规范管理，集约利用）

由于前一阶段改造政策的不完善，改造工作在这一阶段有所停滞，但相应的工改工、功能变更、土地集约节约利用等政策工具开始完善，为后一阶段的更新改造工作奠定了基础。

2.2.1　规范管理工业控制线内外的旧工业改造

2017年，为进一步做好全市工业用地管理，保障制造业发展空间，有序引导全市产业转型升级和城市功能更新，厦门市政府印发《加强工业用地保护利用实施意见》（厦府〔2017〕341号），划定厦门市工业用地发展控制线，工业用地控制线内采取"工改工"改造，控制线外列入政府收储范围的工业（仓储）国有建设用地使用权由政府统一收储。工业用地控制线内"工改工"改造，在符合规划、产业政策、环保和园区产业定位的前提下，支持用地单位开展技术改造或升级改造。原建设用地使用权人可利用既有工业厂房及原有土地增资扩产、产业升级、生产工艺流程优化等。原用地不存在违法违规行为、未被政府认定为低效用地需处置的，原建设用地使用权人在原用地范围内新建、翻建、扩建或拆除重建。同时，为了规范工业控制线外的工业用地升级改造，厦门市人民政府办公厅印发《工业（仓储）国有建设用地协议收储补偿及再投资奖励暂行办法》（厦府办〔2017〕182号），明确列入政府收储范围的工业（仓储）国有建设用地使用权由政府统一收储，由市土地储备机构组织实施。协议收储补偿按照现行土地房屋征收补偿标准测算收储补偿价格，实行货币补偿。工业（仓储）用地协议收储交地后，在规定的期限内，原建设用地使用权人在厦门市域内完成符合规定再投资的，除按规定给予收储补偿外，政府给予再投资奖励。2019 年，市政府发布《工业企业用地增资扩产提容增效管理办法》（厦府〔2019〕284 号），对于工业控制下范围内，通过新改扩建实现既有工业增资扩产提容增效的办理与审批管理进行规定。

2.2.2 完善土地节约集约利用的法规依据

2018 年 7 月启动"厦门市城镇低效用地再开发工作调查及专项规划编制"工作，摸清城镇低效用地现状、策划和评估低效用地改造开发潜力。厦门市土地资源稀缺，开展城镇低效用地再开发，对推动旧城改造与城市更新，进一步提高土地利用效率、完善城市功能、改善人居环境、城市发展具有重要意义。

为了进一步推动土地集约节约利用，2019 年制定出台了特区立法——《厦门经济特区促进土地节约集约利用若干规定》，对"三旧"用地、"批而未供"土地、闲置土地，以及市人民政府确定的其他存量土地，提出土地集约高效利用相关政策；要求制定"三旧用地"专项规划，并在市政府确定的工业控制线的基础上划定成片改造区，对旧工业用地进行分类管控，加强规划统筹；工业控制线内的，按工业用途进行增容提效，以用地单位自主改造为主，政府协议收储为辅；工业控制线外成片改造区范围内的，以政府收储为主；其他区域的改造则由用地单位自主改造或申请政府收储。同时，放宽自主改造方式，一方面允许旧城镇以自行改造的方式进行再开发，另一方面对于旧工业、旧城镇自主改造申请功能变更，除住宅功能外皆可调整，并可通过协议出让方式重新签订合同，真正做到将该放的放开。同时进行了政策突破，采用"签订土地使用权出让合同补充协议或者补签土地使用权出让合同"的方式，解决自行改造如何获得土地使用权的问题。该条款突破了《招标拍卖挂牌出让国有土地使用权规定》（国土资源部令 39 号）关于"商业、旅游、娱乐和商品住宅等各类经营性用地，必须以招标、拍卖或者挂牌方式出让"的规定。

2.2.3 探索低效闲置空间的功能变更

开始完善将低效用地转为体育、公共服务等功能的改造政策。例如，2019 年发布的《厦门市人民政府办公厅关于促进全民健身和体育消费推动体育产业高质量发展的实施意见》（厦府办〔2019〕97 号），提出鼓励各类市场主体利用工业厂房、商业用房、仓储用房、边角地等既有建筑和闲置用地及屋顶、地下室等空间建设改造成体育设施，并允许按照体育设施设计要求，依法调整使用功能、租赁期限、车位配比及消防等土地、规划、设计、建设要求，实行在 5 年内继续按原用途和土地权利类型使用土地的过渡期政策。

2.3 2020 年至今：优化期（统筹实施，以人为本）

2.3.1 推进老旧小区改造，打造完整社区

加快推进我市老旧小区改造，制定《厦门市政府办公厅关于印发老旧小区改造工作实施方案的通知》（厦府办〔2020〕98 号），重点改造 2000 年底前建成、失养

失修失管、市政配套设施不完善、社会服务设施不健全的老旧住宅小区（含单栋住宅楼），提倡将相邻的街区、片区一并纳入改造范围实施成片式改造。重点实施基础类改造，突出补齐功能性设施短板，有条件的地方推进完善类改造和提升类改造，推动城市更新，创建一批完整社区、绿色社区。建立"市级筹划、区级统筹，街道组织实施、社区参与落实"的老旧小区改造工作推进机制，各区政府可以确定有项目建设经验的国有企业作为项目建设单位，负责具体实施。

2021年，为进一步融合提升我市老旧小区改造工作实效，厦门市建设与管理局印发《完整社区建设试点工作实施方案》（厦建物〔2021〕28号），提出制定改造方案、加强项目管理、促进长效管理、创新项目机制等要求。要求完整社区建设与老旧小区改造、危房集中连片拆除及旧城改造等城市更新工作统筹实施，探索通过盘活片区低效用地及闲置公房等资源，新增公共生活服务设施、长期专营服务设施落实投资权益及政府采购公共管理事务服务等方式，吸引社会资本参与居住社区配套设施建设和运营管理，通过"改造＋运营＋物业"方式实现"微利可循环"。对社会资本投入无法实现项目自平衡的，可采用大片区统筹或跨片区"项目捆绑"等方式组合实施。具体内容及改造模式可参照《厦门市老旧小区改造工作实施方案》（厦府办〔2020〕98号）施行。

2.3.2 进一步鼓励顺应市场和补短板类功能变更

2020年2月，《厦门市人民政府关于实施鼓励和促进民办教育优质发展若干措施的通知》（厦府规〔2020〕6号）发布，提出采取一事一议的办法，在不改变土地使用权权利主体、容积率和建筑物主体结构，保证建筑结构和消防安全的前提下，允许社会力量利用空置的办公楼、工业控制线外的厂房、学校等房产装修改造后举办优质的非义务教育民办学校。

2020年，为了进一步加快化解商业办公用房库存，厦门市自然资源和规划局出台《厦门市商业办公项目变更为酒店项目暂行规定》（厦资源规划规〔2020〕5号），允许将商业办公项目按程序变更为酒店项目，在经部门审查、专家论证、市政府同意后，可重新核定规划条件；变更土地用地用途供地方案经市政府批准后，可签订土地出让合同之补充合同并缴交地价；要求变更后的计容总建筑面积可根据实际适度调减，但移交的共建配套建筑面积不减少。

2021年，厦门市自然资源和规划局发布《厦门市商业办公项目土地用途变更和建筑功能临时变更管理暂行办法》（厦资源规划规〔2021〕1号）《厦门市商业办公项目变更为租赁住房项目管理暂行办法》（厦资源规划规〔2021〕2号）等政策文件，进一步明确商业办公项目可变更为租赁住房、酒店项目的条件与程序。

2021年2月，厦门市自然资源和规划局发布，《厦门市工业（仓储）用地改造管理暂行办法》（厦资源规划规〔2021〕3号），鼓励工业（仓储）用地改造为教育、医疗、养老托幼、体育4类民生项目；约束了不可由土地使用权人改造的范围（如整体收储区域、轨道站点300米、相关专项保留）。

3 政策演进

3.1 价值导向

从产业转型到土地资源节约集约利用，再到以人民为中心、创造高质量发展的城市空间。

在试行期前就有通过旧工业房改造为多个文化创意园的个案经验；试行期以 399 号文为标志的系列文件也是围绕工业（仓储），提出工业改造为非住宅以外的允许变更的产业类型，聚焦于"退二进三"等产业转型升级。

在转型期，对于工业（仓储）用地的改造，从单纯的"企业自主改造"拆除重建转变为"保护中改造"，划定工业用地发展控制线，优先保证工业经济发展必需的工业用地基础。《厦门经济特区促进土地节约集约利用若干规定》围绕低效用地的再开发、提高土地效率展开，将更新改造工作纳入节约集约利用工作范畴内，更加强调土地的高效使用。

在优化期，探索成片综合开发的新模式，意在以政府统筹成片开发机制，在保障公共利益的基础上释放城市空间价值；完整社区等先行探索目标是建构教育、医疗、购物、娱乐、健身等生活配套完善，品质更高、更符合现代生活节奏的社区，属于"高质量发展"的内涵。

3.2 组织模式

厦门城市更新经历了从自行改造、政策配套到政府引导，再到政府统筹、市场参与的改造组织模式的转变。

试行期以自行改造为主。工业仓储用地改造的实施主体范围并未完全开放给市场，均是工业用地原有业主为主体；老旧小区共同缔造，鼓励业主、社区与街道等共同努力，政府予以"以奖代补"等配套政策支持的方式推进改造。在政府组织方面，设立了"三旧"改造办公室（设在市规划局），但是没有形成具体"三旧"改造的总体规划和目标，没有一个公开透明的网址，没有具体涉及"三旧"改造的位置、数据和政策的细化等。

转型期加强政府的引导控制。针对工业控制线内外采取不同的改造组织方式，工业控制线内仍旧鼓励自由用地，扩容增效工改工、工业控制线外政府收储，对于改造涉及的各种主体、各种方式提出更具体的政策要求。同时，通过特区立法允许旧城镇自行改造，旧工业、旧城镇自主改造申请功能变更的除住宅功能外皆可调整，并可以协议出让。

优化期注重政府统筹、市场参与。为了加强城市更新政策的公共利益导向，在城市更新工作中更加注重政府统筹各方、平衡利益的作用。2020 年，成立城市更新领导小组及办公室、专项工作组，先后发布了《厦门城市更新工作领导议事规则（试行）》（厦城市更新办〔2020〕1 号）、《厦门市城市更新领导小组办公室关于印发领导小组办公室和转型工作组组成人员领导名单的通知》等文件，进一步完善了城市更新工作的组织推进机制。在保障公共利益的同时，更加鼓励市场参与，共同探索解决城市更新中主要矛盾的方法路径。例如，2020 年 8 月，厦门市政府印发《关于深化城市更新投融资体制改革推进岛内大提升岛外大发展的通知》（厦府办〔2020〕76 号），明确市城投公司作为市级城市更新项目投资主体，承担市级岛外新城和重大片区、岛内旧城旧村等投资建设职责，减轻市财政投资压力。同时，在城市更新改造中积极探索引入市场主体出资并参与改造，重视引入市场主体提前介入，参与编制项目实施方案，确保项目拆建速度匹配，提升开发效率。

3.3　规划管控

从划定单一的试点地块，到划定工业用地政策线，再到编制城市更新专项规划，规划管控手段逐步有力。

在试行期，以地块为边界开展了小范围的 6 个试点。该阶段并没有市域层面从自上而下的角度统筹更新推进，而是以问题为导向，推进包括夏商湖滨中路地块、第七塑料厂地块、位于东渡的龙岩地区厦门综合开发区地块、位于集美区的摩特工业公司地块和中铁创新园地块、位于翔安区的兴恒酒店地块的 6 个旧改项目。

在转型期，以划定工业控制线作为管控更新的重要手段。在特区立法中，提出编制"三旧"改造专项规划。

在优化期，以编制城市更新的专项规划作为统筹更新工作的规划依据。在专项规划中，梳理了城市更新涉及的各种改造类型，全面摸清数量、位置和土地面积等基本情况，为统筹更新奠定了重要的信息基础；划定了成片综合开发的区域，区域内外实施不同的改造路径；在综合开发片区内，通过提升策划规划水平、导入优质产业资源等方式，打造以片区为单位的高质量片区，实现产城融合。

3.4　实施政策

从试行期缺少细化实施政策，到工改工、商办功能变更等实施政策制定，以问题为导向，不断完善城市更新的实施政策。

试行期，作为首批启动的"三旧"6 个改造项目，将原有的旧工业、仓储等改造成酒店、写字楼、商业中心等，涉及拆除重建、政府收储或用地置换等三种改造。但是在政策配套上，"三旧"改造只有根据《福建省人民政府关于加快推进旧城镇旧工业房旧村庄改造的意见》（闽政〔2010〕27 号）和福建省国土资源厅等部门《关于旧城镇旧工业房旧村庄改造工作的通知》（闽国土资源综〔2010〕356 号）出台的《关于推进工业仓储国有建设用地自行改造的实施意见》以及《厦门市人民政府关于印发厦门市促进岛内工业企业搬迁岛外暂行办法的通知》，没有细化有关"三旧"改造的政策，如容积率等鼓励政策没有做进一步的细化。

在转型期和优化期，厦门在不断完善城市更新的土地政策。在土地政策方面，节约集约特区立法突破了自行改造的招拍挂出让程序的约束，提供了协议出让的政策保障。在奖励政策方面，补充了相关规定。例如，《关于工业（仓储）国有建设用地协议收储补偿若干规定》（厦府规办〔2020〕9号）中提出，工业用地控制线范围以外的工业（仓储）国有建设用地的收储，在规定期限内给予被收储用地使用权人在厦门再投资扶持奖励；又如，《厦门市商业办公项目变更为酒店项目暂行规定》（厦资源规划规〔2020〕5号）中提出，允许商业办公项目变更为酒店后的计容总建筑面积可根据实际适度调减。

4 新时期城市更新政策体系构建探索

2021年11月，厦门市成为住建部首批城市更新试点。实施城市更新，是城市发展由增量扩张转向存量提质后的必然要求，也是城市高质量发展的必然之路。城市是一个复杂系统，城市更新是一项综合性、全局性、政策性和战略性的系统工程。为全面统筹推进全市更新工作，应进一步完善城市更新顶层设计。

4.1 优化组织管理，理清更新事权

落实城市更新管理机构，强调政府对城市更新工作的领导责任，落实统筹、协调、指导、监督责任；明确资源规划部门、住建部门、财政部门等城市更新涉及的核心部门的事权；明确区人民政府、指挥部、管委会的事权。探索在城市更新发展到一定阶段，推进强区放权，城市更新事权下放，顺畅推进城市更新工作的开展。

4.2 构建更新规划体系，强化规划引领

中央全面深化改革委员会第四次会议强调，要加快统一规划体系建设，理顺规划关系，完善规划管理，提升规划质量，强化政策协调，健全实施机制，加快建立制度健全、科学规范、运行有效的规划体系。在实践中，将城市更新规划内容融入国土空间规划体系，统筹更新规划编制，建立完善包括"五年—三年—年度计划"在内的规划实施体系，推动城市治理体系的转变。

4.3 明确规划实施路径，落实规划统筹

以专项规划为引领，分类建立更新实施路径。在专项规划中划定成片改造区，区域内、区域外采用不同的更新实施路径。以政府主导，市场参与为原则，成片改造区内，政府按照时序，分批次整体推进片区整体更新。

4.4　完善土地、金融、财税政策，推进更新实施

按照分类施策的原则，在严格遵循土地政策、财政政策、房地产市场调控政策底线红线的基础上，通过土地、金融、财税政策的设计，鼓励市场积极参与城市更新。

通过多个权利人整合为单一权利人实施、政府组织竞争性遴选，引入外部单位等方式，引导市场参与。进一步完善城市更新土地政策，就旧改供地、土地复合利用、土地性质变更等优惠政策做出明确规定，促进土地政策向有利于城市更新实施的方向进行变迁。研究制定老旧小区、完整社区新增建设用地和新建、改建、扩建公共服务用房、市政公用设施涉及的土地政策，梳理整合老旧小区改造过程中形成的养老、托育、医疗、教育培训、停车场、便利店、文创旅游设施等经营性资产以及存量公房等，同时将存量公房资产注入投资运营主体开展市场化融资，形成多元化经营收入，实现老旧小区改造资金、资产等资源统筹利用、良性循环。

参考文献

[1]　王蒙徽.转变发展方式：建设美丽中国的厦门样板 [J].行政管理改革，2016（08）：16-23.

[2]　张贵，黄征学.我国特大城市更新的经验与骑士 [J].中国发展观察，2021（Z2）：73-75，84.

[3]　高见，邬晓霞，张琰.系统性城市更新与实施路径研究——基于复杂适应系统理论 [J].城市发展研究，2020（02）：62-68.

[4]　汪腾锋.适应强区放权，积极推进深圳城市更新步伐 [J].住宅与房地产，2017（09）：267.

[5]　杨慧祎.城市更新规划在国土空间规划体系中的叠加与融入 [J].规划师，2021（08）：26-21.

[6]　王磊，舒佩.多主体参与城市更新的障碍与政策建议——以上海市为例 [J].城乡规划，2021（05）：43-49.

[7]　施建刚.积极引入社会资本参与上海旧区改造 [J].科学发展，2020（03）：98-106.

[8]　夏欢.深圳城市更新进程中土地政策变迁与反思 [J].中国国土资源经济，2018（09）：25-28，73.

作者信息

郑雅彬，女，高级工程师，规划师，厦门市城市规划设计研究院有限公司。研究方向：城乡规划。

蔡莉丽，女，工程师，规划师，厦门市城市规划设计研究院有限公司。研究方向：城乡规划。

厦门市城市更新实践及探索

摘要：城市更新工作已写入国家"十四五"发展规划及 2035 年目标纲要，上升为国家战略。厦门从 20 世纪 90 年代即开始了城市更新的探索，历经了不断探索、转型、优化的过程。2017 年后，城市更新项目逐渐增多，整体呈现出类型多、规模大、范围广的特点，各类试点均开展了有益的探索，但在整体统筹、市场参与、政策机制方面仍不完善。文章结合更新项目实践分析，剖析厦门市城市更新存在的问题，提出系统构建的思考和建议。

关键词：城市更新；厦门实践

1 引言

中共中央、相关部委系列文件明确提出实施城市更新行动，各地政府和企业摩拳擦掌，期望依托新一轮城市建设理念实现城市品质的提升和企业资产的升值。但更新项目耗费时间之长、过程之复杂，又使得各方小心谨慎、踌躇不前。以厦门为例，20 世纪 90 年代即开展了城市更新的探索，如预制板房改造、工业（仓储）国有建设用地自行改造等，由于政策配套和机制缺失，实施的较少，但在规划策划方面的深入研究为城市更新积累了丰富的经验。现在，城市更新正式吹响了号角，厦门市在学习深圳、广州、上海等先进城市经验的基础上，积极探索城市更新改造新模式，以期推动城市高质量发展。

2 城市更新的内涵

2.1 城市更新的概念

结合国内外学者的研究，广义的城市更新是一种综合解决城市问题的方式，是整个社会改造的有机组成部分，涉及经济、社会、文化和物质环境等各个方面。

狭义的城市更新指 20 世纪 50 年代以来以解决内城衰退问题而采取的城市发展手段。随着中国不少城市开始城市更新行动，学术界对城市更新的定义为：城市更新实际上与新区开发、历史保护一样，都是基于城市空间的一种规划发展手段，对象为存量建设用地。通过更新，完善城市功能，更新物质设施，改善人居环境，促进产业升级，提升城市品质。

2.2 厦门城市更新对象

厦门城市更新的对象和范围不再是仅针对三旧，而是面向城市系统提升需求的所有对象。范围包括城市建成区内有更新需求的用地和建成区外需改造的村庄。建成区内有更新需求的用地主要包括：存在安全隐患、设施配套不完善、功能需转型升级、土地利用低效、历史文化亟待保护活化、环境景观不佳的区域。（图1）

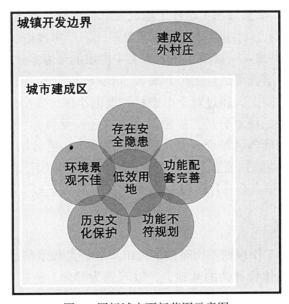

图1　厦门城市更新范围示意图

3　厦门近年主要城市更新实践

3.1　厦门城市更新历程

厦门市的城市更新主要经历了三个阶段，由政府主导的市政改造向政府统筹、市场参与的多目标、多类型、多种更新方式转变，逐步演化为"多措并举、有机更新"的试验田。

20世纪90年代至2010年，厦门尚处于完善城市结构、增量扩展阶段，老旧城区主要采取拆除重建方式改造，提升道路、市政等基础设施，改善居民居住条件，城市面貌发生了较大变化；2010~2016 年，以推动产业转型、改善居住环境、提升公共服务为主要任务，针对存量空间开展了工业仓储国有建设用地自行改造、老旧小区共同缔造等更新改造工作；2017 年以后，在国家政策方针的引导下，城市更新聚焦盘活存量、提高效率、保护历史、改善民生等多维目标，持续完善政策制度，规范改造行为，探索政府统筹、市场参与的模式。

2021 年，厦门市政府牵头开展了土地成片综合开发模式创新研究工作，由市领导、各部门、区政府、专家等组成的课题调研组，赴北京、上海、广州、深圳、成都、福州等城市开展实地调研,学习重点城市的先进经验和现行做法，与华润、保利、中交、金茂、龙湖、万科等大型开发企业座谈，赴自然资源部、省自然资源厅等相关部门沟通政策适用和创新事宜，争取上级支持，提出了《厦门市土地成片综合开发模式创新试点工作方案》，聚焦城市更新和土地成片综合开发，提出三大类别、五种试点项目实施方案（包括：旧村庄改造、旧城区改造、旧厂房改造、净地成片混合开发、轨道交通 TOD 综合开发）。《试点工作方案》中提出的带方案挂牌模式已得到了省委省政府的大力支持。结合《试点工作方案》，同步开展了"一区一策"工作，将实施方案的思路落实到空间上。通过对全市旧村、老旧小区、安全隐患房屋、轨道 TOD 开发潜力等基础数据的梳理分析，提出了全市综合开发目标、原则，明确功能板块和开发策略，初步明确各区综合开发片区与时序安排,后续结合城市建设发展策略和土地出让计划，坚持规划统筹、试点先行、规范有序的原则，成熟一片、研究一片、推出一片。第一批湖里高金林片区和湿地公园 TOD 片区已经开展试点工作。

3.2 主要项目实践

厦门的城市更新工作根据不同时期的城市发展特点和策略，结合不同更新片区、对象的诉求，在详细体检评估的基础上，以问题为导向，通过精细化规划设计，逐渐探索出多种模式。本文主要介绍厦门推进城市更新工作中一些重要节点的具有代表性的项目，总结经验，展望未来。

3.2.1 工业（仓储）国有建设用地自行改造

（1）基本情况

为贯彻落实福建省关于推进三旧改造工作的要求，2012 年厦门市国土和规划部门发布了《关于推进工业仓储国有建设用地自行改造的实施意见》，划定了工业仓储国有建设用地自行改造政策区，明确保留工业园区以外的工业仓储用地，若不在政府近期计划收储和改造范围内，可按照程序申请自行改造为除了经营性商品住宅以外的其他用途，同时需无偿提供不小于原产权用地面积的 20% 给政府，按照协议出让办理用地手续并补缴地价 [1]。2014 年市政府印发试行方案，进一步细化了自行改造细则，市国土和规划部门发布《厦门市工业仓储建筑使用功能临时变更审批管理办法》，对自行改造政策区内的临时功能变更项目细化了审批管理操作办法。政策出台伊始，各方反应强烈，尤其是厦门岛内厂房业主主动积极谋划，拟借政策的东风实现资产升值。2012~2015 年，经厦门市政府同意列入改造项目清单总计 38 宗，其中签订土地出让合同项目 7 宗。2017 年政策废止。

工业（仓储）自行改造典型案例是湖里老工业区改造。随着厦门岛内退二进三进程加快，传统工业区逐渐衰退，作为经济特区起源地的湖里老工业区面临着产业转型和升级。湖里老工业区规划为文创和三旧改造两个政策区，文创区鼓励按照"五原"原则功能置换为文创相关产业，三旧改造区适用工业（仓储）国有建设用地自行改造相关政策。区内总计批复自行改造项目五个（拆除重建），已建成华信石油、名鞋库和振源大厦三个项目，属于自行改造政策成功率较高片区，但与功能置换项目相比仍然相差悬殊。

（2）经验总结

三旧改造政策停滞的原因是多方面的：一是配套政策体系不完善，缺乏实施细则；二是地价补缴标准较高，中小企业无力承担；三是自行改造项目品质无法保障，土地溢价流失，不利于城市整体发展。

三旧改造政策虽然废止了，但好的经验应该继续推广。自主改造、功能置换的政策盘活了存量空间资源，提高了土地利用效率，提升了人居环境。协议出让的供地方式，激发了市场活力，多方融资投入更新实施，缓解了政府财政压力。比如，规定"自行改造项目的原土地使用权人原则上应当无偿提供不小于土地房屋权属登记 20% 的用地面积，由政府安排用于建设城市基础设施、公共服务设施和城市公益项目"，弥补了设施短板，完善了片区生活配套。

3.2.2 老旧小区提升改造

（1）基本情况

老旧小区改造以槟榔小区改造为例，厦门市建设局主管统筹改造计划，区政府为改造实施主体，各级财政设立以奖代补的专项补助资金。针对老旧小区具体情况，又分为基础、改善与提升三类，分阶段开展市政交通基础设施更新、建筑维修与消防升级、公共服务设施补短板、环境品质提升等工作。

另外，为了落实中央部委关于打造完整社区、补民生短板的要求，厦门开展了完整社区营造的试点工作。深田社区位于厦门市老城区，紧邻中山公园，公共配套设施完善，交通便利，优质资源集中，同时建筑和环境设施老旧、公共服务配套不足、老龄化比例较高。厦门拟采取有机更新、综合整治的方式将其打造为近邻党建引领、人文厦门彰显的完整社区。实施模式上借鉴北京"劲松模式"，引入社会资本参与环境改造，提升社区综合服务，促进资金、资产、资源统筹利用、良性循环，推动完整社区项目建设、管理、服务的一体化可持续。

（2）经验总结

目前，厦门的老旧小区改造还是以政府主导为主。为了推动老旧小区改造可持续发展，引入社会资本和市场主体是必然路径。

深田片区学习借鉴其他城市经验，结合厦门实际开展了实践探索。一是政府通过整合碎片化财政投入，梳理存量公房资源授权运营等方式，平衡建设成本；社会投资主体通过吸引市场融资、盘活闲置资源实现长效运营，并以平价综合服务反哺社区。二是以近邻党建为引领，深化实践党建引领基层治理的"近邻"模式。以群众需求为导向，从社区空间、社区配套、社区交通、社区环境、社区安全、社区治理六大方面开展综合整治。三是保持街区肌理，保护历史建筑，挖掘文化资源，彰显历史文化魅力。

3.2.3 历史风貌街区保护更新

（1）基本情况

大同路片区位于厦门中山路历史文化街区核心保护区范围，拟更新改造范围 6.56 公顷。建筑多为 20 世纪 30~80 年代建设，危房比例大，质量较差，安全隐患突出，同时也存在大量文物和历史风貌建筑，具有较高的保护价值。另外，片区商业氛围不足，业态构成不合理，缺少特色，也是规划需要解决的问题之一。

规划将片区更新模式定位为历史风貌片区有机更新：一是根据保护规划要求，严格保护已定级文物和历史风貌建筑。二是对现状建筑逐栋评估，增加保护名单，精确制定留改拆策略。对风貌一般的安全隐患房屋进行局部拆除重建，修复街巷界面，完善功能配套。三是明确街巷特色商业定位，对业态进行引导。

更新具体做法为：①保护历史、提升业态。保护修复原有街巷肌理，修复活化历史风貌建筑；差异化定位，突出街巷特色，强调建筑功能混合。②综合整治、功能置换。进行减量规划，疏解片区人口；利用轮渡公交枢纽站用地新建建筑，停车场移入地下，补齐街道界面，平衡拆迁；拆除违建和危旧建筑，增加口袋公园和公共活动空间；疏通步行，串联口袋公园及特色风貌建筑。③政府主导、财政出资。片区位于历史文化街区，更新以政府为主导，以财政投资为主。（图2）

（2）经验总结

本项目在传统的历史风貌街区改造的做法上，按照历史风貌保护的最新要求，

图 2 建筑分类整治示意图

注重调查，应保尽保，同时适度拆除重建，有机更新。但实施机制上，仍然采用政府主导、财政出资的模式，这在小片区更新项目中尚可行，如何引入社会资本和市场化实施主体，成为扩大范围更新改造的关键所在。

3.2.4 城中村更新改造

（1）基本情况

何厝岭兜旧村位于本岛东部滨海区域，村庄整体环境质量较差，危旧房集中，外来人口密集，功能杂乱，安全隐患突出，与周边城市形象差距较大。同时，轨道2号线穿越片区，带来片区改造升级的契机。为了改善人居环境，优化产业功能，提高轨道站点周边土地利用效率，市区政府经过多轮研究，明确采取拆除重建的方式，并成立更新改造指挥部，统筹协调土地房屋征拆、规划设计、土地出让、安置房和设施建设等事宜。前期征拆赔偿依靠市财政资金，区政府和指挥部负责与村民商谈征迁，拆完形成的净地公开出让，土地出让金用于平衡征拆成本，国企代建安置房与配套设施。经初步测算，片区内难以实现就地平衡，政府明确将区外一块居住用地作为片区开发的平衡用地，实现项目异地平衡。（图3）

（2）经验总结

本项目的模式是传统的政府主导的城中村拆迁改造，为了就地安置，并尽可能实现经济平衡，地块开发强度相对较高，但通过精细的规划设计，将高强度开发的地块指标与滨海城市天际线塑造相结合，巧妙地化解了高强度开发与城市空间景观塑造的矛盾。另外，在初步测算无法完全实现就地平衡的时候，不再进一步提高容积率，而是采取更大区域内异地平衡的方式。

3.2.5 旧城解危更新

（1）基本情况

湖滨片区位于厦门市本岛中心、美丽的筼筜湖畔，紧邻南湖公园，总用地面积约42公顷，始建于20世纪80年代，是特区成立后首批建设的现代化居住区，建成时间长、环境设施老旧、街景街貌较凌乱。更新范围人口约1.5万人，老旧住宅约32万平方米，含预制板、砖混、框架三种结构类型，预制板房存在安全隐患，

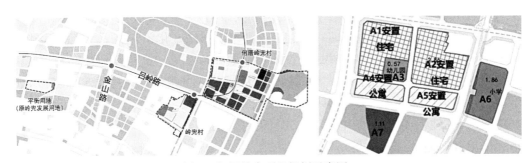

图3　何厝岭兜项目规划示意图

图 4　湖滨片区区位图、改造效果示意图

亟须更新改造。经过多年的策划和协商，最终明确采取拆除重建方式，以绿色环保、集约节约、完整社区理念，建设以品质住区为主导，以教育文化、社区服务配套、特色商业为支撑的都市综合社区。原住民就地安置，保留原有的社区邻里关系。湖滨片区更新同样是采取市级指挥部工作模式，不同的是引入了市属国企全周期参与，从方案策划、资金平衡角度给予征拆实际性建议，并参与代建安置房和配套设施。（图 4）

（2）经验总结

本项目的更新思路经历了从自主改造到拆除重建的复杂过程，多次意愿征求、多轮论证、多方案比较。最终，为了统筹彻底消除安全隐患、完善设施配套、优化城市功能、提升环境品质多项诉求，采取政府主导的拆除重建、就地安置的方式。但为了实现就地经济平衡，规划方案提高了开发容量，给交通、教育设施和空间环境增加了较大压力。

3.2.6　政府规划统筹的片区综合更新

（1）基本情况

厦门市湖里东部片区位于本岛东部滨海，于 2018 年开展了改造策划和规划，规划范围约占了本岛的六分之一，是厦门市第一个区域型更新改造统筹规划。片区首先开展了针对产业提升的整体改造策划，明确了总体发展定位，对东部片区产业功能和开发策略提出了引导建议，初步划定七大改造片区，落实重大公共基础设施，提出初步规划指标建议。为了进一步将开发改造思路法定化，开展了片区控规调整，划定了七大更新单元，统筹公共服务设施、绿地广场空间、安置房用地、产业空间、平衡用地等布局，并落实在七大单元内，开展了片区城市设计，对建筑形态和空间景观进行模拟，明确了地块控制指标。控规经市政府批复法定化，为进一步开展更新单元规划提供了依据。湖里区政府主动对接市区国企，邀请国企全流程参与七大单元的更新改造，包括土地房屋征拆赔偿、安置房和公共设施建设、产业培育等。区政府负责拆迁谈判、赔偿标准制定和赔偿安置，企业代建安置房和公共服务设施并收取代建等相关费用，经营性土地出让金回补财政支出。

（2）经验总结

湖里东部片区改造项目是市政府规划统筹、区政府主导拆迁、国企参与代建的典型案例。一是政府进行片区总体规划统筹，确保了公共设施的落地、基础设施的系统完善和产业空间、安置用地、平衡用地的合理布局，确保了单元改造符合城市整体空间环境品质提升要求。在经济平衡、补民生短板、推动片区整体开发、保障公共利益等方面发挥了积极作用。二是策划＋规划＋城市设计，完整的规划设计体系，使得片区定位、功能布局、规模指标等逐步传导细化，并相互验证，规划更加科学、严谨、可操作。三是针对具体的改造片区，区政府对接市区国企，邀请国企全流程参与改造方案的制定，汲取在土地房屋征拆赔偿、安置房和公共设施建设、产业培育等方面的经验。

纵观片区从征拆到土地出让、建设的全过程，也存在一些问题。一是投融资模式单一，前期由区政府投入巨大的人力财力开展征拆谈判、赔偿等工作，财政不堪重负。同时，国企参与力度较小，依然停留在代建安置房和公共服务设施层面。二是拆建时序不匹配。土地房屋征拆、产业招商和土地出让计划衔接不畅，造成大量已拆迁土地闲置，造成资源的浪费。（图5）

3.2.7 轨道 TOD 片区综合开发

（1）基本情况

2021年，由厦门市领导牵头开展了土地开发模式创新的课题调研，学习先进城市、企业的经验做法，探索适合厦门的土地开发政策机制。同时，开展了全市旧村、老旧小区、安全隐患房屋、轨道 TOD 开发潜力等基础数据的梳理分析，提出了全市综合开发目标、原则和策略，初步划定了成片开发的片区，采用拆除重建（包括

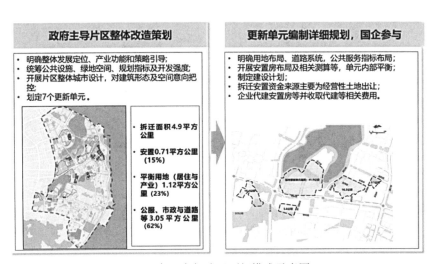

图 5 湖里东部片区更新模式示意图

TOD 综合开发)、保留整治 (包括历史保护活化)、拆除保留并举三种开发策略,结合发展需求和现状情况,评估实施的必要性、紧迫性和可行性,成熟一片、研究一片、推出一片。

经厦门市政府多轮研究,首批选择湖里区高林金林片区和湿地公园 TOD 片区作为片区综合开发试点项目。由厦门市自然资源和规划局牵头,协同属地区政府、指挥部及相关部门成立工作专班,采用公开招标的方式,面向企业开展规划咨询方案征集,征集优胜方案报市政府研究明确中标方案后开展控规修改,并转化为土地出让设计条件,开展土地出让工作。主要流程包括:片区综合开发前期策划研究—编制及审议确定规划咨询设计任务书和征集文件—发布征集公告—接受报名—咨询方案编制—专家评审—3 个优胜方案上报市政府、确定 1 个中标方案—调整控规并批准—编制及审议确定土地出让规划设计条件—发布出让公告—土地出让成交。目前,两个片区已公开出让。(图 6、图 7)

（2）经验总结

厦门采取的片区综合开发模式,在多方面进行了创新,具有一定的推广意义。一是打破了以往出让用地空间分散、规模较小、类型单一的模式,按照完整社区、产城融合、TOD 综合开发等理念,将居住、商业、办公等类型用地组合包装进行成片出让、混合开发。二是开展面向企业的规划咨询方案征集,在方案阶段即引入企业开发运营理念,提升策划规划水平,为导入优质产业资源提前做好准备,有利于打造高质量完整社区、实现产城融合、提升城市建设品质。三是片区拟采取带方案挂牌出让的模式,将中标方案设计内容根据重要性和管控强度不同 (刚性控制和弹性引导),转化为土地出让合同规划设计条件中的强制性、限制性和建议性三种类型条款,确保优秀规划理念的落地。四是片区综合开发重点考虑地下空间整体设计,统一建设和综合利用,实现地上地下功能、交通一体化,片区地下空间互联互通。

图 6　湿地公园 TOD 片区范围示意图

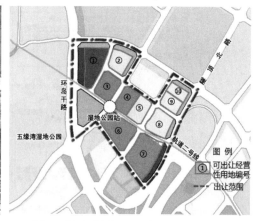

图 7　湿地公园 TOD 片区规划示意图

4 厦门市城市更新未来展望

4.1 厦门市城市更新存在的问题

总结厦门多年的城市更新实践，有成功经验，也存在一些问题，这些问题在国内其他城市也普遍存在。主要包括：

（1）对更新必要性论证不足，缺少时空统筹，更新项目遍地开花，已启动项目主要为价值高、现状容积率低、易征拆项目。

（2）更新方式上缺乏整体统筹，拆除重建比例较大，对文脉传承和社会网络稳定考虑不够。已开展项目以拆除重建为主，更新方式单一。综合整治、功能置换、有机更新等其他更新方式推进缓慢。

（3）过于追求短期收益和财务就地平衡，偏好居住功能，增加容积率，对城市整体空间景观、历史风貌、交通承载、公共设施等社会效益、生态效益方面的影响考虑不够。

（4）更新实施模式上，以政府主导、财政投资为主，自行改造、社会资本参与的路径尚不顺畅，更新投融资体制机制创新不够。目前开展的城市更新项目主要由政府出资、国企代建、代征拆，资金来源结构单一，难以支撑多个项目同时高效推动；投融资体制不明确，融资方式单一，导致市场主体参与积极性不足、参与渠道有限；更新项目收益目前主要还是依赖房地产开发。

（5）社会公众对城市更新的目的、目标认知不够，参与较少。大部分公众对于城市更新的认知依然停留在拆迁、赔偿、土地出让、建设新建筑的范畴内，缺乏对更新综合效益的正确认知，容易导致过于激进或过于消极的态度。

4.2 厦门城市更新实施策略

4.2.1 加强统筹谋划，强化规划计划管理

（1）完善更新规划编制体系。根据已完成的城市更新专项规划，以国土空间总体规划为依据，构建宏观、中观、微观的规划传导体系，建立全市城市更新专项规划—各区城市更新统筹规划—更新片区规划＋更新地块项目规划、城市更新实施计划等完整的城市更新规划编制体系[2]。

（2）加强更新规划统筹。针对重要的片区，应由更新主管部门委托开展片区更新统筹规划，统筹协调多个更新单元和更新项目，保障公共利益的落实，实现各项目权责统一和利益平衡。深圳市在多年"政府引导、市场主导"的更新实践后，针对政府法定图则"重用地轻空间"导致的管控不足、更新单元和项目趋小化碎片化、公共利益与市场规律长期博弈的问题，开展片区统筹规划的编制，完善规划体系，对片区城市设计、公共空间、配套设施和市政交通等进行整体统筹，对更新项目的

空间品质进行预先把控。

（3）强化更新计划管控。城市更新工作应有计划地开展，结合厦门市积极推动强区放权的改革思路，由区政府、指挥部根据国土空间总体规划、国民经济和社会发展计划和城市更新专项规划，及时开展评估，制定更新计划，确定更新片区，向市级更新主管部门申报，经市城市更新领导小组审议后实施。纳入城市更新年度计划的片区或项目，可按有关规定推进前期工作，并享受城市更新相关政策。

4.2.2　完善更新政策，鼓励市场参与

加快《厦门经济特区城市更新条例》立法，并制定配套实施细则，为城市更新有序开展提供规划、土地、资金、不动产登记等法规政策保障。同时，需完善城市更新相关政策，推动已有政策修编，覆盖城市更新全流程。这其中最重要的是激励多元主体参与的政策，有利于引入市场投资主体的政策。

创新融资渠道和方式，充分调动企业和物业权利人的积极性，动员社会力量广泛参与城市更新改造。建立城市更新专项基金，对历史文化街区和优秀历史文化建筑保护性整治更新、老旧小区改造等项目进行补贴。

4.2.3　创新更新理念，强化方案设计

城市更新工作应当坚持区域统筹、因地制宜、连片更新，全流程贯彻全局性、系统性理念，统筹经营性功能与设施配套、统筹生活空间与生产空间、统筹公共空间与权属空间，实现社会、生态与经济效益的统一。

创新"策划—规划—设计"理念，按照"无策划不规划，无规划不设计，无设计不实施"的原则，重点发挥城市设计在存量改造中提升环境品质、校核规划指标、协调多元利益的作用。结合项目的特点和目标定位，采用完整社区、地铁社区、产城融合、功能复合、绿色生态、儿童友好等多样化规划设计理念。

4.2.4　坚持有机更新，加强历史传承

"对拟实施城市更新的区域，要及时开展调查评估，梳理评测既有建筑状况，明确应保留保护的建筑清单，未开展调查评估、未完成历史文化街区划定和历史建筑确定工作的区域，不应实施城市更新"[3]。在体检评估的基础上，对每栋建筑制定"留改拆"策略，尽量保留利用既有建筑，推行小规模、渐进式有机更新和微改造。

4.3　厦门城市更新未来展望

4.3.1　更新制度更加完善

城市更新制度与法律体系的不断创新与完善，为城市更新工作提供了有力保障。我国从 20 世纪 80 年代至今，相关法律法规的陆续出台，规范了城市规划和城市更新活动，使得城市更新工作得以健康持续开展。厦门市根据中央、相关部委的工作要求，相继出台了老旧小区改造、低效旧工业用地提容增效、存量建筑功能变更、边角地闲置地利用、历史街区保护活化、更新投融资体制改革等一系列城市更新的

政策文件。未来还会进一步加大政策和制度创新力度，推进更新立法，为城市更新有序开展提供可靠的法规政策保障。

福建省委、省政府关于支持厦门建设高质量发展引领示范区的意见，提出了多项支持厦门高质量发展的有力举措：如支持探索城乡统一的建设用地市场、混合产业用地供给、试点实行土地二级市场预告登记转让制度、土地成片综合开发、适当混合土地用途并采取"带城市设计方案出让"的形式供地等。市、区政府正在积极开展相关创新探索，比如：引入市场主体和社会资本参与土地房屋征收、市政配套建设、完整社区营造、产业导入运营等工作，减轻财政投融资压力，激发市场活力；争取创新轨道交通 TOD 用地出让，支持轨道交通运营单位合法合规取得用地进行高效综合利用等。

4.3.2 多元参与路径畅通

通过更加完善的制度、路径与优惠的政策支持，激励更广泛的社会参与，形成政府力量、市场力量、社会力量共同参与的城市更新机制，推动城市更新健康有序开展。

4.3.3 更新工作规范有序

随着制度政策的逐步完善，城市更新将由"自上而下"的单一更新模式，转向"自上而下"与"自下而上"双重驱动的多元更新模式，由单一的政府主导与审批的行政机制，转向权力下放、社会赋权、市场运作的空间治理模式。[4]

同时，搭建常态化的城市更新管理平台，发挥政府、市场、社会与群众的集体智慧，完善组织管理体系，提高项目审批效率，保障城市更新工作的公开、公正、公平和高效，使城市更新工作走向科学化、常态化、系统化和制度化。

参考文献

[1] 何子张,李晓刚.基于土地开发权分享的旧厂房改造策略研究——厦门的政策回顾及其改进[J].城市观察,2016（1）: 10.

[2] 广州市城市更新办法[J].广州市人民政府公报,2015（36）: 1–13.

[3] 中华人民共和国住房和城乡建设部.住房和城乡建设部关于在实施城市更新行动中防止大拆大建问题的通知（建科〔2021〕63 号）.http://www.gov.cn/zhengce/zhengceku/2021–08/31/content_5634560.htm.

[4] 阳建强.城市更新[M].南京:东南大学出版社,2020.

作者信息

卜昌芬，高级工程师，国家注册城市规划师。

面向规划统筹的厦门市城市更新专项规划思考

摘要：厦门进入存量与增量并举的时代，城市更新专项规划是城市更新行动的重要抓手，在"五级三类"国土空间规划体系架构下，与国土空间总体规划横向融合、衔接、反馈，并在纵向形成宏观、中观、微观层层传导的实施路径。全市层面统筹更新规模、更新空间、更新方式、更新功能、更新时序等；各区层面划定更新片区，提出更新思路和五年行动计划；片区层面注重系统提升，结合产业发展、空间改善、设施完善等；机制保障层面针对实施主体、更新对象、更新方式制定政策和实施路径。

关键词：城市更新；规划统筹；专项规划

1 引言

党的十九届五中全会通过的《中共中央关于制定国民经济和社会发展第十四个五年规划和二〇三五年远景目标的建议》明确提出："实施城市更新行动，切实转变城市发展方式，加快补齐基础设施、民生保障等领域的短板，改善生活品质，不断增强人民群众获得感、幸福感、安全感"。住建部发布《关于在实施城市更新行动中防止大拆大建问题的通知》要求"坚持留、改、拆并举，注重内涵集约、绿色低碳，补齐城市短板，提升功能、增强活力"。国内不少大城市积极开展城市更新的实践探索，深圳、广州、上海、成都、北京等城市都编制了城市更新规划。

深圳的更新规划编制体系以市区两级的城市更新五年专项规划为总体引导文件，主要规定城市更新的原则、方向、控制目标、总体规模、时序、空间管控和更新策略等内容，划定更新单元范围。更新单元规划明确更新项目范围、控制指标、设施、产业、用地功能等，指导更新项目的具体实施。

广州形成"1+3+N"城市更新规划体系。其中"1"为广州市城市更新总体规划，对接落实城市总体规划和土地利用总体规划，明确了城市更新的总体目标与策略，规模、功能、强度、更新空间划分、专项控制指引，近期重点工作和实施机制等，着重对上位及相关规划的对接落实，并将发展规划、行动计划和具体实施管控有机结合。"3"指"三旧"专项改造规划，对接控规大纲或控规单元法定图则，侧重城市更新的中观层面控制，对城市更新提出控制指标要求，包括功能、总量、强度等。"N"指"三旧"改造地块的具体改造方案或片区策划方案，对接控规地块管理图则，编制具体更新地块的改造方案，落实各类专项规划，作为城市更新项目实施的依据。

成都建立了"更新总体规划—区（市）县更新专项规划及行动计划—更新单元实施规划"的三级城市更新规划体系。《成都市"中优"区域城市有机更新总体规划》衔接市级国土空间规划和专项规划，确定总体规模、近远期目标，制定功能产业、生态和文化保护、风貌特色营造、轨道交通场站综合开发、公共设施完善等规划原则和导向，重点改造区域、改造时序等。《成都市区（市）县城市更新专项规划及行动计划》衔接区（县）级国土空间规划及专项规划，各区政府（管委会）单独编制城市更新单元规划计划，进行更新对象摸底，在片区评估的基础上，按照片区统筹改造目标与模式、划定城市有机更新单元，确定城市有机更新单元内的具体项目。《城市更新单元实施规划》衔接详细规划，由各区政府（管委会）编制，对城市功能、业态、形态等进行整体策划，明确更新方式、实现途径、设计方案等，明确单元内用地性质、开发强度、配套设施等内容，为编制控制性详细规划提供依据。

广州、深圳和成都在规划编制层级上大体可分为宏观、中观、微观三个编制层次。深圳、广州和成都的规划编制体系都实现与传统法定规划和更新政策体系的衔接，其中深圳的编制体系较为完善，其"城市更新专项规划＋（区级更新统筹片区规划）＋更新单元规划"中的更新专项规划对接城市总体规划和分区规划，城市更新单元规划则是对应法定图则，并探索"更新片区统筹规划"的中间层次规划管控内容。广州"城市更新总体规划＋'三旧'改造专项规划／指引＋更新片区规划"对接了其更新政策体系和城市总体规划、控制性详细规划的传统规划管控层次。成都"更新总体规划＋区（市）县更新专项规划及行动计划＋更新单元实施规划"的规划编制对接了相应的国土空间规划体系[1]。

目前，厦门市政府已积极开展城市更新探索实践工作，着手编制全市层面的城市更新专项规划、制定城市更新工作的指导意见，并推动了一系列城市更新实践，如历史文化街区保护、老旧小区改造、完整社区营造等。厦门市城市更新应建立并完善法规政策体系、规划编制体系和技术标准指引体系，规范城市更新规划建设和管理工作（图1）。其中，厦门城市更新规划体系是在"五级三类"国土空间规划的架构下，与各层级法定规划横向融合、衔接、反馈，并在纵向形成宏观、中观、微观层层传导的实施路径，统一各层级更新规划的目标、内容、标准和要求。（图2）

宏观层面以城市更新专项规划作为总体引导，同时衔接城市国土空间总体规划、国土空间三年要素行动计划和各专项规划等，主要在全市层面统筹规定更新规模、更新空间、更新方式、更新功能及产业引导、更新时序等，并对更新单元和项目的划定、研究和实施起到传达和约束指导作用。

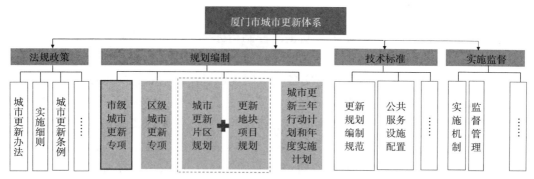

图 1　厦门城市更新体系

中观层面编制区级城市更新专项规划和年度实施计划。衔接各区国土空间规划、各区相关专项规划等，在梳理并校核更新潜力用地基础上，进一步明确更新改造规模，并针对各区的现状条件、发展特点等，划定更新片区、项目布局、更新方式和更新时序，对确定的重点更新片区和项目提出编制建议，作为各区开展城市更新行动的依据。

微观层面开展城市更新片区规划和更新项目地块规划。明确片区的实施路径和改造模式，规定用地性质、开发强度、地块指标、公共服务设施、市政工程设施、道路交通系统、城市设计指引、地下空间规划等，并对各主体利益和实施保障进行统筹安排。批复后的成果应纳入法定规划的管理体系，作为控制性详细规划调整的依据[2]。

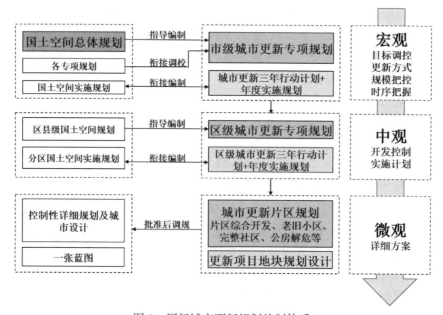

图 2　厦门城市更新规划编制体系

2 规划统筹缺失带来的问题和不足

厦门的城市更新规划体系有待完善、传导路径不明晰，与法定规划的关系需进一步衔接。由于规划统筹不足，在规划编制、建设实施、资金筹措、运行机制等方面带来一些问题。

2.1 规划编制层面

2.1.1 功能业态统筹不足

功能提升方向与片区的定位的匹配度不足。城市更新项目的功能往往以居住、商业为主，新增人口对教育、医疗等公共设施带来压力。比如，厦门本岛的功能特色展现不足，艺术、创意项目类少，体现旅游目的地吸引力、特色活力、夜间经济等方面的更新项目不多。

2.1.2 空间布局统筹不足

重地块自身开发、轻地块彼此衔接。碎片化的小地块建设不利于产业聚集和空间连续，公共设施配套难落位。而规划的安置用地、发展用地应在大范围统筹布局，便于集中建设统一运营，成片培育，形成产业。

2.1.3 产业招商统筹不足

产业业态的统筹不足，各片区招商同质竞争，缺乏错位发展。城市更新的方案侧重空间研究，未同步考虑产业和招商，难以保障提升品质，建成后无人气且利用低效。

2.1.4 项目必要性论证不足

更新项目纷纷急于启动、项目选择"挑肥拣瘦"。已启动的项目主要为现状容积率低，较容易征拆的片区，而对景观重要性、房屋安全、社会效益等必要性考虑不足。

2.2 建设实施层面

2.2.1 改造方式统筹不足

改造方式单一，拆除重建的规模较大，与国家相关政策衔接不足。目前启动的项目大部分涉及拆除重建。改造方式应多措并举，采取有机更新、保护修缮、提升整治、老旧小区改造等多种方式。

2.2.2 系统提升统筹不足

局限景观改造，缺乏整体的系统性提升。侧重空间、立面景观的整治效果，对产业业态、市政工程、防洪排涝、地下空间等整体性提升改造不足。

2.2.3 关联项目统筹不足

建设实施局限于项目本身，由此引起的关联性配套考虑不足。如山海步道引起的建筑第五立面的问题凸显、轨道线路及站点建设引起的最后一公里优化步行环境和交通接驳。

2.2.4 征拆标准统筹不足

征拆标准欠整体考虑，部分项目推动难度大。各片区的区位条件、资源禀赋、景观风貌要求等不一样，少数项目的征拆标准相对较高，整体增加了其他片区的实施成本和难度。

2.3 资金筹措层面

2.3.1 综合平衡统筹不足

过于强调就地平衡。通过出让新增用地平衡拆迁安置成本，对容积率较为依赖，增容对空间景观、交通压力带来影响。本岛甚至全市应一盘棋统筹，不宜就单项目论平衡，特别是历史风貌街区和风景名胜区。

2.3.2 收益分配激励不足

现有责任分工以各区征迁为主，土地出让收益与税收以市为主，市区责权划分、实施主体和财税机制缺乏激励作用，各区参与规划编制、产业招商等的积极性不足。

2.3.3 社会资本参与不足

目前，提升项目以政府主导为主，在资金方面未形成引入市场介入、社会资本参与的体制机制，政府财政压力较大。

2.4 运行机制层面

2.4.1 总体统筹协调不足

各更新和项目较为独立、各自为政，时序上缺乏统筹协调、难以形成合力，显示不出资金投入的集中效果。

2.4.2 规划设计衔接不足

实施方案的编制主体较多，规划部门应全周期把控建设成效，规划、设计、建设、运营的衔接不足。

2.4.3 制度保障不足

应加强协调工作推进、审批、用地、征拆、资金等要素保障机制，建立更完善的保障、督促、考核、问责等机制。

3 面向统筹的厦门城市更新专项规划

面向统筹的厦门城市更新专项规划，首先，在战略层面分析城市的发展阶段目标与需求，根据国土空间规划的指标预测更新规模；引导城市的重点发展方向和重点更新区域。结合城市体检，剖析存在的问题，总结目前更新的功能与产业导向，梳理城市更新的对象，划定更新潜力用地范围并分析其更新潜力大小 [3]。其次，从规划层面，确定城市更新的总体目标和发展策略，对全市更新规模、更新空间、更新功能、更新方式、更新时序等整体统筹指引。确定全市更新片区的研究内容，包括范围、更新板块及片区划定、开发方式等。结合各行政区现状和发展需求，梳理各区城市更新用地，制定各区城市更新的策略，划定城市更新片区、指导更新地块空间布局。最后，制定五年及年度行动计划，研究保障机制和相关政策，推动规划的实施。（图3）

3.1 全市更新统筹

3.1.1 结合城市体检评估，识别更新对象

重点更新安全不保、环境不佳、配套不起、功能不符、文化不显、效率不高的六大类区域。

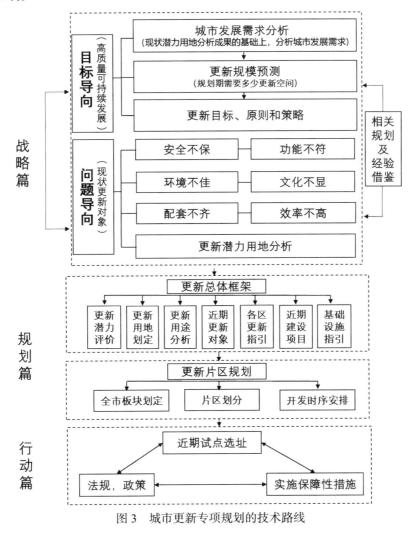

图3 城市更新专项规划的技术路线

（1）安全不保

存在重大安全隐患的区域，包括一般安全隐患房屋数量较多、整体建筑质量较差的片区，主要为分布在思明区中山路—厦港片区、集美及同安老城区的村宅及旧住宅等。

（2）环境不佳

人居环境恶劣的区域，包括公共服务设施老旧、整体环境较差的老旧城区等。目前，厦门市需要改造的老旧小区约1009个，主要分布于本岛北部和东部、中山路—厦港片区、杏林旧城区、集美和同安老城区等。

（3）配套不齐

城市基础设施、公共服务设施亟需完善的地区，包括公共服务设施服务半径范围覆盖不足、基础设施需要补短板的区域。逐步解决岛内设施分布不均、岛外设施数量不足且覆盖率低等问题，推进体现高素质、高颜值城市发展需求的大型公共设施建设。

（4）功能不符

低效使用、城市功能衰退需转型升级，并影响城市规划实施的区域。主要包括不再具备服务功能的基础设施用地、需要更新的历史文化片区、公共空间和需要进行功能疏解的区域。

（5）文化不显

历史建筑需要修缮、文化特色需要传承的片区。主要包括历史文化街区、历史风貌区、历史风貌建筑集中片区及各级文保单位等。

（6）效率不高

现有土地及建筑物使用率较低、人群聚集度较低的片区，包括现状建筑空置率较高、人流量较小、人口密度较低、空置废弃或依据相关规划待清退搬迁的区域。现有资源、能源利用明显不符合高素质、高颜值发展需求，以及国家产业政策规定的禁止类、淘汰类产业以及产业低端、产出水平低下的低效工业和仓储区等，包括厦门市工业控制线外用地零散、产业集聚度低、产能效益较低的工业和仓储用地。

3.1.2 建立多元评估体系，分析更新潜力

对更新用地的必要性、可行性、紧迫性进行评估，从房屋安全、生态环境、设施配套、功能匹配、文化彰显、空间效率6个方面、15大类指标，构建更新潜力用地的评价体系，分析更新潜力的大小，作为更新空间划定和确定更新方式的依据。分析旧工业用地的产能、剩余批地年限、产业方向等因素；旧村庄用地的区位、容积率、建筑风貌；分析旧城的建设年度、容积率、安全隐患房屋情况、公共设施配套；并且对更新潜力影响因子赋予权重和分值并量化叠加分析，结合规划的要求综合判断用地更新潜力（图4）。

图4 城市更新对象的特点

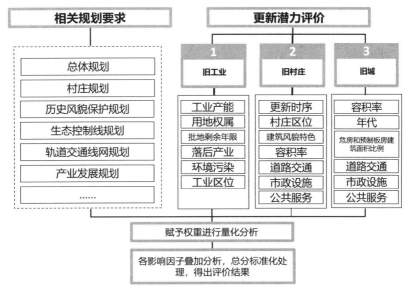

图5 城市更新潜力评价体系

3.1.3 预测更新规模，协调存量与增量

从解决安全隐患房屋、满足民生住房需求，增加公共服务设施配套、公共空间和绿地，以及增加产业发展空间等方面，分项预测各类发展需求。结合厦门的发展阶段和规模、政府财政资金平衡等因素，统筹城市增量和存量发展空间、岛内外的城市更新用地分布、更新项目的实施难易程度，对接城市体检的问题和短板，合理确定更新潜力用地规模和布局。

3.1.4 留改拆结合，统筹更新方式

城市更新方式包括保护传承、提升改造和拆旧建新。保护传承类指严格按照相关保护建设要求，对历史保护片区和历史文化遗存等进行适度维护修缮、保护整治和功能活化利用，主要适用于历史城区、历史文化街区、历史风貌区等历史保护片

261

区和文物保护单位、历史风貌建筑等。

提升改造类指维持现状建筑格局基本不变，综合运用建筑修缮翻新、局部改扩建、环境整治、功能置换、配套完善等多种手段，解除安全隐患、提升环境品质、改善建筑机能、完善片区功能的更新方式。主要适用于2000年底前建成的居住建筑；生产效益低、污染严重、土地利用低效等待转型的工业仓储区；现状建筑质量和环境相对较好、不影响重大项目布局和规划实施，通过整治可实现功能和环境与周边融合的城中村和外围村庄；风貌环境待提升、设施待完善、经营状况不佳、空置率较高的商业区和商务办公区等。

拆旧建新类指将原有建筑物进行拆除，按新的规划和设计条件重建的更新方式。主要适用于存在重大安全隐患、环境设施亟待改善、保留修缮价值较低、影响重大项目布局和规划实施，通过提升改造难以改善的片区。

3.1.5 补短板促发展，引导更新功能

引导城市更新的用地发展产业，鼓励旧工业区进行产业类型和空间布局的升级改造。增加创新产业、高新技术产业用地，引导产业合理布局、提高产业空间品质，促进产城融合发展，推进研发生产、商务服务、生活配套等多功能的混合，形成高品质的新型产业空间形态（图5）。

优先推动公共设施较缺乏地区的城市更新，满足大型公共设施和常规配套供给。保障公共服务配套在城市更新项目中优先建设，补齐民生短板。通过空间腾挪、功能整合等多种方式，加大公共设施供给。

通过增加具有特色的开放空间，包括各类绿地广场、口袋公园、活力步道等，增加城市开放空间的数量和规模。加强重要节点及社区微空间的景观更新改造，创造高颜值的城市景观形象。

考虑新增居住用地带来人口、教育医疗设施、交通等方面的压力，从大区域范围统筹规划功能及布局，不宜过度强调增加居住用地实现就地经济平衡。同时，应结合轨道站点周边及重要产业片区，完善人才住房、保障性住房等的供给。

对于建筑质量相对较好、建设年代较新或具有一定历史文化特色的旧村和旧住宅区，应采取提升改造为主的方式，保持原有空间肌理、历史文化价值和景观风貌等的延续，保留原有街区的生活场景、增加公共空间、提升人居环境质量、完善服务配套，鼓励功能创新和特色文化的结合，营造完整社区。

3.1.6 拟定实施计划，统筹更新时序

近期更新用地主要包括居住环境亟待改善、旧城非核心功能需疏解的地区、已经征拆的净地、已列入土地储备年度计划的用地和三年行动规划的近期项目等。结合安全隐患房屋情况、景观提升需求、居民意愿、区位情况等进行综合考虑更新时序，制定更新项目清单。

更新实施计划与厦门市五年近期规划—三年行动计划—年度空间实施计划

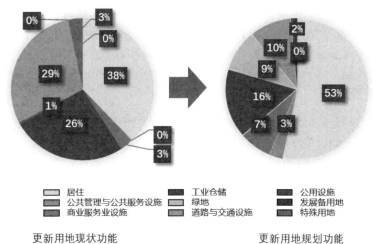

居住
公共管理与公共服务设施
商业服务业设施
工业仓储
绿地
道路与交通设施
公用设施
发展备用地
特殊用地

更新用地现状功能　　　　　　　　更新用地规划功能

图6　城市更新功能引导图

（"5+3+1"）的规划实施传导体系衔接，包含城市更新三年计划和城市更新年度实施计划两部分，内容主要包括更新片区规划制定计划、已具备实施条件的项目更新方式、资金来源、供地模式等内容。

3.2　各区更新统筹

在全市更新总体思路的指导下，厦门针对全市6个行政区提出更新目标和策略，划定更新片区。思明区促进功能疏解、保护历史风貌，推动旧村旧工业改造，加快老旧社区整治提升，促进土地利用集约高效，打造集国际化总部办公、宜居宜业等为一体的中心城区。湖里区结合旧村改造，依托轨道站点的建设提升城区环境，推动老工业区的产业转型升级，适度降低工业用地比重，腾退低效产业用地，提高土地利用效率。完善公共服务配套，打造金融商务核心区的同时提升东部门户形象。

集美区推动集美新城典范的建设，作为新城跨岛发展建设样板区。新城核心区、马銮湾新城集美片区、环东海域新城集美片区以旧村拆迁改造为主，促进新城发展见成效；杏林老工业区以轨道TOD综合开发为契机，通过综合拆旧建新、拆建结合、现状保留推动片区功能转型，提升城市宜居品质；集美学村以旧村整治提升和历史风貌保护为主。海沧区高水平建设马銮湾新城，打造区域商务贸易中心，加强市级公共设施布局。加快低效工业区的改造升级，通过村庄与工业用地整治推动用地提质增效，完善公共服务配套，加快轨道TOD社区建设，打造以两高两化新极点为目标的高标准新区。

同安区保护老城历史风貌，完善设施、提升品质，推进东侧闽南宗教文化体验区建设。以构建轨道TOD社区为抓手，拓展西湖片区，促进同安老城向南、向海延伸。加快同安新城、环东海域新城的建设，促进连片开发和产城融合，依托科技创新为老工业升级赋能。翔安区推动同翔高新城、环东海域等新城片区建设，保障市级重大设施和产业园区落地，高水平建设"一场两馆"以及翔安机场片区，推动3号线沿线轨道TOD社区。

3.3 片区更新统筹

更新片区是指成片面积较大，位于市、区重点地区，对产业转型升级、人居环境改善、城市形象提升有显著作用的战略性区域。片区范围内的城市更新用地权属较为复杂，且多为旧城、旧工业、旧村庄三种类型的混合。一个片区可以包括一个或者多个城市更新项目。更新片区主要为更新用地较为集中的区域、规划明确的完整功能（如产业园区、完整社区、商业商务区等）(图6~图8)。根据更新对象特征以及所在区域社会、经济、文化关系的延续性，保证公共设施相对完整的前提下，结合自然和产权边界、原则上应便于与规划编制单元协调等因素，按照有关技术规范划定相对成片的区域。更新片区的范围宜为100~500公顷[4]。

更新片区规划应落实上级专项规划的层级传导和系统性控制要求，并在公共利益和整体效益的最优导向下进行编制，遵循环境生态宜居、功能配套完善、地上地下统筹、景观风貌一致的规划理念。从片区自身发展条件和需求出发，确定更新片区整体的功能定位、发展方向与发展目标，说明城市更新片区所采用的拆旧建新、提升改造或保护传承等更新方式，对相应的空间范围所采取的具体的更新规划引导策略。明确更新片区用地性质、开发强度、功能配比、公共服务设施、市政工程设施、海绵城市建设、道路交通系统、地下空间开发等控制要求，公共空间组织、建筑形态控制、慢行系统与景观环境体系等城市设计策略和控制要点，以规划指标和图则的方式进行管控。提出保障规划实施的相关政策、机制及适用条件，时序、运营管理、监督保障等方面的实施意见，并生成相项目[5]。结合现状权益分析和相关政策，对更新片区规划实施进行经济测算，制定利益平衡方案，需配建或独立占地的基础设施、

图7　城市更新片区示意图（商业商务区）

图 8　城市更新片区示意图（完整社区）

公共服务设施及其他公共利益项目等。

3.4　实施保障机制

对实施保障的政策和机制提出引导。在实施主体方面，积极鼓励多元主体参与城市更新，以政府引导、市场运作、合作更新为主的多样化更新模式，充分发挥政府、企业、业主等多方动力，探索推进各类型更新项目的实施路径。

针对城中村、旧工业区、历史风貌区制定相关政策。局部改造难以解除安全隐患，以拆旧建新为主的村庄由政府收储，按照规划实施改造；以保护历史文化和自然生态、促进旧村庄和谐发展为目的的村庄，采用保留提升改造方式进行整治。旧城以提升改造为主，除违法建筑和经专业机构鉴定为危房的建筑外，不大规模、成片集中拆除，提倡分类审慎处置既有建筑，推行小规模、渐进式有机更新和微改造[6]。旧工业用地更新改造应符合工业控制线的要求，工业控制线外的旧工业用地在符合产业政策及相关规划的前提下可申请自行改造。加强历史风貌建筑保护，适度进行活化利用，严格控制历史风貌片区周边的更新改造，注重风貌景观的协调。

规范城市更新项目的实施流程，包括更新片区申报指引、土地收储和征拆补偿标准、零星用地整合、城中村集体用地报征、土地出让、融资渠道等方面。探索设立"城市更新专项资金"等投融资机制，从全市层面进行统筹平衡，制定城市更新专项资金运作机制，加强城市更新中相关市政基础设施和公共服务设施建设等方面的投入，统筹城市更新项目的资金安排。

4 结语

城市更新工作任重而道远，厦门市以专项规划为抓手，统筹引领城市更新，构建宏观、中观、微观的规划编制体系。全市层面统筹更新规模、更新空间、更新方式、更新功能、更新时序等；各区层面划定更新片区，提出更新思路和五年行动计划；片区层面注重系统提升，结合产业发展、空间改善、设施完善等；机制保障层面针对实施主体、更新对象、更新方式制定政策和实施路径。

展望未来，应同步建立技术标准体系，制定城市更新技术管理规定和导则。如更新地区的容积率转移指引、公共服务设施配建指引，建筑间距、建筑退让、建筑高度、开发强度、绿地率、建筑密度、日照、消防、功能兼容性、混合用地等的规定。推进城市更新信息化的工作，加快基础数据调查、规划计划管理、动态监管的信息系统建设。利用大数据等先进手段，将城市更新数据库纳入城乡规划管理的平台，并定期开展规划实施和评估。推进城市更新工作从基础数据、规划编制、项目计划、审批实施到效益评价等阶段全生命周期的智慧化管理。

参考文献

[1] 唐燕，杨东，祝贺.城市更新制度建设 [M].北京：清华大学出版社，2019.8

[2] 魏书威，张新华，卢君君，王辉，卫天杰.存量空间更新专项规划的编制框架及技术对策 [J].规划师，2021.

[3] 杨慧祎.城市更新规划在国土空间规划体系中的叠加与融入 [J].规划师，2021，8.

[4] 盛鸣，詹飞翔，蔡奇杉，杨晓楷.深圳城市更新规划管控体系思考——从地块单元走向片区统筹 [J].城市与区域规划研究，2018，10.

[5] 程则全.城市更新的规划编制体系与实施机制研究 [D].济南：山东建筑大学，2018.

[6] 李江.深圳市城市更新专项规划研究 [Z].深圳市规划国土发展研究中心，2012，4.

作者信息

韦希，硕士，厦门市城市规划设计研究院有限公司，综合开发所主任工程师，高级工程师，注册规划师。

周陆阳，硕士，厦门市城市规划设计研究院有限公司，综合开发所工程师。

卜昌芬，厦门市城市规划设计研究院有限公司，综合开发所工程师，高级工程师，注册规划师。

章诗悦，硕士，厦门市城市规划设计研究院有限公司，综合开发所工程师。

沈阳市城市更新开展的相关工作情况

1 更新背景

2020 年 11 月，党的十九届五中全会明确提出实施城市更新行动，城市更新上升为国家战略。住建部、自然资源部、发改委等部委均就实施城市更新行动提出了相应要求。2020 年 12 月，住建部与辽宁省人民政府联合印发《部省共建城市更新先导区实施方案》。2021 年 11 月，沈阳公布为全国第一批 21 个城市更新试点城市之一。

2 体检评估

沈阳城市更新经历了不同的发展阶段，树立了工人村、环城水系、东搬西建、跨河发展等城市发展史上的重要里程碑。沈阳当前正处于战略机遇叠加期、调整转型攻坚期、风险挑战凸显期、蓄势跃升突破期，也面临着中心城区承载力不足、吸引力减弱、"大城市病"凸显等诸多问题和挑战。在沈阳实现经济总量破万亿、财政收入过千亿、人口总量过千万的过程中，城市更新势必成为重要推动力量。（图 1）

通过现场踏勘、部门调研和多源大数据开展城市体检，结合民意调查报告，从产业活力、社会民生、人文魅力、绿色生态、韧性智慧五个维度把脉，厘清城市发

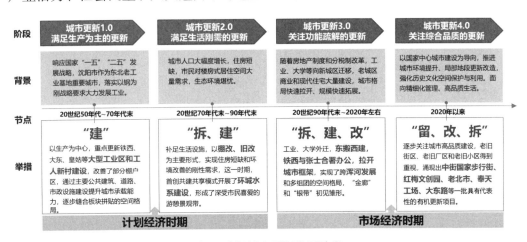

图 1 沈阳城市更新发展阶段

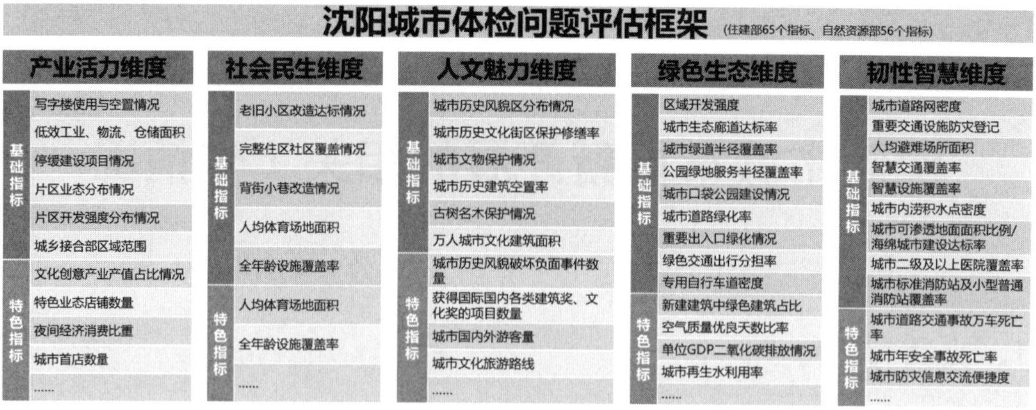

图 2 沈阳城市更新体检评估体系

展现状问题，摸清沈城市民对城市更新的现实期待，精准回应人民群众对美好生活的向往。（图 2）

2.1 产业活力维度

近年来，沈阳营商环境不断优化，装备制造、电子信息与汽车产业势态好。全社会研发支出占 GDP 比重为 4.0%，科研院所、工程实验室等科技创新资源丰富。但固投和房地产作为城市发展主要动力不足，人口和经济增长滞后于城市建设用地和建筑规模增长，停缓建和闲置楼宇问题凸显。

2.2 社会民生维度

近十年，沈阳常住人口增长近 100 万，是东北地区人口净增长最多的城市。高校、医疗资源优势突出，为沈阳长足发展带来吸引力。但人口老龄化趋势显著，老城区居住人口密度和就业人口密度双高，"单中心集聚"的空间结构性问题仍然突出。"最后一公里"的服务仍待完善，社区空间环境品质仍待提升。

2.3 人文魅力维度

沈阳历史文化名城建设成效显著，历史、红色、工业三大文化品牌逐渐形成社会共识，形成了一批具有吸引力的文化"打卡地"。但快速的现代化建设对既有特色风貌造成一定影响，文化底蕴彰显不足。

2.4 绿色生态维度

主题公园、口袋公园、立体造景、桥下空间建设提速，但公园绿地空间分布不均、结构联通欠佳，就近服务的社区公园和小游园不足，缺少活动空间和服务设施，气候调节等生态功能相对较弱。

2.5 韧性智慧维度

人性化理念引领下的街路更新工作成效显著，5G 设施规划和建设快速推进，为城市新基建奠定基础。但防洪、人气等安全隐患不容忽视，行车、停车难问题有待缓解，综合防灾和安全韧性有待提升。

3 特征解读与目标设定

3.1 更新特征

（1）工业遗存资源丰富

沈阳被誉为"共和国长子"和"东方鲁尔"，一百多年来沉淀了大量的工业遗存，但仅有较少一部分列为工业文化遗产，大量工业建筑面临着更新。

（2）老旧小区存量众多

尤其是 20 世纪 80~90 年代的棚改建设了大量 6~9 层的居住区，解决了住房短缺问题，但是为城市的可持续发展留下了难题。

（3）房地产化倾向明显

商业综合体规模巨大，住宅容量供给过剩。总体来看，沈阳城市规划建设形成了自身的特色优势，也面临着迫切的转型发展需求。沈阳应以城市更新为抓手，推动城市建设方式从粗放型规模扩张向精细内涵高品质建设转型，推动政府治理模式从主导公共供给向多方联动激发城市活力转型，推动城市发展动力从固投和房地产路径依赖向绿色低碳智慧范式转型。

3.2 更新目标

以治理"城市病"为切入点，以城市复兴为愿景，提升市民幸福感和获得感，为城市发展注入可持续的内生动力，催化沈阳从工业文明时代优等生向生态文明时代模范生华丽蝶变，形成对"一枢纽、四中心"建设的重要支撑，探索出一条资源约束条件下的老工业基地城市内涵式城镇化道路。

3.3 阶段目标

至 2025 年，以制度探索完善和空间环境改善为主，全面落实省部共建城市更新先导区实施方案，以老城区核心板块为主，开展省域和东北地区城市更新行动示范。

至 2030 年，以动能转换促进和空间结构优化为主，培育城市竞争力，"一枢纽、四中心"建设取得成效。

至 2035 年，通过城市功能和空间环境的综合提升，推进核心区建成高品质生活、高质量发展、高水平治理的经济社会体系，实现老工业基地转型发展示范。

3.4 近期主要任务

（1）到 2035 年，计划推进城市更新规模约 95 平方公里，计划实施完成城市更新规模约 30~40 平方公里。

（2）全面启动重大搬迁地区改造，通过重大搬迁地区的城市更新，基本完善城市中心体系架构。

（3）力争完成约 3~5 个重点产业片区改造，为战略性新兴产业腾挪空间，带动产业结构调整，提升园区产业竞争力。

（4）完成约 10 处历史地段的更新改造；借助历史街区的文化符号、内涵和集体记忆，规划引导公共文化综合体建设，促进文化相关和物质空间的有效保护，提升城市形象品质。

4 更新规划统筹

4.1 工作框架

为深入落实部省共建城市更新先导区和试点城市相关工作部署，按照"政府组织、专家领衔、部门协作、公众参与"的原则，沈阳市开展《沈阳城市更新专项总体规划（2021-2035）》编制。经现场调研、资源梳理、问题分析、经验对标，与沈阳国土空间总体规划、总体城市设计、核心发展板块等相关工作充分衔接，制定了一个目标、五

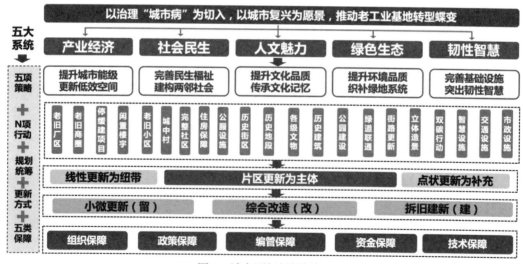

图 3 城市更新规划框架

大系统、分区统筹、分类施策、五项保障的更新规划方案,重点回答了"哪里更新""更新什么"和"怎样实施",规划目标近远期结合,以行动计划落实回应相关诉求,形成了符合沈阳需求的城市更新规划顶层设计和实施机制。(图3)

从产业经济、社会民生、人文魅力、绿色生态、韧性智慧5个系统入手,实施5类更新策略,开展系列更新行动。通过城市更新优化空间结构,形成以片区更新为主体、线性更新为纽带、点状更新为补充的空间模式,统筹划定重点、一般、储备三类更新片区,并引领各区城市更新工作方向,规范小微更新(留)、综合改造(改)、拆旧建新(拆)三种更新方式,提出组织保障、政策保障、编管保障、资金保障、技术保障要求促进城市更新规划实施。

4.2 结构优化

市域范围内统筹主城、副城、县域中心城市、新市镇。中心城区范围内,形成三大更新圈层:老二环内聚焦存量资产提升,促进商贸金融、文化创意、科技创新等核心功能聚集;二环和三环之间侧重功能结构优化,整治城乡接合部,培育次中心,弥合都市阴影区和建设断裂带;三环以外主要通过城市更新促进产业转型升级和产城融合,面向工业4.0,推进国家先进制造中心、综合性国家科学中心建设。

4.3 片区划定与事权界定

为避免"破碎化、无序化"的城市更新,衔接沈阳国土空间总体规划、总体城市设计、核心板块划定方案,本着"存量空间有资源、属地政府有意愿、空间边界有衔接、项目包装有动力"的原则,划定规模适度、集中连片的更新片区,形成城市更新政策区,覆盖国家开发银行等国资平台的投融资项目需求。

其中,重点更新片区是"一枢纽、四中心"建设承载地区,由市级统筹管理,属地区政府组织实施。一般更新片区为大量的老旧小区、老旧厂房及仓储物流区以及更新实施需要统筹管理的地区,由属地区政府统筹管理和组织实施,向市政府报备。储备更新片区以军用机场、军工企业、特殊工厂区为主,对远期完善城市结构和提升城市功能具有重大作用,由市级政府统筹推进,报省政府备案,属地政府配合。

根据各行政区资源禀赋和发展诉求,确定城市更新的主要对象、典型片区和更新方向。和平区通过城市更新打造东北亚国际消费中心、东北健康医疗中心、高质量发展和高品质生活示范区;沈河区通过城市更新打造古城复兴典范、"两邻"幸福家园、高品质的区域性金融中心;大东区通过城市更新打造民族工业和红色文化展示地、新旧动能转换示范区;皇姑区通过城市更新打造环北陵历史文化体验区和世界文化遗产旅游目的地,北部地区创新高地;铁西区通过城市更新打造世界级工业文化展示区、共和国工业文化巡礼地、高质量产业赋能与人才高地,面向工业4.0的产业集聚区、开放引领和创新示范区；于洪区通过城市更新打造智能装备基础制造和现代商贸物流配套服务区，数字产业创新示范区；苏家屯区通过城市更新打造产城融合发展示范区、宜居宜业幸福城区；浑南区城市更新打造区域科技创新中心、文化中心、商务中心，建设国家中心城市引领区和区域高质量发展主引擎；沈北新区通过城市更新优化沿蒲河带状组团布局，打造宜居宜业宜学的北部副城、新旧动能转换产业示范片区。

4.4　分类策略

（1）产业经济振兴——提升城市能级，更新低效空间

针对老旧厂区及仓储用地、老旧商圈、停缓建和闲置楼宇，通过激活闲置低效空间、促进产业集群发展、鼓励创新功能混合，推动产城融合及产业转型升级，助力培育千亿产业集群、百亿产业商圈、十亿创新创意产业聚集区和亿级特色商业街。

（2）社会民生保障——完善民生福祉，促进两邻社会

主要针对 2000 年以前建成、居住环境差和配套设施不足的老旧住区，通过分级提升人居品质、分区回应民生需求、分期构建完整社区，实现老旧小区"一拆五改三增加"，落实"15 分钟生活圈"全面覆盖。

（3）人文魅力彰显——提升文化品质，传承文化记忆

针对历史文化街区、历史风貌区、工业遗产、历史建筑等紫线控制的地区，通过分类保护传承记忆、科学修缮延续风貌、活化利用促进活力，构建多元文化场景和特色文化载体，彰显沈阳文化魅力，推动区域文化创意中心建设。

（4）生态绿化优化——提升生态环境，完善绿地系统

针对综合公园、社区公园、小游园（口袋公园、街角绿地）、水岸空间等，通过织补"三环、三带、四楔、五级"生态系统，强化生态空间链接，完善小微公园和滨水空间绿化建设，实现推窗见绿、出门进园、凝眸是景、步移景异。

（5）韧性智慧支撑——完善基础设施，突出韧性智慧

针对重要街路、背街小巷、老旧基础设施，通过街路综合有机更新、老旧设施改造完善、智慧和低碳设施升级，形成新基建引领下的完善支撑供给体系，提高安全韧性。

4.5　实施方式

针对具有历史人文魅力和现状建筑质量情况较好的空间对象展开，基本不改变建筑主体结构和风貌特色，采用"绣花"功夫延续文脉。针对老旧小区、商业区、闲置楼宇开展，提升建筑风貌、实施局部改造、优化建筑容量，鼓励合理的功能置换和业态提升。针对没有保护价值的低效工业区、棚户区等现有土地功能不适应城市发展需要的空间，对功能完善、产业升级、风貌塑造有较大作用。

4.6　更新步骤

结合各区县实际开展的更新项目，加强规划统筹，定目标、定路径、定流程、定规模，加快建立城市全生命周期的管理机制。针对更新片区实施，建立从前期策划到落地实施的全周期链条指引，包括深化体检找问题、多元协商谋共识、规划设计塑场景、项目包装寻资金、五大行动落项目、良性运营求共赢 6 个步骤。

5　沈阳城市更新的制度建设

5.1　组织管理体系

城市更新规划管理涉及城市多部门间的规划组织协调、审批，以及单一项目实施过程中的协调、审批，目前建立了全市城市更新领导小组统筹，形成了部门管理 + 两级事权的管理模式。

市自然资源局、市城乡建设局、市城市管理行政执法局、市房产局、市文化和旅游局等部门均涉及更新业务。

市级政府：管理体系不完善，未设立主管城市更新的相关部门，以多部门组织协调为主。

区级政府：部分老城区如沈河区、大东区、铁西区、苏家屯区已经设立了城市更新局，郊区区县以辽中区为代表设立了城乡更新局，对管理机制展开探索。

5.2　政策保障体系

（1）总体指导政策

目前，在《辽宁省城市更新条例》框架下，《沈阳市城市更新办法》已经出台，《沈阳市高品质城市建设行动工作方案（2021–2023 年）》等相关技术内容正在编制讨论中。

（2）历史文化名城保护类

《历史文化名城保护行动实施方案（2019–2021）》（沈政办发〔2019〕34 号）《沈阳市盛京皇城综合保护利用工作方案》（沈政办发〔2020〕20 号）、《历史文化名城保护行动实施方案（2019–2021）支持鼓励政策（试行）》（沈自然资发〔2021〕4 号）等。

（3）工业遗产文化活化类

《关于保护利用老旧厂房拓展文化空间的指导意见》（沈政办发〔2018〕134 号）、《推动〈关于保护利用老旧厂房拓展文化空间的指导意见〉落地实施办法》（沈文改发〔2020〕2 号）等。

（4）老旧小区品质提升类

《辽宁省老旧小区改造技术指引》《沈阳市老旧社区有机更新建设指引》《沈阳市老旧小区改造提质设计导则（2018–2020）》。

（5）基础设施更新类

《沈阳背街小巷综合整治》《沈阳市街路全要素总体设计》等。

沈阳市目前的政策多以历史名城保护和旧城改造的政策体系为主体，针对城市更新的立法尚未确立，财税、人才、审批等更新政策相对滞后。

5.3　编制管理体系

依照"更新战略—专项规划—片区规划设计—单元/项目规划设计"的编制思路，自上而下规划引领统筹；依据更新片区分类审批、分级监管，建立完善的更新规划编制管理体系。（图4）

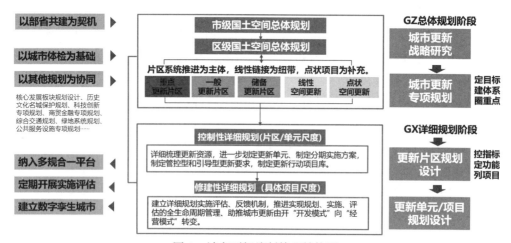

图 4　城市更新编制管理结构图

5.4　技术创新体系

在沈阳国土空间总体规划和多规合一平台的基础上，积极运用开发策划和城市设计技术手段，通过目标指标化、规划项目化形成城市更新的目标传导机制。有序开展沈阳市 CIM 平台和数字孪生城市建设，将城市更新规划、设计、投资、审批、建设、运营（PDIPBO）全过程纳入城市信息系统，强化更新过程的低碳要求，加快推广数字审批应用。

作者信息

李晓宇，男，教授级高级工程师，沈阳市规划设计研究院有限公司所长，研究方向：历史遗产保护与城市更新。

黄　鹤，女，清华大学建筑学院副教授，研究方向：城市设计与文化策略。

王璐瑶，女，中级工程师，沈阳市规划设计研究院有限公司设计人员，研究方向：城市更新。

案 例 篇

社区公司参与下的美国西雅图唐人街国际区多元协同更新机制研究

摘要：第二次世界大战后的美国在城市郊区化发展过程中，许多传统的历史街区走向衰落，面临历史建筑空置废弃、原住民搬离、商业空间萎缩、公共空间环境恶化等问题。20世纪70年代，美国社区发展公司作为"第三方组织"，运用多元协同更新机制，逐渐使得历史街区走向复兴。以西雅图唐人街国际区为例，通过成立西雅图唐人街国际区保护与发展中心这一社区发展公司作为协同平台，协调居民、政府、商户的各方利益，以历史建筑更新、街巷空间改造提升、协助区内商户运营等为措施，共同推动了西雅图唐人街国际区这一历史街区更新。面对当下我国历史街区更新中的困境，解析讨论社区发展公司参与下历史街区多元协同更新机制，将为我国的历史街区复兴提供理论参考。

关键词：历史街区复兴；社区发展公司；多元协同

1 引言

历史街区因保留了区别于其他地区的独特气质和当地居民的集体记忆而成为城市的珍稀资产，其独特性不仅表现为物质空间环境的地方性，还表现为经济、社会、生态因素等交叉作用形成的整体风格。[1]目前我国的历史街区由于建筑产权复杂和文物冻结等原因，存在建筑功能衰退、基础设施落后、经济条件较好的原住民逐步搬离而遗留下无力搬迁的低收入的年老边缘群体和弱势群体等问题。类似问题在美国也曾经发生：20世纪40年代，由于郊区的无序蔓延越演越烈，随之带来了内城衰败、传统历史街区社会结构瓦解、原住居民搬离等问题。20世纪70年代，美国社区发展公司作为"第三方组织"，通过采取多元协作的更新机制，促使许多历史街区走向复兴。本文以西雅图唐人街国际区为例，梳理其历史脉络，寻找其历史困境，借助多元协同更新理论，解析西雅图唐人街国际区保护与发展中心作为发展公司推动历史街区更新的内在机制，希望为我国的历史街区复兴提供理论参考。

2 美国社区发展公司的形成

2.1 城市更新中的"公地悲剧"——社区发展公司形成背景

　　1968 年，英国学者哈丁（Hardin）在《科学》杂志上发表的一篇题为《公地的悲剧》中指出：在公共牧场中，牧羊人不顾草场的承载力，为了增加个人收益而无序放牧，导致牧场过度使用而荒芜。随后，哈丁进一步发展该理论，提出：当个人追求的最大利益化，整体就会走向毁灭。在经济学领域的"公地悲剧"影射的是社会资源分配中的个人利益和公共利益的失衡，为了有效管理社会资源，往往会形成两种思路：私有化和国有化。在城市更新过程中，私有化的资源管理模式对应的是市场主导型的城市更新模式，而国有化的资源管理模式对应的是政府主导型的城市更新模式，两种模式都有不同的弊端。

2.1.1 市场主导型的城市更新模式的失灵

　　20 世纪 60 年代，美国掀起了城市更新运动（Urban Renewal）和大规模的高速公路建设。城市更新运动中所提倡的理性规划（Rational Planning）强调，消除和隔离城市衰败（Blight）区域将会使城市走向健康、安全、高效。政府授权私人企业对城市进行大规模拆除重建。然而，一方面，作为市场代表的私企往往追求利益最大化，为了降低开发成本，胁迫原住民迁移而强制征地，同时为了提高利润，在对原有老旧社区重新建设投入了大量的开发资金后，置换出来的是价格高昂的商品住房，也使原有社区低收入人群被迫离开，导致原有社区的绅士化。[2]另一方面，这种以市场为主导的城市更新方式也没有考虑到地方社会关系与社会网络的问题，物质空间的改善并没有彻底扭转导致城市文化特色衰退与城市贫困人口的本质问题。

2.1.2 政府主导型的城市更新模式的失灵

　　美国政府面对城市暴动、市民权力崛起和反战情绪高涨，为缓解市场为主导的建设模式失灵所带来的社会问题，开始采取社会、经济、政治相结合的综合视角来分析城市更新的问题，决定通过政府主导的方式重新分配社会资源，拯救低收入人群，以维护社区居民的利益。随后，美国政府开始推行社区行动计划（Community Action Program）和模范城市计划（Model City Program），提出了旨在资助市民参与社区组织和促进公共私人部门合作的社区规划，强调整个社区参与城市更新的战略和管理过程。但是这种依靠政府提供社区服务的模式，导致了投入成本高、效率低和服务机构难以适应社区需求的弊端。

2.2 多元协同型城市更新模式——社区发展公司兴起

2.2.1 理论溯源

　　1976 年，德国斯图加特大学哈肯（Hermann Haken）教授在《协同学导论》

里系统地阐述了协同理论，"协同理论主张从宏观的角度研究系统内的各部分之间的关系、各子系统的相互合作及其作用规律。"随后，协同学理论被引入许多学科领域，研究不同学科系统中不同子系统之间协调与协作。协同理论认为整体系统与子系统之间有序化与稳定性，将实现整体系统的能效增倍，形成1+1>2的协同效应。

1951年，英国学者迈克尔·博兰尼在《自由的逻辑》一书中提出了"多中心"（Polycentricity）的概念。博兰尼提出：社会当中的自发秩序体系是通过体系内多中心性要素相互调整而自发实现的，并不能通过共同性团体有意地完成。[3]20世纪70年代，美国学者埃莉诺·奥斯特罗姆与文森特·奥斯特罗姆夫妇将这一理论引入公共治理领域，强调治理主体的多元化。多中心理论治理认为人类社会的治理应借助多个而非单一权力中心和组织体制治理模式，强调参与者的互动过程和能动创立治理规则、治理形态，其中自发秩序或自主治理是公共治理的基础。在城市更新的治理过程中，将协同理论与多中心治理理论结合：一方面，强调城市治理的多元主体模式，有利于消除由市场或政府一元主导的城市更新模式弊端；另一方面，社会是一个具有开放性的复杂巨系统，由政府、企业、公众等子系统组成，结合协同理论，有利于优化城市更新治理过程中多元主体各子系统之间的关系，将多元主体治理的总系统能效增倍，形成协同效应。因此，多元协同的城市更新模式具有很强的可操作性。

2.2.2 多元协同型城市更新模式——社区发展公司

市场与政府主导的城市更新模式失灵的背景下，社区发展公司（CDC：Communit Development Corporation）这一"第三方组织"应运而生。社区发展公司作为介于公有部门和私人部门之间的社区非营利组织，是美国联邦政府通过财政转移支付为城市政府和社区提供发展资金的载体。[4]社区发展公司采取多元主体协同合作的城市更新模式，覆盖的多元主体包括政府、居民、商户等，这种多元协同更新模式表现在三个方面：

（1）在参与机制上的协同，社区发展公司强调社区居民权益，鼓励公众参与，提升居民在社区事务上决策的公平性。例如，在社区发展公司的组织架构中，各地政府明确规定了其管理机构由社区居民选举而来，也可以加入参与建设的企业和组织，但规定董事会至少1/3的成员来自社区居民。社区居民可以根据社区自身问题提出建设提议，并在董事会上商讨谋划，政府和商户提出的建设议案则是必须通过董事会居民的同意。

（2）在运行机制上的协同，社区发展公司采取政企混合模式。首先，各个地方政府根据各地情况，详细规定社区发展公司董事会的任免方式、任职资格、基本职责、社区编制预算的程序和社区需求评估等多方面内容。社区发展公司则代理政府部分职能，如承担社区建设管理、规划编制、实施等工作。通过这种方式减轻了政府机构运行成本，也提高了政府处理社区事务的公正性。其次，社区发展公司采取企业化运营方式：一方面，从政府等相关部门取得资助和税收减免政策，例如1977

年的《社区再投资法》制定了能满足社区发展信用需求的相关法律，1998 年美国国会通过的《联邦税收法》对如社区发展公司这类公众的组织进行分类并予以相应的税收减免；另一方面，社区发展公司将筹集资金用于社区本地的住宅、商业开发建设与管理运营，也使得社区发展公司获得稳定的收入来源。

（3）在服务机制上的协同，社区发展公司采取居民、商户等相关利益者与专业机构混合决策模式，在考虑居民参与的前提下，聘请专业机构为社区事务提供相关服务，保证社区发展公司处理社区事务的效率性。

社区发展公司成为美国城市更新的主要推动者，到 2016 年，美国有 4600 家社区发展公司，这些非营利的社区组织每年平均提供 96000 个保障性住房单元，7.41 亿平方英尺的商业空间和 75000 个就业岗位。[5]美国许多位于城市中心的历史街区往往也属于少数族裔和低收入阶层社区，在城市更新过程中，被视为城市的衰败区域而面临被拆除的窘境，因此，许多社区发展公司承担了历史街区复兴的任务。充分理解并展开相关经验应用，将极大地提升我国城市环境建设的品质。下文将结合西雅图案例对其展开深入解析。

3 西雅图唐人街国际区的多元协同更新

3.1 西雅图唐人街国际区的历史与现状

20 世纪 70 年代，许多中国劳工到西雅图从事修铁路、罐头厂工人等工作，成为西雅图最早的一批亚洲移民，定居于西雅图的东南边缘区域。20 世纪初，菲律宾人、越南人大量迁移到此区域。1972 年，该区域被命名为西雅图唐人街国际区（Seattle Chinatown International District，简称 "国际区"），作为亚裔聚集地区，其占地面积 0.57 平方公里，I–5 高速公路以西的区域被列为西雅图八个历史街区之一，也是美国大陆唯一一个泛亚历史街区。[6]（图 1）

西雅图唐人街国际区虽然是著名的历史街区，但同时也是低收入人群与老年亚裔以及流动人口组成的少数族裔聚集区。2016 年，居住人口为 2.2 万人，28% 的男性为 45~50 岁，22% 的女性为 70~75 岁。家庭年收入中位数为 3.45 万美元，远低于西雅图 8.3 万的家庭收入中位数。48% 的居民非美国出生，31% 的居民不能流利地用英文交流，44% 的居民没有接受高中教育。[7]因此，维护

图 1　1920 年西雅图中国城的街景

弱势群体的利益、保持国际区的亚裔特色、防止其绅士化，是国际区作为历史街区在更新过程中需要着重考虑的问题。

3.2 建立多元主体协同的组织平台——西雅图唐人街国际区保护与发展中心

社区发展公司以政府人员、商户、居民为主导，采取多元主体相互依赖、相互配合的模式。社区发展公司作为三方利益相关者的中间枢纽，为保障三方权益，在董事会人员架构中，政府人员、商户、居民三方均有不同比例的分布。1975 年，西雅图政府与国际区促进协会（International District Improvement Association）这一社区非营利组织合作成立了社区发展公司——西雅图唐人街国际区保护与发展中心（ Seattle Chinatown International District Preservation Development Authority，简称 SCIDpda ）。SCIDpda 是以政府、居民、商户业主三方联合的方式共同决策国际区事务，通过董事会的主体权益设置来平衡各方权益。在 SCIDpda 董事会成员中，12 名理事会人员以亚裔为主，除了专业的从事社区管理、住房、金融等相关背景的人员以外，有 2 名成员有多年政府公共部门工作经验，主要承担的任务在于解读政府文件和处理国际区居民、商户与政府之间的关系协调问题；董事会成员有 4 名来自于国际区的居民，其中 1 名也是国际区内的当地商户，切实保障居民和社区商户在社区事务上的决策权。[8]

3.3 积极协同多元利益促使历史建筑的良性再生

3.3.1 历史建筑面临的困境

西雅图唐人街国际区的历史建筑为砖木混合的多层建筑，早期二楼以上作为单人旅馆（Single Room Occupancy，简称 SRO）租给外来劳工和低收入新移民，一楼作为沿街商业店铺。目前西雅图唐人街国际历史区 1939 年以前建成的 SRO 有 1245 间，1940~1949 年为 228 间。[7]（图 2、图 3）然而，国际区内许多历史建筑面临被空置、废弃的问题，主要有以下两方面原因：第一，历史建筑的改造成本高，回报率低，居民改造意愿低。例如：出于抗震安全的考虑，2012 年西雅图政府要求对全市无筋的砖砌建筑（Unreinforced Masonry，以下简称 URM）进行强制性抗震改造。URM 改造成本在每平方英尺 6~130 美元。每投入 100 美元用于 URM 改造的公私(Public-private)回报率只有 7.60 美元，而业主每花费 100 美元只能获得 3.30 美元的利润。[9] 第二，复杂的产权关系成为改造与再利用历史建筑的障碍。1885 年的排华法案规定中国人没有购买土地的权力，但是允许以公司名义购买。因此国际区内有许多历史建筑是中国人以家庭会馆（Family Association）名义集资购买，经过 100 年的产权更替，有的建筑产权人高达 200 人。[10] 因为产权人多意见各异，难以达成一致的修缮改造等方案，成为许多历史建筑空置的重要原因。

图 2　家庭会馆议事空间　　　　　　　　　图 3　单人旅馆

3.3.2　协同政府宏观保障房政策促使历史建筑的良性再生

历史建筑的良性再生过程中，涉及社区居民、商户、政府多方利益，构成了公众力量、市场力量和政府力量的三角结构，社区发展公司则是三方利益相关者的调和剂。政府作为宏观调控者，对于老旧社区更新需要对症下药，提高政府决策的效率，在经济政策上体现为有的放矢的资助项目。例如，对于历史建筑改造成保障性住房，政府有相应的税收减免等资助项目："美国联邦历史保护税额抵免"项目（Federal Historic Preservation Tax Incentives，简称 HTC）、"低收入住宅税额抵免"项目（Low-income Housing Tax Credits，简称 LHTC）、"联邦住宅税额抵免"项目（Federal Rehabilitation Tax Credits）、"新市场税额抵免"项目（New Markets Tax Credit Program，简称 CDFI）等。而国际区作为历史街区，以低收入人群与老年亚裔以及流动人口居多，居民的居住条件普遍差。SCIDpda 利用申请政府保障房资助项目，为国际区的历史建筑改造获得资金，收购和管理一部分产权比较清晰的历史建筑，改造成可保障住房和零售商业空间，租给低收入居民、新移民以及商户等。目前，SCIDpda 在国际区购买、开发和代管理保障性住房有 513 套，约占区内保障性住房的 69%，其中由历史建筑改造的保障性住房 235 套，占区内保障性住房的 31%。[11]（图 4）

SCIDpda 通过将历史建筑复兴与保障房结合的方式，有效地调和了政府宏观政策有针对性的实施要求和国际区低收入居民的住房需求之间的矛盾。SCIDpda 收购改造历史建筑，为国际区居民更新了居住环境和保障了国际区特有的亚裔商业环境，不至于由于完全市场化而导致低收入亚裔居民的流失。SCIDpda 对改造后保障房进

OH-Funded Rental Housing in Chinatown/ID

Housing	Owner	Total units	≤30% AMI	≤60% AMI	Prop Mgr
Bush Hotel	Seattle Chinatown Int'l Dist PDA	96	46	49	1
Domingo Viernes Apts	Seattle Chinatown Int'l Dist PDA	57	31	25	1
Eastern Hotel	Interim Community Dev Assoc	47	15	31	1
Hirabayashi Place	Interim Community Dev Assoc	96		95	1
International House	Cascade Affordable Housing LLC	98	95	2	1
Jackson Apartments	Jackson Apartments Corporation	17	17		
Legacy House	Seattle Chinatown Int'l Dist PDA	75	60	15	
Leschi House	Seattle Housing Authority	69	34	34	1
New Central	Seattle Chinatown Int'l Dist PDA	29		28	1
Nihonmachi Terrace	Interim Community Dev Assoc	50	27	22	1
NP Hotel	Interim Community Dev Assoc	63	40	22	1
Oak Tin Apartment	Gee How Oak Tin Foundation	21	6	15	
Rex Hotel	Wa Sang Foundation	27	6	24	
TOTAL		745	79	160	9
Under Development					
LIHI Little Saigon	Low Income Housing Institute	70		69	1
Plymouth Rainier	Plymouth Housing Group	104	102		2
Thai Binh	Polaris ID Apartments LLC	249		247	2
Uncle Bob's Place	Interim Community Dev Assoc	104		103	1

图 4 深色部分为截至 2018 年 SCIDpad 管理的国际区内的保障性住房

行物业管理，在获取了稳定的收入来源的同时，还与业主建立了信任关系，更为直接深入地了解了街区现状、需求与挑战。

3.3.3 协同居民、商户需求促使历史建筑的良性再生

社区居民、商户作为使用者群体，满足其日常居住和经营是驱动历史建筑更新的基本动力与目标。但是由于历史建筑改造成本高昂，回报率低，阻碍了历史建筑的改造。SCID pda 作为社区发展公司扮演着自上而下和自下而上的规划枢纽角色，为了顺利推进 URM 改造项目和落实 RRIO 法案，SCIDpda 需要充分了解国际区居民和商户对历史建筑改造的诉求，帮助其找到适合的改造资助项目，并及时将居民的反馈意见给政府，从而充分调动改造意愿。SCID pda 主要通过以下三个方面开展协同工作：

（1）SCIDpda 利用业主居民、商家和国际区其他的机构建立的长期合作关系，在社区内对 RRIO 法案进行科普和宣传活动。2016 年 SCIDpda 提出 URM 改造的试点计划，编制印发中英文小册子，通俗易懂的方式宣传关于 RRIO 法案和拟议 URM 项目的相关政策背景的时间安排，让民众对该项目有较为准确的认识。

（2）SCIDpda 积极收集国际区居民和商户企业意见，协调多元诉求，聘请建筑修复、建筑估算、贷款银行等方面的专业人员为居民提供政策分析及财务咨询服务。SCID pda 为业主举办八场工作坊，共有来自 30 栋建筑的 94 位业主参加，与约 30 名业主合作提供一对一的专业改造评估预算，帮助居民选择了解不同的财政资助项目，最后选出 7 栋有代表性的历史建筑进行试点改造。

（3）SCIDpda邀请政府部门人员参与工作坊，将居民的诉求直接转达到政府部门，以形成对称的信息通道。SCIDpda作为项目协调者，邀请来自华盛顿州住房财务委员会、西雅图经济开发署等相关政府部门人员，通过构建政府与居民、专业人士的沟通平台，及时将居民需求向政府反映。这种沟通通道的建立有利于实现政策的针对性，提高政府自上而下的政策效率。（图5）

3.4 专业机构和居民参与的协同混合决策模式提升国际区街巷空间品质

近年来，西雅图唐人街国际区面临着基础设施陈旧、治安状况恶化、公共空间特有的亚裔文化特征消亡的问题。街巷空间本是原住民和华裔劳工公共生活和互动的重要场所，也是其空间活力最重要的载体。然而，一方面，因为汽车的广泛使用造成街道变成停车场，大型垃圾桶放置于此造成污染以及缺乏照明设施让街巷空间成为犯罪的温床，使得这里的街巷空间逐渐走向衰落；另一方面，西雅图唐人街国际区属于低收入和边缘化人群的区域，老年人口多，很多居民不会说英文。因此，许多居民缺乏参与街区公共空间振兴的意愿。（图6）

社区发展公司虽然是由居民、政府、商户共同决策社区事务，但是实现社区自治同样需要相关专业机构的支撑，通过专业机构的介入可以高效整合社区的基层需求，并进一步科学地统筹细化，形成操作性强的系统方案。在国际区公共环境提升过程中，SCIDpda作为社区发展公司从居民利益出发，采取协同专业机构和居民参与的混合决策模式，具体采取以下三方面的措施：

（1）积极培育社区志愿者组织，鼓励引导国际区居民参与决策区内公共事务。例如：2009年SCIDpda组织成立了国际区的志愿者组织——中国城街巷合作组织（Chinatown Historic Alley Partnership，简称CHAP），并将该街区三条历史街巷之一的广东巷（Canton Alley）作为街区振兴试点项目。SCIDpda对CHAP成员进行宣传教育、提供相关信息，使得成员不仅局限于参与会议，而且还积极参与筹款、宣传、

图5 SCIDpad工作人员与业主以及相关
专业人士的讨论会

图6 在陆荣昌博物馆举行的广东巷
复兴项目公开会议

倡导、规划和设计等过程。同时，SCIDpda在广东巷项目的整个过程中帮助CHAP处理行政工作、指导撰写基金资助申请与管理赠款、担任CHAP财务代理、与专业设计团队定期会议进行方案协调等工作。

（2）利用高校丰富的设计资源优势，为国际区公共环境提升提供创意性的解决方案。SCIDpda与华盛顿大学建筑学院合作，结合学校研究生课程，开设设计工作坊，为国际区公共空间改造提供初步的设计方案。华盛顿大学建筑学院的师生结合开放式规划的方法，通过将老年餐会与设计意象交流会结合，了解居民的设计偏好，交流听取居民的设计意见（图6）。最终，华盛顿大学建筑学院师生完成的设计方案帮助CHAP获得来自西雅图交通运输部的4万美金资助，为CHAP聘请专业的机构进行国际区公共空间优化提供了启动资金。

（3）SCIDpda聘请专业设计团队，借助专业机构力量帮助CHAP有效弥补对于户外空间优化具体设计的专业性不足的问题。设计团队（Nakano Associates and Weinstein Architecture and Urban Design）从照明设施优化、地面铺装、标识牌提升、街道景观和店面前的景观改造等几个方面对该区域的街巷空间进行优化，并将最终成果提交相关部门，为该项目申请到来自"社区匹配基金"（Neighborhood Matching Fund）9万8千美金的资助。[12]（图7、图8）

3.5 协同国际区内企业运营保持社区亚裔文化特色

20世纪80年代初，该区域面临绅士化的压力，政府投资1亿美元在周边修建新的体院馆和轻轨车站，周边房屋价格翻了2~3倍，每块地价平均值为400万美元，

图7 居民对专业机构提出的街巷 　　图8 广东巷改造对比
　　空间设计意象图进行投票

每平方英尺 250 美元，在此开发住房的成本高昂，传统零售商和餐厅因租金上涨的问题搬离该区域。[13]

对于西雅图唐人街国际区来说，许多具有亚洲特色的商铺是其亚裔文化特征中的重要组成部分。为了保持国际区特有的亚裔文化特色，SCIDpda 需要协助社区沿街店铺取得良性运营，从而防止店铺空间的衰败与空置。SCIDpda 采取如下措施协助社区商户的运营：

（1）SCID pda 联合其他专业的社区型商业组织一起，承担起社区商户与政府沟通的任务，拓宽商户获取相关信息的渠道；积极倡导相关政策、法规和标准，从而帮助弱势、不能充分代表的（Underserved and Underrepresented）少数族裔企业成为营利的可持续型企业。例如，帮助商户获得来自政府的小微企业的贷款援助，并提供相关技术服务和翻译工作。（图 9）

（2）SCIDpda 为空置的商业空间进行招商，并为商户提供相关咨询服务。通过为国际区沿街店铺发起商业推广活动，活跃区内商业气氛。

（3）在经济困难时期，通过多渠道为区内商户募集周转资金，帮助其渡过难关。例如 2020~2021 年新冠疫情暴发国际区内许多小企业和餐厅损失巨大，面临倒闭。SCIDpda 与其他社区组织一起募集企业救助基金，分批次发放给商户。（图 10）

4 结语

SCIDpda 作为美国社区发展公司的一个缩影，展示了在摒弃政府主导型和市场主导的两种城市更新模式后，美国社区发展公司作为第三方社区组织采取协同居民、

图 9 SCIDpad 在 Facebook 上发布
的帮助社区的申请贷款

图 10 2020 年 SCIDpad 为国
际区的企业募集基金的海报

商户、政府、专业机构的多元协同更新机制（图11），在保障街区居民、商户利益诉求的前提下，推动了街区外部空间的优化、历史建筑的更新、街区商业空间的活化，有效保护了传统历史街区风貌，成功地摆脱了历史街区绅士化的困境。

目前，我国的历史街区多处于城市核心位置，由于周边地价高昂，生活成本高，街区中的弱势群体被逐渐边缘化而被迫搬离。而政府往往采取城市功能置换和提升的方式对历史街区进行大规模改造，许多破败的街区被改为面向白领等高收入阶层的高档消费场所或居住区，缺乏对街区内弱势群体等相关利益者的权益保障。另外，我国在历史街区更新过程中，存在多头管理、条块分割矛盾、协同保护机制不完善的问题。同时，在我国历史街区更新过程中的社区组织参与仍处于初步阶段，规模相对较小、经费渠道单一、居民的参与还没有从"象征性参与"上升到"实质性参与"层面。美国社区发展公司组织下的多元协同城市更新模式对我国历史街区更新具有启发意义：面对历史街区更新过程中的此类困境，可以借鉴社区发展公司的多元主体组织模式，采取政企融合的精细化策略，根据我国历史街区更新中的困难，协商出政府、居民、商户相互融合的更新策略。历史街区更新不仅是历史街区空间的优化，更多的是要体现在与相关利益群体如何互动、达成共识、实现其对于美好生活与城市更新发展之间的良性平衡。[14]总之，历史街区更新是一个系统工程，需要街区中各个主体的协同参与而形成自下而上的更新动力，也更需要从政策、立法、金融等宏观决策层面系统把握来构建协同参与机制，从而让城市发展的红利能够在一个公平的协同机制内让相关利益者合理共享。

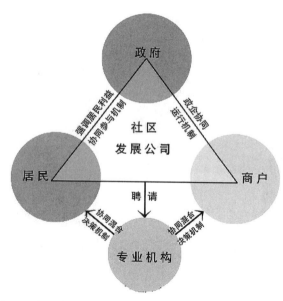

图11 美国社区发展公司参与下的历史街区协同更新机制

参考文献

[1] 汪雪.基于行动者网络理论的历史街区更新机制 [J].规划师，2018（9）：112–116.

[2] 毛键源，孙彤宇.效率与公平调和下的美国社区发展公司 [J].时代建筑，2020（01）：20–27.

[3] 熊光清，熊健坤.多中心协同治理模式：一种具备操作性的治理方案 [J].中国人民大学学报，2018（05）：145–152.

[4] 程又中，徐丹.美国社区发展公司：结构、模式与价值 [J].江汉论坛，2014（1）：56–60.

[5] https://blog.scad.edu/history/files/2015/08/CDC.pdf.

[6] Brian P. Kalthoff，An Analysis of Historic Preservation and Affordable Housing Incentives in Seattle's Chinatown – International District[D]. University of Washington，2012.

[7] http://www.city–data.com/neighborhood/Chinatown–Seattle–WA.html.

[8] https://scidpda.org.

[9] The Seattle Chinatown International District Preservation and Development Authority，Unreinforced Masonry Building and Neighborhood Preservation——How City Policies Impact The Chinatown ID and Pioneer Square，2016.

[10] Stephanie R. Ryberg，Neighborhood Stabilization through Historic Preservation：an Analysis of Historic Preservation and Community Development in Cleveland，Providence，Houston and Seattle，City and Regional Planning，Presented to the Faculties of the University of Pennsylvania，2010.

[11] C/ID Community Stabilization Work Group，Affordable Housing Development and Preservation in Chinatown/ID，2018，2，15.

[12] Ching Chan，Historic Alley Reactivation in Seattle's Chinatown International District[D]. University of Washington，2015.

[13] National Coalition for Asian Pacific American Community Development & Council for Native Hawaiian Advancement[J]. Asian American&Pacific Islander Anti–Displacement Strategies，2016，12.

[14] 毛键源，陈雯，孙彤宇.美国费城社区商业通廊的多元协同治理模式 [J].新建筑，2020（08）：45–51.

作者信息

李俐，华侨大学建筑学院风景园林系副教授，厦门市生态建筑营造重点实验室。美国华盛顿大学访问学者。

张恒，华侨大学建筑学院风景园林系副教授，博士。

基金项目：2018 年度福建省社科规划项目，项目编号 FJ2018B152。

存量时代居住类历史建筑保护更新的难点和对策——以上海市九福里和曹杨新村为例

摘要：居住类历史建筑由于规模大、设施陈旧、修缮资金不到位等原因，一直是城乡文化遗产保护的重点和难点。存量更新时代，如何在保护历史建筑、提升居住品质的同时，引导居民参与和挖掘"生活遗产"的多元价值是当前居住类历史建筑保护更新的重要课题。本文选择近期上海两个典型的改造案例，从项目背景、工作难点、设计策略和实施效果四个方面，详细阐述居住类历史建筑保护更新在空间、社会、文化方面的困境及相应对策，以期为全国其他同类地区提供可借鉴的经验。

关键词：存量时代；居住类历史建筑；保护与更新

1 引言

在城乡历史文化遗产中，居住类历史建筑占有较大的比重。以上海为例，自1989年至今确定的1058处优秀历史建筑中，居住类建筑占60%左右[1]。这些建筑规模大、设施陈旧，在保护修缮方面存在诸多问题。

1.1 保护难度大，拆除开发意愿强

居住类历史建筑建造年代较早，建筑现状大多不佳，居民加层、改建和违规使用房屋等情况也较为普遍，对建筑结构造成了一定的破坏；加上人口密度大、产权复杂，地方政府对历史建筑修缮的资金投入一直存在较大缺口，保护难度大[2]。与此同时，居住类历史建筑往往占据着市中心的优越区位，商业开发价值高——"与其保护修缮，不如拆除开发"的想法主导了20世纪90年代以来的快速城镇化和旧城改造，尤其是拆除保护等级不高的居住类历史建筑的现象更为普遍。

1.2 保护制度尚不完善

一方面是2008年施行的《历史文化名城名镇名村保护条例》明确了历史建筑的法定保护身份，并对地方政府保护历史建筑的职责做出了明文规定，但对政府不作为的行为缺乏有效的约束和处罚规定，存在执法不严和选择性执法的现象[5]。另一

方面是技术规范的滞后，大量居住类优秀历史建筑的修缮工程缺乏标准，施工质量参差不齐。直至2018年上海市制定《居住类优秀历史建筑保护修缮查勘设计和效果评价技术规程》，这一问题才部分得到了缓解。

1.3 缺乏存量时代保护更新的新思路和新方法

近年来，北京、上海、广州、深圳等中国超大城市逐步进入存量时代，存量时代的城市更新要求从过去的"拆改留"转变为"留改拆"——这一转变有助于居住类历史建筑摆脱拆除的命运，但距离历史建筑的保护要求以及居民实际生活需求之间仍存在较大差距。如何在"拆除重建"和"任其衰败"之间寻找保护与更新的平衡点，重新认识日常生活、邻里关系、集体记忆等"生活遗产"（Living Heritage）[3]在居住类历史建筑中的重要作用，以及在资金筹措和多元参与方面尝试新的思路和新的方法，是摆在当前文化遗产管理者和建筑师面前的重大课题。

2　基本概念与研究现状

本文中的"居住类历史建筑"泛指城乡各类文化遗产保护区（历史文化名城名镇名村、历史文化街区、历史文化风貌区、历史风貌街坊等）内具有历史、艺术、科学价值的，以居住功能为主的建（构）筑物。

对居住类历史建筑保护的现有研究主要集中在修缮技术和保护政策两个方面。修缮技术方面，学者大多秉持原真性和功能再生相结合的原则，强调在"现状调查和损坏分析"的基础上，采用最小化干预实现历史建筑结构安全和功能使用[4]。例如，在南京"天字号"建筑群修缮项目中，建筑师对建筑基础、雨水管道、内外墙体、木楼板、门窗、楼梯、木屋架、屋面、女儿墙等部位进行深入分析，对不同破损程度的构件选用不同的修缮技术并给出适宜的修缮方案[5]。一些国外的先进技术也有助于历史建筑上重要历史信息的保存，如浦东发展银行大楼的外墙清洗采用了英国生产的清洗材料及方法，中福会少年宫大厦采用德国砖体和防潮层损坏修复技术[6]，等等。随着材料科学和施工工艺的发展，修缮技术已不再是制约历史建筑保护修缮的主要难点。

保护政策方面，越来越多的研究开始关注历史建筑保护的政策法规与资金保障制度。例如，从政策支持、项目管理准入、项目方案策划论证与评审、施工组织管理四方面建立对优秀历史建筑实施有效管理机制，并提出建立优秀历史建筑改造开发专业队伍资质管理办法[5]。有学者基于国际公约和发达国家资金制度研究，提出在我国现有的历史建筑保护资金筹集渠道（财政拨款、捐赠、公有优秀历史建筑的有关收益）以外，可以运用公益信托制度促使专项资金保值增值的建议与详细办法[7]。基于这些思路，天津市已经开始尝试在历史建筑的保护活化项目中搭建资金运作平台，明确不同参与方在平台中的定位与收益，通过金融创新解决历史建筑保护的资金筹措问题[8]。

现有研究为存量时代居住类历史建筑的保护更新提供了基础，但也存在两方面的不足：一是研究很少关注到居住类历史建筑中的主体——居民。绝大多数的修缮工作是通过居委会的群众工作（而不是设计师与居民面对面讨论）来获得居民的理解、支持和配合[2]，居民在整个改造过程中往往处于被动的位置，社区参与度不高。这导致不少居民对政府出资的修缮工程评价不高。二是现有研究对于居住类历史建筑的价值认定往往停留在物质空间层面，尚未意识到居住类"活态遗产"所拥有的多元价值。这使得大量的改造项目缺乏文化和社会内涵，流于一般性的工程。鉴于此，本文选择近期上海两个典型的改造案例，从项目背景、工作难点、设计策略和实施效果四方面，详细阐述存量时代居住类历史建筑保护更新的难点与对策，以期为全国其他同类地区提供可借鉴的经验。

3　九福里

3.1　项目背景

九福里位于上海市黄浦区江阴路 88 弄，紧邻人民广场和南京西路。1919 年由 9 户彭姓家族共同开发建造，故名九福里。建造之初，九户住宅的平面格局相似，但外墙、门头、柱式、窗花、门匾等要素分别采用了不同的设计，带有明显的中西折中的建筑风格，弄堂虽小但形态丰富。2004 年被划入"人民广场历史文化风貌区"，归属"一般历史建筑"。

3.2　工作难点

作为市中心典型的居住类历史建筑，九福里的保护更新面临着空间、社会、文化三方面的困难：首先，居住密度大，空间品质低。经过了百年的演变，今天的九福里具有"72 家房客"的典型特征，仅 5~7 号一个院落，就居住了 24 户居民。尽管房管部门定期会对历史建筑进行维修，但建筑材料老化、厨卫合用、杂物占道、缺乏晾晒空间等问题并没有得到根本解决。特别是日益严重的老龄化问题也引起了历史建筑适老化改造的呼声。其次，居民混杂，邻里关系淡薄。九福里的住房面积小、租金低，但紧邻人民广场和南京西路商圈的良好区位使得它吸引了大量从事餐饮和服务业的外来人口。新老居民在厨卫共用、环境卫生等方面的矛盾造成了邻里关系日趋紧张。最后，保护等级不高，更新路径不明。九福里虽被划入"历史风貌保护区"，但属于保护等级不高的"一般历史建筑"。这些大量存在的、对街区整体风貌起到底色作用的一般历史建筑往往处于两难境地：受保护规划要求或财政条件限制，难以实

施整体改造；与文物建筑和优秀历史建筑相比，一般历史建筑的修缮经费缺口较大，未能形成保护和更新的长效机制。（图1）

近年来，上海市对老旧小区的改造投入了大量的财力物力，取得了一定的效果。但在历史文化风貌区内如何改善老旧小区的居住环境，提升居民的参与度和获得感，处理好保护与更新的关系仍处于探索阶段，这也是本次改造亟待解决的难题。

3.3 设计策略

基于以上问题，课题组从三方面制定了九福里保护更新策略。

其一，以点带面。为了最大限度地保护九福里的历史风貌，了解居民需求和反馈意见，并为后期方案的调整留有余地，设计团队与街道、房管部门讨论后，放弃了整体改造的计划，改为先对老龄化严重的5~7号院落实施适老化改造。等试点项目真正得到了居民的认可和支持，再启动第二阶段的社区整体更新。

其二，邻里共创。为了避免出现政府"一头热"的情况，房管、居委会和居民共同制定了"邻里共创计划"——即本次适老化改造工程（楼梯加宽、增加扶手和防滑设施、更换照明设备、分层设置厨卫设施等）的费用由房管局"美丽家园"项目承担，但要求24户居民对常年堆放在走道和内院中的各类杂物进行清理。为了避免清理引起居民的抵制，课题组专门展开入户调查，根据居民实际生活的需要，将"杂物"分为经常使用、偶尔使用和废弃不用三类，并相应采取规范摆放、集中收纳和按时清理三种策略。（图2）

其三，价值构件的识别和生活遗产的传承。九福里位于历史文化风貌区内，保护规划对建筑高度、容积率、建筑退让与贴线等规划指标有着严格的管控要求，但对于历史建筑（尤其是一般历史建筑）价值构件的甄别和保护要求尚缺乏明确

图1　九福里5~7号院现状

（来源：课题组拍摄）

杂物归类

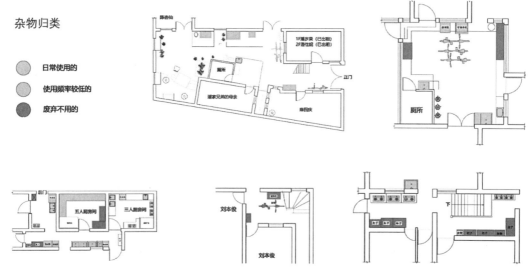

图2 九福里公共空间堆放杂物的分类研究
（来源：课题组自绘）

指导。课题组通过调阅历史档案和现场探勘，根据建造年代、工艺特征和美学价值三方面确定了梁架、石库门头、窗花、门匾等特色价值构件。同时，作为适老化改造试点，还对院落内60岁以上的老年人进行了家庭居住史调查（包括区分落证产权房和违章搭建，记录家庭成员增加减少对公共空间使用方式的影响），以及对老年人生活有特殊意义的记忆场所进行了记录（图3）。最终形成了包含家族居住史、空间使用方式和改造诉求在内的"一户一册"调查报告，为九福里的改造工程提供了坚实基础。

图3 院内老居民的记忆场所
注："这棵树是我妈妈种的，妈妈在的话现在要有120多岁了"（居民访谈）

3.4　实施效果

经过了一年多的调研、沟通、设计和施工，九福里5~7号院的改造工程于2020年7月竣工。这是一次借助"适老化改造"对历史建筑院落进行系统保护更新的重要尝试，包括：（1）对楼梯、照明、天台晾晒、各层厨卫等设施的适老化改造；（2）拆除违章搭建、对公共空间的杂物堆放进行了归并和清理，梳理出了由外院、内院、天台和走道构成的邻里公共空间系统；（3）保留并修缮了门头、花窗、铁艺栏杆等重要价值构件，通过清理违章和杂物使得原有极具特色的门匾题字和珍贵植物重见天日，内院也再次成为邻里年夜饭的聚餐地。九福里改造从一栋老房子开始，却给整条弄堂和街道居民带来了希望（图4）。"大家纷纷到改造好的5~7号院拍照，并向居委会打听什么时候轮到他们"。（《中国青年报》，2020年12月25日）

4　曹杨新村

4.1　项目背景

曹杨新村位于上海市普陀区中山北路以西，曹杨路以南，是中华人民共和国成立后的第一个工人新村。其中的曹杨一村（1002户）建于1951年，居民大多是来自于普陀、江宁（今静安）、长宁三区的纺织、五金等产业中的劳动模范和先进工作者，因此也有"劳模村"的美称。曹杨一村是第一处以街区形式入选的"上海市优秀历史建筑"（2004年），2015年被划入历史文化风貌区（工人新村风貌街坊），2016年入选首批"中国20世纪建筑遗产"。经过了70年的发展，曹杨新村已经成为一个交

图4　5~7号院更新后场景

通便捷、商业发达、人口众多的现代化社区。曹杨一村至今保留着独特的建筑造型和街区格局，不少一代居民（劳动模范和先进工作者）的后代仍然居住于此。（图5）

4.2 工作难点

与九福里的情况类似，曹杨一村被赋予各类遗产保护身份的同时，也面临着诸多困境。首先是居住环境和社会环境的双重衰败。居住方面，一村居民至今住在厨卫合用的20世纪50年代的工房中，人均居住面积不到6平方米，远低于全市平均水平；新村房屋及设备也出现了不同程度的老化：木制楼梯和门窗损坏、浴室和卫生间渗水、屋顶漏雨是常见的现象；房管有限的维修资金难以承受如此大规模的修缮（经过历史上的多次加建和插建，2021年曹杨一村保护区范围内有169个单元，住户约1498户），加上中低收入居民偏多，物业管理费长期维持在较低水平，小区卫生和安全问题十分突出。社会方面，由于环境品质下降，不少本地居民选择外迁，而外地务工人员大量入住，新老居民的矛盾加剧了邻里关系的紧张。"劳模村"正在失去昔日的风采。此外，优越的区位条件（三条地铁线和发达的商业网点）使得一村周边的工人新村在20世纪90年代以来的旧城改造中陆续被高层商品房所替代。被划入优秀历史建筑的曹杨一村失去了"全面改造"的机会——保护与更新的矛盾在曹杨一村十分突出[9]。对此，居民一直期待政府能在遗产保护的前提下，拿出一个切实改善居住条件的更新方案。（图6）

4.3 设计策略

在2021年建党百年和曹杨新村建村70周年之际，普陀区启动了曹杨一村成套改造项目，从三方面对这一独特的居住类优秀历史建筑展开保护与更新行动。

其一，多元价值的挖掘与甄别。"成套改造"是上海自20世纪90年代以来改善老旧小区居住条件的常规做法，但对于承载着1949年以来社会主义工人阶级生活记

图5 曹杨新村鸟瞰

图6 曹杨新村现状（2009年）

忆的曹杨一村来说，改造不仅仅是一个居住解困工程，而是对新村三代工人家庭生活空间的全面重建：保护文化遗产的同时给予工人家庭应有的尊严。这种尊严体现在对曹杨新村多元价值的挖掘和甄别：（1）社会主义工人住宅的空间范本。曹杨一村1002户是中华人民共和国成立后的第一个工人新村，其独特的住宅设计（户型平面、外观立面、厨卫合用等）和建造方式（统一投资、统一建设、统一分配、统一管理）对后来计划经济时期的城市公房建设影响深远；烟囱、漏窗、门窗等建筑要素也成为曹杨新村的标志性构件。（2）社会主义工人阶级的生活方式。曹杨新村是"邻里单位"思想在中国的第一次实践[10]：这里建设了四个以小学为中心的邻里，确保了工人子弟在7~8分钟内可以步行到达学校；在新村中心还专门为工人建有公园、医院、合作社、影院、文化馆、邮局、银行等服务设施，为培育新村的集体生活创造了良好条件。（3）社会主义工人家庭的集体记忆。曹杨新村承载了70年的共和国工人家庭，特别是劳模家庭的集体记忆，这对于理解中国社会主义建设史和红色文化具有重要的价值。虽然不少文学和影视作品都对此做过报道，但随着第一代村民的逝去和旧城改造步伐的加快，承载这些记忆的空间正在面临消失的危险。

其二，综合保护与更新。针对曹杨新村的多元价值，项目组制定了"综合保护与更新"的策略，即通过住宅成套化改造、外部环境提升、劳模家庭文化展示三种手段系统地保护和提升曹杨一村在居住空间、生活方式和集体记忆三方面的价值。（1）成套改造。在"留、改、拆并举，以保留保护为主"的更新政策指导下，改造方案采用"贴扩建"方式，保证一村原有总平面不变、住宅间距不变；在保证住户数量不变的情况下（改造后所有居民回搬），增量面积均用于厨卫，确保每户居民拥有独立厨卫；拆除在天井和屋顶搭建的违法建筑，尊重住户原有居住格局和生活习惯（图7）。（2）外部环境整体提升。改造方案调阅了1956年曹杨新村规划建设图，对河浜、公园、步行道、桥梁以及重要的公共服务设施进行了系统的提升改造，并按照今天"15分钟社区生活圈"的标准，增建了部分养老、文化和运动设施，重

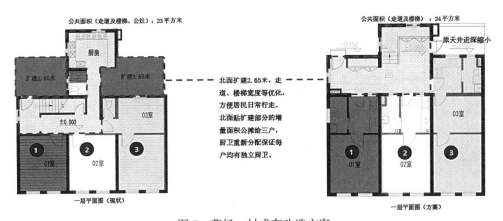

图7　曹杨一村成套改造方案

现当年"邻里单位"的生活图景（图8）。（3）劳模家庭的展示。70年的劳模生活史是曹杨新村最为独特的文化价值。在这一轮的改造中，街道办事处和居委会专门拿出一部分办公空间建设了"曹杨新村村史馆"和"曹杨一村故事馆"，前者重在记录和展示整个曹杨地区70年的发展史和重大事件，后者则邀请一村的劳模家属，采用口述史和老物件展示的方式，为新村三代、四代以及参观游客讲述劳模村的故事（图9）。

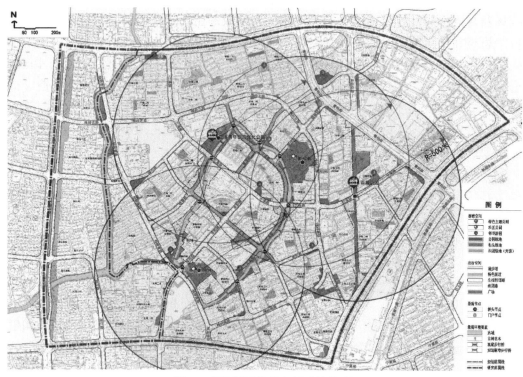

图8　曹杨新村公共空间系统梳理

图9　曹杨新村村史馆（左）和一村故事馆（右）

其三，资金筹措和多元参与。资金筹措和多元参与一直是居住类历史建筑保护更新的难点。本次曹杨新村的改造采用了区长领衔、街道组织、职能部门协同行动的方法。首先，普陀区将本次改造定义为"重点地区更新"，而不单单是历史建筑的修缮。借建党百年和建村 70 周年之际，市区两级政府为劳模村改造项目设置了专项资金；房管部门（负责成套改造）、规划部门（负责十五分钟社区生活圈规划）、街道（负责村史馆和故事馆建设）各自拿出经费，组织相关部门共同推进改造项目。其次，在项目组织方面，由上海同济规划设计研究院牵头相关设计机构成立"美好生活设计联盟"：前期调研阶段，由同济大学、华东师范大学、上海大学师生深度参与居民需求调查、组建社区志愿者团队、挖掘地方文化等工作。规划设计阶段，与以往的"设计师方案—领导决策—组织实施"的做法不同，此次采取了"设计师调研后出方案—居民反馈—设计师修改—居民再反馈"的公众参与方式，在曹杨一村成套改造的更新项目中更是做到了"一户一方案"的个性化定制效果。最后，在实施推进阶段，居民代表对实施工作中存在的问题都会在每周例会上及时提出，设计团队经过判断后，灵活调整施工方案或者由居委会出面进行协调。

4.4 实施效果

2022 年初春，曹杨新村的改造逐渐进入尾声，一村居民也陆续拿到钥匙回到厨卫成套的新家。历时两年半的改造，在对优秀历史建筑进行了保护和更新之外，还取得了经济、社会、文化等多方面的效益。从经济角度看，与征收动迁和抽户改造相比，本次的保护更新减少了投资，大量节省了安置房源，是对直管公房维修欠账的一次集中补偿。从社会角度看，本次改造坚持民生原则，成套后每户增加 8 平方米的使用面积，改造费用由政府承担。此外，过渡期街道办事处还给予每户居民每月 4500 元的临时安家费，并联系房屋中介为居民介绍周边房源，联系装修公司为居民新房装修给予优惠，尽量减少改造工程对居民生活的影响。从文化角度看，本次曹杨新村的改造采用"留房留人"的策略，把遗产价值从实体空间扩大到生活方式和集体记忆等"生活遗产"范畴，这对于当前居住类历史建筑的保护和更新无疑具有重要的启发意义。

5 结语

近年来，"生活遗产"的概念逐渐进入遗产研究领域，不少学者意识到除了修缮技术和资金筹措问题以外，居住类历史建筑的保护与更新还应该关注社区主体——居民的生活方式、文化传承和空间需求，以及由此带来的历史建筑多元价值的挖掘。居住类历史建筑是"活的遗产"，它们不仅仅是一栋栋待修缮的建筑物，也是蕴藏着几代居民丰富人地关系的空间载体。认识到这一点，对我们深入理解文化遗产、建立历史建筑与城市的紧密关系，以及制定存量时代的保护更新策略至关重要。

通过九福里和曹杨新村的案例研究（表 1）我们不难发现，上海两类典型的居住类历史建筑（里弄和工人新村）面临着相似的困难，从改造过程中提取的"整体保护""多元价值""居民参与"等设计对策也具有一定的普适性。传统"大拆大建"的改造在拆除历史建筑的同时也切断了地方生活的"延续性"，破坏了承载着多元价值的社区载体。当文化遗产只剩其物质空壳的时候，实际上也失去了与历史的对话和对未来的引导。从这一点来看，居住类历史建筑的保护更新对于探索未来文化遗产的内涵和存在方式具有重要的理论和现实价值。

九福里与曹杨新村保护更新的比较　　　　　　　　　　　　　　　　表 1

	九福里（里弄）	曹杨新村（工人新村）
现状困难	居住密度大，空间品质低； 居民混杂，邻里关系淡薄； 保护等级不高，更新路径不明	居住与社会环境的衰败； 保护身份与提升改造的矛盾
设计策略	以点带面； 邻里共创； 价值构件识别和生活遗产传承	多元价值的挖掘与甄别； 综合保护与更新； 资金筹措和多元参与
更新方式	适老化改造带动的整体更新	成套改造带动的综合更新
实施主体	房管局、居委会、24 户居民	房管局、规划局、街道办事处、居民
实施效果	价值构件修复； 设施更新； 邻里重建	厨卫成套； 居住环境提升； 劳模文化传承

来源：作者自绘

参考文献

[1] 朱红武，曾浙一，刘欣华，等 .《居住类优秀历史建筑保护修缮查勘设计和效果评价技术规程》编制说明 [J]. 住宅科技，2019，39（5）：63-65.

[2] 徐尧,汤琼璀 . 关于加强居住类优秀历史建筑修缮工作的几点思考 [J]. 住宅科技,2013,33（9）：40-42.

[3] 张松 . 城市生活遗产保护传承机制建设的理念及路径——上海历史风貌保护实践的经验与挑战 [J]. 城市规划学刊，2021（6）：100-108.

[4] 周旭民 . 建立优秀历史建筑修缮工程管理的长效机制 [J]. 上海房地，2012（6）：37-39.

[5] 李宣范,李莹韩,周琦 . 近代居住历史建筑修缮与利用方法研究——以"天字号"建筑群为例 [J]. 城市建筑，2019，16（23）：147-149.

[6] 张松 . 中国历史建筑保护实践的回顾与分析 [J]. 时代建筑，2013（3）：24-28.

[7] 杨心明，郑芹 . 优秀历史建筑保护法中的专项资金制度 [J]. 同济大学学报（社会科学版），

2005（6）：114–119.

[8] 甄承启 . 历史建筑保活资金运作模式分析——以天津市历史风貌建筑整理有限责任公司为例 [J]. 中国房地产，2016（3）：70–80.

[9] 杨辰 . 从模范社区到纪念地：一个工人新村的变迁史 [M]. 上海：同济大学出版社，2019.

[10] Duanfang Lu. Travelling urban form：the neighborhood unit in China[J]. Planning Perspectives，2006，21：4，369–392.

[11] 汪定曾 . 上海曹杨新村住宅区的规划设计 [J]. 建筑学报，1956（2）：1–15.

[12] 上海同济城市规划设计研究院有限公司 . 曹杨新村街道"15 分钟社区生活圈"规划与实施 [R]. 2021.

作者信息

杨辰，同济大学建筑城市规划学院，上海市城市更新及其空间优化技术重点实验室。

微更新视角下的老旧小区改造策略研究
——以广州市三个老旧小区改造实践为例

摘要： 随着我国经济和文化的发展，单一目标的老旧小区改造已无法满足人们对美好生活的向往。老旧小区的微更新行动，需要兼顾人们对空间、文化、经济和重塑认同的需要。本文以广州市旧南海县社区、三眼井社区、周门社区老旧小区改造实践为例，探索老旧小区的活力复兴模式，采用空间改造、文化提升、产业发展、认同重塑四大策略，循序渐进地推动环境更新、文化创新、业态转型、公众参与，促进老旧小区活力复兴。

1 研究背景

1.1 "微更新"视角

不同于增量发展时期以经济发展和功能满足为首任的城市建设要求，现阶段的城市存量更新过程，是对现有城市建成环境的反思和优化提升的过程。随着我国对城市更新研究的发展，"微更新"作为一种更新方式，在老旧小区改造和历史街区的改造中应用频繁。对此领域的研究，大致分为两种类型，一种是基于理论，深化对社区微更新及长效治理的认识，如王承慧学者基于社区微更新的善治理论，提出社区微更新机制优化的策略与建议。[1]另一种是以实际案例为依据，对微更新策略与模式的研究探索，如李郇、左进、刘悦来、黄瓴等学者基于实践案例的研究，从不同角度提出社区微更新的路径与方法。本文以实际案例实践为基础，通过归纳总结切实可行的微更新行动，提出基于实践的策略与方法，为老旧小区的更新改造提供参考。

微更新，可以理解为在轻微改动的基础上除旧布新。[2]微更新延续了有机更新理念，能够延续城市传统脉络，具有"以点激面"的触媒效应，能够"自下而上，上下联动"地公众参与、"渐进式、小规模"地动态发展。[3]社区包括了一定的地域、一定的人群、某些共同的利益、社会活动及其互动关系这四个基本要素。[4]因此，社区的环境微更新，即要从社区的综合要素出发，从细微处以"绣花功夫"，编织空间需求与文化内涵，协同多方利益，延续文化脉络，推动产业触媒，凝聚社区认同。

1.2 广州老旧小区发展现状

近年来，我国持续推动老旧小区改造。2020 年 7 月，国务院办公厅发布《国务院办公厅关于全面推进城镇老旧小区改造工作的指导意见》，提出城镇老旧小区是重大民生工程和发展工程。2021 年，广东省进一步提出，到"十四五"期末，对 2000 年底前建成的老旧小区进行全面摸查，按照"实施一批、谋划一批、储备一批"的原则，每年滚动修编老旧小区改造计划，提出要结合实际基本完成全省 2000 年底前建成的需改造城镇老旧小区改造任务。[5]同年，《广州市老旧小区改造工作实施方案》发布，其中指出人居品质、文化、产业等对老旧小区高品质提升具有重要作用，提出要创新改造模式，打好更新"组合拳"。[6]广州自 2016 年来持续推动老旧小区改造，截至 2021 年底，全市已完成老旧小区改造 787 个。[7]2022 年广州市第十六届人民代表大会第一次会议提出，将采用微改造"绣花功夫"，推进 100 个以上老旧小区改造。良好的政策推动，为广州市老旧小区的改造奠定了坚实的基础。

根据各级政府对老旧小区改造的要求，单一的工程性空间改造已无法满足现阶段老旧小区改造的发展和人民对美好生活的需要，社区的文化发展、产业活力、居民参与也是社区微更新中亟待回应的议题。

1.3 老旧小区改造缺乏持续更新动力

老旧小区作为城市的重要组成单元，是微更新最好的基层试点。与新建造的社区不同，老旧社区环境的更新，需要维系现有的居住来实现与居民生活的和谐共生。在老旧小区的改造中，微更新更注重从"人"的需求出发，精细化设计空间，提高社区空间使用效率。上一阶段老旧小区改造，基本为政府使用财政资金单一方投资的环境改造。由于改造时居民参与度不足，且缺乏有效的后续管理运营机制，使改造空间再一次走向衰败破损。探索一条长效可持续的老旧小区发展路径，让社区由内而外的活力为更新源源不断地注入动力，更好地助力城市高质量有机更新，提升城市综合实力。

2 广州市老旧小区活力复兴实践

本文以广州三个老旧小区社区改造实践为例，从微更新的视角，总结广州老旧小区的微更新方法。这三个社区都位于广州的老城区范围，居住的人口老年化程度高，社区面临环境衰败、文化失落、居民归属感不强等问题。通过对此三个社区的更新实践，探索空间改造联动社区文化、社区经济、社区认同这几个方面，发挥大众传媒的触媒作用，探究一条提升老旧小区活力的微更新实践路径。

2.1 广州市旧南海县社区

旧南海县社区位于广州老城区，地处五仙观—怀圣寺—六榕寺历史文化街区的核心保护范围内，占地4.28公顷。周边有吊碑井、陈济棠公馆，社区内部有《大公报》报社旧址，二街三坊的格局保存完整，内部有1处区级文物建筑和72处传统风貌建筑，集岭南特色、西洋建筑风貌为一体，是广州保存完整的华侨房屋建筑群。

在微更新行动实践下，社区空间的改造更新营造了舒适的街道氛围，进一步激发了社区的业态更新。社区微更新的做法是在不改变社区街巷肌理的前提下，对现有华侨民居建筑修旧如旧，整饰修缮楼道空间，优化提升户外公共空间，多角度提升居民的生活质量（图1）。借由微更新为触媒，催化旧南海县社区业态的自我更新。原有电子零售等业态，逐步自我更新为小酒馆、照相馆、意式餐厅、潮牌鞋店等业态，促发了社区内生的经济活力。社区改造后随处可见文艺范十足的咖啡店、糖水店、民宿别院等。环境的优化提升吸引商户入驻；原有业主也纷纷自主更新店面，吸引了更多年轻人慕名而来，社区成为广州小有名气的网红打卡点。这种自内而外的活力，正是微更新激发老街区背街经济活力的体现（图2）。随着原有业态的转型升级、新业态的吸引入驻，微更新后的社区，店铺数量提升了39.7%。其中，以居民为主要服务对象的便民服务类业态和以年轻人为主要受众的饮品类业态数量增长最为快速。（图3）

旧南海县社区改造不仅注重空间、文化、产业方面的全面提升，还注重改造过程中以居民为主的公众参与。在改造初期，居委会与社区居民建立社区建管委员会，提供连接居民、设计方、施工方等的交流沟通平台，通过问卷调研真切了解居民需

图1　旧南海县社区空间改造　　　　　　图2　社区内的业态更新

（来源：广州市更新院）

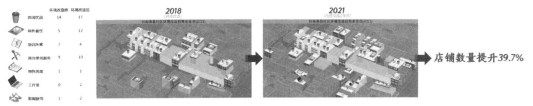

图3　旧南海县社区业态改造前后更新变化

图4　旧南海县社区成为网红打卡点

（来源：网络）

图5　在改造后的空间举办社区活动

（来源：社区居委会提供）

求。在改造中期多方成立"又见三家巷——就南海县社区艺术介入微改造工作坊"，联合社区设计师、高校师生、社区居民等，挖掘社区文化，收集居民改造需求，根据社区业态发展提出业态发展建议。取材于社区文学、文化故事的《三家巷报童故事》系列插画，应用于社区街头巷尾的电箱艺术涂绘改造，串联过去与现在，让社区文化魅力在社区公共空间展现光彩（图4）。改造后，居委会与社工组织在社区公共空间定期开展社区活动，让社区空间充满活力（图5）。

社区在空间改造后，积极引入社区智慧管养，建设智慧社区 IOC 平台，探索智慧化服务治理模式。社区通过安装智慧摄像头、烟感探测器、智能手环等提升社区安防、消防、医养等社区服务，构筑社区安全网络，成为广东省首个数字政府改革建设示范试点。居民在社区改造中的持续参与和智慧管养服务对社区的管理养护，促进社区认同感的积累与提升。[8]社区的多角度微更新，让社区充满活力。（图6）

改造完成后，广视新闻、"南方+"等大小新闻媒体均对社区的改造进行报道，社区的文化涂绘、街道，2021 年，住房和城乡建设部发布《完整居住社区建设指南》选取广州旧南海县社区为案例，对社区的全要素改造提升做出肯定。（图6）

2.2　三眼井社区

三眼井社区位于广州市越秀区洪桥街，广州传统中轴线东侧，占地 9.08 公顷，周边文物荟萃，有镇海楼、孙中山纪念碑、中山纪念堂。周边环境优美，有越秀公园、

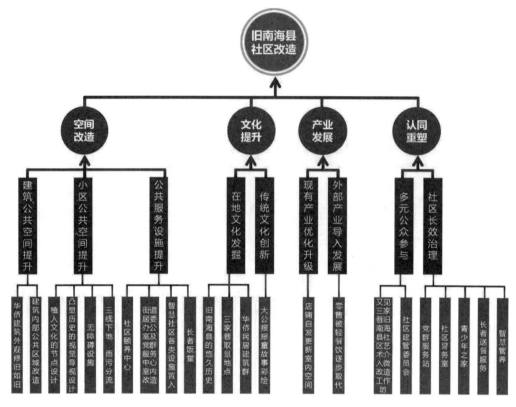

图 6　旧南海县社区改造微更新策略

越秀山体育馆等景点。三眼井社区地名来源于社区的三口古井，后人根据相关史记和街名，再现此地民俗民风，复原原貌，重修三眼古井，成为社区重要的文化原点。

　　社区改造伊始，广州市住房和城乡建设局、广州美术学院、社区居委会、广州市城市更新规划设计研究院有限公司等各方组建"寻访黉桥——洪桥街艺术介入微改造工作坊"，联合多方，推动社区空间环境提升、文化传承发展、居民主动参与。工作坊举办"黉桥印象"版画拓印活动，引导居民拓印下社区中自己喜欢的空间肌理，增进居民对社区的认识与归属感。工作坊在持续进行社区调研的同时，还邀请艺术家 Dave Bramstom，举办"纷"类搭建社区零废物艺术计划，社区居民与同学们一起，在社区选择废弃物品，搭建、构思、再创，共同完成形态各异的灯具，活动增进居民对废弃物的回收再利用意识。工作坊运用多样的艺术方式，发动居民直接或间接参与到社区的改造设计中，获得社区居民的认可。

　　三眼井社区居住人口约 1.1 万人，60 岁以上老人占总人数的 1/3 以上，是典型的老旧小区和老龄化社区。社区还以购买服务的形式，引入专业社工组织为社区居民提供各项生活服务，举办节日庆典、策划日常活动等，例如社区幸福邻里开展老年人智能手机培训活动，帮助老年人掌握智能手机的基本功能，共享网络时代的精彩生活。深圳润高智慧产业有限公司也入驻小区，结合小区实际需求，导入医疗、教育、养老、消防、消费等民生服务，完善社区公共服务配套设施，助力社区后期管养。

三眼井社区微更新通过空间优化提升、空间文化展示、智慧产业运维、持续管养行动提升居民认同与归属感。（图 7）

2.3 周门社区

周门社区，位于广州市荔湾区彩虹街，彩虹桥道来名于广州市历史建筑彩虹桥。[9]旧城的肌理已在快速的城市化进程中不见踪影，只余下地名来回应曾经的历史。周门社区对社区的更新行动除了空间改造，还引入设计大师为社区发展提高精细化的社区设计。在广东省设计师进社区暨广州市老旧小区改造"大师作大众创"活动中，"汤＋杨工作室"两位主持设计师走访社区、问询居民，携手打造"五彩蝶变，雨打芭蕉"主题的社区休闲广场。设计从场地出发，保留场地树木，勾画岭南园林"雨打芭蕉落闲庭"的空间情景。社会媒体对活动与设计的宣传传播，增加了社区会关注度，也让更多的居民了解了设计的内在含义，增加对社区的认同感、归属感。

周门社区的微更新行动还在持续进行，将随着社会对社区微更新的要求赋予更多惠民含义。（图 8）

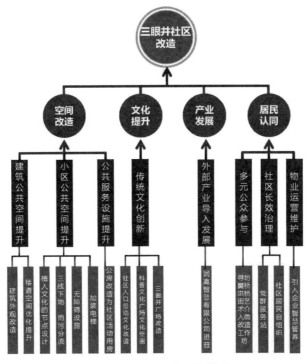

图 7 三眼井社区微更新策略

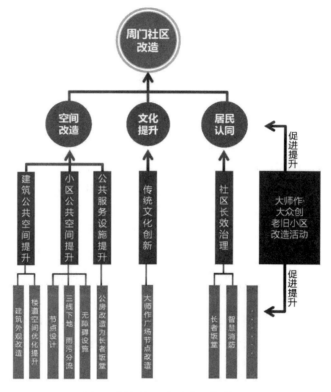

图 8　周门社区改造微更新策略

3　老旧小区公共空间活力复兴策略

通过三个社区的项目微更新实践，建立老旧小区活力复兴策略与模式。微更新视角下的老旧小区改造，是在存量语境下，以精细化的、小尺度的、渐进式的改造，联动空间改造、文化提升、产业发展、居民认同四个方面，综合提升社区物质生活空间、文化传承创新、经济活化提升、居民获得幸福感，满足人民对美好生活的追求与向往，推动社区中空间、物质、人的综合提升。

微更新视角下的老旧小区改造行动，需要抓住社区痛点，精细化地"对症下药"。在空间改造方面，精准研判建筑公共空间、小区公共空间、公共服务设施的问题。社区文化是社区内在的灵魂，发掘社区内在的文化特色，对已有的传统文化发扬创新，或基于周边发展需要因地制宜地植入新生文化，为老社区带来新的生命力，都能丰厚社区文化内容。社区的产业是社区经济的外在表现，社区现有产业的优化升级能够为社区管养带来更多可能，外部产业集聚也为社区的产业带来新的发展契机。社区微更新不是一场短效的工程，需要可持续的发展。多元的公众参与、反馈及时的社区治理体系和专业物业的运营维护，让社区拥有可持续的后期管养能力，能更有效地维护社区更新成果，居民也才能切实获得益处。立足当前的信息社会，以新媒体的手段，面向大众、面向社区居民讲解微更新各项举措，能够更广泛地收集居民需求，获得社区各界的评议，增进各方沟通交流，带动更多潜在的关心社区发展的企业、组织、个人参与到社区的微更新行动中来。

老旧小区的改造与更新，是一个持续不断的行动，不能缺乏居住于此的居民的理解和参与。借由大众传媒的力量，传播老旧小区更新成效，可以让居民更有获得感与认同感，增强其投入身边的微更新小行动的意愿。

老旧小区的微更新中，空间、文化、产业、认同更是互为促进的关系。物质空间的优化提升将吸引更多业态的入驻，当社区文化的魅力透过社区空间展现传递时，更让入驻社区的业态有了新的文化脚本，能够谱写传统文化创新的华美乐章。优美宜人的公共生活空间，特色鲜明的社区文化，让生活在此的居民"共享"社区发展。居民作为社区的主人是对社区进行养护与治理的主体，居民对社区是否拥有认同感、归属感，影响着居民是否愿意投入社区持续的更新行动中来。媒体的宣传传播，是社区微更新的催化力量，慕名而来的商家、游客、新居民，成为社区新的发展力量，为社区的下一步更新埋下伏笔。

老旧小区改造经由空间改造、文化提升、产业发展、居民认同，从社区实际情况出发，采取多个方式实现空间复兴、文化复兴、产业复兴、认同复兴，从而实现老旧小区活力复兴。（图9）

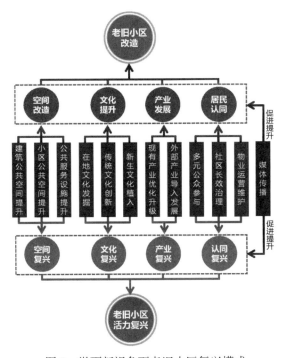

图9 微更新视角下老旧小区复兴模式

4 结语

社区微更新，在不改变社区空间格局的基础上进行社区改造，以微小的改动促动社区的发展。社区微更新行动还在持续发展进行，以三个社区的实践不足以归纳完整的社区微更新策略，还需要随着理论的进步和实践的验证，不断完善更新。

参考文献

[1] 王承慧. 走向善治的社区微更新机制 [J]. 规划师，2018，34（02）：5-10.

[2] 李颖，闫思彤，康文儒，廖婧言，韩雅宁，李倞. 北京大栅栏历史街区：基于社区自组织途径的胡同绿色微更新模式探索 [J]. 北京规划建设，2021，（04）：108-111.

[3] 李东.“微更新”理念下的开放式社区营造——以武汉六合社区为例 [C]// 中国城市规划学会，成都市人民政府. 面向高质量发展的空间治理——2021 中国城市规划年会论文集（19 住房与社区规划）. 中国城市规划学会，成都市人民政府，2021：9.

[4] 郑杭生. 社会学概论新修 (第 3 版)[M]. 北京：中国人民大学出版社，2003：224.

[5]《广东省人民政府办公厅关于全面推进城镇老旧小区改造工作的实施意见》（粤府办〔2021〕3 号）http://www.gd.gov.cn/xxts/content/post_3222100.html.

[6]《广州市老旧小区改造工作实施方案》（穗府办函〔2021〕33 号）http://www.gz.gov.cn/zfjg/gzsrmzfbgt/qtwj/content/post_7251346.html.

[7] http://www.gzcsgxxh.org.cn/page131.html?article_id=1094.

[8] 柴梅，田明华，李松. 城市社区认同现状及重塑路径研究 [J]. 城市发展研究，2017，24（11）：70-75，100.

[9] 中华人民共和国民政部，黄树贤，刘洪. 中华人民共和国政区大典·广东省卷 [M]. 北京：中国社会出版社，2019，2：89-90.

作者信息

曹彦萱，女，广州市城市更新规划设计研究院有限公司，设计师. 研究方向：城市更新。

陈淑群，女，广州市城市更新规划设计研究院有限公司. 工程师，研究方向：社区微改造。

促进户外活动的社区公共空间
适老环境设计研究

摘要：建成环境对户外活动的积极作用得到了一系列研究的证实，而我国目前的适老宜居环境建设缺乏针对性，难以有效回应长者丰富的日常活动需求，亟待开展适老环境设计的探索。选择广州市越秀区大德中社区的公共空间作为研究对象，运用行为观察法记录了从 8 : 00 到 18 : 00，在大德中广场的 172 位长者的行为活动，掌握长者户外行为的类型与开展情况，分析长者行为的空间分布特征，以及对环境设施的使用情况，尝试梳理案例广场中长者行为反映的潜在需求，并以促进户外活动为目标，初步从优化空间规划布局、提升环境设施品质两方面提出社区公共空间的适老环境设计策略。

关键词：适老社区；公共空间；户外活动；行为模式

2016 年 10 月，由全国老龄办、国家发改委、国土资源部、住房和城乡建设部等 25 个部委共同颁布的《关于推进老年宜居环境建设的指导意见》[1]，标志着我国适老宜居环境建设的全面启动。在"十四五"期间，全国老旧小区更新改造提速期背景下，将社区适老环境改造作为精细化、高品质的城市更新重点之一，不仅积极回应了社区居家养老作为应对老龄社会的重大国策的战略部署，还能够有效提升老旧小区更新改造的品质和精细化程度，切实改善和提升基数庞大的老年人群体的生活质量和幸福感，缓解老龄化社会，具有深远的社会价值。

近年来，针对适老环境的研究围绕城市街道[2]、社区户外环境[3]、照护机构[4]、养老设施空间[5]等层面展开，适老目标主要围绕舒适安全等层面展开。同时，越来越多的研究表明建成环境[6]，尤其是绿色空间[7][8]对促进长者身心健康的积极作用，作为日常活动的重要空间载体，社区公共空间对促进长者健康生活的影响深远，而目前适老环境的建设实践缺乏针对性，主要着力于美观性和基础设施等层面的品质提升，难以有效应对长者丰富的需求。针对此现状，本文选取了广州市老旧社区中具体的社区公共空间案例，从环境行为学视角出发对长者展开行为观察，试图梳理长者户外行为活动特征，挖掘长者对公共空间的潜在需求，并探讨促进开展户外活动的适老环境设计策略。

1 广州越秀区大德中社区广场概况

本文选取的大德中社区位于广州市越秀区人民街，是典型的老旧城区，老年人口基数较大。社区建筑大多是 20 世纪 80～90 年代由企业统一修建的职工房，至今仍有许多退休职工居住在此。截至 2019 年 2 月，该社区户籍老龄人口数量达 1460 人，老龄化比例达 33.25%[9]，居家养老需求巨大。大德中广场（后文简称广场）是社区唯一一处集中的公共休闲绿地，约 1600 平方米，也是社区居民开展日常户外活动的重要场所。广场由北部的圆形广场、南部的树阵广场及东西两侧与建筑入口相接的条形地块组成，广场西侧毗邻该社区的党群服务中心和社工站，东侧紧邻两栋居民楼出入口，南北两侧与社区内部街巷相接（图1）。广场中部东西两侧各设一座凉亭，圆形广场东西侧设有健身设施，广场东侧靠近居民楼入口处设有座椅，此外树池、花坛的边缘也是居民休息的临时座椅。广场的四周和中心都种植了高大的乔木，整个空间绿荫笼罩，十分凉爽。广场吸引了大量周边社区的居民来此开展日常户外休闲、运动、社交等活动，人群以老人和儿童为主。此外，社工站、社区居委会等也常借该广场举办大型公益活动。

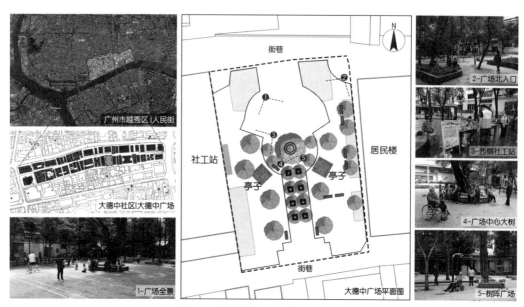

图 1　大德中广场区位图及照片

2 调查方法与内容

笔者于 2019 年 8 月，对大德中及周边社区展开系统调查，选取 2019 年 9 月 18 日（星期三）对大德中广场开展行为观察。行为观察从 8：00~18：00，共计 10 小时，采用摄影的方式完整记录了长者在公共空间的活动情况。抽取视频中每小时的第二个 10 分钟，记录该时段内长者的身体状况、行为、位置、活动时长等，共计观察了 172 人次的行为情况，据此总结了长者户外活动行为的类型，分析了长者各项行为的空间分布特征及反映出的对空间布局的潜在需求，结合部分典型案例长者使用环境设施的特征行为，进一步探讨了促进长者开展户外活动的环境要点。

3 调查结果分析

3.1 长者的行为活动类型

本文以实地观察的长者行为为基础，参考李斌[5]对长者在养老设施内生活行为的分类，将长者在公共空间的户外行为分为运动行为、社交行为、休闲行为和代际行为 4 大类型。（表 1）

社区公共空间长者的活动行为内容分类　　　　　　表 1

大类	细分类型	行为内容
A 运动行为	A1 团体自发运动	广场舞、羽毛球、踢毽子
	A2 单人自发运动	健身操、练太极、散步
	A3 健身器材锻炼	腰部、手臂、背部训练
B 社交行为	B1 交谈	聊天
	B2 打招呼	肢体语言示意
C 休闲行为	C1 休息	静坐、依靠、站立
	C2 观看	看他人活动、观景
	C3 阅读视听	看报纸、看书、听广播
D 代际行为	D1 参与儿童活动	推儿童车、抱儿童活动、照顾儿童、跟随或辅助儿童活动
	D2 视线监护儿童活动	静坐观看儿童活动、站立观看儿童活动

图 2 统计了长者在公共空间各时段的活动行为与发生频次。"休闲行为"全天的频次最高（41.28%），尤其是相对静态和消极的静坐、观看他人等活动行为是发生最多的小项，而相对个性化的看报纸、看书、听广播等发生的频次很少。"运动行为"（30.23%）中健身器材锻炼的频次最高，且持续性较强，几乎各个时

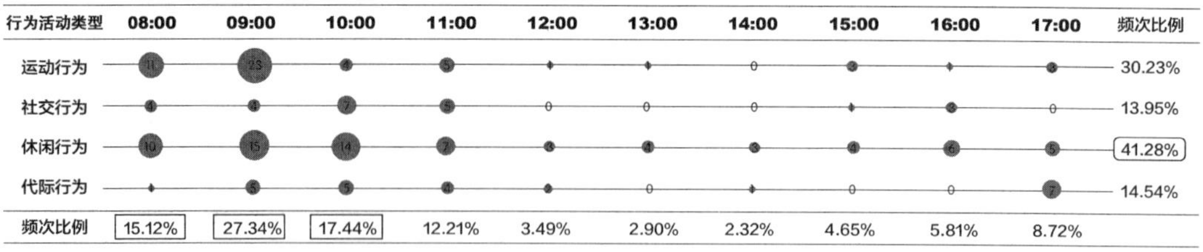

图2　各时段长者的活动行为和发生频次

段都有开展，健身操、太极等单人自发运动发生最少。"社交行为"（13.95%）和"代际行为"（14.54%）的参与程度整体较少。从统计结果来看，消极静态的休闲行为和由健身器材被动触发的行为较多，而自发性为主的休闲行为、运动行为，以及互动性较强的社交行为、代际行为较少。以上结果，反映了长者对于自发主动地组织和参与户外活动的积极性较弱，较为依赖场地本身提供的设施。一方面，长者倾向于在健身器材的触发下开展相对"被动式"体育活动；另一方面，倾向于开展消极静态的休闲行为。

从活动行为的时间规律而言，长者在社区公共空间的户外行为整体集中在上午时段，其中9∶00是全天活动最高峰，"休闲行为"和"运动行为"的参与度在上午、下午时段差异较明显，这与上午气温适宜、长者上午的精神状态更佳有关，下午时段各项行为频次都有所减少，尤其是12∶00~14∶00的午休时段间只有极少数长者在广场活动。"代际行为"在17∶00达到全天峰值，这是因为下午广场旁的社区活动中心17∶00关闭，儿童与长者路过广场会继续在此逗留。

3.2　长者行为的空间分布特征

将172位长者在大德中广场的活动位置，按照行为类型分别进行标记（图3），其中根据对场地需求的差异，将运动行为分为"团体自发运动""单人自发运动"和"健身器材锻炼"三种类型分别进行标记。

不同"运动行为"的空间分布略有差异。"团体性自发运动"的空间分布较为集中，通常会选择公共空间中比较空旷且有树荫的空间，活动内容包括广场舞、羽毛球和踢毽子等，便于容纳多位长者参与。"单人自发运动"的空间分布较为分散，根据活动特征呈现出对空间需求的差异，如长者的散步行为会选择公共空间的外围，做健身操和练太极行为的倾向选择较私密的树丛或亭子背后的角落，体现出个性化的行为活动，对场地空间的多样化需求。较前两者更为活跃的"健身器材锻炼"空间分布主要受健身设施的布局和影响。

"社交行为"主要聚集在两处，分别是圆形广场的中心树池周围和健身器材旁，以及广场的东北入口处，都是有座椅和人流量较大的空间。"休闲行为"的分布相对广泛，与场地提供了多样化的可坐歇的设施有关，包括花台旁的座椅、亭子内的长椅、

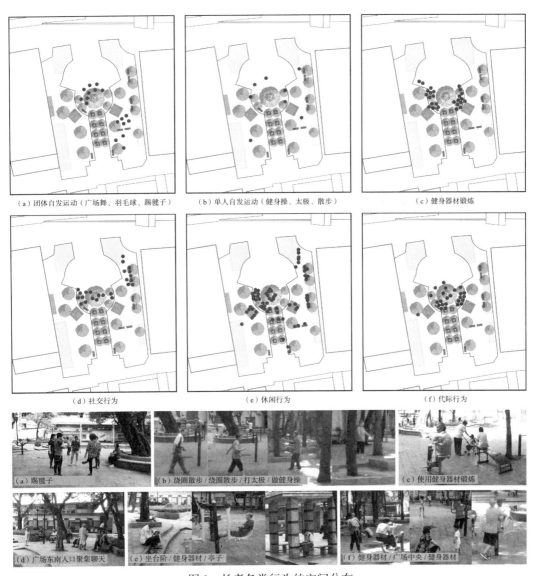

（a）团体自发运动（广场舞、羽毛球、踢毽子）　　（b）单人自发运动（健身操、太极、散步）　　（c）健身器材锻炼

（d）社交行为　　（e）休闲行为　　（f）代际行为

（a）踢毽子　　（b）绕圈散步/绕圈散步/打太极/做健身操　　（c）使用健身器材锻炼

（d）广场东南入口聚集聊天　　（e）坐台阶/健身器材/亭子　　（f）健身器材/广场中央/健身器材

图 3　长者各类行为的空间分布

树池边缘等。此外，场地绿树成荫，大部分坐歇点都可以遮阴，使休闲行为的分布相对均匀。对比"社交行为"和"休闲行为"的空间分布情况，可以发现广场的出入口和中心是长者开展社交行为更活跃的区域，而对于相对静态的"休闲行为"，长者更倾向选择亭子、树池等相对僻静和人群活动较少的场所。"代际行为"的长者多集中在圆形广场内活动，主要是因为儿童需要在这类空旷开阔的空间玩玩具、骑车等，而长者大都需要紧跟儿童。此外，由于场地缺乏专门的儿童游乐设施，因此健身设施成为触发儿童活动的主要公共设施，同时也是代际活动的重要环境载体。

3.3 长者行为与环境设施

上述针对长者行为的分析表明，本案例中公共空间的环境设施是触发长者行为的重要环境要素，如"运动行为"中50%的行为是使用健身器材锻炼。为厘清长者行为与环境设施的作用机制，进一步挖掘长者对公共空间中环境设施的潜在需求。根据上述四种行为类型，结合考虑老人的身体状况等因素，选取了行为特征突出的长者，针对其行为反映出的对环境设施的潜在需求展开进一步分析。以下是一些长者使用环境设施的行为细节记录与分析：

（1）长者使用健身器材的行为记录

A长者，分别在圆形广场东西侧，依次使用了五种健身器材进行健身，每一种使用约1分钟，共锻炼6分钟之后离开广场。

B长者（图4），10：40坐在轮椅上被陪同人推至圆形广场健身器材旁，坐轮椅上休息20分钟后，在陪同人的辅助下缓缓起身，然后用手扶着健身器材，陪同人伴随左右，长者以缓慢的脚步环绕着健身器材步行了12分钟，结束后坐回轮椅，停靠在健身器材旁，用双手拉健身器材，用手臂力量缓缓地将自己的身体抬起再放下，持续30分钟。结束后回到轮椅上休息，观看广场内其他人的活动，9分钟之后被推离广场。

C长者（图5），10：26牵着小男孩到广场，男孩径直走向健身器材吊单杠玩耍，长者在旁观看。半分钟后男孩转向下一个健身器材，长者跟随并辅助男孩在健身器材上嬉戏。约1分钟后男孩再次前往下一处健身器材，由于器材的高度过高，男孩够不着，长者抱起男孩站上器材玩耍约1分半，在此期间长者双手一直托举着男孩。接着长者将男孩抱至一处不需要托举的健身器材，让男孩坐在上面玩耍，同时双手护住男孩避免其跌落，持续5分钟。接着男孩前往下一处设施玩耍5分钟，长者在旁陪伴。直到男孩玩耍至最后一项设施，总共17分钟后长者将男孩抱离广场。

（2）长者使用座椅的行为记录

D长者（图6），上半身略微前倾，8：04起绕公共空间的圆形广场圈散步14分

图4 10：40B长者行为

图5 10：26C长者行为

图6 8：04D长者行为

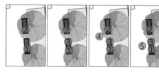

图7 9：04E长者行为

钟，运动结束后到广场西侧的凉亭里坐下，将报纸铺在座椅上，两腿分开在坐凳两侧，低头看报，持续 39 分钟。结束后，上半身躺在座凳上，双腿抬高依靠凉亭的柱子，拉伸和用双手按摩腿部，持续约 3 分钟后离开广场。

E 长者（图 7），9：41 来到广场，在广场东部建筑出入口的座椅上坐下，9：45 第二位长者在其旁边的座椅落座，二人并排而坐，面朝圆形广场，一边观看人们活动一边开始交谈。9：49 时第三位长者在二人中间坐下，加入谈话。9：58 第四位长者站在三人座椅前，短暂交流 5 分钟后前往另一处与其他长者交谈。10：01 第五位长者站在三人座椅前，短暂交谈 3 分钟后离开。此后，第四位长者于 10：12 返回三人落座处，交谈 23 分钟后离开广场。10：42 第二位长者离开广场，10：43 第六位长者落座开始交谈，10：45 第七位长者站在座椅前加入交谈，10：52 第七位长者离开，10：54 第六位长者离开，10：58 第八位长者落座加入交谈，11：07 第九位长者站在一旁加入交谈，11：30 第三位和第九位长者离开，11：49 E 长者最后离开。

（3）环境设施的潜在需求分析

结合上述长者行为细节跟踪结果，不难看出本案例中的既有环境设施缺乏对长者在公共空间行为更充分和人性化的考量，难以满足长者多元化和精细化的潜在需求。使用健身设施锻炼的长者中，大部分锻炼时间都偏短，A 长者一项设施仅使用 1 分钟，反映出既有设施对于长者开展运动行为的引导性和吸引力较弱。B 长者使用健身设施开展康复训练，但由于既有设施缺乏针对康复训练的功能，没有配备栏杆、扶手等防跌倒的设施，需要借助陪人看护的方式来保障长者步行康复活动的安全性，同时既有设施不具有针对性，导致长者康复训练的效果也大打折扣。此外，儿童使用健身器材开展游乐活动，但由于器材并非专门为儿童设计，使用时存在不便和危险，长者 C 需要一直在旁看护，增加了儿童活动的风险也提高了长者监护的难度。D 长者在凉亭的座椅上埋头看报 39 分钟，一直维持低头和弯腰的姿势，对颈椎、腰椎有一定的危害，既有设施缺乏对更多元化的行为的考量。E 长者先后与多位长者开展持续的社交活动，由于场地缺乏围合性更强的空间，座椅为并排设置，第三位加入时更倾向选择并排而坐，而第四人参与交流时总是选择站在对面，与其他三人面对面交流，站立交流带来不便，导致站立的长者逗留时长较短。

4 结语与建议

综上所述，作为社区公共空间的大德中广场为长者提供了一个良好的环境载体，提供了尺度宜人、遮荫效果佳、座椅充足的户外活动场所，吸纳了大量长者来此开展丰富多样的行为活动，但由于场地既有条件的不足，缺乏对人群需求的精细化考量，导致长者实际户外活动的品质仍待提升。针对长者开展的行为观察和分析的结论如下：

（1）长者行为状况：长者户外行为以消极静态和被动类为主，积极主动类的行为较少。消极静态的"休闲行为"（41.28%）和被动触发的"使用健身器材锻炼"（15.11%）占比较大，积极主动的类似"社交行为"（13.95%）等发生的频次较少。

（2）长者行为类型与空间使用情况：场地缺乏功能划分，圆形广场承载了运动、休闲、社交、代际等大部分行为活动，不同活动之间干扰较大。环形散步道、较私密的运动空间等丰富的空间需求未被充分考虑。代际行为中应对长者与儿童的互动关系有针对性的空间策略仍待加强。

（3）长者特征行为与环境设施使用情况：既有健身器材对于长者开展运动的引导性和吸引力较弱，既有环境设施对长者进行康复训练、看报、聚集交谈等活动和儿童安全地游乐等方面的考量不够充分，造成使用不方便、不安全、没有针对性等问题，降低了活动的质量，削弱了户外活动的积极作用。

针对以上结论，以促进户外活动为目标，尝试对大德中广场的适老环境设计改造提出建议，对其他社区公共空间也具有普遍的借鉴意义：

（1）优化空间规划与布局：规划带有扶手的环形步道，将空间划分为运动健身区、聚集聊天区、安静休憩区、儿童活动区等不同活动类型的空间。运动健身区可以按运动强度和运动模式分为：私密区（单人自发运动）、健身广场区（团体自发运动）、健身设施区（健身器材锻炼）。聚集聊天区可设置在公共空间出入口、建筑出入口等人流量较大的区域。儿童活动区可与安静休憩区邻近布置，便于老人静坐的同时监护儿童。通过合理的功能布局确保公共空间的舒适和安全，为长者户外行为提供更多元化和有针对性的公共空间。

（2）提升环境设施品质：①环境设施配套升级。针对长者的运动需求和喜好重新设计配套的健身设施，提升长者的使用频次和时长，增设部分康复训练设施，如为轮椅长者等有特殊行为障碍的长者营造康复花园等有针对性的康复设施。增设儿童游乐设施，设置适量供代际互动的设施，为活动能力较差的儿童设计安全的、可独立玩耍的空间，缓解长者长时间监护儿童带来的身体负担。②适老细节设计。聚集聊天区的座椅需围合式布局，促进长者社交活动，座椅设置要符合老年人的身体特征，如高度适宜、增设扶手和靠背，以促进社交活动开展的频次和质量。此外，结合老年人群体的喜好，设置具有人文关怀的景观场景，如有历史记忆的雕塑、墙绘、器物等。通过以上设计策略最大限度地提升长者户外活动品质，促进长者积极健康地在公共空间开展丰富的活动。

目前，我国的老龄化率仍在逐年攀升，社区作为绝大部分老年人未来长期的生活空间，社区适老环境建设势在必行。目前，针对社区公共空间适老环境设计的研究成果还不成熟，本文工作也仅限于孤立案例，相关适老环境策略仍待进一步的研究与实践来验证。

参考文献

[1] 商务部离退休干部局. 关于推进老年宜居环境建设的指导意见（全国老龄办发〔2016〕73 号 [EB/OL]. http://lgj.mofcom.gov.cn/article/zcgz/201611/20161101783066.shtml, 2016-11-16.

[2] 伊丽莎白·伯顿，琳内·米切尔. 包容性的城市设计 [M]. 北京：中国建筑工业出版社，2009.

[3] 周燕珉，刘佳燕. 居住区户外环境的适老化设计 [J]. 建筑学报，2013（03）：60-64.

[4] 袁晓梅，王祎，谢青，周同月. 我国典型失智老人照护单元公共空间疗愈性目标设计研究 [J]. 南方建筑，2019（02）：27-31.

[5] 李斌，张雪. 社区复合养老设施中老年人的场所选择和活动场景 [J]. 建筑学报，2019（S1）：75-79.

[6] Sullivan W.C., Chang CY. Mental health and the built environment. Making healthy places: Designing and building for health, well-being, and sustainability[M]. Washington, DC: Island Press, 2011: 106-116.

[7] Catharine W T.Linking landscape and health: The recurring theme[J].Landscape and Urban Planning, 2011, 99: 187-195.

[8] Sugiyama T, Francis J, Middleton N J, et al.Associations between recreational walking and attractiveness, size, and proximity of neighborhood open spaces[J].American Journal of Public Health, 2010, 100: 1752-1757.

[9] 数据来源：人民街社区居委会基本情况统计表（截止至 2019 年 2 月 1 日）

作者信息

李素衣，女，广州市城市更新规划研究院，助理设计师。主要研究方向：社区更新改造关键技术研究。

老树发新芽——以上海黄浦区 174 街坊开发项目（外滩源一期）为例

摘要： 每个城市发展都要经历不断更新与改造的新陈代谢过程。由于复杂的历史原因，我国大量城市都面临各种老化更新的局面，大量的经济建设与资源匮乏、文化保护之间经常产生各样的冲突和矛盾。经验证明，无故的推倒重建不仅摧毁了一个城市所特有的物质资源和文化特色，也割断了城市的历史和文脉，得不偿失。如果把城市看作一棵树，那么建筑就是树的年轮，需要我们每个人去精心呵护。本文以上海黄浦区 174 街坊开发项目设计为例，简要介绍历史文化风貌保护区内的城市更新方法，供大家借鉴探讨。今天我国面临双碳目标的巨大挑战，建筑是 4 个主要碳排放行业之一，只有实现建筑领域的碳减排，才能完成我国的双碳目标，"修建并重"和"以修代建"将是我国未来城市更新的主要手段。

关键词： 城市更新；可适性再利用；积极保护；修建并重；以修代建

1 引言

如果……发现这一新建筑中还保留着老建筑物的一些颓垣断壁，就像在罗马城偶然看见一段塞尔维亚王国的墙垣那样，请不要苛责……保留下来的材料恰可……形成一个有机整体，内容很充实。这种处理办法也恰当而形象地反映了城市本身的历史发展。[1]

——刘易斯·芒福德

任何总体设计，无论多么带有根本性，总要同先前存在的场所保持某种持续性。[2]

——凯文·林奇

每个城市发展都要经过不断更新与改造的新陈代谢过程。城市是人类社会发展的产物，如果把城市看作一棵树，建筑就是树的年轮，[3] 每一栋建筑都拥有自己的时代性、地域性和文化性。我国是一个拥有五千年悠久历史文化的国家，也是一个幅员辽阔的国家，祖先为我们留下了大量优秀的建筑遗产。由于复杂的历史原因，目前我国大量城市都面临各种老化更新的局面，大量经济建设与资源匮乏、文化保护之间经常产生各样的冲突和矛盾。经验证明，无故的推倒重建不仅摧毁了一个城市所特有的物质资源和文化特色，也割断了城市的历史和文脉，得不偿失。20世纪80年代，欧美国家普遍采用可适性再利用，即通过一定的技术改造，将旧建筑物重新利用起来，这为我国大量的城市既存建筑提供了一条新出路。事实证明，只要方法适当，老树也能发新芽。

2 项目概况

外滩源项目位于上海市著名景点外滩的北端，黄浦江与苏州河交汇处、黄浦区171~174街坊，属于上海市外滩历史文化风貌保护区的核心地块（图1）。按照上海市发展计划委员会的《关于外滩源地区综合改造项目建议书的批复》（沪计城〔2002〕471号）和上海市城市规划局的《核发外滩源地区综合改造建设项目选址意见书的通知》（沪规导〔2003〕205号）文件，整个项目分三期开发，其中174街坊为一期，172、173街坊为二期，171街坊为三期。建设单位为上海洛克菲勒集团外滩源综合开发有限公司。

外滩源地块的历史可以追溯到上海开埠时期。1843年，外滩源还是一片富饶的田野，外白渡桥东侧沿黄浦江岸边有清军的炮台，炮台西面有军工厂和仓库。1855年，外滩源地块已经有了英国领事馆，之后在地块中央附近又建起各种办公、仓库用房，作为英国侨民生活、经商的场所。此后，巴富尔建筑群、兰心戏院、光陆大戏院、亚洲文会博物馆、英国邮政局、阿哈龙（犹太）教堂等建筑相继出现，演变成今天的格局。（图2）

外滩源一期（黄浦区174街坊）项目总用地面积1.68公顷（17122.8平方米），总建筑面积116433平方米。基地内现存市级优秀近代建筑7栋，优秀历史建筑5栋，总建筑面积43314平方米（地上：42909平方米，地下：405平方米）；新建建筑7栋，总建筑面积73119平方米（地上：49886平方米，地下：23233平方米）。基地容积率：

图1　基地现状　　　　　　　图2　外滩源历史演变图

5.42，建筑密度：74%，绿地率：0.41%（规划要求大于现状绿化率0%），总投资约100亿元人民币。使用功能：博物馆、商业、办公、酒店配套商业楼（含餐饮）、酒店式公寓、地下停车场。

3 设计依据

3.1 规划依据

《上海市城市总体规划》

《核发外滩源地区综合改造建设项目选址意见书的通知》

《关于外滩源地区详细规划的批复》

《关于外滩源地区综合改造项目建议书的批复》

《关于外滩源地区优秀历史建筑保护改造的批复》

《关于外滩源地区优秀历史建筑保护改造的批复》

《上海市外滩历史文化风貌区保护规划》

《外滩源地区修建性详细规划专家评审会会议纪要》

《上海市城市规划管理技术规定》

上海市建筑科学研究院房屋质量检测站（2007年）对本地块历史建筑《房屋质量检测与评估报告》

《关于同意黄浦区174街坊修建性详细规划的批复》

《关于上海市黄浦区174街坊新建建筑工程设计方案的批复》

《关于黄浦区174街坊保护保留历史建筑建筑防火间距修改的复函》

《外滩源174号地块交通初步设计意见》

《关于黄浦区174街坊建设项目环境影响报告书的审批意见》

3.2 规划技术文件

《建设单位提供的用地范围电子地形图和外滩源地区地形图（1：500）》

《苏州河两岸地区规划优化方案》

《苏州河滨河景观规划》

《外滩源地区详细规划》

《建设单位提供的各类实测图（包括历史建筑＋－0.00及屋顶实测图，周边道路现状高程实测图）》

《建设单位提供的上海市城建院所作的虎丘路、北京东路及圆明园路北段道路改造工程设计图》

4 设计宗旨、设计目标和设计原则

4.1 设计宗旨

项目以"重现风貌，重塑功能"为设计宗旨。通过对地块内众多历史保护建筑、保留建筑的修缮和保护，以及根据外滩地区的总体功能定位和地块特殊环境，采取绿色发展的理念，充分利用现有土地资源，适当添加新建筑元素，形成和谐的有机体。重塑外滩功能，重现外滩风貌。

4.2 设计目标

本着上述宗旨，开发商、规划师、建筑师在保留外滩源具有特殊历史意义的建筑文脉基础上，重新梳理内部空间、修补区域功能，对基地实施整体改造，力争为上海打造一个崭新的集商业、办公、酒店、公寓和文化交流于一体的顶级综合配套服务区，与对岸的陆家嘴共同呼吸、平衡发展，完善黄浦江两岸新城市中央商务区（CBD）功能。

4.3 设计原则

遵从"重现风貌，重塑功能"，节约土地、绿色发展的设计原则。

遵从因地制宜、精心设计的原则。

遵从以人为本、功能合理、设备先进、经济恰当，尽量采用新材料、新技术、新设备、新工艺，做到节地、节能、节水、节材等可持续发展原则。

遵从国家规范和上海地方标准对项目节能、环保、抗震、消防进行设计的原则。

5 总平面设计

5.1 场地概述

黄浦区174街坊东临圆明园路，西倚虎丘路；北抵南苏州路，南至北京东路，香港路从地块中间偏北横向穿过。基地南北长约300米，东西宽50~70米，规划用地面积17122.8平方米。南苏州路北侧是苏州河，河上跨着著名历史建筑外白渡桥；圆明园路东侧是33号公园用地，再往外是外滩和黄浦江。地块内有大量不同时间、不同风格的老上海历史建筑。（图3、图4）

场地基本平整，由于早期大量抽取地下水，这些历经百年的历史建筑随地表一起下陷，呈现室内比室外低的状况。整体场地会依照保留历史建筑现状及周围市政道路设计标高进行调整。（图5、图6）

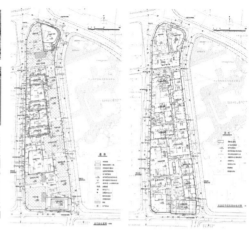

图 3　一期总平图（浅色部分为新建建筑）　　图 4　一期总平面图　图 5　一期首层总平面及竖向设计

图 6　整体效果图

5.2　设计构思

保留圆明园路上的历史建筑及虎丘路、四川路、北京路外滩源整体地块的沿街风貌，在此框架下，植入新建筑和公共空间以完善现代建筑功能与对外开放空间的需求。

保持城市肌理，原有老街区街道密集狭小，设计将虎丘路一侧建筑挑空，加强街道与基地内部的空间联系。在圆明园路一侧，通过老建筑间的保留里弄，将东侧人流引入地块内部，实现共享的理念，既提高了地块内部空间活力，又缓解了周边城市道路的交通压力。

外滩源 1 号（圆明园路与南苏州路交叉口处）新建建筑高度不得超过西侧光陆大楼主体建筑，沿虎丘路一侧新建建筑限高 50 米，外滩源 6 号楼（沿北京东路一侧，原美丰洋行）新建建筑限高 60 米。

5.3 建筑物布置

基地内有 7 栋市级优秀近代建筑和 5 栋优秀历史建筑，除建筑内部的使用功能和设备管线按照新设计图纸更新以外，其余全部予以保留；美丰洋行仅保留沿街外立面。基地内新增地上建筑 6 栋。

5.4 空间组织及功能分区

通过地块内原有建筑和新建建筑围合形成一条南北走向的商业内街，间隔布置室外活动广场，形成富于变化的空间序列，内街两侧设置零售商铺，广场满足各类商业文化活动。裙房商业和高层的办公、酒店式公寓、酒店等功能高高低低、交错搭配，恍若回到 20 世纪二三十年代小上海的生活格局。

5.5 内部交通组织

内部交通全部以步行为主。商业内街由北面香港路开始往南延伸，穿过 4 号楼和 5 号楼之间的广场，到博物院广场结束。广场向西侧虎丘路开敞，是商业步行内街的主要出入口，广场东侧借老建筑间的里弄与圆明园路相通，保留上海地域风情。

基地内历史建筑的主要出入口保持原状，位于各自城市道路上，在商业内街增设次要出入口，加强彼此的联系。

新建建筑除沿街商铺外，主要出入口均位于商业内街和广场上。

5.6 外部交通组织

圆明园路：圆明园路设为限时步行街，范围是北京东路—香港路之间，白天人流高峰时段禁止车辆通行，其余时段允许小客车和轻型配送货车通行，路上不设基地机动车出入口，同时禁行大型货车。

虎丘路：2 号地下室的两个地下机动车库出入口均设在此侧，公寓内院机动车临时停靠点出入口也设在此侧，4 号楼、5 号楼之间还设置一个出租车候客站。

南苏州路：承担过境交通、公交和自行车，同时也是地块对外主要通道，1 号楼货运出口设在此侧。

北京东路：承担过境交通、公交和自行车，同时也是地块对外主要通道，6 号楼沿街出入口设在此侧。

香港路：配合圆明园路实施限时步行街，同时将香港路自圆明园路向东延伸到南苏州路，形成虎丘路—香港路—南苏州路的机动车循环通道，在圆明园路交叉口附近设出租车上下客点，方便使用。

5.7　竖向设计

本工程采用吴淞高程系统。

周边市政道路标高：南侧北京东路由西往东 2.46~2.74 米，东侧圆明园路由南往北 2.74~2.94 米，北侧南苏州路由东往西 2.94~33.31 米，西侧虎丘路由西往东 3.31~2.46 米、位于场地中部的香港路标高最低，由西往东 2.18（虎丘路）~2.36（圆明园路）米，城市人行道均较相应城市道路标高高 100mm，场地内无较大高差。

本工程新建筑室内地坪设计标高分别为：1 号楼 ±0.00=3.00 米，2~5 号楼 ±0.00=2.45 米，6 号楼 ±0.00=2.80 米。基地地面标高顺应市政道路排水方向，南区由博物院广场往香港路逐渐降低，北区由南苏州路往香港路逐渐降低，地块内标高较周边市政道路人行道标高高出 0.05~0.20 米。

5.8　消防车道和登高场地

整个基地四面临街，消防车道可在外部市政道路环通。

基地内消防车出入口设在圆明园路及虎丘路上，利用哈密与协进大楼之间、女青年会与圆明园公寓之间、6 号楼与安培洋行之间、亚洲文会与中实大楼之间的 4 条通道，以及 4 号楼底层局部架空，形成 3 道圆明园路—基地内部—虎丘路横向消防通道。基地内消防车道净宽、净高均不小于 4 米，转弯半径均不小于 12 米。

除 3 号楼、4 号楼消防登高场地设在内院广场上，其余建筑消防登高场地均设在相邻城市道路上。

6　建筑设计

6.1　历史建筑

6.1.1　地块内历史建筑及风貌特征（图 7）

（1）上海市优秀历史建筑

①安培洋行：1908 年，维多利亚风格。

②亚洲文会大楼：1932 年，西体中用的中国传统建筑复兴风格。

③女青年会大楼：1930~1933 年，西体中用的中国传统建筑复兴风格。

④兰心大楼：1927 年，折中的新古典主义风格、折中主义风格。

⑤真光大楼：1930 年，装饰艺术派风格。

⑥广学大楼：1930~1933 年，装饰艺术派风格。

⑦光陆大戏院：1925~1928 年，装饰艺术派风格。

A
Andrews & George
Building
美丰洋行

B
Ampire & Co. Building
安培洋行

C
YuenMing Yuen
Apartment
圆明园公寓

D
YWCA Building
女青年会大楼

E
Somekh Apartments
哈密大楼

F
Associate Mission
Building
协进大楼

G
Lyceum Building
兰心大楼

H
China Baptist
Publication Building
真光大楼

I
CapitolTheatre
光陆大楼

J
Christian Literature
Society Building
广学大楼

O
R. A. S. Building
亚洲文会大楼

P
National Industrial
Bank of China
中实大楼

▨ Heritage Buildings [保护建筑]
▨ Additional Preserved/Partial Preserved Buildings
[建议保留/局部保留建筑]

图7　改造前基地内保留建筑现状

（2）保留历史建筑

①哈密大楼：折中的新古典主义风格、折中主义风格。

②中实大厦：折中的新古典主义风格、折中主义风格。

③美丰洋行：维多利亚风格。

（3）保留一般历史建筑

①圆明园公寓：维多利亚风格。

②协进大楼：折中的新古典主义风格、折中主义风格。

（4）历史建筑风貌特征

　　由于建造年代的不同，在狭长的地块上这些建筑呈以下特点分布：维多利亚风格建筑主要集中于地块南段，其他风格交错分布在中段及北段。各类建筑风格，较为连贯地展现了上海从19世纪末20世纪初到20世纪30年代建筑风格的转变，尤其可贵的是，还保留了外滩发展第二阶段的建筑，是城市发展的重要见证。因此，外滩源的历史建筑具有显明历史发展的痕迹，其自然形成的风格多样性，体现了历史变迁的多样性，并与其建筑重要性一起构成了外滩源整体建筑环境的历史文脉和风貌特色。

6.1.2　历史建筑保护与整治规划设计的依据

《中华人民共和国城市规划法》

《中华人民共和国文物保护法》

《中华人民共和国文物保护法实施细则》

《文物保护工程管理办法》

《上海市中心城历史文化风貌保护区范围》

《上海市历史文化风貌区和优秀历史建筑保护条例》

《上海市规划管理技术规定》

《上海市文物管理委员会对本区域历史风貌保护和区域内优秀历史建筑保护的要求》

《上海市房屋土地管理局对本区域历史风貌保护和区域内优秀历史建筑和一般历史建筑保护和改建的要求》

《上海市规划管理部门对本区域历史风貌保护和优秀历史建筑和一般历史建筑和改造的规划管理要求》

《其他相关的国家或上海的法律、规范和规定》

6.1.3　历史建筑保护与整治区域规划管理要求

风貌保护是外滩源历史建筑保护与整治的最重要的原则，其他一切均应服从本原则。

（1）用地类别：外滩源历史建筑保护与整治的用地区划分，分类为 CR 混合用地；更具体的类别视区域内开发的实际情况而定。

（2）相邻建筑间距控：外滩源历史建筑保护与整治区域内，相邻建筑间距控制以不小于现状相邻建筑间距为原则。

（3）建筑物退让：外滩源历史建筑保护与整治区域内，建筑物的退让以不小于现状建筑物退让距离为原则。

（4）绿地配置与停车配置：外滩源历史建筑保护与整治区域内，基地内绿地应以不小于现状绿地面积为原则；基地停车配置，应符合交通设计及停车场设置标准等有关规定。

以上原则涉及日照、卫生防疫、消防及交通等部门，应以风貌保护为优先原则，落实各相关部门协调解决。

6.1.4　历史建筑保护与整治规划设计的原则

整体性原则、原真性原则、可识别性原则、最小干预原则、相近性功能再生的原则。

6.1.5　历史建筑保护与整治的技术措施

（1）总则

为加强历史建筑的保护与整治工作，落实历史建筑的保护与整治要求，特制定以下粗略的技术措施，供历史建筑保护与整治工作参考。考虑到历史建筑保护整治的特殊性和复杂性，对技术措施不作硬性的规定，应在遵循保护整治原则的前提下，选择有利保护工作开展的技术措施和手段进行。

（2）建筑专业技术措施

①历史建筑群天际线要保护和恢复建筑群的天际线：拆除搭建在历史建筑屋顶上的建构筑物、标语及广告牌；原有坡屋顶改为平屋顶的历史建筑应恢复坡屋顶；已拆

除的屋顶壁炉烟囱等应予以恢复；屋顶原有旗杆要检查加固，拆除的可根据历史图纸及实际情况恢复，与避雷针安装配合。

②历史建筑外立面采用复原还原点的建筑材料，可以重构原有的建筑因素：外立面门窗在修复中因考虑节能要求，在修复的基础上努力提高历史建筑的整体节能效果；底层的后加防盗窗格应除去，代之以防撬玻璃；彻底清除沿街立面上和主体结构上各种赘加建筑因素；除石材和砖材保留本色及质地外，仿石的汰石子表面也应保持原色，自然污染应清洁干净，不应覆盖涂料；砖缝应重新勾勒。

③历史建筑间小巷：建筑间小巷宜在有历史依据的前提下进行整治，对于原先附属于历史建筑的部分，需要仔细考证，以决定是否复原或保留整修。

④历史建筑店招及标识物的设置：整个外滩源地区的招牌和标志物应安设在门窗内侧，遮阳篷等具特色的城市景观必要因素应统一式样、类型、颜色和材料，统一设置。

（3）结构专业技术措施

①结构加固原则

根据每栋历史建筑的房屋检测报告而采用适合的不同的加固方法，并应报相关部门核准，应符合历史建筑保护和保留相关要求。

②结构加固措施

A. 内部结构全部置换，只保留原建筑的外壳，内部新的结构体系可以改用钢结构或钢筋混凝土框架结构，然后将新结构与原有外墙连接成整体。

B. 内部结构体系全面加固，包括对墙体、梁柱进行加固。

C. 局部结构的加固或构件的更换，例如将木格栅楼地面改为钢筋混凝土楼板或钢格栅楼地面等。

D. 其他在结构加固实践中卓有成效的先进方法：均可在相应的不同情况下予以采用。

（4）设备专业技术措施

①设备选型：应根据每栋历史建筑层高条件和结构条件进行选择。

②空调器安装：必须搬移现在的安装位置，研究如何利用屋顶，处理现有的屋顶隆起部分。

③设备机房设置：各种设备机房（给排水、供气、供电系统），尽可能安装在地下层。一般性技术设施应尽可能集中设置。

④泛光照明设计：泛光照明应经专业深化设计，并经相关主管部门审核。

6.2 地块内新建建筑

6.2.1 地块内新建建筑（图8、图9）

基地内拟建建筑7栋：外滩源1~6号楼（±0.00以上）及3号地下室，其中1号地下室位于1号楼±0.00以下，2号地下室位于2~5号楼±0.00以下，4号地下

图 8　东、西向整体立面图

室位于 4 号楼 ±0.00 以下，3 号地下室为独立工程。

（1）外滩源 1 号楼

酒店配套商业楼（含餐饮），占地面积 879 平方米，总建筑面积 8612 平方米，8F/-2F，建筑高度 30.9 米，一类高层建筑，结构体系为框架结构。

（2）外滩源 2~4 号楼地上部分

商业、办公、酒店式公寓为一体的综合楼，占地面积 2624 平方米，总建筑面积 24762 平方米，14F，建筑高度 49.9 米，二类高层建筑，结构体系为框架核心筒结构。

（3）外滩源 5 号楼地上部分

商业楼（含餐饮），建筑占地面积 1411 平方米，总建筑面积 8549 平方米，6F，建筑高度 24 米，多层公共建筑，结构体系为框架结构。

（4）外滩源 6 号楼

办公综合楼，建筑占地面积 851 平方米，总建筑面积 9509 平方米，14F/-1F，建筑高度 59.9 米，一类高层公共建筑，结构体系为框架核心筒结构。

（5）2 号地下室

机动车停车库，停车 229 辆（其中无人机械立体停车位 147 个），局部变配电间、变电所、变压器室、IV 型电业站等用电房间，建筑占地面积 5647 平方米，总建筑面积 19827 平方米，-3F，建筑高度 -16.7 米，耐火等级为一级。

（6）3 号地下室

为历史建筑的保护和修缮工程的配套工程，位于博物馆广场下，建筑占地面积 587 平方米，总建筑面积 1169 平方米，-2F，耐火等级为一级。

6.2.2　设计指导思想

保持新老建筑的持续性是单体设计的重点。在设计过程中，在保持空间延伸的基础上，通过建筑体量分割，抽取历史建筑的立面尺度、材料、颜色、窗墙、建筑天际线等关系沿用到新建筑外形上，统一中求变化，使新老建筑融合为一体。

6.2.3 造型设计

（1）外滩源1号楼

位于圆明园路和南苏州路弧线交接点上，东北面正对外白渡桥筑，是整个地块北部焦点。西侧与光陆大楼贴邻，南面与真光广学大楼相通。光陆大楼（原光陆大戏院）楼高8F，平面为扇形，转角为直线与弧线相交的尖锐角，顶部有一典型的装饰艺术风格的小塔楼。真光广学大楼楼高8F，外墙深褐色面砖和竖线条处理，顶部层层收进，反映当时美国艺术装饰主义摩天楼的风格。

1号楼正立面位于圆明园路一侧。1号楼设计高度8F、31米，与光陆大楼沿南苏州路一侧形成同一高度，平面也带有弧形，转角处也采用尖锐角，和光陆大楼的尖锐角恰好弥合成一个完整的城市界面。沿东侧圆明园路，建筑顶部采取相同的退台竖向装饰手法与真光广学大楼统一，形成连续的城市界面，但在立面材质、细部处理和色彩上则与西侧光陆大楼呼应。

（2）外滩源2~4号楼

立面采用三层体量糅合而成，分别为面层、中间层和背景层，层层收进上升，主楼采用砖红色陶棍与真光广学、亚洲文会、圆明园公寓等大楼呼应，前浅后深，立面上深凹的外窗及腰线的分割，体现造型的层次感和厚重感，与历史建筑保持一种若隐若现的城市肌理。裙房立面采用简单的框架和米黄色石灰石，和光陆、中实大楼保持统一，突出历史建筑。

（3）外滩源5号楼

立面与2~4号楼裙房一致，形成统一的城市界面。

（4）外滩源6号楼

在保存美丰洋行沿北京东路和圆明园路立面的基础上，向上延伸十一层，主楼立面延续裙房的英式维多利亚建筑风格，采用垂直划分节奏，每隔几层设置退台，增加了立面的高耸感。从整体分析，6号楼是整个地块沿圆明园路现存建筑序列的终点，也将是一座标志性建筑。

6.2.4 建筑外观元素

立面线条是老建筑的另一重要特征。在新建筑塔楼立面设计中，挺拔的竖向线条附着于暗红色建筑外立面上，与真光广学大楼的哥特复兴手法、装饰艺术风格相呼应，在裙房外窗设计上，两个或三个一组的竖向外窗也与场地信息保持协调。

对虎丘路风貌保护是立面设计的重要一笔。除上述方法以外，设计还延用虎丘路一些老建筑的外观元素：原虎丘路66号文汇报印刷厂属于装饰艺术风格的现代主义风格，其米黄色的立面色彩和稳重的立面窗装饰被沿用到新建筑的裙房和塔楼外立面；原虎丘路88~94号是带有装饰艺术风格倾向的现代主义建筑，其立面窗关系

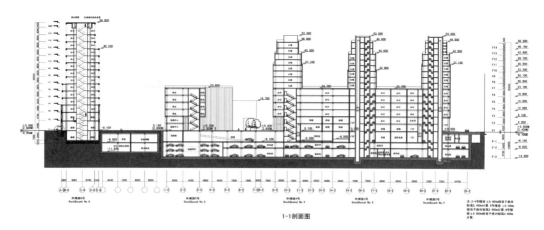

图 9　新建建筑 2~6 号楼整体剖面图

也体现在新建筑裙房立面上。所有设计手法都源于对老建筑的尊重，以及上海外滩地域风貌的保留。（图 10）

6.2.5　建筑的轮廓线

建筑轮廓线是关乎本案能否顺利实施的关键因素。外滩天际轮廓线是上海的重要城市标志，为延续黄浦江西岸的城市历史风貌天际线，新建建筑外立面采取凹凸进退、阶梯向上有序收锋的设计手法，削减体量，形成高低错落、富有变化的新轮廓天际线，延续原有场地的天际轮廓线。

7　结语

上海市外滩历史文化风貌保护区在我国乃至世界都有一定的知名度，对它的更新实施方案能够为其他城市的更新所借鉴（图 11）。文脉延续是每个历史文化名城进

图 10　新建建筑立面细节设计

图 11　从上海中心顶层远眺外滩源地块一期

步的初心，资金和技术是具体实施方案的两个决定性因素，只有赋予保护区新的活力，拥有可持续的保护资金，保护才更具有主动性。吴良镛院士也曾不断呼吁"改单纯保护为积极保护"。[4] 当下我国面临双碳目标的巨大压力，建筑是4个主要碳排放的行业之一，我国建筑业的二氧化碳排放量居全球首位，且仍继续增长。只有实现建筑领域的碳减排，才能完成我国的双碳目标。所以"修建并重"和"以修代建"将是我国未来城市更新的主要方式。

注：文中图片除图10由作者摄外，其余均由CCDI中建国际（深圳）设计顾问有限公司提供。

项目设计时间：2002年
保留建筑改造设计单位：上海章明建筑设计事务所
新建建筑方案设计单位：1号楼 Arquitectonica，Antonlo Cltterlo and Partners
　　　　　　　　　　　2~5号楼 Arquitectonica
　　　　　　　　　　　6号楼 David Chipperfield Architects
新建建筑施工图设计单位：CCDI中建国际（深圳）设计顾问有限公司
设计团队：阎立新、魏景城、胡伟、朱艳丽、许树海等

参考文献

[1] 刘易斯·芒福德.城市发展史——起源、演变和前景 [M].宋俊岭，倪文彦，译.北京：中国建筑工业出版社，2008.

[2] 凯文·林奇，加里·海克.总体设计 [M].黄富厢，朱琪，吴小亚，译.南京：江苏科学技术出版社，2016.

[3] 杨昌鸣.建筑资源的再利用策略：既存建筑更新、修复技术及其材料的再利用 [M].北京：中国计划出版社，2010.

[4] 周晴.吴良镛：给胡同"动手术"的建筑大师 [M].北京：党建读物出版社，接力出版社，2021.

作者信息

魏景城，男，高级建筑师，福州城市建设投资集团有限公司，福州市建设工程施工图审查中心有限公司。

上海城市更新模式的实施路径
——虹口区 17 街坊更新中政企合作经验

摘要：随着中国城镇化率超过 60%，城市更新面临更加复杂的情况，导致以政府为主导的"自上而下"的传统更新模式实行日益艰难。通过分析上海市提出的"政企合作、市区联手、以区为主"新模式，并结合虹口区 17 街坊案例，初步探讨新模式下的实施路径。从搭建城市更新平台、设立"引导基金＋项目载体"的融资模式、创新"场所联动"股权转让方式等方面进行分析，初步探讨该模式提高政府管控能力，平衡各方利益，减少财政压力并高效推进项目周期，实现高质量完成城市更新项目。

关键词：城市更新；更新实施路径；更新平台公司；上海地产；虹口区 17 街坊；《上海市城市更新条例》

1 引言

伴随着中国经济飞速发展，城市呈现井喷式扩展。截至 2021 年，中国城镇化率已经超过 60%，北京、上海、广州、深圳等一线城市的城镇化率均超过 85%。但随着新增土地的边际效益递减和山水自然格局的限制，导致扩展受到土地制约，所以城市更新的需求不断加强。在"十四五"规划纲要中提出，实施城市更新行动，推动城市空间结构优化和品质提升。李克强总理在政府工作报告中指出要实施城市更新行动，完善住房市场体系和住房保障体系，提升城镇化发展质量。由此体现出城市更新已提升为国家战略。

城市更新进入快速城镇化与多元化、综合化的新时期，项目涉及权益主体更加复杂，诉求更加多元，历史文化传承也更加重要。所以，项目普遍存在开发周期长、资金沉淀久等问题，导致传统以政府为主导的"自上而下"开发模式实行日益艰难。

本文通过分析上海市提出"政企合作、市区联手、以区为主"的城市更新模式，结合虹口区 17 街坊案例分析，初步探讨新的实施路径，在平衡各方主体利益，缩减项目周期并减少财政压力的情况下，高质量完成城市更新项目。

2 国外城市更新各阶段变化

2.1 城市更新从"政府主导"转向"多方合作"

国外的城市更新历史，更多学者倾向于自第二次世界大战以来至今划分为三个阶段。

第一阶段：政府主导大规模重建（自第二次世界大战后～1970年初）

众多国家在第二次世界大战中遭受重创，急需修复破损的城市和清理内城的贫民窟，完善住宅和基础设施，实现经济复苏。该阶段城市更新具有更强的福利主义色彩，实施以政府为主导，资金来源于公共财政。

第二阶段：经济复原与公私合伙制（1980～1989年）

20世纪80年代，全球经济衰退使得政府财政萎缩，开始减少对更新项目的投入，但是社会资本逐渐繁荣加速了私营企业的快速发展。并且社会资本发现大量集中在核心城市中的更新项目，可以通过投资该项目获取客观回报，开始积极投入城市更新和建设中。该阶段政府逐渐弱化在城市更新中的投资，转变为以政府为引导私营部分参与。

第三阶段：多方伙伴关系（自1990年以来）

随着城市更新思潮和可持续发展理念的形成，开始围绕经济、社会、环境等多目标进行综合治理，出现"自下而上"的更新机制，鼓励形成公、私、社区三方合作伙伴的方式进行城市更新。政府部门通过制定一系列鼓励性政策并协调各方更新权益的分配，以及完善公共设施建设等方式引导私营部门参与，促进了城市更新主体公私合作模式的形成。

2.2 搭建具有半公有化更新平台

在各国城市更新进程中，均设立了政府出资、市场化运营的机构，负责更新项目的具体实施，协调公共部门与私营部门间的利益关系（任荣荣，高洪玮，2021），比如美国的经济发展公司、英国的城市开发公司和日本的都市再生机构。该机构由政府设立、财政注资，但是独立核算、自主经营，具有半公有化机构的属性。享受政府公共资源特殊扶持，但具有更强的自主性，在探索城市更新过程中可以积极地制定更新计划和灵活地处理具体问题。

2.3 补助性到竞争性的融资方式

作为更新中重要的融资模式随着城市更新进程的发展，也在不断探索。城市更新早期，以政府为主导，通过财政补助和贷款等直接投入。随着私营部门成为城市更新的主力，各地政府设立了各种优惠政策吸引社会投资，如设立借贷工具、发行债券、减税、资金补贴等政策工具撬动社会资本。进入第三阶段，在多元合作的伙伴关系下，城市更新的需求不断提高，政府对参与私营部门也要求更高，融资方式从政府补助捐款等方式逐步转移到竞争性招标、成立合资企业、成立基金和税收融资等方式，提高更新项目准入门槛。

3 上海城市更新模式演变

3.1 上海城市更新各阶段

上海城市更新主要历经三个阶段，从 20 世纪 80 年代计划经济时期的零星改造，到 90 年代大规模的"365 危棚简"①改造，再到 21 世纪新一轮"成片二级旧里以下房屋"②改造（黄静，王净净，2015）。并在 2014 年就提出"总量锁定、增量递减、流量增效、存量优化、质量提高"的土地利用基本策略，后续又提出了"向存量要空间、以质量求发展"从城市改造到土地利用都强调盘活存量建设用地，推动城市有机更新。

在实际推进中，也完成了大量更新工作。上海在"十三五"期间超额完成二级旧里为主房屋改造 280 万平方米。"十四五"期间要求，到 2025 年全面完成约 20 万平方米中心城区零星二级旧里以下房屋改造任务，分类实施旧住房更新改造 5000 万平方米。

3.2 传统模式带来巨大资金压力

上海市原有的更新模式主要采取"毛地出让"和"土地储备"模式。由于"毛地出让"模式受到政策③限制，逐步走出历史舞台，政府主导的"土地储备"模式成为主要方式。

该方式完全依靠政府的力量，由土地储备机构通过银行贷款等途径筹集拆迁资金，庞大的更新体量必然带来巨大的资金压力。在"十三五"期间上海市政府为筹措更新资金，发行政府债 1224 亿元，占政府财政收入的 5% 左右。（图 1）

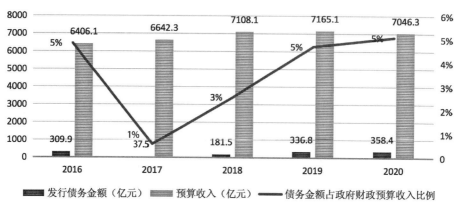

图 1 上海市政府于 2016~2020 年发行关于城市更新资金债务

该模式下完成土地再次出让后，政府很难再全面介入土地开发，保证项目后续实施可以满足城市更新对城市功能和产业的提升。所以，探索新的更新模式，加强政企合作，拓宽融资渠道，已成为需要面临的主要问题。

4 实现"政企合作、市区联手、以区为主"新模式

4.1 全面赋能成立城市更新平台

上海市政府将上海地产（集团）有限公司④（以下简称"上海地产"）作为上海市城市更新的城投平台，按照"政府主导、搭建平台、市场运作"的原则，在旗下成立"城市更新中心"。通过政策扶持、项目植入、融资赋能三方面强化城市更新的功能定位，长期参与上海后续的更新工作。

首先，上海市政府搭建一套完整的加快推进旧改工作的"1+15"政策体系，其中《上海市城市更新条例》（以下简称《条例》）的颁布，为"城市更新中心"赋权赋能。其次，政府统筹将多个更新项目组合的资产包植入上海地产，在2019~2020年上海地产共启动13个项目涉及41个地块改造⑤。最后，为解决更新面临的"卡脖子"问题——融资问题，探索"引导基金＋项目载体"模式，成立上海城市更新基金。全面赋能城市更新平台，作为政府与企业之间链接渠道，有效推动城市更新政策的执行和计划的实施。

4.2 搭建"引导基金＋项目载体"城市更新基金

为广泛吸引社会资本参与上海更新，共同推进城市可持续更新和发展。通过市场化运作的筹资道路解决资金压力，保证项目品质与后期稳定收益。

2021年6月2日，由上海地产牵头，引入银行险资、开发企业等八家基石投资人共同发起设立上海城市更新基金，该基金总规模约800亿元。将定向用于投资旧区改造和城市更新项目，促进上海城市功能优化、民生保障、品质提升和风貌保护。⑥2022年2月9日，上海城市更新引导私募基金合伙企业（有限合伙）注册成立并完成备案，基金规模为100.02亿元。

4.3 分步实施城市更新新模式

上海启动"成片二级旧里以下房屋"改造工作近30年，逐步探索出一套全新的城市更新模式——"政企合作、市区联手、以区为主"。

4.3.1 第一步：市区联手

开始尝试由上海城市更新平台公司分别与黄浦区、杨浦区、虹口区、静安区等区属国有企业，投资成立四个区级城市更新公司，开展具体工作。并在后续《条例》

中明确建立了由市政府统筹推进、四部门分工管理、下设城市更新中心及专家委员会、区政府（管委会）具体推进本辖区内城市更新工作的城市更新管理机制和明确的分级管理体系。（表1）

《上海城市更新条例》中各主体责任汇总　　　　表1

工作主体	工作责任
市人民政府	建立城市更新协调推进机制，统筹、协调全市城市更新工作，并研究、审议城市更新相关重大事项
区政府（含作为市人民政府派出机构的特定地区管理委员会）	推进本辖区城市更新工作的主体，负责组织、协调和管理辖区内城市更新工作
城市更新中心	按照规定职责，参与相关规划编制、政策制定、旧区改造、旧住房更新、产业转型以及承担市、区人民政府确定的其他城市更新相关工作，形成了明确的分级管理体系

4.3.2　第二步：以区为主

虽然已经落实的区级平台公司中，市、区投资比例保持6∶4，市级更新平台占有控股权。但结合《条例》内容，可以总结市政府及职能部门从规划体系、标准保障、资金保障、税收保障、风貌保障和房源保证等，建立全市统一保障机制，推进市政基础设施全生命周期智慧化运营和管理。（表2）

明确了由区政府推进本辖区城市更新的责任主体，也是更新行动计划的编制主体。在实际推进中，落实具体工作，如在结合区域实际制定更新行动计划，并直接审核并组织论证统筹主体的更新方案，制定补偿方案并协助房屋征收等工作。

《上海市城市更新条例》中区人民政府主要负责内容汇总　　　　表2

《条例》对应章节	具体内容
总则	是推进本辖区城市更新工作的主体，负责组织、协调和管理辖区内城市更新工作
城市更新指引和更新行动计划	区人民政府根据城市更新指引，结合本辖区实际情况和开展的城市体检评估报告意见建议，对需要实施区域更新的，应当编制更新行动计划；更新区域跨区的，由市人民政府指定的部门或者机构编制更新行动计划
	物业权利人以及其他单位和个人可以向区人民政府提出更新建议。区人民政府应当指定部门对更新建议进行归类和研究，并作为确定更新区域、编制更新行动计划的重要参考
城市更新实施	更新统筹主体应当将区域更新方案报所在区人民政府或者市规划资源部门，并附具相关部门、专家委员会和利害关系人意见的采纳情况和说明。区人民政府或者市规划资源部门对区域更新方案进行论证后予以认定，并向社会公布。具体分工和程序，由市人民政府另行规定
	做出房屋征收决定的区人民政府对被征收人给予补偿后，被征收人应当在补偿协议约定或者补偿决定确定的搬迁期限内完成搬迁。被征收人在法定期限内不申请行政复议或者不提起行政诉讼，在补偿决定规定的期限内又不搬迁的，由做出房屋征收决定的区人民政府依法申请人民法院强制执行

续表

《条例》对应章节	具体内容
城市更新实施	公房承租人拒不配合拆除重建、成套改造的，公房产权单位可以向区人民政府申请调解；调解不成的，为了维护和增进社会公共利益，推进城市规划的实施，区人民政府可以依法做出决定。公房承租人对决定不服的，可以依法申请行政复议或者提起行政诉讼。在法定期限内不申请行政复议或者不提起行政诉讼，在决定规定的期限内又不配合的，由做出决定的区人民政府依法申请人民法院强制执行
城市更新保障	经区人民政府同意，符合条件的市场主体可以归集除优秀历史建筑、花园住宅类以外的公有房屋承租权，实施城市更新

4.3.3 第三步：政企合作

更新项目再次进入土地市场交易之前，已经沉淀了一定规模的人力、物力和资金。若不能保证私营部门获得后续二级开发权，并将降低其参与的积极性，导致更新退到政府主导的"土地储备"模式。但在结合现行土地政策下，必须通过"招拍挂"的方式出让经营性用地。

《条例》明确提出建立更新统筹主体遴选机制。市、区人民政府应当按照公开、公平、公正的原则组织遴选，确定与区域范围内城市更新活动相适应的市场主体作为更新统筹主体。但是目前更新统筹主体遴选机制还需另行制定。（表3）

所以，现行的推进政企合作落实的方式，主要采取以下两种方式：

方式一：实施土地出让预申请

通过综合约定、设立预申请地价、资格预审三方面来筛选预申请企业。获得出让预申请资格后，方可参与正式土地招拍挂。

方式二："场所联动"转让项目公司股权

通过"场所联动"（上海市土地交易市场和上海联交所）将更新项目公司股权转让给意向合作企业。先由平台公司获取更新项目土地使用权，然后通过土地交易市场进行遴选确定入围企业，最后上海联交所组织汇总规划实施方案评审得分和竞价得分，确定股权合作企业并完成股转。

上海市政府探索"一地一策"，在《条例》中，在土地、规划、建筑方面都提出变通方式，通过资源地块组合出让、容积率奖励、异地补偿等综合政策，探索更新可持续推进机制。

《上海城市更新条例》中城市更新保障方法汇总　　　　表3

保障方式	具体内容
特殊情况可以协议转让	根据城市更新地块具体情况，供应土地采用招标、拍卖、挂牌、协议出让以及划拨等方式。按照法律规定，没有条件，不能采取招标、拍卖、挂牌方式的，经市人民政府同意，可以采取协议出让方式供应土地。鼓励在符合法律规定的前提下，创新土地供应政策，激发市场主体参与城市更新活动的积极性。 物业权利人可以通过协议方式，将房地产权益转让给市场主体，由该市场主体依法办理存量补地价和相关不动产登记手续

保障方式	具体内容
特殊情况组合出让	城市更新涉及旧区改造、历史风貌保护和重点产业区域调整转型等情形的，可以组合供应土地，实现成本收益统筹
依法重新设定土地期限	城市更新以拆除重建和改建、扩建方式实施的，可以按照相应土地用途和利用情况，依法重新设定土地使用期限
扩大用地范围	对不具备独立开发条件的零星土地，可以通过扩大用地方式予以整体利用
补缴土地出让金可统筹考虑	城市更新涉及补缴土地出让金的，应当在土地价格市场评估时，综合考虑土地取得成本、公共要素贡献等因素，确定土地出让金
特殊情况可异地补偿	城市更新因历史风貌保护需要，建筑容积率受到限制的，可以按照规划实行异地补偿
容积率奖励	城市更新项目实施过程中新增不可移动文物、优秀历史建筑以及需要保留的历史建筑的，可以给予容积率奖励
保留建筑改变使用用途	经规划确定保留的建筑，在规划用地性质兼容的前提下，功能优化后予以利用的，可以依法改变使用用途
产业升级采取可协议或物业置换	鼓励存量产业用地根据区域功能定位和产业导向实施更新，通过合理确定开发强度、创新土地收储管理等方式，完善利益平衡机制。鼓励更新统筹主体通过协议转让、物业置换等方式，取得存量产业用地

5　实践运营提速城市更新项目——虹口区 17 街坊

5.1　项目背景

虹口区 17 街坊共涉及居民 2690 证、3010 户，企事业单位 58 证。街坊内房屋大多建造于 1912~1936 年，是砖木结构的二级以下旧里。在 2016 年，17 街坊开展第一轮征询，就以 97.81%[⑦]居民同意顺利通过，并于 2017 年区政府原则同意实施四川北路街道 17 街坊土地储备及前期基础性开发[⑧]。但是由于资金压力大，且街坊被纳入上海第二批风貌保护街坊，导致更新工作停滞。

5.2　成立区级更新公司

政府在该地块实践"政企合作、市区联手、以区为主"的新模式，试图解决困局。2019 年 3 月，由上海地产旗下上海城市更新发展公司和区属国资委旗下上海虹房（集团）有限公司，按照 60% 和 40% 股权比例，成立虹口城市更新建设发展有限公司，负责编制更新实施方案、筹措资金和安置房源、组织开发建设和招商等工作。

5.3　"场地联动"灵活实现政企合作

上海市政府采取"两步走"方式，在满足现有土地政策情况下，半年内顺利引入私营部门，达成政企合作。

5.3.1 第一步：上海市政府提出了"组合出让"方式。

就城市更新涉及旧区改造、历史风貌保护和重点产业区域调整转型等情形的，采取组合供应土地。由区级平台公司通过组合出让方式，从土地市场获取更新土地使用，实现一级、二级联动。

2021年2月7日，由上海虹口城市更新建设发展有限公司以111.3亿元取得口区四川北路街道 HK193-02、HK193-03（地下部分）即"弘安里项目 /17 街坊地块"；北外滩街道 HK300-02、HK300-03（地下部分）。并分别将资产放入下级公司上海宏贤里企业发展有限公司负责17街坊地块开发、上海弘安里企业发展有限公司负责弘安里项目开发。

5.3.2 第二步：通过"场所联动"的同步操作引入合作企业。

首先在上海土地市场组织规划实施方案评审，确定入围企业并发放《入围通知书》。获得《入围通知书》的企业方可参与联交所的产权交易。然后在上海联交所组织网络竞价及产权交易，最终按规划实施方案得分（满分20分）和产权交易竞价得分（满分80分）加总后的综合得分排序，综合得分最高者确定为本次产权交易的最终受让方。（图2）

2021年3月22日，上海土地市场发布上海弘安里企业发展有限公司招商合作公告。2021年8月9日，虹口区17街坊项目公司80%的股权予以转让，在十余家提出受让意向的企业里，最终确定招商蛇口下属苏州招恺置业有限公司公司为股转合作企业，并签署合作协议。（图3）

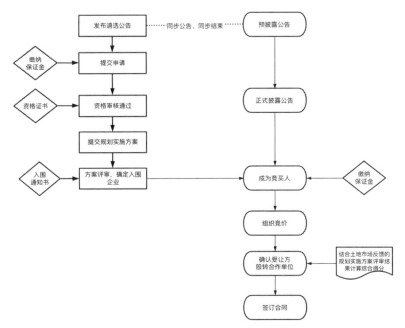

图2 "场所联动"简易流程交易示意图

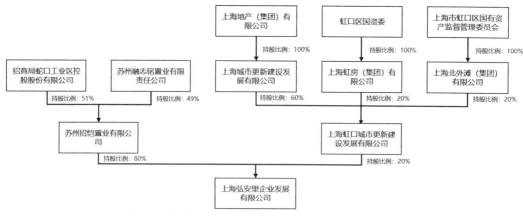

图 3　上海弘安里企业发展有限公司现有股权结构图

6　结语

　　分析国外更新的实践证明，城市更新需要政府支持，持续引导更新项目全面实现社会利益。同时引入开发商可以提高资金效率，减少财政压力。上海提出的新模式，充分体现了该思路，并逐探索适合中国国情的新方式。

6.1　搭建城市更新平台，融合多方功能

　　搭建市级、区级城市更新平台，既符合政府战略要求，又适合市场化运作。享受到政府扶持，兼顾灵活、自主的实施方式，实现多角度推进项目。从而，可以平衡社会需求，嫁接市场资源，融合规划功能。

6.2　市场化融资方式，统筹项目收益平衡

　　通过基金方式解决更新项目资金难题，同时避免了更新项目单体无法平衡的问题，充分利用上海地产更新平台的作用，实现多个项目统筹收益。并且选择以权益工具形式募集，通过股权合作的方式，进一步加强政企合作。但仍无法避免周期问题和实际落实难度，需要不断调整后续推进，避免只有首期完成募集。

6.3　保留更新项目股权，提高政府管控能力

　　为避免出现更新地块由价高者得，但政府无法管控后期开发，导致出现碎片化建设。采取"场所联合"的方式，通过"方案＋报价"加权打分评价方式，引入地块开发的开发企业。在项目后续开发中，区属平台仍公司仍持有项目股权，承担项目管理角色，从规划、设计、施工、投资到运营，全流程把控，避免企业无序开发。

6.4 多线串联推进，保证项目高效开发

在新模式下，在土地征收与规划环节同步启动并联开展。在市、区规划资源部门指导下，由平台公司对更新地块评估规划，详细分析地块的历史价值和房屋价值，确定规划的初步框架要求。并结合开发企业方案，调整落实区域控制性规划，根据空间功能、空间布局、开发容量等具体要求，提前完成规划调整，确保了后期环节的加快和方案的稳定。

6.5 践行"场地联动"，打通新的合作渠道

充分利用更新平台公司的半公有化属性，在顶层打通两个不同平台，一个是政府事业单位——上海土地市场，一个是改制后的国有独资公司——上海联合产权交易所，并同步开展两项工作。从而控制开发企业获取成本，提升优质企业参与的积极性，撬动社会资本。并且通过规划和运营方案等，筛选出符合项目发展需求的合作方，落实地块更新需求并保证项目可持续独立运营。

注释

① 1992年召开的中共上海市第六次党代会,确立了完成"365万平方米成片危棚简屋",简称"365危棚简"改造，住宅成套率达到70%，拉开了大规模旧改序幕。

② 2000年上海市提出以成片成街坊旧里地区的新一轮旧区改造计划，旧改从过去的危棚简过渡到中心城区旧式里弄房屋建筑面积超过70%的区域，计划认定成片成街坊旧里以下旧住房改造地块234块。

③ 《关于加大闲置土地处置力度的通知》（国土资电发〔2007〕36号）提出"实行建设用地使用权"净地"出让，出让前，应处理好土地的产权、补偿安置等经济法律关系，完成必要的通水、通电、通路、土地平整等前期开发，防止土地闲置浪费。"《关于进一步加强房地产用地和建设管理调控的通知》（国土资发〔2010〕151号）规定不得"毛地"出让。

④ 上海地产（集团）有限公司成立于2002年，是经上海市人民政府批准成立的国有独资企业集团公司，注册资本300亿元。https://www.shdcjt.com/about/qyjj/index.html.

⑤ 2019~2020年，更新公司启动13个项目共计41个地块改造，3.23万户居民受益，占全市旧区改造任务超60%。首批启动4幅旧改地块，涉及1.08余万户居民，已完成99.2%签约，其中虹口区17街坊用时16个月，全面完成收尾交地，创出上海市旧改新速度。http://www.sasac.gov.cn/n2588025/n2588129/c17475221/content.html.

⑥ 基金总规模约800亿元，为目前全国落地规模最大的城市更新基金，将定向用于投资旧区改造和城市更新项目，促进上海城市功能优化、民生保障、品质提升和风貌保护。上海地产集团与招商蛇口、中交集团、万科集团、国寿投资、保利发展、中国太保、中保投资签署战略

合作协议。https://www.shdcjt.com/news/jtdt/20211221/270455.html.

⑦ 上述地块于 2016 年 12 月 2 日起至 2016 年 12 月 11 日实施旧城区改建意愿征询，现征询工作已结束，特将意愿征询结果公告如下，愿意改建的 2631 户，占应征询户总数的 97.81%。http://xxgk.shhk.gov.cn/hkxxgk/Depart/showinfo.aspx?InfoID=8625801e-c681-411b-9eb6-4450e00fd0df&CategoryNum=002002004004002&DeptCode=001020.

⑧ 关于四川北路街道 17 街坊旧区改造土地储备及前期基础性开发项目投资估算的批复。http://xxgk.shhk.gov.cn/hkxxgk/Depart/showinfo.aspx?InfoID=c29f9fcd-055a-42f5-8e08-5054223c9cd6&CategoryNum=002002001002002&DeptCode=001002.

参考文献

[1] 黄静，王净净 . 上海市旧区改造的模式创新研究：来自美国城市更新三方合作伙伴关系的经验 [J]. 上海师范大学商学院房地产与城市发展研究中心，2015.

[2] 匡晓明 . 上海城市更新面临的难点与对策 [D]. 上海：同济大学，2017.

[3] 任荣荣，高洪玮 . 美英日城市更新的投融资模式特点与经验启示 [D]. 中国宏观经济研究院投资研究所，中国社会科学院数量经济与技术经济研究所，2021.

[4] 袁奇峰，钱天乐，郭炎 . 重建"社会资本"推动城市更新——联滘地区"三旧"改造中协商型发展联盟的构建 [J]. 中山大学地理科学与规划学院，中山大学城市化研究院，2015.

[5] 程慧，赖亚妮 . 深圳市存量发展背景下的城市更新决策机制研究：基于空间治理的视角 [D]. 深圳大学，2021.

[6] 唐婧娴 . 城市更新治理模式政策利弊及原因分析——基于广州、深圳、佛山三地城市更新制度的比较 [J]. 清华大学建筑学院，首都区域空间规划研究院北京市重点实验室，2016.

[7] 施金亮，凌云 . 国外主要城市旧区改造对上海的启示 [J]. 上海房地产，2009.

[8] 万勇 . 论上海中心城旧住区更新的调谐机制 [D]. 上海：同济大学，2006.

[9] 唐燕 . 老旧小区改造的资金挑战与多元资本参与路径创建 [J]. 清华大学建筑学院，2020.

[10] 秦虹 . 城市有机更新的金融支持政策 [J]. 中国人民大学国家发展研究院城市更新研究中心，2021.

作者信息

夏莹，女，中级经济师，上海复星旅游管理有限公司高级投资经理。

重庆历史文化名城保护的思考

摘要： 2019 年 11 月，习近平总书记视察上海时强调，"要妥善处理好城市历史文化遗存保护和发展的关系，注重延续城市历史文脉，像对待'老人'一样尊重和善待城市中的老建筑，保留城市历史文化记忆，让人们记得住历史、记得住乡愁，坚定文化自信，增强家国情怀"。重庆作为历史文化名城，更要处理好城市历史文化遗存保护与发展的关系。但目前，重庆历史文化名城尚存在保护意识不足、顶层设计不够、法律保障不力、部门联动不够、经费投入不足五大问题，建议从提高保护意识、加强顶层设计、加强法制执行力、加强部门联动、加大投入，从而加强重庆历史文化名城的保护。

关键词： 重庆；历史文化名城；保护

1 重庆历史文化名城呈现四大特点

历史文化名城是保存文物特别丰富、具有重大历史文化价值和革命意义的城市。重庆在长达 3000 年的历史长河中，积淀了十分丰富的历史文化资源，因此于 1986 年被国务院批准为国家级历史文化名城。重庆历史文化名城具有以下四个方面的特征：

一是历史悠久。早在 200 万年前的巫山猿人遗址和九龙坡区 100 多万年前的玉龙公园旧石器时代遗址的发现，就说明重庆是早期人类活动的地区之一。公元前 1027 年，巴人建立巴国，距今已有 3000 多年的历史，拥有悠久的历史文化。

二是类型多样。全国历史文化名城被分为七类：古都型、传统风貌型、风景名胜型、地方及民族特色型、近现代史迹型、特殊职能型、一般史迹型，重庆均具有这七种类型特征。重庆因历史上三次建都，具有古都、特殊职能两个类型特征；重庆因巴文化凝聚于各种文化遗产中，具有传统风貌的类型特征；重庆因多山、多水、多桥等特殊的自然地理环境，具有风景名胜的类型特征；重庆渝东南武陵山区是世界苗族、土家族民俗文化核心分布区，具有地方及民族特色的类型特征；重庆因最早开埠和成为战时陪都，具有近现代史迹的类型特征。

三是资源丰富。重庆作为国家级历史文化名城，拥有 1 个市级历史文化名城、

23 个中国历史文化名镇、30 个市级历史文化名镇、1 个中国历史文化名村、45 个重庆市历史文化名村、100 多个中国传统村落、9 个历史文化街区、20 个主城区传统风貌区、519 处历史建筑、约 2.6 万处不可移动文物、148 万件 / 套可移动文物。

四是特色鲜明。重庆四面环山，两江交汇，依山而建，临江而筑，有"山城""雾都""火炉""夜景"之称，是我国唯一融山、水、城于一体的国家中心城市，也是世界著名的山水城市。在这座城市里，巴渝文化、石刻文化、古战场文化、开埠文化、抗战文化、红色文化、统战文化、移民文化、三峡文化等，都使其文化资源十分富集，既是一座历史底蕴深厚和具有光荣革命传统的城市，也是民主党派诞生的摇篮之地，在中国各个城市中独具特色。

2　重庆历史文化名城保护存在的问题

一是保护意识不足。2019 年，山东聊城、山西大同、河南洛阳、陕西韩城、黑龙江哈尔滨 5 个历史文化名城分别因在古城内大拆大建、拆真建假、大搞房地产开发、破坏古城山水环境格局、搬空历史文化街区居民后长期闲置不管等问题而被住房和城乡建设部、国家文物局通报批评[1]，这种对历史文化名城破坏的现象，事实上在重庆也不同程度地存在着。江北古城的整体拆建，鱼洞老街等地的拆真建假，来福士广场对朝天门整体环境和格局的破坏等，都对重庆历史文化名城造成了巨大破坏，其中一个最根本的原因是历史文化名城保护的宣传力度不够，保护意识不强，责任意识不足。笔者于 2017 年以问卷调查的方式向 100 名党政干部和建筑企业领导人做了一次调查，调查结果发现，有近 1/3 的领导对历史文化名城缺乏保护意识，还有大量的群众对历史文化名城保护更是缺乏认知，群众对历史文化名城有保护意识的不足五分之一。在这种保护意识不足的情况下，破坏历史文化名城的类似事件还有可能发生，如此下去，按照《文物保护法》"历史文化名城的布局、环境、历史风貌等遭到严重破坏的，由国务院撤销其历史文化名城称号"[2] 的结局可能在重庆发生。如此一来，问题就相当严重，呼吁引起有关部门的高度重视。

二是顶层设计不够。根据国务院公布的《历史文化名城、名镇、名村保护条例》第十三条规定："保护规划应当自历史文化名城、名镇、名村批准公布之日起 1 年内编制完成"。1986 年，重庆被国务院批准为国家级历史文化名城，直到 2015 年，重庆才出台《重庆市历史文化名城保护规划》（以下简称《规划》）。该《规划》首次对全市的历史文化资源按照"三层七类"体系进行保护。但该《规划》不仅在时间上相对滞后，而且在层次和类型上也有不足。

《规划》中的"三层"是指历史文化名城名镇名村、历史地段和历史文化资源在点线面空间上的分布，规划明确要对"三层"范围内的文化遗产进行保护，但非历史文化名城名镇名村以外的一般城、镇、村的文化遗产就不保护？不是历史地段的文化遗产就不保护？历史文化资源如何界定？都不够科学。比如，优秀工业文化遗存、非物质文化遗产等，是否也应得到保护？

《规划》中的"七类"是指历史文化街区、传统风貌区、历史文化村镇、文物保护单位、优秀历史建筑和保护建筑、风景名胜、非物质文化遗产、世界文化（自然）遗产和主题遗产7种资源类型。据此，未被界定为上述7种类型的文化遗产就不保护？比如，农村极具民族民俗特色或地域特点的传统院落（民居）、散存在民间的民俗文物、新发现的文化遗存等等，就不予以保护？

《规划》中"三层七类"的保护体系使文化遗产保护的范围受限，实际上远非"三层七类"，这就从具有强制性的规划中给历史文化名城的保护带来一定漏洞，一些可保护的文化遗产未能纳入规划保护之列。

同时，《规划》中的保护项目数量也有不足。《规划》将5个市级历史文化街区、20个传统风貌区；18个中国历史文化名镇，43个市级历史文化名镇（含5个三峡迁建保护传统风貌镇、8个亟待抢救的传统风貌镇），1个中国历史文化名村，63个中国传统村落；55处全国重点文物保护单位、283处市级文物保护单位、1727处区（县）级文物保护单位；98处优秀历史建筑；7个国家级风景名胜区、29个市级风景名胜区；39项国家非物质文化遗产、388项市级非物质文化遗产、1852项区（县）非物质文化遗产 [3] 等纳入规划保护范畴，没有将随时可能新发现的文化遗产列入其中。

三是法制保障的执行力不够。重庆先后制定了《重庆市历史文化名城名镇名村保护条例》《关于加强历史文化保护传承规划和实施工作的意见》等20多项地方法规，但法制的执行力不够。如《重庆市实施〈中华人民共和国文物保护法〉办法》第十四条规定："在建设拆迁过程中，发现尚未登记公布的不可移动文物及其附属物，拆迁实施单位必须立即停止实施，保护现场，并及时报告所在地区县（自治县、市）人民政府。"但在实际中，没能完全执行。2015年，宋明古城墙在城内一施工场地发现后，施工单位并未停止施工，致使挖掘机将城墙拦腰挖断。再比如，《关于加强历史文化保护传承规划和实施工作的意见》规定了对建筑物等文物的修缮要按照"修旧如旧，保留原貌，防止建设性破坏"的原则进行，但实际上执行不力，古江北城等的整体拆除和重建，就没有严格按照《意见》的规定执行。《重庆市历史文化名城名镇名村保护条例》规定：历史文化名城保护规划的强制性内容，包括保护范围、保护对象和重要管控要求，但我们调研发现，包括北碚等在内的一些文物保护单位的保护范围不清等问题依然存在。

四是部门协调不够。历史文化名城保护涉及城乡规划、文物、城乡建设等部门，虽然《重庆市历史文化名城名镇名村保护条例》对各部门的职责做出了分工，但在一些具体的工作中，尚存在协调不够、联动机制不强等问题。比如《文物保护法》第八条规定："在文物保护单位的建设控制地带内进行建设工程，不得破坏文物保护单位的历史风貌；工程设计方案应当根据文物保护单位的级别，经相应的文物行政部门同意后，报城乡建设规划部门批准"。据此，文物保护单位建设控制地带内的工程建设，就应经文物行政部门同意，并报城乡建设规划部门批准后方能实施。但我们在调研中发现，由于部门间的协调不够，联动机制不强，加上文化、文物部门话语权的不足，文化、文物部门常在工程造成文物的破坏后才知晓。

五是经费投入不足。重庆历史文化名城保护，需要大量资金，按照重庆历史文化名城资源普查、规划编制、文物保护单位修缮、风貌整治、基础设施改造等各种经费计算，至少需要 50 亿元。但实际上，重庆历史文化名城保护的资金极其有限，每年用于历史文化名城保护的资金只有 3000 万元，而同为历史文化名城的杭州，根据《杭州市人民政府关于加强我市历史文化遗产保护的实施意见》要求，从 2004 年开始，每年的历史文化名城保护资金就超过 1.3 亿元。同时规定，省管县（市、区）财政确定基数，每年将城市建设维护费征收的 3% 提取作为专项文物保护经费[4]。苏州从 2015 年开始的历史文化名城保护资金是 2 亿元[5]。广州的历史文化名城保护资金更为雄厚，从 2019 年开始，每年的文物保护专项资金是 1.6 亿元，另外还有省级以上红色革命遗址保护建设、展陈经费 15 亿元，统筹历史文化名城的各项相关资金 70 亿元，每年对国保、省保单位给予的"岁修"资金是每处 3 万元，对非国有历史建筑修缮按每平方米 500 元 ~1500 元不等的标准补助，最高可补助 100 万元。对非遗保护投入的经费，除了每年中央财政提供的 2428 万元外，地方各级政府的投入每年超过 1 亿元，国家级代表性传承人在每人中央财政补助 2 万元的基础上省财政再补助 1 万元，每人每年达 3 万元，省级代表性传承人每人每年补助 2 万元。另外，历史文化名城微改造的资金仅 2018~2020 年就达 50 亿元[6]。重庆历史文化名城保护经费显得捉襟见肘。笔者在重庆市内一文物管理所调研时，发现该所一年的业务经费不足 10 万元，这区区几万元里，文物养护、调研、文物"四有"工作的落实，出差、办公等等，都得从里面开支，即使将一分钱分成两半，也难以应付，因此使得一些工作大打折扣。比如，在对文物"四有"工作的落实中，往往树立一个文物保护单位的牌子后，就因经费问题较少去对它的动态保护进行跟踪管理。这也是我们在多个地方发现某些文物保护单位仅有保护牌子而没有进行实际保护的重要原因。其他大型文物保护单位的维修、旧风貌区的保护与改造等，也存在经费不足的问题。

3 加强重庆历史文化名城保护的五点建议

3.1 增强保护意识，提高重视度

要保护好重庆历史文化名城，首先必须提高历史文化名城的保护意识。一是吸取山东聊城等五地对历史文化名城保护不力而遭通报批评的教训。通过论坛、爱国爱乡的乡土教育和各种媒体的宣传等，加大历史文化名城保护的宣传力度，提高重庆历史文化名城的保护意识，让更多的人对历史文化名城的保护形成一种自觉、自为的意识，特别是增强领导人的历史文化名城保护意识、忧患意识，在涉及历史文化名城有关的项目决策时，慎重思考，防微杜渐，杜绝类似事件的发生，使之对历史文化名城的保护有敬畏之心，有责任和担当精神。二是加大重视的力度。对待历史文化名城保护，要像提拔干部一样，审慎对待；要像对待经济工作一样，紧抓不懈；要像"绣花功夫"一样，绣好其中的一针一线，做好每一个项目的保护细节，并将其纳入领导干部升迁和绩效考核之中，实行一票否决。

3.2　完善顶层设计，增加三层二类保护体系

顶层设计是做好重庆历史文化名城保护的必要条件，《重庆市历史文化名城保护规划》的一些瑕疵应尽快完善，首先是原规划中的"三层七类"保护体系应扩大，增加层次和类别。建议在层次上，将原有的"历史文化名城名镇名村、历史地段和历史文化资源"的"三层"修改为"历史文化名城名镇名村、典型民居、历史地段和历史文化资源"四个层次，即"四层"，并同时对历史文化资源的范围界定在"（1）历史遗迹类；（2）古建筑类；（3）古代陵墓类；（4）具有历史价值、艺术价值、科研价值的文物、建筑、遗址和优美环境的城镇类；（5）宗教文化类"范围内。在类别上，将原有"历史文化街区、传统风貌区、历史文化村镇、文物保护单位、优秀历史建筑和保护建筑、风景名胜、非物质文化遗产、世界文化（自然）遗产和主题遗产"8种类型的基础上，增加农村典型村寨院落及环境与风貌、民间流散文物（民俗文物）两种类型，共10个类型的保护体系，最终形成"四层九类"的历史文化名城保护体系。

同时，由于历史文化名城中的历史文化遗产还有随时可能新发现、新出现的可能，《规划》中对历史文化名城中的保护对象不应设置数量，应将原规划中的5个市级历史文化街区等信息删除，尽量做到应保尽保。

3.3　加强法制的威慑力，提高法制执行力

法律具有强制力、威慑力等作用，重庆历史文化名城保护中，应严格依法依规保护，加强法律法规保护的威慑力和执行力。《文物保护法》规定："故意或者过失损毁国家保护的珍贵文物的"，"擅自在原址重建已全部毁坏的不可移动文物，造成文物破坏的"，应依法追究刑事责任，尚不构成犯罪的，应责令改正，或处以罚款，或吊销资质证书等，重庆应严格执行这些条款，像古江北城的被整体破坏和重建、来福士广场对朝天门历史风貌的破坏、云南柏联集团对北碚温泉寺的损毁，就应受到法律法规的制裁。虽然过去没能严格执法而使相关当事人侥幸逃脱法律的惩处，作为今天和今后的相关执法部门，至少应引以为戒，绝不允许类似事件的再次发生，若有发生，应坚决严格执法。再比如，《文物保护法》规定："在文物保护单位的建设控制地带内进行建设工程，不得破坏文物保护单位的历史风貌；工程设计方案应当根

据文物保护单位的级别，经相应的文物行政部门同意后，报城乡建设规划部门批准"。《关于加强历史文化保护传承规划和实施工作的意见》规定，对建筑物等文物的修缮要按照"修旧如旧，保留原貌，防止建设性破坏"的原则进行。依据这些法律法规，对鱼洞老街等地历史风貌遭到破坏，对因工程建设而使文化遗产造成损毁后文物部门才知晓，对不可移动文物没按"修旧如旧，保留原貌，防止建设性破坏"的要求修缮等现象，今后都应坚决做到令行禁止，严格执法，既最大限度地强化重庆历史文化名城保护的法制威慑力和执行力，也全面提高重庆历史文化名城的依法保护和管理能力，同时亦彰显政府对历史文化名城保护的治理能力和现代化治理水平。

3.4 加强部门联动，完善协调机制

历史文化名城保护涉及多个主体，建议进一步整合主体资源，加强联动，完善协调机制。一是进一步分析和研究历史文化名城保护的相关工作，厘清不同部门的工作职责，对不同的工作内容做进一步的职责划分。特别是对一个部门不能完成，或者一个部门完成后会造成瑕疵或不良后果的工作，在相关职责职能的分工中明确规定由哪几个具体部门完成。如，历史文化名城保护普查和规划工作等，并非规划部门就能独立完成，文物部分会起很大作用，就应在相关制度的设计中明确规划和文物部门共同完成。二是在工作实施中，对涉及多个部门的工作，应在重庆市历史文化名城保护委员会的统筹协调下，加强联动，建立协调机制，用制度来规范各部门之间的联动关系，避免和尚多了没水吃的状况。如，建设部门对涉及历史文化名城保护相关的建设工作，就要切实履行首先报请文物部门审批后方可实施的申报职责，积极向文物部门申请，文物部门经过调研后尽快做出回应，并形成一种协调机制，做到协调有序，提高工作效率。

3.5 加大投入，多渠道筹措保护资金

重庆历史文化名城保护需要大量资金，建议通过以下途径解决：

一是学习杭州、苏州、广州等地政府舍得为历史文化名城保护大手笔投入的经验，加大重庆历史文化名城保护经费的投入力度，每年给予不低于1亿元的保护资金。

二是大力引进民间资本。利用民间资本保护历史文化名城是国际社会的一种惯用做法，英国有150多家基金会投资于文化遗产保护，法国有近400家基金会投资文化遗产保护。英国早在2008年的文化遗产保护社会投入就达30亿英镑（政府投入仅1.5英镑），意大利文化遗产的社会投入36.5亿欧元（政府投入是30亿欧元），美国早在2004年的文化遗产保护社会投入就达38.8亿美元，是政府投入的56倍。我国北京"四名"汇智计划吸引的12家企业为北京历史文化名城保护提供的资金和场地支持；上海通过社会资本对新、旧街区互动开发的新天地项目；江苏周庄民间资本投入文化遗产保护及旅游开发获得的可持续发展等，都是民间资本保护历史文

名城的成功范例，建议重庆学习和借鉴。在学习和借鉴中，以"谁投资谁受益"为原则，通过捐助、招商引资等方式，对重庆历史文化名城保护予以投入。同时，政府应给投资者以个人所得税减免或抵扣、资金补助、贷款贴息、提供优惠贷款等激励政策，以鼓励更多的民间资本投入到重庆历史文化名城保护之中。

参考文献

[1] 王珏.五城市被通报批评 评论:名城岂能无历史[N].人民日报，2019-04-08（05）.

[2] 黄琳斌.莫把历史文化名城当摇钱树[N].中华工商时报，2019-04-02（3）.

[3] 陈柯谕.重庆出台首个法定专项规划保护历史文化名城[N].中国新闻网，2015-02-26. http：//wht.zj.gov.cn/dtxx/2015-02-26/180441.htm.

[4] 保护城市文化遗产，钱从哪里来?[OL].2016-06-18.http://www.360doc.cn/article/16534268_568867565.html.

[5] 成琪.30年! 苏州总结了历史文化名城保护的6条创新举措 | 地方观察.https://www.sohu.com/a/230041565_160257.

[6] 黄宙辉，通讯员，雷伟强，冀前.广东:舍得投入保护文化遗产，留下文化印记记住乡愁[N].羊城晚报，2019-11-26（5）.

作者信息

黎翔宇，男，助理工程师，深圳地铁集团设计管理部工作。研究方向:城市规划。

厦门湖里区城中村更新改造探索与实践
——以后坑社区为例

摘要：随着城市更新在我国城市规划建设地位的不断升级，城市更新的相关支持和规范性政策密集出台，城市更新的理念逐渐得到公众的广泛共识，作为城市更新诸多类型中理论最不成熟、更新难度最大、制度建设最不完善的城中村更新改造迎来了重要契机。本文梳理厦门湖里区城中村的基本特征和发展诉求，探索城中村更新的基本思路和改造模式，提出城中村更新的规划技术框架。以湖里区后坑社区为例，总结厦门城中村更新改造实践经验，为其他城中村的更新改造工作提供参考。

关键词：城中村；更新改造；厦门湖里区；后坑社区

1 城中村更新的重要契机

我国当前已进入城市化进程的中后期阶段，城市化发展趋缓。2020~2030 年我国城镇化率每年提升大约 0.85%，显著低于过去十年年均 1.27% 的升速。我国的城市建设已经进入由外延粗放型向内涵提质型转变的关键阶段，城市发展模式也由大规模增量建设转变为存量提质改造和增量结构调整并重。

2021 年 3 月，第十三届全国人大四次会议表决通过的《中华人民共和国国民经济和社会发展第十四个五年规划和二〇三五年远景目标纲要》提出"加快推进城市更新，改造提升老旧小区、老旧厂区、老旧街区和城中村等存量片区功能"，首次将城市更新写入国家五年发展规划，城市更新成为国家重大发展战略。2021 年 4 月，国家发展改革委在《2021 年新型城镇化和城乡融合发展重点任务》中提出"因地制宜将一批城中村改造为城市社区"的更新目标。2021 年 8 月，住房和城乡建设部发布的《关于在实施城市更新行动中防止大拆大建问题的通知》明确严格控制大规模拆除（原则上城市更新单元（片区）或项目内拆除建筑面积不应大于现状总建筑面积的 20%）、严格控制大规模增建（原则上城市更新单元（片区）或项目内拆建比不应大于 2）、严格控制大规模搬迁（就近安置率不宜低于 50%）、确保住房租赁市场供需平稳（住房租金年度涨幅不超过 5%）四项具体管控要求，划定了城市更新的重要底线。2021 年 11 月，住房和城乡建设部发布《关于开展第一批城市更新试点工作的通知》，确定了第一批 21 个开展城市更新试点工作的城市名单，北京、江苏省南京市、福建省厦门市等城市入选试点城市名单。

在中央政策的带动下，全国各地积极响应，相关配套政策密集发布，多省市各类条例、实施意见、管理办法、更新导则等文件陆续出台，推动各地城市更新工作向更加精细化、更具前瞻性、更有深入性的方向发展。北京市强调城市的有机更新，推行以街区为单元的实施模式，并积极在城市更新中引入社会资本参与；上海市的更新工作从"拆、改、留"模式进入到"留、改、拆"模式，从增量阶段的刚性规划进入到存量阶段弹性控制的探索，发布的《上海市城市更新条例》重点解决城市更新中房屋征收、成套改造、产业转型升级等难点问题；深圳市的城市更新政策数量较多、体系复杂，城市更新逐渐从无为而治的市场化向市场化与政府统筹双驱轮动转变，并制定了我国首部城市更新立法《深圳经济特区城市更新条例》；广州市明确提出城中村等城市连片旧区不短时间、大规模进行拆迁，更新工作从单纯的推倒重建和物质空间改善转向多元综合的城市治理和改造。

在城市更新诸多类型中，城中村由于制度的二元性、产权的复杂性、功能的多样性和利益主体的多元性，是理论最不成熟、更新难度最大、制度建设最不完善的类型。[1] 随着 2021 年中国进入城市更新元年，城市更新在我国城市规划建设地位的不断升级，城市更新的相关支持和规范性政策密集出台，城市更新的理念逐渐得到公众的广泛共识，城中村的更新改造迎来了重要契机。

2 城中村的特征与诉求

2.1 湖里区城中村的基本特征

湖里区是厦门市经济特区建设的发祥地。经过四十年的发展建设，湖里区已经从一个个贫穷的滨海小渔村华丽蜕变为高新技术企业的云集地和高素质、高颜值的现代化城区。目前，湖里区仍留存 10 个城中村社区，下辖 23 个自然社（图 1）。由于城市化进程的快速推进，村庄与周边产业园区、城市居住区紧密接壤，对于提供低成本居住空间，保障流动人口住房需求，促进城区职住平衡具有重大意义。根据《厦门市村庄空间布局规划（2017-2035 年）》，现状 23 个城中村包括 5 个规划保留村庄和 17 个远期拆迁村庄。作为厦门本岛外来人口的重要聚居地，湖里区城中村整体人口密度较大。截至 2021 年底，湖里区土地面积 72.3 平方公里、常住人口 103.9 万人，其中城中村面积约 6.4 平方公里、常住人口 50.8 万（其中户籍人口 3.7 万人、非户籍人口 47.1 万），出租房屋 11273 栋（约 28 万间）。在湖里区 9% 的土地上容纳了全区 49% 的常住人口，人口密度高达 8 万人 / 平方公里。同时，城中村也是湖里区安全隐患和违法犯罪的高发地带。2021 年城中村接处火警 141 起，占全区总量的 43%，

规划保留村庄
远期拆迁村庄

图 1　湖里区城中村分布图

各类社会治安违法犯罪案件占全区总量的 70%。如何全面改善城中村的整体人居环境和综合治理水平成为湖里区亟须解决的重要课题。

2.2　城中村的发展诉求

城中村是城市基层社区最典型经济社会实体，是城市化发展的重要缓冲地带，也是社会治理的关键对象。作为城市外来务工人员的重要聚居地，城中村是外来人口无法承受城市高额房租的必然产物。由于对外交通便利、邻近城市社会经济活动高强度区域，城中村也成为城市新移民和低收入群体在融入现代化城市生活的重要避风港湾。同时，政府对城中村的管控远不如对国有建设用地那样严格，这也使得城中村的低成本空间在功能属性上具有了更高的弹性和灵活性，可以容纳国有土地上城市建设空间所无法提供的供给和创新，孕育了大量以非正规经济模式存在的小微企业，并产生了相当可观的经济效益。[2]

城乡二元的土地管理制度、模糊的权属关系、宽松的村庄自治管理模式，也在城市化快速扩张发展的过程中带来了城中村的诸多短板。空间布局方面，城中村建筑在周边土地和租金快速增值的情况下大量自发野蛮生长，村庄建筑布局密不透风，建筑安全、消防安全隐患较为突出；社区配套方面，幼托养老等社区配套及健身休闲等公共活动空间数量不足、功能不全、分布不均；基础设施方面，道路不成体系，缺乏停车设施，电力、通信等缆线架空敷设、雨污管网未分流；景观风貌方面，沿城市主要干道景观界面不佳，与城市新建区域形成鲜明对比，城中村内部环境品质较差，缺少公共开放空间；经济效益方面，房产出租、村集体分红以及经营性劳动成为城中村居民的主要收入来源[3]，由村集体及部分村民自主经营的工业厂房、仓储建筑等土地产出效率较低，造成城市土地资源的低效利用；社区治理方面，城中村外来人口众多、流动性强、人口文化水平普遍较低、文明意识薄弱，社区治理难度较大，加之城中村街巷空间四通八达、村庄对外出入口较多，难以在疫情防控等特殊时期实现居住社区式的物业管理。

3　城中村更新思路探索

3.1　更新基本思路

采用"留、改、拆"并举的模式，通过保护传承、提升改造和拆旧建新相结合的方式对城中村的城市功能和人居环境进行持续完善和优化调整，有序推动城中村更新实施。

（1）规划统筹，民生优先

将城中村更新纳入城市更新专项规划统筹实施，坚持社区体检评估先行，科学编制城中村更新规划和实施计划，建立更新实施项目库，明确实施时序。从人民群众最关切的利益问题出发，完善功能，补齐短板，保障和改善民生。

（2）政府引导，市场运作

在政府层面充分发挥规划引领、政策支持、资源配置的作用，通过统筹谋划、政策引导和协调保障，确保城中村更新工作的顺利实施。同时充分发挥市场作用，鼓励和引导市场主体参与城中村更新工作，形成可持续、可实施的更新模式。

（3）公众参与，共建共享

尊重城中村社区群众的知情权、表达权、参与权。充分调动公众和社会组织参与城中村更新的积极性和主动性，建立平等协商机制，共同推进城中村的更新工作，实现决策共谋、发展共建、建设共管、成果共享。

（4）试点先行，有序推进

聚焦城中村更新改造的瓶颈问题，大胆改革创新，选取试点城中村，积极探索更新改造的新模式、新路径，形成成熟经验逐步推广。

3.2　更新改造模式

3.2.1　规划保留村庄

对村庄建筑整体予以保留，延续村庄风貌肌理、空间尺度和历史环境。重点从完整社区的角度补齐短板，对社区的基础设施、公共服务配套设施和人居环境品质进行更新完善提升。对局部建筑进行维护修缮、综合整治和功能优化。强化村庄的特色挖掘，结合村庄的历史文脉、发展沿革、文物古迹、风貌特色以及周边城市组团特点，策划村庄功能业态与主题特色，形成"一村一特色"。

（1）特色业态植入：通过休闲民宿、传统美食、潮流娱乐、文创产业等特色功能业态的植入和培育，激发村庄活力，传承历史记忆，展示文化特色，彰显历史价值。

（2）社区空间微更新：对现状风貌较差建筑进行结构加固及外立面整治，优先利用现状闲置或产权属于企业、街道的建筑进行功能置换或拆除重建。

（3）提升公共服务水平：改善街道交通通行条件，对沿街开设的商铺进行综合治理，避免商业经营阻碍人群政策通行，提高街道畅通程度；大力整治街道卫生，提升街道清洁度；配置文化广场、公园和健身器材等设施，为社区居民提供多元化的生活体验；完善社区公共服务设施配套，补足民生短板。

（4）鼓励社区自主更新：注重建立完善的社区自组织机制，形成"自上而下"与"自下而上"相结合的多主体参与更新模式。

3.2.2　远期拆迁村庄

重点针对村庄拆迁前过渡时期亟须解决的问题，提出更新整治思路。综合考虑社区拆迁后的规划布局，采用临时性建设与永久性建设相结合的方式，避免产生二次征拆，预留未来发展弹性。村庄整体以提升改造为主，维持现状格局基本不变，通过对建筑进行局部改建、建筑功能置换、修缮翻新、立面整治，以及利用建筑所在区域空地等存量用地进行配套设施完善等建设活动，完善城市功能，促进产业升级，提升人居环境。对于村庄内地域特色不明显、安全隐患建筑集中成片、存在较多违法建筑、土地低效利用的区域，采取整体拆旧建新的方式进行更新。

（1）梳理可用空间：结合城中村社区体检工作，对村庄现状用地和现状建筑进行全面摸底和评估，梳理可用于更新改造的空间。

（2）消除安全隐患：打通城中村内部道路断点和消防车道堵点、规整社区出入口、修缮改造危房建筑、实现电力、通信缆线入地，消除社区安全隐患。

（3）补齐民生短板：补齐城中村在基本公共服务设施、市政配套基础设施、公共活动空间、物业及社区管理等方面的短板。

（4）改善环境品质：建设社区公园、街头绿地、活动场地等公共活动空间，并对社区现有公共空间和沿街界面进行建筑立面景观环境整治提升，改善社区整体环境品质。

（5）实现互利共赢：根据城中村的特点，引入策划适合城中村的多元业态，积极发展集体产业、鼓励居民开展自主更新，实现政府、社区、居民等多方互利共赢。

3.3　更新规划技术框架

由城中村更新实施主体依据城市更新专项规划和更新计划，组织城中村社区体检评估，梳理可用空间，明确配套短板。结合上位规划要求、片区自身条件、社区发展诉求与社区居民意愿，编制更新改造空间详细规划，形成更新项目清单与实施计划，并进行更新经济测算。更新改造空间详细规划经市级指挥部、区人民政府或城市更新试点项目牵头部门批准后通过更新单元控制性详细规划实现更新规划法定化，配合城中村更新实施相关政策，指导更新改造工作实施落地。（图2）

3.3.1 城中村社区体检评估

通过片区调研、专业体检评估，总结优势及弱项短板，制定提升建议与策略，为城中村更新规划编制及相关政策制定提供决策依据。

（1）社区现状建筑风貌普查评估：梳理规划范围内的用地审批情况，包括农转用、征收、集体还是国有等情况；详细调查现状建筑的情况，包括建筑质量、建设层数、使用功能、风貌特色、建成年限等，形成现状建筑数据库，并进行综合评价。

（2）社区现状配套设施体检评估：调查现状村庄常住人口的规模、结构、就业等情况，现有教育、医疗、体育健身、文化活动、民俗风情、便民商业等设施及物业管理等情况，现状道路交通及停车、充电等，给水、排水、电力、通信、消防、安全监控等方面情况；对比相关标准，评估现状社区配套的使用成效、短板问题以及需要补充完善的要素。

3.3.2 更新改造空间详细规划

（1）发展定位分析：落实上位规划与相关专项规划的要求，结合片区的资源情况、发展诉求、居民意愿，提出社区的发展目标、改造愿景等。

（2）更新功能策划：对城中村的空间结构及发展方向等进行详细研究，提出不同区域的更新方式，策划适宜功能，满足公共服务配套提升需求、道路交通改善需求、市政基础设施补全需求、公共空间打造需求等，促进城中村社区有效地融入城市整体发展之中。

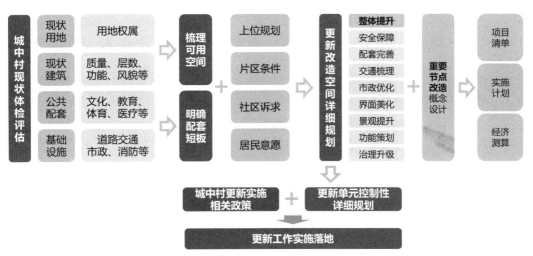

图2 城中村更新规划技术框架图

（3）空间详细设计：结合区域城市空间布局、道路交通规划、片区资源禀赋与现状制约条件等进行综合分析，提出更新改造方案。确定功能业态布局、空间形态架构、道路与慢行交通组织、市政基础设施配置、公共空间布局、景观风貌提升措施等。

（4）重要节点改造概念方案：依据总体方案确定社区重点改造节点，如主要建筑景观节点、入口广场节点或社区中心公园节点的细化布置方案。

（5）实施计划制定与初步经济测算：根据更新改造方案，结合项目实施难易程度、社区需求，制定分期改造计划，分类生成实施项目清单，并测算改造资金投入。

3.3.3 更新单元控制性详细规划

市资源规划局依据城市更新专项规划及批复的更新改造空间详细规划，组织编制或调整城市更新单元控制性详细规划，完善基础设施、公共配套，补足民生短板。鼓励片区一体化设计、地上地下综合开发、空间复合利用、统筹安排混合用地。更新单元控制性详细规划经市人民政府批准后纳入一张图管理，作为城中村更新项目规划许可及改造实施的法定依据。

4 后坑社区更新改造实践

4.1 社区概况

后坑社区位于厦门本岛中心，地处湖边水库湖畔，与五缘湾生态廊道及万石山生态廊道相切，是厦门本岛东部新城的重要辐射区域。社区常住人口约 29507 人，其中户籍人口约 1381 人，非户籍人口约 28126 万人，非户籍人口占绝大多数。

后坑社区与城市快速路仙岳路、主干道云顶北路及金尚路相邻，靠近 BRT 快速公交和轨道交通 2 号线蔡塘站，对外交通条件便捷；社区周边分布有湖边公园、忠仑公园、金尚公园等重要公园绿地，山海健康步道从社区东侧经过，区域景观资源条件优越；社区周边片区城市配套较为完善，主要包括东部文体中心等市级文体设施和蔡塘广场、瑞景商业广场等区域重要商圈。

4.2 更新规划特色

4.2.1 多源数据，识别可用空间

对后坑社区进行全面社区体检，结合公安人口信息、"天眼查"企业数据等数据源，详细调查了社区现状人口、土地、建筑、市政、景观、配套设施、功能业态、入驻企业等信息，对社区现状存在的主要问题进行定性分析总结，并将社区体检各类要素信息与社区空间矢量数据进行匹配，形成完整的社区地理信息空间数据库（图 3）。后续可根据改造更新实施情况进行动态更新维护，用于智能化社区管理。

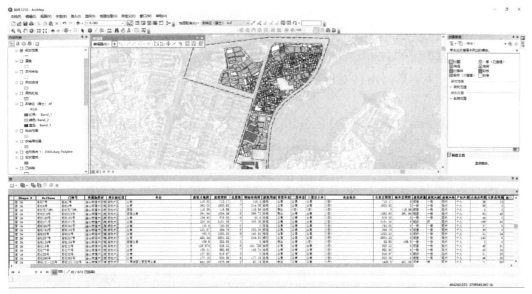

图3　社区地理信息空间数据库示意图

（来源:《湖里区后坑社区更新改造规划》）

图4　社区更新适宜度分析图

（来源:《湖里区后坑社区更新改造规划》）

　　基于调研得到的空间数据信息，根据建筑权属、质量、层数和功能等属性，结合社区土地农转用、收储情况以及企业的效益信息进行综合加权赋值，得出社区各区域的更新改造适宜度，作为更新规划空间布局的重要参考。（图4）

4.2.2　问题研判，补足民生短板

　　后坑社区现状存在问题在厦门城中村中具有较强的代表性。一是危房和违章搭盖建筑、消防通道和设施、防疫应急处置措施等存在安全隐患;二是社区综合服务站、

幼托、托老、卫生服务等公共配套设施方面相比城市建成区存在较大短板;三是水、电、气、热、信等市政管网尚不完善,道路交通不成体系;四是沿城市主干道界面建筑立面质量和风貌较差,社区内部公共活动空间也较为缺乏。

基于现状问题,提出针对性的更新策略,补足民生短板。通过打通消防堵点、规整社区入口、建筑改造解危,消除安全隐患;根据相关规范标准完善公共服务配套设施及市政基础设施;新建社区公园、美化公共空间、提升沿街立面,改善环境品质。

4.2.3 指标比对,构建完整社区

通过对标完整社区及社区生活圈的建设标准,分析社区配套的指标缺口主要集中在公共服务设施、便民商业服务设施和市政配套基础设施。一方面,后坑社区现状人口密度较大,根据人口规模需按三个完整社区配置社区配套设施;另一方面,后坑社区属于远期拆迁村庄,过多配套设施建设将造成一定程度的资源浪费且不利于远期村庄拆迁后的规划布局。综合考虑社区近远期的发展需求,兼顾建设的经济性和可实施性,将基本公共服务设施、市政配套设施、物业管理和社区管理设施按一个完整社区要求配置;将便民商业服务设施、公共活动空间等与人口规模关系较为密切的配套设施按三个完整社区进行配置。同时,结合人口疏解政策,缓解高密度居住人口与配套需求之间的矛盾。

4.2.4 需求导向,实现互利共赢

通过与区政府、村集体、社区户籍居民和外来居民多次交流沟通,深入了解各方需求,在更新方案中找到彼此利益的“最大公约数”,实现多方互利共赢。除消除安全隐患、完善市政基础设施、补足公共空间、交通、消防短板等城中村更新必要措施之外,在更新改造中注重留住乡愁,保持社区的烟火气息;明确经济补偿机制,保障村集体产业可持续发展和村民收入不减少;鼓励自主更新,通过政府、社区引导,鼓励居民自发进行自建房和房前屋后环境的更新改造,提升社区居民对城中村更新改造的参与感。

4.3 更新改造提升

4.3.1 道路交通梳理

(1)道路贯通:在后坑社区自建房集中区域,疏通道路阻断点,形成南北向四条、东西向五条车行通道,并结合实际情况采用双行车道与单行车道相结合的方式。其中,双行车道宽度在6~7米,单行车道宽度不小于4米,保障消防车通行,改善社区交通和消防安全状况。

(2)静态交通:新建地下停车库,释放原本用于地面停车的场地用于建设公共服务设施及公共开放空间。新建停车库占地25000平方米(地下1层),可设500个车位,在满足安置和社区服务中心停车需求的同时,也可有效改善路边临时占道停车问题。

4.3.2 配套设施完善

（1）新建社区配套设施：利用社区原地面停车场空间建设社区综合服务中心（图5），总建筑面积15000平方米，主要包含社区综合服务站、托儿所、老年服务站、社区卫生服务站、中型多功能运动场地等社区服务设施，大型商场、生鲜超市、健身房等完整社区标准要求的社区商业服务业设施以及公共厕所、道班房、再生资源回收点等环境卫生设施。

（2）利用现状建筑改造：将部分现状建筑改造为社区服务设施，满足社区配套需求。将现状3处集体产权建筑（后社老人活动中心、厂房建筑、公寓）的部分空间改为社区综合服务站（建筑面积600平方米）、托儿所（建筑面积200平方米）及老年服务站（建筑面积350平方米）。利用社区现状集体办幼儿园南侧的集体产权建筑，将幼儿园班数扩建至9班（用地0.41公顷，建筑面积4600平方米）。社区新建公共服务设施及商业服务业建筑的公共厕所对外开放，弥补公厕数量短板。

4.3.3 市政改造升级

（1）消防设施改造：结合更新方案布局和现状消防设施布置情况，增设微型消防柜8套和消火栓3套。消防安全需保证消防通道顺畅。同时加强社区监管，对违规占用消防通道行为进行整改。

（2）雨污分流改造：对厨房、洗涤、卫生间等生活污水未经收集而散排的点位，分别进行纳管收集，确保污水应收尽收。根据实际情况，采用阳台合流立管（雨水和生活废水）、阳台立管（直排生活废水）和无改造条件的末端截流分流三种改造形式。结合道路贯通改造，新建雨水、污水管线，形成管网系统。

（3）电力、电信改造：对空中"蜘蛛网"电线乱象集中整治，电力、电信线路结合道路贯通改造进行下地缆化，消除安全隐患，美化社区环境。

图5 社区综合服务中心效果图

（来源：《湖里区后坑社区更新改造规划》）

图 6　沿街建筑立面改造效果图

（来源：《湖里区后坑社区更新改造规划》）

4.3.4　立面整治提升

整治沿城市主干道以及社区主要公共空间周边建筑，涉及改造建筑 112 栋。拆除搭盖建筑，并重点对主要城市界面前排及后排较高建筑进行立面整治，主要包括立面材料翻新、空调机罩等附属物整治和坡屋顶改造等。对建筑立面材料、立面色彩、第五立面坡屋顶改造、立面附属物整治和广告店招方面建筑立面内容提出原则性引导要求。（图 6）

4.3.5　自主更新引导

鼓励城中村业主和商户积极主动参与自家房屋修缮、建筑外观装饰、宅前屋后的公共空间改造以及特色产业培育等，充分发挥社区自治、共治的积极性，在更新规划指引下自主设计，促进城中村更新的可持续发展。

（1）房屋修缮，消除隐患：注重建筑安全和功能整体性提升，包括建筑结构加固、内部改造、加装电梯设施、完善消防设备配置、建筑外立面的风貌整治与整村协调，并加强第五立面整治。

（2）入口空间改造：针对现状城中村千篇一律的简易入户出入口进行自主改造，增强入口空间特色性与可识别性，提供更多的公共交流空间。

（3）宅前屋后环境整治：鼓励居民对自家宅前屋后违章搭盖进行清理，利用腾挪出的微空间增加绿化率或通过材料拼贴、浮雕等方式美化景墙，凸显文化气息，烘托气氛。

（4）特色产业培育：鼓励商户自主进行业态提升和店面改造，整治占道经营情况，协调店招样式风貌，保持主要商业街巷环境卫生整洁。

4.3.6　景观环境提升

景观环境提升内容主要包含对整体绿化的提升、公共休闲绿地的打造、基础设施的完善、各年龄段人群活动健身场地的增加、社区导视系统的增设等。

（1）社区中心公园：包含儿童乐园、老年健身场地、篮球场、网球场等康体健身场地和设施，提供社区主要的公共活动场地。在植物造景方面，通过多层次的乔、灌、草搭配，打造色彩丰富、季相特色显著、氛围温馨的景观。

（2）社区小游园：结合道路贯通工作，利用社区出入口及边角空间打造数个规模不等的社区小游园，通过简洁纯粹的小品和植物造景，丰富街旁视觉景观，美化社区环境。

（3）社区文化元素：在铺装、墙面和景观小品设计中，提炼能耐反映后坑社区历史和文脉的元素，彰显社区乡情和文化底蕴。

4.3.7 业态提升引导

（1）休闲风情一条街：结合云顶中路绿化带进行景观改造、店面业态升级，拆除简易搭盖建筑，增加商业外摆空间，鼓励店面特色装修，以茶饮、咖啡、酒吧等休闲业态为主，与湖边公园及山海健康步道相呼应，吸引周边休闲游玩的市民与游客，形成社区游赏、交际、休闲的标志性空间。

（2）品质生活街：围绕社区中心公园和社区综合服务中心，鼓励商家进行业态升级，引入小型电影院、健身房、电子产品体验馆等特色业态，打造贴近年轻人业余休闲娱乐需要的品质街道。

（3）主要街巷业态引导：限制发展汽修、材料加工、建材等低效业态，保留升级食杂、餐饮、服装等日常便民业态，鼓励引入特色餐饮、书店、健身房、电影院等特色业态。保持主要街巷街容整洁和功能多样化，在功能业态升级的同时又不失城中村原有街巷的市井烟火气息。

4.3.8 社区治理升级

利用城中村更新改造的契机，推动基层社区治理模式由粗放向精细化的提升，有助于改造措施的落实和改造成果的保持，是城中村更新改造的重要环节。

（1）党建引领，搭建社区治理共同体：通过"近邻党建"模式推动社区治理模式升级。以党建引领为前提，以社区"大党委制"为核心，以社区居委会＋物业党支部＋业主代表为组织体系，同时吸纳社区能人达人，动员多元主体共同参与社区治理，形成"1+3+N"的社区党建服务模式看，打造"近邻党建＋"邻里中心，采用"网格党建＋物业"的走动式管理模式，构建社会治理共同体。

（2）居民参与，街区统筹规划管理：以社区公约等形式，发动居民等多元主体自觉参与，对现有商业服务业态以及宅前屋后环境进行片区化、分类化、规范化管理，整治店容店貌、停车混乱、占道经营等现状问题，提升街区整体居住品质。

（3）公益服务，创建宜居宜业社区：结合配套设施建设，提供托管护学、居家养老、物业协管、社区学院等带有公益性质的经营服务项目，提升社区老幼人群生活品质，解除工作人群后顾之忧，同时为学习充电和创业人群提供指导和平台，打造温馨宜居、友好宜业的新型社区服务。

图 7 后坑社区更新改造整体鸟瞰图

(来源:《湖里区后坑社区更新改造规划》)

4.4 项目实施意义

通过城中村更新改造,全面提升后坑社区不同人群的人居环境和居住体验,打造社区居民生活无忧的温情老家、外来人才住行便利的安居港湾。同时,通过中心公园的建设和特色业态的引入,吸引周边游客,营造体验别致的打卡胜地,使后坑社区成为本地居民、外来人才、周边游客互相促进、宜居宜游的家园社区。在更新方案中确保更新实施主体、村集体和社区居民的经济利益,通过党建引领升级社区治理模式,使后坑社区更新改造有"面子",更有"里子",保障城市更新工作在基层得以顺利推动、更新成果得以长期维持,从而促进周边及更大范围城市区域的公共利益的增长,作为更新试点对厦门其他城中村的更新改造工作起到良好的示范和带动作用,形成城中村更新的样板社区。(图 7)

5 结语

顺应城市发展客观规律,转变城市开发建设模式,实施城中村更新工作,对增强城市活力、满足人民群众美好生活需要具有重要意义。借助城市更新试点的良好契机,组织社区民众统一思想共同开展社区的整体改造,全面推进城中村有机更新,逐步消除城中村安全隐患、改善人居环境品质和配套服务水平、优化城市空间布局与结构、提升治理保障体系,促进城中村全面转型发展。将城中村建设成安全、有序、和谐的特色城市空间的同时,提高社区居民的经济收入,共享城市发展的福利,提升社区居民的幸福感、安全感和获得感需求。

参考文献

[1] 张理政，叶裕民 . 城中村更新治理 40 年：学术思想的演进与展望 [J/OL]. 城市规划：
    1–12[2022–05–11].http：//kns.cnki.net/kcms/detail/11.2378.TU.20220225.1655.002.html.

[2] 刘伟文 . "城中村"的城市化特征及其问题分析——以广州为例 [J]. 南方人口，2003（03）：
    29–33.

[3] 房庆方，马向明，宋劲松 . 城中村：从广东看我国城市化进程中遇到的政策问题 [J]. 城市规划，
    1999（09）：18–20.

作者信息

贺捷，厦门市城市规划设计研究院有限公司，规划师。

张宇焘，厦门市城市规划设计研究院有限公司，规划师。

邹惠敏，厦门市城市规划设计研究院有限公司，城市设计所主任工程师，高级规划师。

生态文明背景下旧村用地集中平衡模式实践
——以珠海洪湾旧村更新为例

摘要：本文梳理了近年来旧村更新政策的变化，结合生态文明背景和旧村改造的必要性，提出集中平衡的旧村更新模式，对其释义、适用性和拓展模式进行描述；并以珠海市洪湾旧村更新项目为例，分析制约旧村发展的主要问题，阐述集中平衡模式在洪湾旧村更新项目中的应用及实施成效，为其他地区通过集中平衡模式开展旧村更新工作提供借鉴。

关键词：旧村更新；集中平衡；用地置换；珠海

1 引言

2014 年 9 月，国土资源部印发《关于推进土地节约集约利用的指导意见》（国土资发〔2014〕119 号），要求通过"推动城乡土地综合利用、推进城镇低效用地再开发、强化开发区用地内涵挖潜、因地制宜地盘活农村建设用地和积极推进矿区土地复垦利用等综合治理利用手段"，"着力盘活存量建设用地"，"大力推进节约集约用地，促进土地利用方式和经济发展方式加快转变"。早在 2009 年，广东省已开始着手城市更新试点的探索工作。2009 年初，国土资源部和广东省政府共同制订《广东省建设节约集约用地试点示范省工作方案》（粤府明电〔2009〕16 号），以省部合作的方式在广东开展节约集约用地试点示范省工作；珠海市城市更新工作——特别是旧村更新工作起步更早。1993 年珠海即开展了早期旧城镇更新探索，并在 2000 年率先开展大规模的城中旧村更新，并取得了一定的成效和经验。

然而，与新区建设相比，城市更新因涉及权利主体众多，为平衡各方利益诉求，多数城市更新项目只能通过提高开发建设规模的途径将更新地块的"蛋糕"进一步做大，这就导致城市更新从"节约集约利用土地"走向"大拆大建"的极端。为进一步遏制城市更新过程中出现过度房地产化的倾向，住房和城乡建设部于 2021 年印发了《关于在实施城市更新行动中防止大拆大建问题的通知》（建科〔2021〕63 号），提出"坚持划定底线、坚持应留尽留、坚持量力而行"的城市更新工作实施新要求。

顺应时代要求，从生态文明视角出发，对更新项目进行审视和评估，总结"三区三线"框架下，旧村用地集中平衡的更新模式，有利于践行国家生态文明底线，并为其他城市开展类似项目提供借鉴。

2 旧村用地集中平衡模式

2.1 集中平衡模式释义

旧村用地集中平衡模式是指原旧村用地分布相对分散，周边区域受国土空间规划"三区三线"的限制，可利用的城乡建设用地极其有限，利用旧村原址开展更新工作及增补旧村日常生活必需的公共服务设施和市政基础设施难度极大，需要在旧村附近选择相对规整、符合规划要求且与原权属面积一致城镇建设用地进行腾挪置换，置换后的旧村原址一般作为生态修复用地或补充耕地。（图 1）

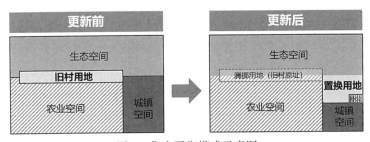

图 1　集中平衡模式示意图

2.2 集中平衡模式的适用性

集中平衡模式的目的是对现状需要更新但不具备更新条件的旧村通过用地置换的方式进行更新，因此并非所有的旧村更新项目都适合集中平衡的模式，采用集中平衡模式的旧村更新项目必须符合以下四个条件：

条件一：类似棚改区的紧迫性，旧村现状面临的某些居住困境导致其必须开展更新工作。虽然珠海市自 2000 年开始旧村更新探索工作，但珠海市城镇建设用地年供应指标并不紧缺，旧村更新项目开展的目的并非为了解决城镇建设用地不足的问题。2000~2010 年的旧村更新项目主要解决旧村内涝引发的居住安全问题；2010 年之后的旧村更新项目主要解决旧村生活环境落后、公共服务设施短缺、市政基础设施不足等问题。因此，各时期珠海市旧村更新工作的目的虽有所差异，但旧村更新工作是不得不开展的民生工程，这也为集中平衡模式的探索奠定了基础。

条件二：紧邻旧村外围的用地环境极大地限制了旧村更新工作的开展。在"乡村振兴"和"杜绝大拆大建"双重政策的影响下，一方面，旧村需要通过提升市政基础设施和公共服务设施配置以提升旧村生活条件；另一方面，不可能将所有旧村划入拆建类项目通过拆除重建以提升旧村生活环境和服务设施配套;同时,受外围用地条件的限制,旧村也很难通过配置新增建设用地以弥补服务设施不足。此时,用地置换、集中平衡的模式成为旧村更新比较理想的模式之一。

条件三:旧村附近有合适的城乡建设用地供其使用。根据住房和城乡建设部防止大拆大建通知的有关要求,城市更新不能割断人、地和文化的关系,要尊重居民安置意愿,鼓励以就地、就近安置为主。因此,采用集中平衡模式开展的旧村更新项目其置换用地必须在旧村附近,确保不割裂村民与原生存环境的关系,减少旧村更新对其正常生活(特别是原生产活动)的影响。

条件四:旧村中不存在古树名木、历史建筑、特色风貌街区等具有历史文化价值、必须进行保留和保护的区域,以免采用集中平衡模式更新后对其地域环境、文化特色和建筑风格等城市"基因"造成不可逆的破坏。

2.3 集中平衡模式的拓展

集中平衡模式的核心是通过用地置换的方式解决旧村用地紧缺受限的问题。因此,根据置换方式的不同,集中平衡模式分为基本模式和拓展模式。(图2)

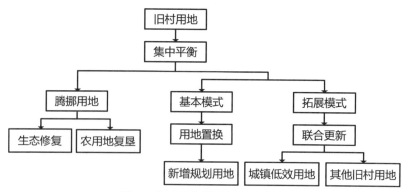

图 2 集中平衡模式拓展示意图

2.3.1 基本模式

基本模式主要指与新增城乡规划用地进行置换的旧村用地。基本模式的主要优点在于新增城市建设用地权属单纯、用地条件较好、与城市建成区联系紧密,且具有一定的基础设施。因此,旧村更新工作涉及的权益主体相对较少(主要包括政府、村集体/村民和企业),工作开展比较顺利,是比较理想的集中平衡模式。然而,受集中平衡模式4个前置条件的限制,在旧村周边寻找符合置换规模和区位要求的新增城市建设用地的难度较大。因此,符合基本模式条件的集中平衡旧村相对较少。

2.3.2 拓展模式

拓展模式主要指与城镇低效用地或其他旧村用地同步更新的联合更新模式。拓展模式的主要优点在于前置条件相对宽松，较容易寻找符合更新要求的可置换用地开展更新工作；但该模式涉及权益主体较复杂（包括政府、多个村集体/村民/用地单位和企业），各权益主体之间利益冲突和博弈的协调难度极大，且前期需要进行征拆工作，项目周期相对较长。

2.4　小结

不论是集中平衡的基本模式还是拓展模式，都是为有迫切更新需求但无更新条件的旧村进行基础设施和公共服务设施升级、居住环境和品质提升等提供有效解决方法和途径。因此，集中平衡模式是"生态文明""乡村振兴"和"防治大拆大建"背景下旧村更新项目开展必须深入研究和探讨的重要内容之一，集中平衡模式的应用需要跳出"就地块论地块"的限制，从区域协调的角度着手，在确保实现生态安全、居住安全、服务升级、品质提升的目标下，通过用地置换的方式，实现城乡用地节约集约利用。

3　集中平衡模式的珠海实践

本文以珠海市洪湾旧村改造项目为例，对集中平衡模式在旧村更新中的应用进行探讨。选择以洪湾旧村更新项目为例，一方面源于洪湾旧村自身面临严重的生态安全和居住安全问题亟待通过旧村更新解决；另一方面新编制的国土空间规划对洪湾旧村这类"背山面水临田"城郊旧村的发展施行严格的管控措施，引导城郊旧村向城市规划区聚集，以提升城市公共设施的使用效率。

3.1　项目概况

洪湾旧村位于珠海市香洲区南湾城区中部偏西区域，旧村沿有髻山南麓呈"一"字形分布，南北向进深较浅，最短30米，最长仅130米；旧村南侧的二间街为旧村唯一的对外交通道路，两端分别延伸至洪湾渔港和南屏工业园；道路南侧为农田和鱼塘，向南延伸至洪湾涌；旧村现状情况可总结为"背山面水临田"。

3.2　制约旧村发展的主要问题

3.2.1　居住安全与环境品质问题

居住安全方面，由于早期村庄建设不够重视有髻山生态环境保护问题，村民本着就地（就近）取材的传统习惯，通过开山采石的方式进行自建房，对有髻山山体结构的稳定性和水土保持生态系统造成严重破坏，因此，每逢雨季村庄就要面临山洪、泥石流和山体滑坡等自然灾害风险，村民的居住安全受到严重威胁。

环境品质方面，由于缺乏城乡规划的正确引导，村民自建房的样式和规模由村

图 3 洪湾旧村及周边生态情况

民家庭经济条件决定。因此，村民自建房的样式五花八门，规模跨度较大，村庄整体风貌不协调；同时，村庄公共设施和公共环境由居委会代建代管、由于村委会经济条件有限，公共设施严重缺乏，村庄仅一条对外交通，且教育（包括幼儿园、小学）、医疗、文化等设施严重缺乏。（图3）

3.2.2 旧村发展空间受限问题

随着国家大力推进"乡村振兴"工作，珠海市各村积极响应，通过增设服务设施、完善市政基础设施、实施道路硬底化工程、开展街道亮化环境美化工程等多项措施，初步完成"乡村振兴"的工作目标和要求。然而，洪湾旧村在推进"乡村振兴"工作时遇到了严重的问题，即旧村发展用地严重受限。

洪湾旧村沿有髻山南麓呈一字形建设，经过长时期的无序发展，对山体造成严重侵占，村庄与山体之间的界限非常模糊，且村庄南北向进深很浅，这种"沿山一层皮"的村庄建设模式既不利于村庄公共服务设施的配置，也不利于山体生态环境的保护，洪湾旧村的更新面临村民合法权益和公共利益保障与生态保护红线保护的两难困境，村庄发展空间极其有限。（图4）

图 4 红湾旧村村场及周边环境现状情况

3.2.3 旧村建设滞后于区域发展定位

随着港珠澳大桥的建成通车，南湾城区成为港珠澳大桥向西连接粤西地区和云桂黔地区重要桥头堡，区位优势非常明显，港珠澳大桥连接线沿线区域的城市和乡村应成为珠海乃至省和国家重要的对外展示窗口，这对南湾城区的城市建设提出了非常高的要求。因此，港珠澳大桥连接线建设初期，珠海市政府就启动了南湾城区大桥沿线15条旧村的更新工作，通过旧村更新和整治进一步优化大桥沿线的城市景观界面，从而达到提升城市形象和展示面的目的。（图5）

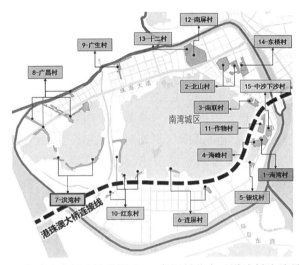

图5　港珠澳大桥连接线周边15条旧村分布（洪湾村为编号7）

3.3 旧村更新政策导向的转变

传统的旧村更新以拆建类为主，珠海市从2000年开始启动旧村更新工作，经过十几年的探索，总结出一套适用于珠海市的旧村更新模式，以就地拆建更新为主；国家出台"防止大拆大建"文件后，广东省迅速做出反应，出台了《广东省人民政府关于深化改革加快推动"三旧"改造促进高质量发展的指导意见》（粤府〔2019〕71号），引导旧村更新从"就地论地"向"整体连片改造"转变，主要包括以下三个方面：一是支持旧城镇、旧村庄整体改造，允许通过政府补助、异地安置、容积率异地补偿等方式进行区域平衡，推动解决旧城镇、旧村庄改造项目拆迁成本高、利益难平衡的问题；二是支持集体和国有建设用地混合改造，在"三旧"改造范围内位置相邻的集体建设用地与国有建设用地，允许混合一并打包进入土地市场，通过公开交易或协议方式确定使用权人，但应严格控制国有建设用地的规模上限及其所占的比例；三是支持土地置换后连片改造，允许"三旧"用地之间或"三旧"用地与其他存量建设用地进行空间位置互换，实现地块规则化和地块合并，促进改造成本与收益平衡。这成为集中平衡模式构建的政策支撑。

3.4 集中平衡模式在洪湾旧村更新中的应用

在依山面水的传统理念影响下，珠海旧村多围绕山体建设，在长期无序的发展中，旧村对山体有一定侵占，如何在更新中保障村民合法权益和严守生态底线成为难点。本次探索了在居住安全和生态底线要求下的旧村用地集中平衡模式。旧村更新首先要在周边区域寻求符合要求的可用建设用地，包括新增规划用地（基本模式）或城镇低效用地/其他旧村用地（拓展模式）；其次要制定置换用地和腾挪用地的更新方案，包括置换用地的规划布局、补公设施安排、建筑设计和腾挪用地处置的等方案；最后对原有旧村进行生态修复，保护城市生态空间。

3.4.1 基于美好生活向往的用地平衡方案

洪湾旧村更新面临的主要问题有两个方面。一方面：（1）现状旧村用地严重威胁有髻山生态环境安全，且受有髻山山体自然灾害影响，存在居住安全隐患；（2）旧村公共服务设施紧缺，急待补充。因此，在考虑置换用地选址时一方面不能与原旧村场地产生明显空间割裂，尽可能降低旧村更新对村民生产生活的负面影响。另一方面，要尽可能靠近城市建成区，通过共享城市建设区公共服务设施以降低旧村更新前期投入成本，经多方案比选，最终选择旧村北侧、有髻山和洪湾涌之间的地段作为集中平衡的置换用地。

该置换用地的选址有以下优点：一是临近城市快速路，对外交通便利，方便村民出行，共享城市便利福祉；二是周边城市开发相对成熟，公共服务设施配套充足，周边有妇幼医院、学校、商业中心等，为村民提供共享公共服务设施的可能性。在新村建设方面，充分考虑有髻山生态安全要求的前提下，置换用地选址范围按照生态保护红线相关管理规定做了充分退让，并沿山脚设置环路，进一步明确旧村与山体之间的界限。同时，规划方案充分考虑有髻山、黑白面将军山和洪湾涌的现状"两山夹一水"生态环境格局，结合现状生态禀赋，通过"山水缝合"理念，构建通山达水景观廊道。（图6）

图6 洪湾旧村用地置换方案

3.4.2 基于生态文明的原址修复方案

一方面，本次项目坚守生态红线，将旧村从与山体犬牙交错的核心山体区域释放出来，从生态敏感区域置换至城市展示面；另一方面，在原址处置上下公服，洪湾旧村项目选择将原址进行生态修复，对原村场区域进行生态复绿。同时对有髻山历史上造成的山体破损和植被破坏情况进行生态修复和涵养，进一步恢复山体结构稳定性，提升山体水土保持能力和生态承载力。（图7）

图7　洪湾旧村原址生态修复前后情况对比

3.4.3 基于民生优先的公共设施和公益项目建设方案

在经过充分的规划研究和论证后，洪湾旧村的城市更新坚持"民生优先"的规划设计理念，重点体现在交通设施、公共服务设施和公益项目的建设上。

（1）新增5座桥梁，加强洪湾涌东西两侧交通联系

洪湾旧村项目启动前，洪湾涌东西两侧用地交通联系非常薄弱，需要绕道珠海大道或红东路。洪湾旧村更新项目规划建设了5座桥梁，以加强洪湾涌东西两侧交通联系，特别是在东侧新妇幼保健院建成后，5座桥梁的建设既能加强洪湾涌东西两侧职住联系，又能提高东侧公共设施的服务能力。目前已有3座桥梁建成通车。（图8）

（2）24%的补公率，进一步奠定了珠海旧村超额补公局面

补公率即补充公共服务设施用地的比例，按珠海市旧村更新有关规定，更新项目补公率不得低于15%；洪湾旧村更新项目的补公率高达24%，主要原因有两方面，

图 8　交通设施规划及建设情况

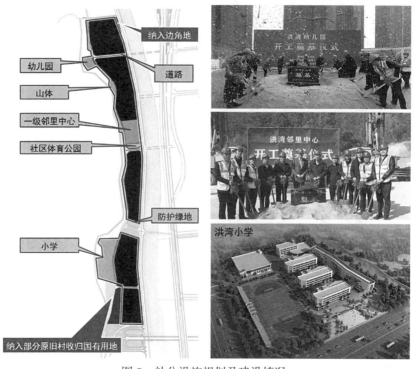

图 9　补公设施规划及建设情况

一是基于集中平衡模式的旧村更新项目规模一般较大,较容易实现补公用地要求;二是集中平衡模式有利于城市规划进行统一规划布局,能有效提高置换用地的使用效率,有更充分的空间进行公共服务设施的布局和安排。洪湾旧村更新项目完成后,可为该区域补充建设幼儿园、小学,以及邻里中心、社区公园、绿地(特别是滨水景观履带)、道路等多项公共服务设施,大幅度提升洪湾旧村和周边区域的居住环境和公共服务水平。(图9)

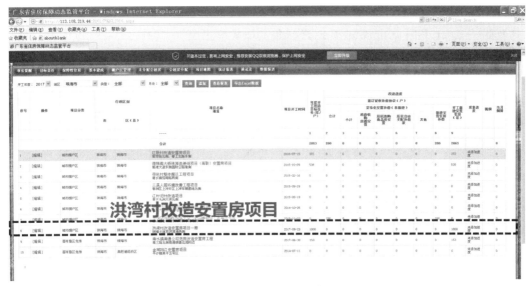

图 10 保障性住房规划及建设情况

（3）建设 1800 套安置房，进一步满足城市保障性住房供给要求

珠海市通过洪湾旧村更新项目，为全市提供 1800 套安置房，并将其纳入广东省住房保障监管平台。2020 年 12 月，洪湾旧村改造项目 18 栋安置房全面封顶，标志着珠海市完成省住房保障监管平台要求的 1800 套安置房目标，同时也标志着珠海市保障性住房供给水平进一步提升（图 10）。

4 结语

洪湾旧村更新项目在珠海市近 20 年来开展旧村更新项目的基础上进行了进一步突破和创新，通过制定集中平衡的旧村更新模式，探索出一条旧村更新项目推进的新思路。洪湾旧村更新项目的成功实施，一方面是通过旧村更新项目践行国家"生态保护""乡村振兴"和"防止大拆大建"政策的重要突破口和落脚点；另一方面也是提升洪湾旧村村民生活环境、保障村民原本生活得以延续的重要抓手。同时，洪湾旧村项目也为进一步提升城市景观心想提供强有力的支撑。本文通过分享这些方面的经验和心得，以为其他地区通过集中平衡模式开展旧村更新工作提供借鉴。

参考文献

[1] 唐燕.我国城市更新制度建设的关键维度与策略解析[J].国际城市规划，2022，37（01）：1-8. DOI：10.19830/j.upi.2021：163.

[2] 钟烨，崔梦馨. 广东省城市更新发展剖析与政策思考 [C]// 面向高质量发展的空间治理——2021 中国城市规划年会论文集（02 城市更新），2021：273-283.DOI：10.26914/c.cnkihy.2021.029579.

[3] 赵康琪，曾鹏，李晋轩. 空间生产视角下广州城市再开发政策的再讨论 [C]// 面向高质量发展的空间治理——2021 中国城市规划年会论文集（11 城乡治理与政策研究），2021：79-89.DOI：10.26914/c.cnkihy.2021.028524.

[4] 李吉墉，金海林，钟珊，陈威. 港珠澳背景下珠海旧村更新用地整合模式研究 [C]// 活力城乡美好人居——2019 中国城市规划年会论文集（02 城市更新）.2019：92-101.DOI：10.26914/c.cnkihy.2019.005172.

[5] 何冬华，高慧智，刘玉亭，杨恒，欧静竹. 土地再资本化视角下城市更新的治理过程与干预——对广州旧村改造实施的观察 [J]. 城市发展研究，2022，29（01）：95-103.

[6] 李吉墉，金海林，陈威. "租差"分配视角下珠海旧村更新利益统筹机制研究 [J]. 规划师，2021，37（19）：78-83.

作者信息

李吉墉，珠海市城市规划设计研究院，高级工程师，规划分院主任工程师。

向守乾，珠海市城市规划设计研究院，高级工程师，规划分院总工。

许金华，珠海市城市规划设计研究院，工程师，规划设计师。

杨磊，珠海市城市规划设计研究院，工程师，规划设计师。

历史与俗常交叠
——张怡微小说中的工人新村书写

摘要： 张怡微凭借独特的创作理念和文学风格在"80后"写作群体中独树一帜，从空间角度分析张怡微的小说，发现工人新村这一地理空间形式是作者的主要观察和描写对象。张怡微从城市景观的阶层印痕和个体的地理—身份流变出发，以后辈的眼光重新打量摩登上海的背面工人新村，揭露被现代主流精神遮蔽的阶级历史和异质空间，为文学上海版图的型构带来新生机。在外部变迁的时代震颤下，她又从工人新村的普通居民和凡俗日常入手，向内透视新村的公共和家庭空间，揭示在有限的空间肌理中，空间经验如何作用于邻里和家庭等复杂的人际交往互动，在此前提下，以反家庭的"家族试验"为空间和现代个体寻找新的情感联结。

关键词： 张怡微；工人新村；上海书写；家族试验；情感伦理

1 引言

在现代市场经济和大众传媒运行的双重逻辑作用下，以代际命名的"80后"写作群体甫一出场，便引起众声喧哗。在诸多的"80后"作家中，出生于1987年的张怡微显得尤其突出，她以新概念一等奖获得者的身份正式进入大众视野，从踏上文学写作之路起，便笔耕不辍，逐渐形成了独特的创作风格。

张怡微在硕士期间，就读于复旦大学的创意写作专业，接受过专门的写作场景训练。她不止一次地强调在作品中要找到"取景框"，这一理念长期伴随着她的写作生涯。与此同时，随着经济全球化的迅猛推进，都市化浪潮也开始席卷全球，中国在不断深入的改革开放中，也逐渐向后现代社会迈进，这一巨大转变深刻影响着人们的生产方式和生活经验，从而引起日常感觉结构的裂变与重构，反映在认知观念上便是"空间的社会化"。空间摆脱单纯的物理和地理意义，与社会权力和文化心理联结在一起，参与到社会生活的方方面面，成为聚焦和阐释现代社会的有力方式。"80后"的张怡微作为此文化场域中的一员，也顺应着这一趋势将其独特的空间体验融入文学创作。纵观张怡微的作品，可以发现，在她构筑的文学想象世界中总少不了类型各异的空间代码。无论是精准的地理坐标，还是日常的活动居所，抑或抽象的情感隙缝，张怡微致力于为她笔下的人物找到合适的生存空间，这也构成了她作品的整体基调。

在诸多的空间型构和记忆版图当中，工人新村作为她出生和成长的地方，既构成她创作中的鲜明标识，也成为她写作的立足之地。张怡微在《新村里的空间、时间、世间》中坦言："这是我三十年来的全部人生。我所了解的物质生活、精神生活、社会交往、婚姻及男女平等、语言与娱乐并将之整理成文字贩卖以维生……全部的起源同样都产自于新村生活。"[1] 可以说，这一地理坐标的确既是她生活经历的投影，也联结起众多小说人物的生存命运和活动轨迹。在这一文学地理空间内，张怡微不仅行走在新村的街道上从外部景观的流变中感知时代的变迁和离散，也穿梭于空间内部去探索镶嵌于物理结构网内的血缘、伦理和情感的羁绊，显示出去历史化的日常生活叙事特征。因此，本文将从空间角度聚焦张怡微作品中的工人新村书写，探讨其背后的历史文化意蕴和作为文学空间在上海书写中的重要意义。与此同时，分析以工人新村为主要生存和居住空间的居民如何在其中活动，张怡微又是如何以工人新村为中介对凡俗世情进行试炼和观察。

2 工人新村的外部变迁——城市景观凝结下的历史印记

"每一个城市都为它的书写者提供着语言、经验和叙述。在中国新文学的空间格局中，上海自有其不可替代的位置和意义。"[2] 通过不同时代不同作家的言说，这一历经沧桑和洗练的城市早已在文学中形成了一套相对完整的话语系统。它既是茅盾笔下风姿绰约的"东方巴黎"，释放出"light，heat，power"般的现代力量，也是施蛰存口中繁华迷醉、尽情纵欲的十里洋场，挥洒着国人的欲望和梦想。在这里，既上演着山河破碎下的倾城传奇，也承载着弄堂里巷里的市井风情，人们就在这些片段式的文化印记和文学符号中以怀旧般的情绪诉说着对上海的想象，上海图景也在无形中被概念化和神圣化，形成了以摩登、时尚、精致、浮华为主要特征的上海镜像。

当张怡微提起手中的笔时，她刻意与老上海的故事拉开距离，缓缓打开上海内部的异质性空间，在对工人新村、田林和小闸镇这些地方的描写中揭露不为人知的城市背面。在张怡微看来，"这个工业的时代……并不算是'文学上海'的主流，只是一个声部"[3]，这片"他者"区域是被流光溢彩遮蔽了的边缘地带，它游走于主流精神之外，默默地回应着上海的发展与变迁，建立起属于上海的另一面。也正是这些难以被城市聚光灯照到的地方孕育着张怡微的成长，让她有机会写出这里独特的声色和记忆。

说起工人新村，很多人都感到陌生。它与时代的过分贴合使其随着社会巨变而早早褪去昔日荣光，难再被人提起。中华人民共和国成立后，随着新政权的建立和巩固，社会主义改造运动如火如荼地展开，为了切实解决工人们的住房问题，改善其恶劣的生活和生产条件，实现真正的无产阶级当家做主，上海乃至全国开始铺天盖地地修建工人新村，阶级主体的转换和主流意识形态的确立直接影响了城市空间的规划和布局。随着大面积的空间开发，工人新村成为上海饶有特色的城市景观，当时的工人新村只有劳动模范和先进工作者才有资格居住，可谓是"一人住新村，全厂都光荣"[4]。这种因荣誉带来的精神满足已经远远超过住房的实用性和功能性，充溢在每一位工人心中。

张怡微出生时，工人新村已经在上海的新一轮开发中走向不可避免的衰败。时代氛围的改变和城市重心的快速迁移使得张怡微难以切身体会到老一辈的情感寄托与集体认同，这种巨大的断裂感反映在写作中便是对宏大历史叙事的摒弃，因此就张怡微的写作容器而言，20世纪90年代的新村描写是她写作的主基调，也是她最拿手的题材。新村虽已走向没落却从未消失，时间刻留在这一空间上的斑驳印记吸引着张怡微不断探寻着它的前世今生。于是，在《你所不知道的夜晚》这部小说里，张怡微做出新突破，她尝试将童年以来听到的故事尽可能详细地还原，在对工人新村的回溯中拼凑出父辈的过往。

小说中的茉莉一家顺应时代兴建工人新村的浪潮搬到了田林，那里有成簇的公共设施完备的红色公房，"比起全国其他地方的生活，已经算是好得不行"[5]，可即使是这样，茉莉的母亲仍不情愿，在此之前他们租住在建国西路众多洋房中的一间，有阳台，有院落，对母亲来说，那是市中心的标志，更是上海人身份的象征。而茉莉父亲则淡然很多，工人新村的住房是他通过辛勤劳动换来的，新时代下工人阶级当家做主的政治口号更是让他坐稳了城市主人翁的身份。田林新村的改造和修建对于工人个体来说不仅意味着居住环境的极大改善，更代表着无上的光荣。在这新的居住空间里，他们是样板家庭，几乎没有几户人家的生活条件能比得上他们，父亲会拿着一把扫帚扫遍整个65弄，以劳模的标准要求自己，试图在朴素的劳动中彰显工人阶级的先进性，即使被人叫"扫帚阿叔"也不在意。即使是不情愿的母亲也凭着自己的能干"整日抬头挺胸，精神得很"[5]。可以说，权力的扩大人为遮蔽了地理上的边缘化，也暂时弥合了人们因远离城市中心而带来的失落感。空间的价值判断和等级划分在都市空间再生产的强力干预和意义赋形下发生位移，这一精心设计的人造环境表征着国家权力和意识形态的变化，也承载着个人的情感投射成为时代和历史的见证。正如法国社会学家列斐伏尔所言，空间绝不是孤立静止的地理性在场，而是社会转型和社会经验的产物。"社会关系把自身投射到空间中，在空间中固化，在此过程中也就生产了空间本身。"[6]

除了勾勒老一辈人的生活轨迹来表达新村特定的时代意义外，在小说《嗜痂记》中，张怡微又透过小女孩蒲月的眼睛，以旁观者的身份，在两种空间的对照中，重建起历史上的工人新村。蒲月的家住在小闸镇，"它比田林路头上一窝一窝燥起来的工人新村要有历史的多……只是待大批工人新村随着邮电厂、仪表厂过来生活以后，小闸镇逐渐开始没落"[7]，年幼的蒲月便在这荒芜而萧瑟的地方生活着，当那两栋新工房修建起来时，蒲月也从封闭的现实世界中跳脱出去，进入了幻想中的空间。与残破的农村相比，那是属于城市才有的现代化，在那里"有独立的卫生间可以洗头，有抽水马桶可以大小便，有煤气可以烧水煮饭，有吊扇，有花露水的芳香"，[7] 这些听说来的新村生活构成了蒲月对外部世界的所有想象，即使后来从金姐口中得知外面还有更豪华的公寓，蒲月也把它想成了新村的样子。此时的工人新村作为一个参照对象和现实实体虽然在小女孩的眼中难以显现出其政治色彩，但其生活方式依然镌刻着时代的印记，是让人们艳羡地存在。

工人新村这一特殊称谓和"村中市"的地理位置表明它由时代造就而成，它的"主流"性由政府和国家赋予，空间的建造也源于社会结构的变动和城市规划重心的迁移。因此，当生产时代结束，上海重新迈入经济全球化浪潮之时，在时代强力的颠覆之下，关于这座城市的主流叙事方式也随之发生变化，曾经的社会地位和经济优势一去不返，此时的工人新村在城市格局的重新组合中成了过往风景，原本象征先进的工人居住地也流变为普通的居住空间，渐渐淡出人们的视线。张怡微在《旧时迷宫》的序言中感叹道"一个年代过去了"[8]。一代又一代人随着大时代的节奏亦步亦趋，在封闭、自足的工人新村内完成了生老病死及求学就业等生活，然而当阶层的光环消失不见之后，原本就存在的中心与边缘的矛盾再次显现，少了激越的民众热情，这块看似包裹着城市外壳却又脱离市区的闭塞之地该何去何从，当居住空间由公共设施齐全的红房子变为残破、老旧甚至面临拆迁的建筑时，身处其中人们又将以何种心情继续这里的生活，是否会如《你所不知道的夜晚》中的茉莉一样对外滩充满着热切的渴望，带着自矜与森然的神情沉浸在旧日时光中，做着回归上海的梦。还是如再婚的春丽（《春丽的夏》中的主人公）般时常产生嫁错人的感觉，"觉得别人把浦东叫作浦东，把浦西叫作上海就是在看不起她"[9]。这种隐藏在平静生活背后的焦虑和无奈随着工人新村的破败一点点取代了曾经的优越感和自豪感渗入城市背面，发出区别于"现代"上海的别样话语。

时过境迁后，日益崛起的新式住宅以破竹之势篡改着这座城市尚未冷却的居住记忆，石库门也战胜工人新村在谁更能代表上海的学术讨论中获得了胜利，这在某种程度上宣告着上海镜像略过那曾经壮大的社会主义城市空间与中华人民共和国成立前的上海重新接合，而曾经的工业上海则带着短暂的计划经济时代的历史和阶级话语消隐于上海城市文学光谱中。正如朱大可所言："资本社会主义时代降临后，人们惊异地发现，'新天地'叙事修复了业已崩溃的市民记忆，令后者在石库门的还原影像中找回了资本主义梦想。没有任何人能够阻止这场建筑文化学的政变"。[10] 当人们开始欣然接受上海变革，为上海寻找新的代言时，张怡微以子一代（后代）的目光回溯、释放出被主流叙事否定、回避和遮掩、尚且处在失语和脱钩状态下的边缘空间，以看似"非上海"的叙事体验对工人新村的历史进行记录和书写，也启发着人们重新认识工人新村这一特殊空间里隐藏着的历史变迁和个体命运，反思上海城市范式的建构和多元可能。

3 工人新村的内部透视——公共和家庭空间下的世态人生

"空间的改造以及体验空间、形成空间概念的方式，极大地塑造了个人生活和社会关系。"[11] 当空间剥除负载于其上的意识形态标签，当生活回归日常，原本建立在国家层面的"理想"规范体系和神圣的价值意义也宣告瓦解，对于社会化的个人来说，他们长期居住的社区和家庭无疑是最重要的活动场所，对其的占有和维持也成为生活的重要方面。张怡微巧妙地将工人新村里的住宅当作透视人性的重要窗口，在人物的复杂纠葛中观察着世俗圈子里众多"饮食男女"的生存样态。

工人新村是作为工厂的附属系统和生产的配套居住区而设计修建的，除满足基本的居住功能外，也肩负着生产的任务。配套设施的完善和集中有利于将原有分散的工人群体聚集起来，集体劳作，集中管理。不同于张爱玲笔下独门独户、气派巍峨的花园洋房和王安忆书中错落有致、幽深曲折的上海弄堂，工人新村内部配套设施布局的高度公共性将居住于此的住户编织进日常生活集体化的网络中，正如学者罗岗所说："新村内部的规划、布局和陈设作为一种空间的生产方式，不仅再造了工人群体的日常生活环境，而且形塑了他们的日常生活模式。"[12] 即便到了 20 世纪六七十年代，工人住宅的标准有所提高，但也主要体现在居住面积的扩大，生活设施的布局并未发生太大改变。新村内部空间的充分开放模糊了私人和公共空间的界限，使得私人和公共空间因个体的使用和占有行为发生交叠。生活于上述空间内的个体，围绕住房而产生的空间体验也牵连甚至宰执着个人的生存遭际。

在《你所不知道的夜晚》中，茉莉一家迁到了工人新村，这里既有着热络亲昵的邻里关系，也有着杂乱的闲言碎语。"谁都不知道对方是从何时开始，清清楚楚地了解自己的背景。互相之间也不知道是哪里来的默契，懂得所谓的'私隐'，就是把张家长、李家短的秘闻'说给可靠的人'听",[5] 公共空间在成为消息集散地的同时，也让原本属于隐私的秘密暴露于众人的目光之下，身处此地的人们被放置于同一时间序列之中形成双向的看与被看的关系。同时，公共空间所具有的资源共享性也成为邻里矛盾的根源，"自来水、火表、水表，一切都会成为纷争的由头"[5]，随时恶化着人际交往。对公共资源的抢占和挪用与开诚布公的和谐氛围杂糅在一起，赋予了工人新村多层次的生活样貌。上海作家金宇澄对此深有感触："整齐划一的工人新村就是这种'小都市'，楼上楼下是互相知根知底的工人，这类居住环境，其实是预设的不自然的建筑群。"[13] 在对内封闭、对外敞开的居住环境影响下，邻里之间较稳定的熟人关系也延伸出了认同和反对交织的空间辩证关系。

这一双重特性也体现在《春丽的夏》中。春丽是一个二婚的中年妇女，搬来新村之后与丈夫开了一家照相馆，几乎包揽了整个社区的照相业务。透过春丽的眼睛，读者可以看到形形色色的人，仿若芸芸众生的缩影图。有开汽车买菜却还要蹭冷气的居民，有拍遗照贪小便宜反复要求便宜十块的老太，还有因老伴中风悲痛伤心的老张等，每个人的境况都被春丽了解得一清二楚，还要点评一番。同样，春丽的生活也逃不过邻居们的"监视"，时常被当作茶余饭后的消遣谈资。春丽和楼上的邻居凤萍也有解不开的心结，凤萍家漏水总是会渗到春丽家的天花板，甚至连公共晾衣绳凤萍也要全部霸占，这些大大小小的事故使得他们之间的矛盾越演越烈。然而，当凤萍去世时，春丽却在心里产生了哀切之感，"她太了解他们的坏了，像了解自己的坏一样，轻轻松松就可以原谅"[9]，因为太过熟悉而能够体会他人生活的不易，因为相同的命运而产生互相的怜惜，公共空间的开放性使日常生活的诸多计较、客套、算计、争执都无处遁形，在大大小小的善恶冲突里却也裹挟着细碎的温情，钩形成杂糅世相的底色。新村内部的公共空间将类型各异的人们包拢在一起，既构成人际交往的障碍，又支撑着邻里间的情感互动，成为张怡微的绝佳试验之地。而她则冷静地站在一旁，注视着社会群像，描摹着众生烦恼，在普通人酸甜苦辣的境遇描写中为褪去了特权和优越的工人新村注入了丝丝的烟火气和日常感。

工人新村之于国家是社会主义宏伟气象的彰显，之于个人则是实实在在的居住环境和家庭住宅。张怡微在《旧时迷宫》的序言中说："1996 年在我的内心中是一个十分重要的年份……比如我的几位亲人也搬离了这里，曾经封闭、和美的童年的安全感、完满感被彻底打破。"[8]20 世纪 90 年代随着市场经济的发展，居住空间也逐渐摆脱国家分配的控制，成为个人能够占有的灵活流动的商品，住房商品化、旧城区改造和城市大开发浪潮接踵而至，住宅的使用价值让位于交换价值让生活空间变得高度商品化，工人新村也难以幸免，其内部统一、稳定、完整的邻里和亲属关系被打破，取而代之的是以家庭经济实力和购房能力为前提的高速流动和小范围"移民"。

在复杂的人际关系网络构成中，家庭可以说是最为基本的组成单元，麻国庆先生认为："在个人、群体、社会这三个层次中，如果从结合关系中去考虑，这三个层次之间及各自的关系互动，存在着一个共同点，这就是以家的内在结构和其外延的象征秩序来建构起自身的位置。"[14]家庭的建立离不开居住环境，住房是个人安身立命的必要条件和家庭幸福与否的重要指标。与之相对，宏大的社会空间也难以脱离微观的家庭空间而存在，事实上，在张怡微的小说中，工人新村多数以家庭的空间形式呈现在读者面前，它既是容纳家庭关系的器皿，也成为家庭伦理戏剧表演的主要舞台。当房子变得可供交换和买卖，住宅这一空间载体便成为影响、牵动家庭关系的首要动因。

在张怡微的小说中，到处可见房子的影子。《细民盛宴》里袁家乔的父亲将前妻的"下嫁"归结于自己在新村的老房子即将拆迁，而那栋房子又成为他后来娶妻的重要砝码；《大自鸣钟之味》里的父亲和"梅娘"小范快速领证也不是因为爱情，而是希望在拆迁时多分到一笔钱。房子意味着社会地位和经济水平，房子的价格使家庭空间的建立变成了一个具体的经济问题，"房价上涨以后，上海人家里吵来吵去，万变不离其宗都是为了钱"[9]，商品社会下，血缘和伦理关系成为被量化的存在，家庭也被揭去温情的面纱，成为人们负重前行的枷锁。与住房商品化相伴随的是工人阶级社会地位的结构性调整，破碎的家庭空间和现如今分崩离析的工人新村在时空交汇处合二为一，见证着时代的嬗变和商品经济侵蚀下的人性凉薄。张怡微在小说中说："我只能眼睁睁地目睹着日常里丧失，是以这样具体、理性的面目一点一点铺展开它的破坏之力……看上海各个新村怎么拆房子……每一寸土地上曾有过多少爱恨都显得极其轻盈，也极其虚无……"[15]这种带有浓厚私己意味的悲叹和惋惜自然无法对抗或者抚平时代车轮碾压过后的褶皱。于是，不幸遭遇原生家庭残缺的张怡微也转而从家庭出发，以反家庭的方式去寻找愈合个体创伤，重建情感联系的方法。

血缘和夫妻关系是家庭的核心和纽带，以此为前提，家庭在传统意义上也常被放置于伦理学的范畴来看待，张怡微"家族试验"小说的出现打破了这一传统。她结合自己的所见所闻执着地书写着那些没有血缘关系的人们如何生活在一起的故事，以试验的形式解构靠血缘维系的传统家庭空间，对家庭的内涵进行重新梳理和定义。

在张怡微的小说中，家族试验的开始总伴随着离异、再婚、丧偶、失独等，这些事件既意味着原生家庭的分散和旧有空间共同体的破裂，也代表着新一轮的家庭重组和新生空间共同体的重建。家庭成员从一个空间迁移到另一个空间，进行着新的适应和融入。《细民盛宴》中的袁佳乔在父母分道扬镳之后比正常家庭的孩子多出了继父和继母两个"家人"，也因此不断游走在两个家庭之间，吃了一餐又一餐尴尬而糟糕的团圆家宴。从陌生到熟悉，继母通过继父之口表达出对袁佳乔的喜爱："其实我和她一样，我也觉得你很好的。你真的不要觉得自己很不好。虽然你也有很多很多的不开心，但是我们都理解……她从大老远来，其实就是为了说这一件事……我跟她的意思，是一样的。"[15]听到这些话时，袁佳乔建立多年的心理防线被彻底瓦解，这些看似不相干的陌生人却也能像家人一样设身处地地理解她的艰辛和不易，当她鼓起勇气对继母喊出"妈妈"时，继母也完全走进了她的心中。同样是家族试验，小说《试验》以失独为切入点，展示了几代人之间跨越多个家庭的相互扶持。嗣森、心萍与嗣聪、贞依是兄弟两家，他们在年轻的时候互有龃龉，到了老年，心萍的儿子循齐、依旧孤身一人，贞依的女儿也意外身亡，出于对家人陪伴的需要，这两家人终于放下芥蒂。此外，心萍在当医生时认识了雪雁一家，雪雁认了心萍当过房姆妈，女儿星星跟着叫起了外婆，再加上雪雁的新丈夫何明，三个家庭三代人就这样凑在了一起，"一桌饭，有老有中有青，才是完满。就像他们是真的一家人一样"，[9]这种看似不伦不类的家庭组合突破了血缘的界限，每个人都在其中汲取着当下的温暖，缓解着命运的重压。

张怡微将工人新村中的家庭空间作为写作容器，把社会变革、世事险恶，人生无常，亲情凉薄全部包含在内，从个别经验出发过渡到集体观照，暴露出家庭空间内部带有普适性的人伦和生计问题，在有情和无情之间努力寻找着解决之法。通过张怡微笔下多样的家庭组合形态的展示，传统意义上由血缘构成的家庭空间被彻底打破，家庭关系和亲疏远近有了新的界定，家人的身份也变得更加开放。真诚的情感成为粘合和缓释个体与空间可能存在的紧张、胶着关系的关键。工人新村也从属于父辈和工人群体记忆中的另类上海经验和空间外部体验内化为关涉个人情感和心灵的空间修辞与见证。

4 结语

张怡微笔下的工人新村从宏观到微观，从物质到情感，展示出内与外的空间辩证法则。丰富多元的空间景观书写既承载着她对历史变迁和人世变换的深切思考，也寄托着她的道德判断和精神诉求。张怡微如同一个精神漫游者，徘徊在城市巷陌可供人观察的角落，在洞察周围一切之后，转以细腻的笔触进行勾勒和描摹，以情感落地和沉浸写作的方式将地理空间与个人生活经历融为一体，借助空间经验和空间等级的流变来隐喻时代主题的更迭，使得被现代都市化浪潮击沉的工人新村再次以文学化的空间形态出现在大众视野当中，让人们看到主流想象之外的另类上海形象，为文学上海版图的谱写和扩充注入了新的活力和生机。除物理化的城市景观外，工人新村也是一个不折不扣的生活世界。当日常生活的逻辑消解理想的价值形态，张怡微将宏大而抽象的历史变迁装进生活的口袋，跳脱出国家层面的意义，向工人新村的内部展开透视，在俗常的公共和家庭空间中，抓住那些极其琐碎细小的生活场景，还原个体化、内向化的日常，揭示出普通百姓在空间结构和空间置换浇铸下的生活境遇和血缘人伦关系间复杂纠葛，最终通过"家族试验"的方式重塑了个人和空间的联系。

参考文献

[1] 张怡微.新村里的空间、时间、世间[EB/OL].（2017-03-16）[2017-05-19].http://www.360doc.com/content/17/0509/16/48074_652448226.shtml.

[2] 高秀芹.都市的迁移——张爱玲与王安忆小说中的都市时空比较[J].北京大学学报,2003(01):73-82.

[3] 张怡微.家族生活的多重宇宙[N].文艺报,2020-12-18.

[4] 周而复.上海的早晨（第三部）[M].北京：人民文学出版社,1980:140.

[5] 张怡微 . 你所不知道的夜晚 [M]. 上海：上海文艺出版社，2012.

[6] （美）迈克·迪尔 . 后现代血统———从列斐伏尔到詹姆逊 [M]// 季桂宝，译；包亚明，编 . 现代性与空间的生产 . 上海：上海教育出版社，2003：97.

[7] 张怡微 . 旧时迷宫 [M]. 上海：文汇出版社，2013.

[8] 张怡微 . 旧时迷宫（代序）[M]// 张怡微 . 旧时迷宫 . 上海：文汇出版社，2013.

[9] 张怡微 . 试验 [M]. 北京：海豚出版社，2014：77.

[10] 朱大可 . 谁主沉浮：工人新村 vs 石库门 [J]. 南风窗，2003，（12）：80.

[11] （英）丹尼·卡瓦拉罗 . 文化理论关键词 [M]. 张卫东，等，译 . 南京：江苏人民出版社，2006：180.

[12] 罗岗 . 空间的生产与空间的转移——上海工人新村与社会主义城市经验 [J]. 华东师范大学学报（哲学社会科学版），2007，（06）：91-96.

[13] 金宇澄 . 洗牌年代 [M]. 上海：文汇出版社，2015：273.

[14] 麻国庆 . 家与中国社会结构 [M]. 北京：文物出版社，1999：2.

[15] 张怡微 . 细民盛宴 [M]，北京：人民文学出版社，2016.

作者信息

赵宇，女，东南大学人文学院，硕士研究生。

文化导向下的工业遗产更新利用策略研究
——以合柴 1972 为例

摘要：工业遗产的保护与再利用，是城市更新和产业升级的重要课题之一。老旧厂房作为城市工业遗产的典型代表，面临着转型升级、功能置换、文脉传承、特色营造、活力提升等一系列迫切需求。而在更新改造的过程中，虽然物质方面的维度都能较好地把握和保护，但文化在工业遗产保护中的作用被忽视。实际上，文化是工业遗产保护的重中之重，只有充分发挥文化导向的作用，才能更好地做好工业遗产保护的工作，从而提升城市生活质量和水平。本文以合柴 1972 为例，通过分析其在文化导向下的更新利用价值与现实问题，探讨其保护与再利用的策略，以期为今后的工业遗产保护改造提供新的思路。

关键词：工业文化；工业遗产保护；城市更新；厂房改造

1 引言

城市的发展是新陈代谢的过程，为保持城市持久活力，城市更新是城市发展中的必要行动。党的十九届五中全会通过《中共中央关于制定国民经济和社会发展第十四个五年规划和二〇三五年远景目标的建议》提出实施城市更新行动。2021 年全国两会期间，政府工作报告首次写入"城市更新"，城市更新的重要地位被再次提高。目前，根据城市建设发展的规律，我国城市更新已经进入新的阶段，即摒弃之前的大规模增量建设，转向存量提质改造和增量结构调整。在这一阶段，许多老旧厂房房失去了其原有用途，工业遗产保护成了城市更新领域中的一个重要部分。

为深入贯彻落实习近平总书记 2019 年在上海杨浦滨江考察时关于"生活秀带"的重要演示讲话和指导精神，国家发展改革委会同其他有关单位于 2020 年联合制定并印发了《推动老工业城市工业遗产保护利用实施方案》。在推动产业转型升级、优化城市空间结构、提高城市人居生活环境的品质、注意促进城市内涵等方面的目标诉求下，工业遗产的保存与利用更受到各级政府的重视与社会关注。旧工业都会城市的工业遗产见证了我国近年来现代工业进步和演变过程，蕴含着丰厚的历史和文化价值，传承并弘扬了中国工业精神。

工业文化遗产不仅完美展现了人类文明和城市记忆，并且具有一定的教育意义、经济价值和美学价值。而工业遗产的改造利用应该凸显工业文化的地位和作用，以文化为导向进行更新利用。文化导向不仅对于工业复兴十分重要，对于城市文脉传承和发展也有重大意义。

2 概念界定

2.1 工业遗产

工业遗产形成于工业长期发展的历史进程中，主要是指其在历史、科技、社会和艺术等方面具有较高的保留价值的工业遗存。国际工业遗产保护协会（TICCIH）在 2003 年 7 月起草的《下塔吉尔宪章》中明确了对于工业遗产的概念阐述：工业遗产是具有历史、技术、社会、建筑或者是科学价值的工业文化遗留。这些遗留包括建厂房、机械、车间、仓库、交通运输及其基础设施以及与工业相关的社会活动场所[1]。《下塔吉尔宪章》在对城市工业遗产的保护方面提出了明确定义的同时，更加充分肯定了城市工业遗产在我国经济现代化发展进程中的价值和作用，从而表明在城市工业遗产方面的研究对我国工业文化的保护、传承与发展的重要意义。工业遗产在工业发展的进程中不仅仅指物质文化遗产，还包括非物质文化遗产。因此，工业遗产的保护发展不仅有利于工业文明传承，而且能够丰富和发展城市文化的内涵，对提升居民生活品质、提高城市内在活力同样具有重要的推动作用[2]。（图 1）

2.2 文化导向

文化导向，也称为文化引导，不少地区以此为契机对城市中工业遗产进行更新改造。即通过规划设计手法将文化内容与物质空间相结合，对文化资源进行有效利用，

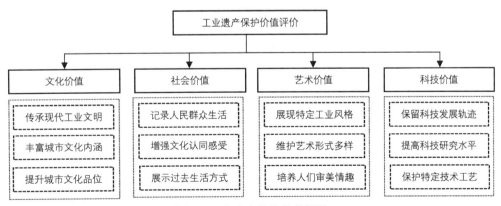

图 1 工业遗产保护价值评价

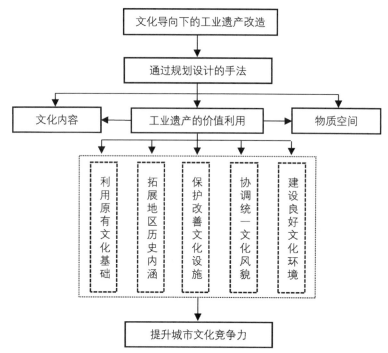

图 2 文化导向与工业遗产的关系

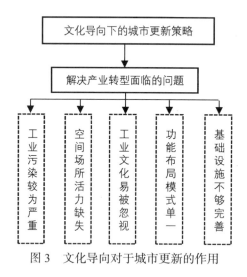

图 3 文化导向对于城市更新的作用

使得城市环境不但富有特色，还具有文化意义[3]（图 2）。文化导向下的工业遗产改造，是指在工业厂房更新升级的过程中，以文化因素作为向导[4]，用以解决城市更新过程中，传统工业地区由于产业转型带来的问题。（图 3）

3 合柴 1972 现状及问题

3.1 概况介绍

合柴 1972 文创园坐落于安徽省合肥市，作为曾经安徽省面积最大的工业监狱，合柴 1972 开创了将监狱旧址改造为文化展示空间的先河（图 4）。自 1954 年创建以来，它首先是在监狱的基础上，由监狱转变为合肥砖瓦厂，再转变为合肥柴油机厂，最后转变为合肥轻工业制造厂。这三次的转变大相径庭却又辅车相依，从一个直观的角度展示了这近 70 年合肥工业演变的进程。但随着时代发展，企业转型升级，各类砖瓦厂、柴油机厂、制造厂逐渐无法适应现代化工业的转型，留下一座座老厂房、老机床、老烟囱，这让工业遗产保护越发显得迫切。

图 4　合柴 1972 现状图

3.2 文化导向下再利用的基础

3.2.1 深厚的文化价值

城市的魅力就在于它的文化。城市文化是一个城市的精神内核，工业文明在其中扮演着重要的角色，发挥着其重要的经济价值和社会价值。在这近 70 年间的三次转变中，合柴 1972 在它自身的发展历程中衍生出了家电文化、工业文化和监狱文化等。这些文化不仅仅保留了老一辈人的工业印象，还记载了合肥这座城市的发展历程。随着工业的不断演变发展，原来的工业遗留渐渐成为一些工业城市的独特印记，成为城市文化特殊的一部分，彰显着城市过去几十年甚至几百年的工业生产的坚实基础。

3.2.2 厂房改造的自身需求

随着后工业社会的发展，一些污染较高、对城市环境影响较大的重工业渐渐被迁出城市中心，原有旧厂房面临着土地利用低效、设施落后、空间品质差等一系列问题。低效工业用地改造和再开发已成为城市建设需要面对的现实问题。据统计，我国老旧厂房空间资源达 30 亿平方米，改造潜力巨大。

作为城市产业升级的空间载体，旧厂房和存量低效工业用地可以为城市产业升级提供充足的建筑资源和土地资源，具有较高的潜在开发价值。如何让城市中大量存在的旧厂房和低效工业用地通过再开发实现可持续发展[5]，已成为我国城市更新中较为重要、紧迫的研究课题。

3.2.3 政府政策支持

随着工业化的不断发展，安徽省保留了较多的工业遗产，安徽省政府和经济与信息化部门对全省 1980 年前修建的厂房、机械设备车间、矿井等进行了摸排，结果发现，安徽省的工业遗产主要包括明清民族时期的工业作坊、长江沿线的造船厂等。其中，已经有霍山佛子岭水库、合肥钢铁厂、泾县宣纸厂等世界级工业遗产纳入了国家重点工业名胜项目。

合肥作为安徽省的省会城市，积极响应国家政策，采用"保护优先、以用促保"的方针，不仅要防止因过度开发导致保护失责，也要避免限制过分而难以利用。近年来，合肥各地在实践中积极探索工业遗产保护和资源综合利用的新模式，努力建设一批集城市回忆、知识传递、创意文化、休闲经济体验为一体的"生活秀带"。

3.3 当前更新利用的现实问题

3.3.1 功能模式单一，改造方法趋同

由于国际工业遗产改造发展较早，我国工业遗产改造相对落后，因此国内众多工业遗产改造没有考虑本国国情和工业遗产目前所处的状况、发展特点，一味地参考甚至完全照搬美国纽约苏荷、德国鲁尔工业区等国外工业遗产改造的成功案例，而且改造后的功能模式趋同。一时之间，国内出现了不少破败厂房、老旧工人宿舍、废弃仓库改造成为文化创意园区的案例。因此，如何突出各工业遗产的自身优势、展现独特价值是在工业遗产改造过程中不容忽视的问题。在改造利用模式千篇一律的情况下，要更加注重发展地方独特的文化内涵，以其特有的文化背景为基础，联系周边的物质环境，避免生搬硬套。

3.3.2 弱化文化体验，缺失场所活力

工业文化遗产和其他文化遗产不同，不具有赏心悦目、清洁美丽的良好形象，大多数公众对于工业文化遗产的印象还停留在过时淘汰的厂房、破败陈旧的车间、锈迹斑驳的器械、污染严重的工业环境上，而更深层次的工业文化和有趣的文化体验还有待利用和发展。在改造利用的过程中，可以规划制定明晰的游客游览路线，

将零散的、孤立的工业遗产串联，激发工业遗产的场所活力。

3.3.3 重视经济价值，忽视文化内涵

当前存量规划的大背景下，经济发展与物质文化遗存的保护之间产生了分歧。由于市场经济的盲目性、商业性，以及一些政府官员片面追求城市发展速度、政绩效果以及经济利益，只注重眼前利益和局部利益，将城市中的工业遗产保护改造项目交给房地产开发企业建设，没有为城市的长远发展而考虑。这种片面追求经济价值而忽视文化传承的工业遗产更新保护方式，容易忽视文化保护和社会利益，导致物质开发与精神性资源开发失衡。但实际上，工业文化能够反哺城市发展，城市发展能够兼顾文化、经济，并且实现双赢。例如，将工业遗产保护与商业经营结合，能够利用消费带动周边地区消费，盘活城市经济，为城市发展提供更多的可能。

4 文化导向下合柴 1972 更新利用策略

文化是工业遗产更新改造的导向与动力，在更新与再利用的过程中，文化在提升文创园区精神内涵的同时，也为曾经衰败的场所注入了新的活力[6]。因此，应当以文化传承与发展的原则对工业遗产进行保护利用，让工业遗产与城市发展相协调。合柴 1972 在更新改造的过程中，将文化与功能、空间、活动相结合，以此丰富街区业态、营造文化氛围、激发场所活力，进而实现街区的再生与重构。（图 5）

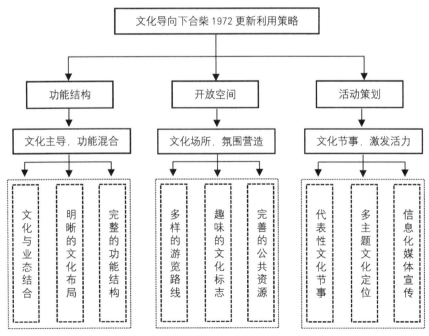

图 5 文化导向下合柴 1972 更新利用策略

4.1　功能结构——文化主导，实现功能混合

4.1.1　文化与业态结合对于厂房功能完善的作用

为保留地块周边的街区记忆，活化利用衰败土地。合柴 1972 抓住合肥老工业区城市更新有利时机，利用现有的工业文化、家电文化、监狱文化，结合老厂房建筑特色和地缘文化特色，引入艺术展示、文化消费体验、原创文化演出等业态，打造极具价值的工业文化体验区。

从柴油机厂缸体铸造车间到"合肥当代美术馆"，从原金工铸造车间到"合肥家电故事馆"，从燃料仓储室到线下文创体验店，合柴 1972 的每一处更新改造不但丰富了整个园区的功能业态，而且展现了合柴自身的特色与风貌。一些保留下来的环境要素都是打造艺术空间的有利条件。合柴 1972 利用极具设计感的旧厂房建筑结构，在不改变合柴原有肌理的基础上，对遗存下来的红砖瓦墙、烟囱、屋顶、车间等工业要素进行改造与利用。目前合柴还在不断更新中，在不久的将来，它将继续承载历史的记忆，并且赋予新的文化内涵，指引片区新的发展 [7]。合柴 1972 文创园不仅是新的商业模式，而且还为城市提供了一个极具艺术与美的场所空间。除此之外，园区还引入了创意办公，特色体验商业等业态，逐步形成以文化为主导，系统化的、多功能混合的文化创意园区。

4.1.2　明晰的文化功能布局对于厂房功能混合的作用

合柴 1972 在功能布局方面，将文创园区片区分为多种不同功能，各功能片区赋予一定的文化特色，以打破原厂房功能单一的状态。合柴 1972 一共分为五个功能片区，分别是大厂房艺术创意区、草坡商业及观演展示区、邻里中心区、文教体育区、青年共享生活区（图 6）。其中，大厂房艺术创意区包括家电文化展示、艺术展示功能；草坡商业及观演展示区包括接待中心、音乐公园等功能；邻里中心区包括文创办公、主题酒店等功能；文教体育区包括教育培训、艺术设计等功能；青年共享生活区包括艺术街区、艺术公寓等。合柴 1972 在休闲娱乐、艺术培训、创意办公等功能板块的基础上，将居住功能融入其中，使得文创园区更像是一个独立社区，既可以缓解因土地减少而带来的用地紧张压力，也可以满足除休闲游览以外的平时生活消费的需求，这对于其他类似的工艺遗产改造也具有借鉴意义。

4.2　开放空间——文化场所，营造活力氛围

4.2.1　多类型的游览路线体验

合柴 1972 利用多条游客游览路线将主要的工业遗产景点串联在一起，提供多类型的文化游览体验。在改造之前，柴油机厂、原金工铸造车间、燃料仓储室等主要空间都是零散分布在基地内的各个角落。后经过改造利用将其变为若干个展示合柴 1972 工业文化、监狱文化、家电文化的活力片区。改造后的合柴 1972 可以罗列

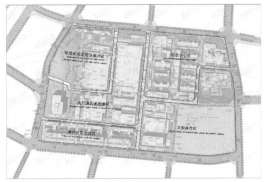 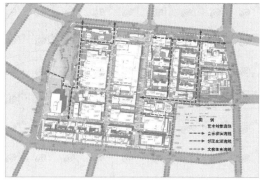

图 6 合柴 1972 功能布局示意图   图 7 合柴 1972 游览路线图
（来源：笔者改绘）   （来源：笔者改绘）

归纳出四条主要游览流线：艺术创意流线、音乐观演流线、邻里生活流线、文教体育流线（图7）。根据不同的人群需求，将游览路线进行串接，优化游览体验，使游客在游览的过程更加自由。此外，针对不同受众人群而提供不同的场景供游客选择、互动，也有利于实现合理引导、有效衔接、趣味互动的设计意图[8]。

4.2.2 多样化的趣味文化标志

在工业遗址中，历史场地风貌最能够彰显文化场所的特征，历史环境与遗址建筑是构成历史场地风貌的主要部分[9]。重新设计与更新改造后的合柴1972利用了老旧厂房、仓库、钢架、穹顶、大面积开窗、工业风格钢架、烟囱、大型构筑物等历史工业元素，与现代装饰符号相结合，形成传统与现代交融的文化氛围，成为合柴1972的文化标志。例如，曾经的监狱围墙绘满了"越狱"主题的艺术涂鸦，宽阔的草坪上安置着风格迥异的雕塑、开阔的展厅里摆放着耐人寻味的工业风格构筑小品，以及地面随处可见的印有属于合柴的文化品牌LOGO（图8、图9）。可见，对于工业遗产来说，利用充满艺术价值和历史特征的文化元素[10]，不仅塑造了丰富有趣的文化标志，也有利于工业文化品牌的塑造。

图 8 合柴 1972 趣味文化涂鸦墙 1   图 9 合柴 1972 趣味文化涂鸦墙 2

4.2.3　多主题的空间场所定位

合柴1972设置了多主题的文化情景，在对原有的建筑风貌进行充分利用的基础上，结合城市发展特色、居民文化需求以及现代建筑工艺手法，将其内部改造成为家电博物馆、当代美术馆和创意集市等主题场所，活化利用工业厂房的内部空间（图10）。其中，家电故事馆内设有不同主题的体验场景：20世纪80年代合肥无线电厂流水线、合肥市百货大楼、迪斯科舞厅、复古场景街、十五里河家电维修、旧物时光展厅……各分区各功能，以其独特的装饰风格独立存在于粗犷的工业风格之中。高大穹顶、机械车间、直立烟囱、红砖瓦墙、独特的厂房空间结构，让人们在参观体验的过程中，感知时代的变革、经济社会的发展与进步。在工业遗产更新改造的过程中，利用厂房的空间构造，通过环境营造多种感官的仿真、搭建类似的视觉平台、赋予空间特定的文化定位的主题设计策略。并且用一个中心主题统领各个片区[11]，整合各个工业遗产资源，形成较为连续且整体的空间。

图 10　合柴 1972 多主题展馆

4.3　活动策划——文化节事，激发场所活力

4.3.1　艺术展览

作为目前合肥最新锐的文化代表之一，由合肥柴油机厂缸体铸造车间和模具车间改造而成的"合肥当代美术馆"承担了合柴1972的众多艺术展览活动。原合肥柴油机厂车间具有层数高、进深大、面积足等特点，屋梁采用中国古代桥梁建设的双曲拱桥结构，穹顶屋面完全以自锁空心砖榫卯构成，没有使用一根钢筋，建筑风格

全国罕见[12]。随着社会经济的发展、社会文化的需求高涨，并且旧工业建筑和展览空间具有共性，这些条件为合肥柴油机厂转变为美术馆提供了可能。

"合肥当代美术馆"的设计理念是在维持原有厂房的基础上，通过合理地优化调整内部结构，使空间得以充分利用。目前，"合肥当代美术馆"主要承办各类艺术展、文创快闪、国际国内知名时装秀等活动，以适应现代化的展示模式。各类艺术展览活动不仅能够重现工业遗存的活力，也丰富了市民的公共活动与日常生活，将"人人都是生活家，人人皆为艺术家"的理念贯彻落实。

4.3.2　音乐活动

除了艺术展览之外，合柴1972也举办了不少音乐活动，如街头音乐表演、乐队音乐演出、草地音乐节、经典快闪店铺活动等。相比于艺术展览，合柴的音乐活动以其新潮独特的方式吸引了更多年轻时尚的市民，与他们一起探索活泼且富有创造力的生活方式，寻找舒适的生活状态。从而将艺术与时尚交融，让工业遗产在深重的历史记忆之外，还能够拥有崭新的时代特征。

4.3.3　媒体宣传

在改造之前，合柴1972对于新媒体宣传方面战略性重视不够，工业遗址缺少策略性宣传策略，只是单方面纯粹宣传工业遗址旧址、保留机械车间等物质文化方面内容，缺少和工业文化相关的内涵解读，导致广大市民参与少、了解少且不够深入，这些都将制约着工业文化的传承。

合柴1972将文化节事活动与新媒体宣传相结合，利用信息技术快速、便捷、高效的特点加大文化活动的宣传力度。例如，利用微信公众号、微博等媒介推送与工业文化遗产有关的内容。同时，也利用当今发展趋势较好的短视频等自媒体平台，制作各类接地气的、易理解的普及教育视频，让社会群众了解到工业文化遗产的价值所在。小到合柴基本介绍、抵达路线安排，大到合柴招商信息、文化节庆活动宣传等，合柴1972紧跟大数据发展的步伐，现已从原来的老旧厂房迅速融入到新型的文创园区之中。

随着信息技术的发展，文化宣传与信息技术相结合的方式逐渐普遍，除了应用到工业遗产保护宣传方面，也能够应用到其他相关技术支持、绿色保护、生态发展等领域，甚至是除工业遗产以外的其他城市更新范畴。

5　结语

在城市更新的大环境下，工业遗产改造源于其自身对文化、艺术、创意和美好生活的需求。工业文化遗产不仅是一座城市表达文化内涵的方式，也是城市文化品质的重要体现。以文化为导向的工业遗产更新改造为城市的进步以及经济文化的发展做出了巨大贡献。特别是对于长三角副中心城市——合肥来说，以文化为引导的更新与产业升级将为城市带来新的机会。在工业遗产更新改造的过程中，应当梳理其文化脉络，分析其文化优势，挖掘其文化基因和特质，置入以情驱动、文化耕耘的理念，促进工业文化与工业遗产发展的有机融合。本文从合柴 1972 的利用基础、现实问题等方面出发，对合柴 1972 在文化引导下的更新利用策略进行研究，进而探讨我国其他城市的工业遗产在改造中文化活力创造的可能性。文化导向下的工业遗产更新利用模式作为城市更新的重要方法之一，不仅对于城市文化内涵的表达具有促进作用，同时也能够充分体现城市文化品质。在我国城市化快速发展的进程中，以文化引导工业遗产开展保护与再利用工作不仅可以作为一种新的城市更新模式，还可以彰显城市发展特色，提高城市发展质量，为城市发展赢得更多的机遇与可能。

参考文献

[1] 工业遗产之下塔吉尔宪章 [J]. 建筑创作，2006（08）：197–202.

[2] 于森，王浩 . 工业遗产的价值构成研究 [J]. 财经问题研究，2016（11）：11–16.

[3] 牛琛 . 文化导向下工业遗产再利用研究 [D]. 南京：东南大学，2015.

[4] 黄晴，王佃利 . 城市更新的文化导向：理论内涵、实践模式及其经验启示 [J]. 城市发展研究，2018，25（10）：68–74.

[5] 付群，王雪莉 . 我国钢铁产业园区向体育产业园区转型经验及启示 [J]. 体育文化导刊，2020（10）：33–39.

[6] 宫远山，高子钧，李铁鹏，孙微，刘馨阳 . 文化导向下的特色文化商业街区改造路径探索——以沈阳市吉祥街改造为例 [J]. 规划师，2014，30（S1）：25–30.

[7] 刘昱晓 . 城市工业文化遗产保护与再利用策略研究 [J]. 文化产业，2021（17）：139–142.

[8] 赵迎芳 . 论文旅融合背景下的博物馆旅游创新发展 [J]. 东岳论丛，2021，42（05）：14–22.

[9] 郭建伟 . 工业遗产上的文化创意产业园设计与再利用研究——以广州 1978 文化创意园为例 [J]. 对外经贸，2020（06）：57–58，122.

[10] 屠泳博，陈萍 . 文化基因视角下常州运河沿岸工业遗产保护与传承更新 [J]. 产业与科技论坛，2021，20（13）：236–237.

[11] 周延伟 . 被展示的文化：关于文化导向型城市更新中特色塑造策略的思考 [J]. 装饰，2018（11）：108–111.

[12] 黄子弦 . 旧工业建筑转型创意文化产业园节能改造模拟研究 [D]. 合肥：安徽建筑大学，2021.

作者信息

白冬梅，合肥工业大学翡翠湖校区建筑与艺术学院。

城市织补理念下古城更新策略研究
——以芜湖古城为例

摘要： 自改革开放以来，城市化进程不断加快，城市建设达到前所未有的高度。城市开发建设的过程对古城保护的长期忽视，使得古城出现了建筑肌理割裂、历史文脉缺失、空间质量低下等问题，迈向存量用地更新建设的城市更新显得刻不容缓。目前，我国城市更新理论无论在大尺度城市层面的旧城改造运动，还是小尺度的旧住区、街坊改造都取得显著成就，涉及城市片区功能重新规划、内部道路网重构、景观空间打造、历史建筑保护和街道立面改造等方面。本文依托于城市织补理念，在分析芜湖古城内部特征现状的基础上，提出其内部更新的策略方法，并借用"起针—换线—收针"的织补手法对古城内建筑、空间、文脉进行修补，缝合古城原有肌理、恢复古城活力生机、延续古城传统文脉，同时希望能够为其他地区的古城更新提供经验借鉴。

关键词： 城市织补；城市肌理；街巷空间；历史文脉；芜湖古城

1 引言

改革开放以来，快速城市化进程推动城市发展取得了优异的成绩。伴随着土地的大肆开发与建设，城市内最初的形态逐渐被侵蚀，原本的肌理也被打破与割裂。城市双修是城市更新领域力图改变古城现状所做的有益探索，希望能够运用城市修补、生态修复的手法对残损城市进行缝合，以此解决城市衰败地区出现的问题。城市双修理念大多从宏观尺度考虑城市的更新问题，缺少城市内部场地、地块等较小尺度完整性问题的考虑，而城市织补的理念则更多地关注地块之间的联系，似乎更适合解决小尺度的城市更新问题[1]。因此，与城市双修宽泛的应用场景相比，城市织补更符合古城更新的尺度，能够在不改变古城原有肌理的基础上，恢复古城的原有风貌，使古城重新焕发生机与活力。

2 相关理论

2.1 城市织补

城市织补，顾名思义"织补"城市，"织补"一词在《辞海》中的解释即"用砂、线等依照织物原有的经纬交织规律把破处补好"，其中"织"为编织，"补"为修补。早在 20 世纪 70 年代，柯林·罗在《拼贴城市》一书中认为不连续的、断断续续的每一次建筑尝试或者城市片区更新改造实际上都自发地形成了有逻辑的组织性，并提倡运用文脉主义的思想解决城市拼贴的空间问题。当时的西方是一个回归城市的时代，因此文脉主义得到了广阔的社会土壤和实践空间，逐渐从微观城市环境的关注扩展到整个城市，最终发展成"城市织补"的理念 [2]。国外城市织补理念的前期研究体现在城市战后恢复重建的城市设计中，注重还原战前城市肌理，而后更多地考虑传统建筑中历史文脉的传承与延续。国内织补理念的研究相较于国外起步较晚，主要体现在城市层面上的肌理修复、功能嵌入和街区层面的建筑与景观织补，且对于织补理念的探索仅局限于建筑、景观或空间等单个系统 [3-4]，并未涉及多个领域的融合织补。

2.2 织补要素

城市织补要素可分为物质要素与非物质要素。其中，物质要素主要包含以下几种：建筑物作为居民活动作息的空间和功能的承担者，其凋零与否和生活质量休戚相关，交通要素含道路、街道、小巷等，构成地段内的交通系统，景观要素含绿地植被、水系等自然要素，一定程度上可以衡量生态环境水平。而非物质要素则不仅包括城市层面下背后的历史风光、地块层面中具有历史记忆的标志物，还涉及个人层面上的生活方式与内心归属。在以往的城市更新设计中，更新对象以具体建筑物、人居环境的改造居多，两者都是将居民日常生活中切身感知的环境作为第一出发点，以获得较好的感官体验，使得本土居民中内心深处的情感纽带和由情感衍生的各样文化容易被忽视。随着古城更新的进行，地域传统和本地特色正在逐渐流失，因此加强其特色保护是古城更新的内涵所在。

3 芜湖古城现状分析

3.1 区位概况

芜湖市位于长江中下游，是一座气候宜人、历史悠久的沿江城市。芜湖古城位于镜湖区九华中路南侧，其城墙范围以环城路为界（图 1）。芜湖古城城墙上共有八

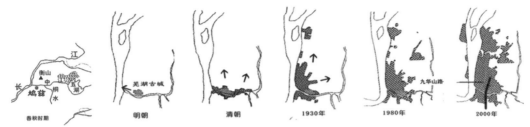

图 1　芜湖古城发展变迁

（来源：网络）

座城门和八条重要街道，城内街道保存完整度相比城门较高，八座城门如今只保留有一座长虹门[5]。本次规划的地块东邻环城东路、南至青弋江，西至九华中路、北靠环城北路，具有优越的交通区位条件，规划面积约为 30 公顷。

3.2　特征梳理

3.2.1　建筑特征

保护利用并传承好我国优秀历史文化，是党中央在"十九大"以来一贯强调的重要精神思想，历史建筑作为传承中华文明的载体，更应加强保护、认真对待。古城内大多建筑建于 20 世纪 50 年代，也有部分建筑建于民国、清末时期，并有多处重要建筑遗存，如城隍庙、能仁寺、模范监狱、雅集楼、小天朝等。这些建筑以木结构为主，也有少量为砖混与砖木结构，建筑承载着居住、商住、娱乐、教育、工厂等功能。

3.2.2　空间特征

古城街巷保留着传统的格局，构成了内部主要的道路系统，其空间尺度与建筑风貌体现了传统风貌特征，其中南正街、花街的宽高比在 0.5~1 之间，街巷有封闭感而无压迫感，空间紧凑；儒林街宽高比在 1~2.1 之间。公共空间与景观特征保留了旧时古城的气息，地块内的古树与南面的青弋江构成了古城的绿地系统，现存公共空间位于衙署前广场与地块入口广场，要素单一、尺度较小。

3.2.3　文化特征

芜湖古城人杰地灵，其文化体现在人物、文学、戏曲、手工艺、美术等众多方面，至今保存着不少历史人物的故事并留下相关遗迹，汤显祖的《牡丹亭》和吴敬梓的《儒林外史》便是很好的证明；戏曲方面的梨簧戏和湖阴曲；花灯的手工艺以及闻名中国的芜湖铁画皆为不可忽视的重要特征。铁画的创作过程与姑孰画派折射着芜湖这座城市的特质，其作为芜湖的"非物质文化遗产"应给予古城文化再生中的首要位置。

3.3　现存问题

3.3.1　古城内部肌理割裂

城市肌理是城市文明的标志，是在长期的历史岁月中积淀形成的，与城市的产生和发展相依相存，城市是否具有魅力特色，很大程度取决于城市肌理的细腻与丰富度。城市肌理也是城市深层结构的一个重要方面，是城市构成要素在空间上的结合形式，反映了构成城市空间要素之间的联系和变化，作为表达城市空间特征的一种方式[6]。由于 20 世纪古城内部民居建筑大肆乱搭乱建，促使芜湖古城片区肌理与周边环境肌理出现断裂，导致新建建筑不符合原有城市肌理，而在之后对于老城改造过程中大拆大建又造成了城内局部空白肌理的出现，使本就伤痕累累的古城雪上加霜，如今古城只留下断断续续的能大致看清其建筑群空间排布走向的建筑肌理。（图 2）

3.3.2 古城空间质量低下

古城中空间形态展现的是其尺度的失真，从建筑内部的院落空间组合着眼到建筑外部空间—街巷空间，再到古城公共开敞空间，每种空间都展现着其不再适宜其发展生存的破败。民居建筑之间的围合塑造了半开放半私密空间，相比建筑内部，优越的是其与外部自然的直接接触。然而，因为长时间的无人管理，院中的生态景观已逐渐消亡。地块内建筑院落空间内的花草林木，缺乏系统性，统筹管理，统一组织。

古城街道支撑着整个区域的道路系统，以步行功能为主，掺杂着部分人车混行的道路，由于周边建筑的扩建搭建和沿街立面处理粗糙等原因，街巷的尺度渐渐缩小，满足不了正常的步行尺度要求，道路宽度为 2~3 米，分布在各部分组团内形成支路系统，4~7 米宽度占据主要干路形成支路—干路的道路系统。但其中仍然存在着如同西方中世纪出现的十分符合人体尺度的街道高宽比，表现在街巷空间不仅作为交通的支撑体，其承载的更是当地居民原有的生活气息，维持着本地居民的特有文化。

古城开敞空间相比城市中心区内的公共空间，在尺度、景观上都有明显不同，公共空间作为居民日常生活的重要组成部分，影响着地块居民以及周边居民的生活质量。古城内的公共空间集中于城内城隍庙前广场，数量严重不足、分布严重不均的同时质量低下，如城隍庙前广场的基础设施与景观小品几乎消失殆尽，铺装残缺色彩单一。

图 2 古城建筑平面肌理

3.3.3 绿地景观系统逐渐凋敝

生态系统的稳定与否一定程度上代表着生活环境的品质高低，生态系统平衡的打破带来的必然是生活质量的下降。古城内植物长久不修、地面杂草丛生、植物群落单一等问题导致该地区生态自我调节能力严重不足，导致生态环境急剧恶化，人居环境质量低下。绿地所具有的良好弹性、融合性、连接性、景观性可以解决城市破碎化、区域间不协调、景观效果等城市肌理问题[7]。古城的区位优势在于其毗邻公园，公园绿地可渗透入古城内部，从而实现片区景观的连续。身处南面的青弋江是优质的景观要素，古城需架起沟通中心城区与江水的桥梁，建立景观通道，打造序列感。古城中绿地开敞空间与景观节点的设置不足以实现景观要素之间的联系，各景观节点均独立分布，难以有效构成古城的景观系统。

3.3.4 商业业态形式单一

古城内的商业业态主要分布在花街一带，区域内微弱的商业活力支撑着古城的发展。随着时代的变迁，街区的动力明显不足，致使多家芜湖"老字号"纷纷搬离古城并迁入城市现代中心区，这在一定程度上加剧了古城商业衰败的现状，使得原本缺乏发展动力的老城更加难以维系。

4 城市织补理念下的芜湖古城更新策略

将芜湖古城织补修复整体拟作缝补破旧衣物，衣物的破旧可通过缝补或是添加补丁整理表面使其恢复如初。对于古城某些节点地段的凋零，则可通过城市织补的思路进行相应整治修复（图3）。通过"起针—换线—收针"三步织补法寻找分布在肌理、空间、景观中的织补点，在分析其特点的基础上灵活植入新功能，以功能置换的手法激活古城，并串联起众多要素，使其文化内涵得以联系。（图4）

4.1 起针：织补点定位

4.1.1 定位建筑肌理织补点

由于不合理的造城运动，古城肌理出现了割裂和空白，具体体现为建筑的排布组织混乱，且年久失修的老式建筑留存下的只有破败不堪的架构。除花街、南门湾、十字街等街巷建筑散乱、空间窄小、立面不整外，小天朝、雅集楼等传统建筑也缺乏管理与维护，使其功能的置入被限制。因此，应当准确定位各建筑肌理织补点，结合地块内建筑北低南高的特点梳理具有重要历史价值的建筑记忆点，厘清其内在逻辑，为进一步的城市织补奠定基础。

4.1.2 定位空间结构织补点

芜湖古城的空间现状为院落—街巷—公共空间三级空间系统，建筑围合形成的院落空间作为过渡空间是沟通内外空间的重要节点，古城中大多建筑肆意无序的排布导致了

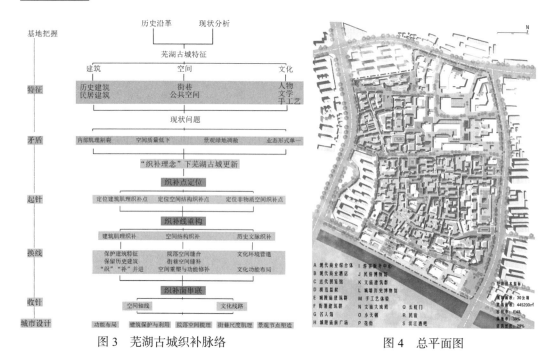

图3 芜湖古城织补脉络　　　　　　图4 总平面图

院落空间的无序化，即空间缺乏有效整合（图5）。街巷空间是连接院落空间与公共开敞空间的桥梁，作为二级空间系统，街巷构成了古城主要交通系统，古城居民日常通行在街巷中实现，城内宽度为2~3米的巷子在尺度上过小，通行能力大大降低，3~4米的巷子连接畅通性不足，不必要的转折角带来的多是空间的浪费（图6）。公共开敞空间作为活动聚集地，也是居民交流沟通的场所，古城中存在两种类型开敞空间：一是由核心建筑群构成的建筑前广场与古城主要出入口集散广场；二是围绕古城留存的古树形成的小型公共空间节点。前者分布数量与承载力的不足，后者公共景观节点内环境质量低下，与南面景观水域无联系，从而限制了其临江片区的景观渗透性。整个地块内无明显空间结构、景观轴线缺失，急需规划一条贯穿古城的内在空间结构以应改变当前古城格局。

4.1.3　定位非物质空间织补点

芜湖古城被称为古城不仅是其建设年代久远，还因其蕴含着"古"字的内涵，即经久不变的文化底蕴以及城市居民生活的智慧结晶。从本地居民的视角来看，让古城延续旧时光芒的是其独特的生活方式和留在记忆深处的标记。古城现存的记忆点（如老字号商铺）作为老一代人的民间手工艺即将消失，需要通过切实有力的策略来保护这种"记忆"得以传承和发展。

4.2　换线：织补线重构

4.2.1　建筑肌理织补

（1）保留建筑特征，保护历史建筑

400

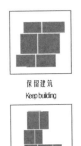

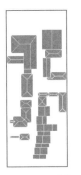

保留建筑
Keep building

院落空间
Courtyard space

街道巷子
Street alley

图 5　院落空间织补点　　　　　　　　图 6　街巷空间织补点

建筑风貌能够直观地反映历史地段在一定历史时期的特征，因此在尊重现状的基础条件上，综合运用局部修复、改建、整体重建的策略。针对建筑质量较差的普通民居进行相应的结构修复、立面整治、特色保留等工作，如在城内现存有皖南民居，保留具有造型之美、错落有致的马头墙，留下粉墙黛瓦的突出印象。同时保护衙署、城隍庙、文庙、模范监狱历史建筑群，力求还原历史建筑群空间，围绕小天朝、雅集楼、长虹门等建筑置换或植入新功能，增添触媒点（图 7）。城市更新过程中首先进行有可能成为触媒点的地块更新，进而对周边土地产生影响，最终形成以点带线、带面的连锁效应[8]。

（2）"织""补"并进

地块肌理保护是城市保护思想不断趋向整体化和动态化的产物，其对于城市保护的关键意义在于地块肌理连同街道格局共同构成了控制历史城市发展演变的"形态框架"。其中，街道格局确定了城镇的基本结构，地块肌理则确定了城市肌理的"分辨率"，包括街廓土地细分、建设用地基本尺度以及街道界面等内容[9]。肌理修复策略分"织""补"两个方面进行，针对现状古城肌理分布情况，古城中部以北建筑肌理较密集，在肌理的基础上对它们进行"织"，尊重原有尺度并修复肌理，与所在片区肌理相联系。针对古城以南靠近青弋江空间，利用闲置用地"补"，完善街区的整体形态，塑造沿江肌理，形成与江水的对话。

4.2.2　空间结构织补

（1）院落空间缝合

地块内的院落空间作为构成古城空间的基本单位，具有形式多变、组合关系灵

图 7　建筑织补

活的特点。传统商业建筑以天井合院式为原型，借鉴古城前殿后坊的商居混合模式进行功能安排布局，并根据使用功能要求适当调整布局形式。将古城建筑院落围合打造成"口"字型、半开型、开放型三种形式，"口"字型具有较强的封闭功能，给予建筑更好的私密性；半开型则兼顾开放与私密，作为内宅与外部空间良好的过渡院落；开放型院落空间建筑围合感较低，满足公共交往需求。（图8）

（2）街巷交通缝补

历史城区的街巷空间承载了传统风貌与地域特色，是城市肌理、格局与文脉的重要组成，兼具历史样本价值和现实生活形态[10]。对街巷空间的织补从修补内部道路和完善静态交通两方面进行，针对内部道路系统，完善内部车行干道系统。首先，打通公署路与太平大路间的道路间隔，疏通马号街与井巷，两者共同支撑古城北部主要车行干道。其次，将东内街通过米市街贯通至九华中路，满足古城内部东西向的交通需求。最后，将环城南路与打桐巷实现古城南部的主要道路支撑。针对失真的街巷，基于人行尺度拓展街巷宽度，修整街巷立面，静态交通的完善作为街巷交通缝补的重要内容，为合理布置古城内部的停车设施，满足内部交通以及功能的停车需求，在位于东南角民宿片区附近与西北角衙署建筑群附近，设置集中停车场与地下车库入口，既能满足周边功能需求，又能满足整个地块的停车要求（图9）。

（3）空间重塑与功能修补

为应对公共空间的数量不足与分布不均的问题，应结合人群疏散要求在古城的主要出入口建造人群集散广场，辅以必要的小品设施，在满足集散要求的同时，解

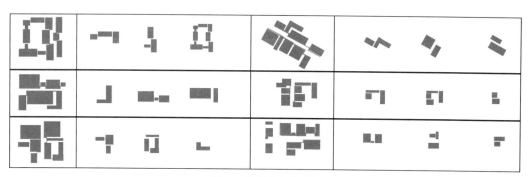

图8　院落空间织补

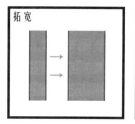

图9　街巷交通织补

决空间的分布矛盾。面对公共空间质量低下问题，在衙署、城隍庙前广场等空间融合本土文化开展节日展览活动，促进内部建筑空间展览与外部公共空间的交流，建立起服务展览一体化的空间体系，最后通过街巷小节点将主要公共空间串联成多层级的公共空间体系（图10）。

原古城内部功能以居住为主，内部居民随时间推移搬离古城留下建筑外壳，对于主要街巷如花街，植入商业功能，商住融合带动地块复兴。在尊重历史文化的前提下使具有重要历史价值的尽可能恢复原有功能，例如东部文庙建筑群适合打造书香展览区、衙署建筑群适合打造行政展览区、名人故居建筑群适合打造文化体验区（图11）。对于恢复功能困难建筑群如东南角民居建筑群，依附东边城市道路的交通优越性置换商业民宿功能，促进地块旅游线路一体化（图12）。

4.2.3 历史文脉织补

芜湖古城拥有优秀的非物质文化遗存：梨黄戏地方戏曲、芜湖铁画民间美术、纺织、刺绣雕刻、陶艺、剪刀、菜刀、剃刀手工艺、籽面、小刀面等。通过文化展示的方式将上述记忆进行传承，在功能布局上，古城中部民居集中地适合通过对于手工艺原料制作成果进行技艺展示，同时增设文化体验区，更好地帮助游客充分深入了解本土文化，发挥本土魅力。销售

图10 空间节点效果

图11 记忆功能赋予

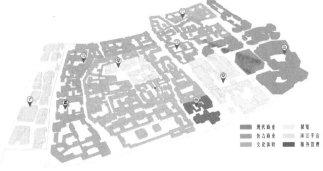

图12 功能布局

线上线下一体化，线下开展教学、展示、售卖活动，促进售卖，线上进行直播带货，提高产品知名度，促使人们加入遗产文化保护传承的行列。

古城西南角功能布局考虑文创，文化创意功能附着于名人故居本土建筑打造故居新 IP，新旧融合延续传统文化，同时加强互联网科技的关联，提高产品的互联性。花街功能植入商业手工业，重新梳理花街业态，注入原有老字号、手工艺产业等商业功能，构成花街商业文化片区（图 13）。商业结构零售业态设置为便利店、特产店、专业店三种类型；餐饮业态分为休闲餐饮、美食广场、老字号——耿福兴汤包与马义兴牛肉、小吃街四种形式；文化业态结构分为文化休闲娱乐业、文物博物业、文化艺术业三种（图 14）。

4.3　收针：织补面串联

4.3.1　空间层面

芜湖古城原有轴线衙署—城隍庙—文庙三大建筑群空间关系，是典型的南北居中轴线，模范监狱为东西轴线，但由于政府管理与商户经营存在问题，古城内的建筑群渐渐消失，使得原有轴线受到破坏。织补时考虑延续南北居中的轴线，结合南面长虹门重要节点将滨江绿地空间延展至青弋江沿岸，形成古城的南北向新主轴，

图 13　花街空间意向

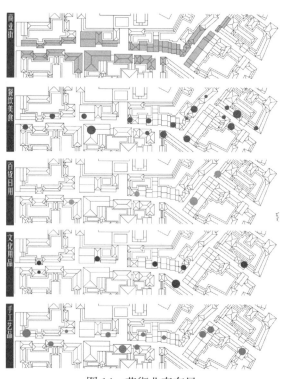

图 14　花街业态布局

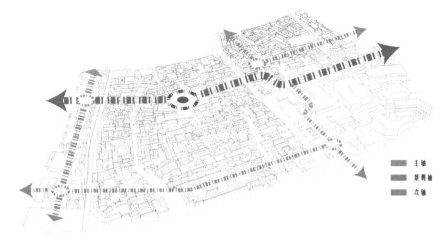

图15 古城规划结构

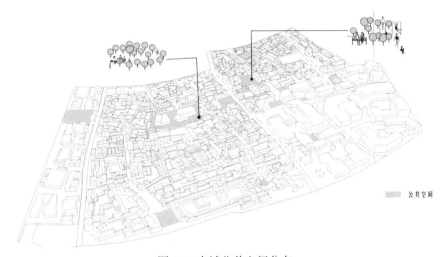

公共空间

图16 古城公共空间分布

并使东西模范监狱的空间轴垂直，与主轴相交联系（图15）。依附于滨江绿地的景观界面，由于其自身的亲水景观性，古城滨江绿轴成为古城与青弋江对话的缓冲地带，形成面朝江水背靠古城的空间格局（图16）。

4.3.2 文化层面

文化线路的打造有利于古城旅游规划的整体发展，对街区中各传统要素进行提炼，将隐形的文化运用到古城的景观设计中，如面对碎片化的空间节点，加强与周边主要核心点的联系，推进古城线路整体发展（图17）。打造芜湖古城"八景"——衙署溯古、城隍庙展、花街灯影、长虹揽月、儒林叠嶂、雅集闻曲、文庙深影、金马映秀。

图 17　鸟瞰图

5　结语

　　老城作为城市的宝贵财富，其传统街巷不仅反映了城市的历史脉络，更记载着城市的记忆与变革。然而，在时代发展与变迁中，其内部结构逐渐崩溃、功能近乎缺失、历史文脉也在消亡。因此，如何引入城市设计的方法，将人与环境的关系、文化与审美的意义融入城市更新，让城市设计成为规划实施的关键环节，成为历史街区更新与复兴的重要考量[11]。城市织补理念下的古城更新对建筑肌理、空间结构、历史文脉进行织补，以延续记忆空间、提高古城生活质量、带动古城活力，无疑是城市旧城更新的一剂良药，基于城市织补理念下的芜湖古城更新设计则是这一理念下的有益探索。目前，大多城市更新手法偏重于地块内物质空间的改造，以求焕发短暂的光彩，但其实只有抓住地块内核——场域文化，剖析藏身于物质要素表面下的深层逻辑，找寻留住本土居民生活方式的根，才能真正传递古城内涵，活化古城。未来，古城更新项目应当多从城市织补的角度去关注地块的文化属性，通过加强物质空间的内在联系，最终实现古城在现代的完美转身。

参考文献

[1]　许晶.城市纹理断裂区的形态织补与功能嵌入——以福州中洲岛为例 [J].规划师，2021，37（01）：44-49，63.

[2]　柳红明，王琦.织补理念下长春市宽城子火车站历史文化街区保护更新设计 [J].吉林建筑大学学报，2019，36（05）：59-63.

[3]　周坤，王进 . 场域织补：旅游传统村落更新理论新议 [J]. 人文地理，2020，35（04）：17–22.

[4]　邱冰，张帆 . 以绿地为介质的城市景观织补模型与方法 [J]. 城市问题，2013，（01）：51–55.

[5]　余谊密，鲍寔编 . 民国芜湖县志 [M]. 南京：江苏古籍出版社，1988.

[6]　张东辉，陈敏 . 城市肌理织补策略于一元片街区保护的应用 [J]. 山西建筑，2008，（14）：35–36.

[7]　陈雪 . "景观织补"理论下的城市肌理修复 [J]. 现代园艺，2019，（07）：105–107.

[8]　王承华，张进帅，姜劲松 . 微更新视角下的历史文化街区保护与更新——苏州平江历史文化街区城市设计 [J]. 城市规划学刊，2017，（06）：96–104.

[9]　刘鹏，Markus Neppl. 中国历史城市的地块肌理保护研究：内涵、演变和策略 [J]. 城市规划学刊，2020，（05）：92–99.

[10]　张杨，何依 . "破立之间"：历史城区街巷空间的开放性研究——以平遥古城书院街区为例 [J]. 现代城市研究，2020，（10）：110–115，122.

[11]　徐婷婷 . 安庆市大南门历史文化街区城市更新策略研究 [J]. 城市住宅，2021，28（02）：61–63，87.

作者信息

葛敬松，合肥工业大学建筑与艺术学院，硕士研究生。

邹成东，合肥工业大学建筑与艺术学院，硕士研究生。

健康城市导向下的街区更新设计
——以中山市老安山片区城市更新为例

1 引言

2020年初暴发的新冠肺炎疫情，其传播之迅速，波及范围之广，给我国的国民经济社会发展带来了巨大的冲击。社区防护作为疫情防控的重要关口，其在抗疫中的作用引发了社会的广泛关注。应对疫情，城市规划设计如何发挥健康促进的作用？构建健康城市，城市规划设计应开展什么工作？本文通过开展健康城市导向下的中山市老安山片区城市更新设计，试图对健康城市导向下的街区更新设计方法展开探索。

2 规划背景及相关研究

2.1 规划背景

2016年党和国家发布《"健康中国2030"规划纲要》，将"健康中国"战略上升为国策，要求全面推动健康城市建设和健康社区建设。街区环境对于人群健康有着重要的影响，交通拥堵、空气污染、交通事故伤害等健康问题都与街区环境息息相关，当下快节奏、久坐不动的生活习惯，都给公众带来了巨大的健康隐患。同时，社区空间层面的疫情传播，应对突发公共卫生事件的应急设施缺乏，使得社区人群面临一系列的潜在健康风险。

2.2 相关理论与研究概况

2.2.1 街区环境与人群健康

健康城市是指从城市规划、建设到管理各个方面都以人的健康为中心，保障广大市民健康生活和工作，成为人类社会发展所必需的健康人群、健康环境和健康社会有机结合的发展整体。

公共卫生学、健康卫生学等一系列关于人群健康与建成环境关系的实证研究指

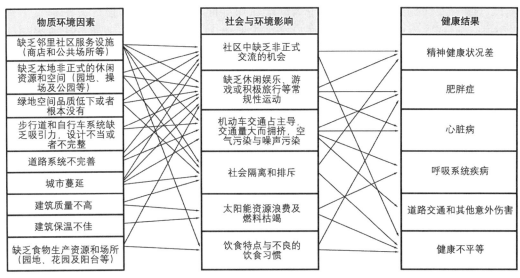

图 1　建成环境对于人群健康的影响

出，环境与健康关系密切，关联度超过 19%，远高于卫生与医疗对健康的影响。（图 1）

可见，街区环境对人群健康的促进离不开健康的社会、环境、文化这一综合环境的支撑。因此，运用社会生态模型中的"个体—社会环境—物质环境—政策"四个层面构建复合系统理论描述社区环境对于居民健康的影响，能综合考虑广泛的健康影响因素，系统地描述建成环境与人群健康的关系。"个体—社会环境—物质环境—

社会生态模型各层面要素　　　　　　　　　　　　　　　　表 1

层面	要素	相应描述
个体	健康素养和技能 年龄、是否残疾 健康需求 社会经济情况	• 个体处于社会生态理论模型的最内层。 • 这一层面开展的健康干预策略主要包括改善个人健康素养、态度，了解人群健康需求。 • 需要通过社区活动和社会资本构建实现
社会环境	社会团体 社区组织 社区文化	• 社会环境层面的主要关于个体与社会关系的形成。 • 关注对社会团体、社区组织、办公环境相关的建设推动，推动这些关系形成的过程，有助于社会资本的构建，过程同样具有健康促进功效，能促进人群形成健康的生活态度和意识
物质环境	自然环境 建成环境	• 物质环境对于个体健康的影响可以是积极的，也可以是消极的。 • 环境的卫生和污染状况、设施的公交和步行可达性、自然生态环境或建成环境的被感知状况与美感、安全性、街区相关规划设计。 • 建成环境的改善是干预策略关注的重点。对于自然生态环境的干预则主要为对于现状的保护和利用
政策	城市规划政策 交通政策 公共卫生政策	• 通过形成政策，为健康背书的形式，能够形成长期促进健康的保障。 • 健康作为一个不断变化的转态，需要持续的监测和改善

政策"四个层面构建复合系统理论为健康城市导向下的街区更新设计方法提供了理论基础，干预人群健康的街区更新设计，需要对于社区建成环境中的具体要素载体进行干预。基于此，通过梳理健康地理学中关于街区建成环境与人群健康关系的研究，将街区建成环境中人群健康的影响要素分为健康资源和健康风险两类，以此方便通过规划的方式干预健康的影响要素。（表1）

2.2.2 健康资源与健康风险

健康地理学大多把"当地"因素视作研究的重点，强调空间环境所可能带来的潜在压力对人的健康（身体和心理健康）状况产生的影响及相关健康资源的分布，关注资源的空间布局、可达性和健康公平性的研究。城市规划作为改造空间环境的重要抓手，在实践层面，城市规划学强调从"建成环境如何影响公众健康"角度入手，研究土地使用、空间形态、道路和交通以及绿地和开放空间等对居民健康状况的影响。健康资源和健康风险的统计学数量、类型、空间大小、空间布局均能长期直接或间接影响人群健康行为和生活质量，影响社会与空间的公平与正义。

2.2.3 健康城市规划与设计方法研究

健康城市规划与设计的目标实现需要一系列系统的建成环境要素改善和规划策略的支撑。目前，欧美健康城市规划与设计实践大多与地方健康城市运动的项目同步进行。由于健康影响因素多、不同地区健康影响不同、人群健康促进的长期性要求，国外健康城市规划与设计的开展离不开初期调研、中期评估研究、后期规划干预这样一个完整的流程。（图2）

结合已有规划实践对于初期调研、中期评估研究、后期规划干预馈这样一个流程的动态性要求，通过街区环境中健康资源、健康风险影响人群健康的理念，可以从前期调研、现状健康资源和健康风险识别分析、规划的评估优化三个层面出发，构建一套健康城市导向下的街区更新设计方法。

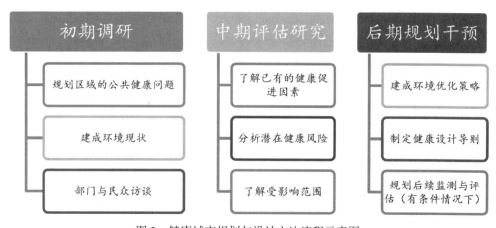

图 2　健康城市规划与设计方法流程示意图

3 项目概况

3.1 场地简介

老安山片区位于石岐区旧城滨河地段，东起悦安街，西至岐江边，南起博爱二路，北至中山二路，邻近岐江河，靠近逢源商业街，位置优越，是石岐区连接南区、西区的主要过渡地段。（图3）

图3 规划范围鸟瞰

3.2 现状健康资源与健康风险

通过梳理相关文献和实践，结合街区环境对于人群健康潜在的资源和风险分析，评价一个街区环境的健康程度，主要与7类要素具有很大的关系，包括街区环境资源、慢行与公交资源、景观资源、疾病分布风险、交通伤害风险、社区治安与犯罪风险、空气污染风险。

综合对于现状健康资源、健康风险的调研，通过问卷、现状勘察以及工作坊等形式，对研究区域建成环境影响居民健康的主要因素进行了调查与分析，对街区环境相关的主要健康问题进行了整理。（表2）

评估街区建成环境的7个要素 表2

序号	要素名称	要素释义	现状主要问题
1	街区环境资源	主要关注提高日常出行目的地和居住的密度、健康设施的布置、设置合理的路网结构和提高步行与骑行的出行可达性等方面	●当前街区卫生设施较为缺乏，缺乏面对突发疫情的卫生隔离设施。 ●医疗设施的可获得性是地区内民众关心的重点问题之一，居民反映街道级以上的医院看病等待时间长，同时认为基层医疗服务水平有待提高。 ●场地存在较多的断头路，同时由于违章建筑较多的原因，拉通它们与城市道路的连接存在一定困难。 ●由于场地建筑密度高，场地内较多的支路为非公有，场地的道路网密度较低，同时道路的连通性差

序号	要素名称	要素释义	现状主要问题
2	慢行与公交资源	慢行与公交资源关注街区步行、骑行和公交设施的可达性和舒适性	●道路交通网络以断头支路为主，居民步行和骑行存在较长的绕路距离，影响步行和骑行意愿。 ●目前场地内公交站点的步行可达性有待提高，大部分居民难以在5分钟内到达最近的公交站
3	景观资源	街区景观资源关注街区中包括绿化、自然基底、地面材质、城市家具等自然景观和人工景观	●目前较多开放空间管理维护存在一定问题，其存在空间被停车和杂物堆放等活动占据等现象。 ●片区内现状绿地与开敞空间相对较少，与岐江沿岸开放空间联系较差
4	疾病分布风险	传染性疾病和慢性疾病健康风险的分布分析，污染源分布分析，疾病风险与相关要素的叠加分析	—
5	交通伤害风险	风险主要与街区交通出行过度依赖小汽车有关。街区空间结构与建成环境能有效缓解街区交通事故的严重程度	●街区内较多道路机非混行，骑行不安全。 ●部分主次干道过街设施缺乏
6	街区治安与犯罪风险	街区治安与犯罪风险主要关注街区犯罪发生率较高的场所分布和街区的活力，有活力的街区环境能够有效地减少犯罪的发生	—
7	空气污染风险	空气污染风险关注街区空气质量、街区污染物分布以及街区建成环境对于通风条件的影响	●场地内有部分老旧厂房生产加工存在污染。 ●场地内建筑密度高，违章建筑多，街区风环境较差。 ●主干道车流量大，秋冬雾霾和汽车尾气污染严重

3.3　健康更新策略的运用

3.3.1　策略一：混合配置土地利用

针对居住用地占比偏高的现状，建议采用以下规划策略，改善土地利用的混合情况（图4）：

（1）提高社区商住混合程度，减少居民到日常目的地的距离。

（2）结合街道改造，提升社区职住功能的混合程度，逐步减少长距离的私人机动交通出行。

（3）加强对未开发用地的管理，在周围加强居民日常目的地的改造，提升区域活力。

3.3.2　策略二：推动公交与慢行系统优先

为了保障居民在慢行和公交方面的路权，促进体力活动，建议采用以下规划策略，提高公交和慢行的路权优先性（图5）：

（1）衔接城市道路系统，完善城市支路系统。

（2）根据居民日常出行路线展开公交运行路线和站点的研究选定。

（3）打通内部南北向道路，分流滨江路车行压力。

（4）采取交通管制措施分离快慢车道，以保证人行的安全。

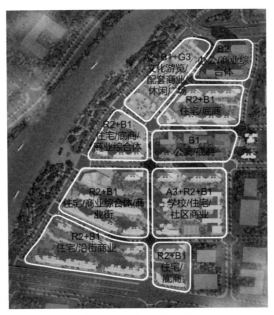

图 4 土地利用规划

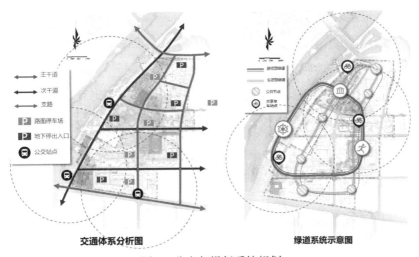

图 5 公交与慢行系统规划

3.3.3 策略三：优化街道风环境

老旧街区建筑密度过高、违章建筑较多，会导致风环境差、风速低，进而造成街区和建筑的通风和排污较差（图6）。面对这一情况，应营造良好的街谷形态，同时改良建筑通风系统，改善风环境：

（1）建筑分类整治及违章构筑物的拆除应考虑街道形态美观的要求，在规划设计时考虑适宜的建筑与街道的高宽比。

图 6　建筑质量分布图

（2）将通风环境良好的区域扩建为公共开放空间，优化室外活动环境，促进社区居民室外身体活动。（图 7）

3.3.4　策略四：完善社区疫情常态化防控设施

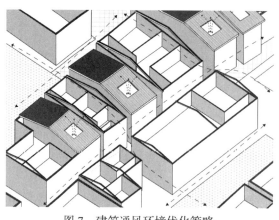

图 7　建筑通风环境优化策略

针对本次疫情，从阻断疾病空间传播的角度出发，设置平时和紧急情况相结合空间设施。

（1）以街区为突发事件防控基本单元，以组团作为管控限制的最小单元，分级分类分区应对突发事件管控。一般运用街区主要道路或线性空间将街区划分为多个防疫管控单元，在主要的出入口空间设置多级管控点，在管控单元内部设置应急服务设施。（图 8）

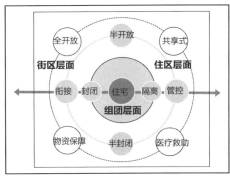

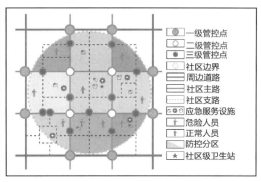

城市住区空间防控体系分级分类示意　　　　街区空间防控体系模式

图 8　街区防控管控单元划分

（2）统筹好医疗救助、物资保障的平时和应急情况供应，将平时居民地上的开敞空间、绿地等休闲健身功能的场地，转换为疫情防控期间的防疫活动空间。在各组团内部设有防疫隔离点、后勤保障点、应急指挥中心等应急服务设施，实现隔离病例、保障物资的功能。（图9）

（3）确保抗疫物资生命线的畅通，平时道路分为三类，车行、人行、人车混行，疫情时期分为物资运输和病例输送两类，两种路线单独运行，相互隔离，最大限度降低疫情传播的可能。

（4）各组团内部进行竖向空间的开发利用。平时情况下的屋顶花园、屋顶菜园，在疫情期间成为居民们健身运动的楼顶室外场所，在确保组团内无疑似病例的情况下，实现疫情期间在隔离单元内分时段的健康锻炼。

老安山社区应对突发事件防控导引

图 9　防控组团设施布局

4 结语

城市更新中，建成环境与人群健康的关系密切相关。健康促进的开展，需要在前期调研、中期决策和后期优化中，充分考虑居民的健康需求，把健康融入每一个环节。通过实践，我们可以看到，街区更新对于居民健康有着广泛的影响。未来，街区更新规划有待进一步开展优化健康资源，缓解健康风险工作。

当前，随着城镇化进程的加快，在"土地资源紧张，供需矛盾突出"的现状下，街区更新规划的"存量规划"成为当前街区建设和改造的主要抓手。2009年9月广东省政府出台了《关于推进"三旧"改造促进节约集约用地的若干意见》（粤府〔2009〕78号），提出对"旧城镇""旧厂房"和"旧村居"进行改造的"三旧"改造政策，在全国率先开展"三旧"改造。随后，广东省各地根据文件指示，相继出台地方"三旧"改造办法以及政策，全面推动"三旧"改造的进行。

2016年7月14日，《中山市人民政府关于印发中山市"三旧"改造实施办法（试行）的通知》（中府〔2018〕55号）印发实施，要求"三旧"改造应当坚持以人为本、公益优先，在此背景下，改善人居环境品质，提升街区居民的健康与福祉，成为更新改造的重要目标之一。

作者信息

李宏志，男，广东省城乡规划设计研究院技术总监、主创规划师。

微更新视角下历史文化街区保护更新策略
——以荆州三义街为例

摘要：历史文化街区作为城市空间的重要文化遗迹，是连接城市中过去与未来的重要桥梁。近年来城市在由增量增长转向存量规划发展的过程中注重城市文化，且格外重视历史文化街区的保护与发展。本文引用微更新理念，提出在微更新背景下对历史文化街区进行保护更新，并指出微更新的三个重要特征为尊重历史脉络、提升街区活力、保护传统风貌。此外，以荆州三义街为例，通过梳理其历史文脉、历史肌理和空间结构，明确三义街存在的历史脉络断裂、功能与空间系统破碎、街区结构瓦解的发展困境，从历史脉络延续、街区功能活化、街区空间优化三个方面提出微更新视角下三义街相应的保护更新策略，以期对国内其他地区历史文化街区的保护与更新研究提供借鉴。

关键词：微更新；历史文化街区；保护更新策略；三义街

1 引言

历史文化街区是中国历史文化名城最重要的一个组成部分，是城市中最具传统特色的存在，是历史在不断发展过程中留下的宝贵遗产。近年来，人们对历史街区的保护研究不断深化，但是由于对历史文化街区认识不深，许多保护更新工作盲目追风，出现了千城一面等问题。历史文化街区的地理复杂性直接决定了其不能与当地的地域性文化相脱节，所以在对历史文化街区的保护和更新过程中，要充分结合当地的传统文化，将其历史和地域性的文化街区风貌特征与城市发展需要相结合，以此获得新的发展动力，激发街区活力[1]。

2020年，住房和城乡建设部提出要进一步加强对历史文化街区及其他历史建筑的保护管理工作，指出要充分认识到对历史文化街区保护的重要性意义，加强对其修复修缮，充分发挥对历史文化街区及其他历史建筑的利用价值[2]。本文根据三义街存在的历史脉络断裂、功能与空间系统破碎、街区结构瓦解这三方面的问题，通过对荆州三义街的现状问题分析，提出针对性保护策略，为相关研究提供借鉴。

2 微更新与历史文化街区

2.1 微更新理念

微更新即微小的、渐进的，而不是大拆大建的更新方式。"微更新"的理论首先是由 20 世纪 80 年代吴良镛教授在有机更新理论中提出，认为"城市作为一个有生命的有机体，就应该有新陈代谢与繁衍生长的特征"[3]。所以说，城市的更新也应无时无刻、渐进、有序地推进。微更新的特征主要为以下几点：

（1）尊重历史脉络

微更新理念下的历史街区保护更新更强调历史的真实性[4]。历史文化街区的肌理形成于城市长期发展的过程，大拆大建的传统更新模式会严重破坏城市的历史文脉，因此才会推出微更新理念反对传统的更新改造模式，强调尊重传统脉络肌理，通过小规模渐进式的方法来整合各个功能与空间，在使街区能够适应现代生活发展的需求的同时又同城市历史与未来的发展息息相关。

（2）提升街区活力

微更新理念下街区活力的提升体现在延续当地传统的生活方式，同时植入适应现代人发展的功能，满足街区日益发展的需要。选取有代表性的角度，进行针对性的功能策划、文化策划等，深入挖掘街区文化特色，激发街区空间活力，增强街区发展的可持续性。

（3）保护传统风貌

在空间肌理连续的基础上，微更新理念更加侧重对单体的保护。如院落空间、公共空间、建筑单体等，更强调体现当地文化的特色建筑形式、街巷尺度，能够反映当地居民生活特色的传统遗迹等的保护。同时，对于新建建筑，不是简单的仿古，而是通过建筑的细节，如建筑立面、建筑构筑物等方面保证街区历史风貌的完整与真实。

2.2 微更新背景下的历史文化街区

历史文化街区微更新主要强调了历史文化街区肌理的延续和对传统空间形态的保护，以唤醒城市记忆以及恢复街区的活力。简·雅各布斯在研究美国大城市的生与死中主要提出了老城区应该充分尊重街区本身原有的历史肌理与文化，提倡对历史建筑物的保护，通过植入混合功能提高街区的活力，而不是对城市进行大规模的改造[5]。柯林·罗（Colin Rowe）在《拼贴城市》中主要认为城市规划并非简单地推倒了重建，而是在现代化城市的发展历史积淀中继续进行[6]。

国内微更新概念是在住房和城乡建设部原副部长仇保兴提出重建微循环理论时被提出的，他认为历史文化街区的微更新着重对历史文化街区的空间结构、广场节点以及历史建筑等进行修复和弥补[7]。李彦伯教授分析和总结了微更新的意思和重更新的规模相对较小，更新的项目针对是特定的人群，更新技术比较容易开展和实施，更新成本比较低，更新周期相对较短，更新过程对方合作和参与[8]。城市"微更新"更强调适应人的尺度的空间，对于历史街区来说，经过历史发展沉淀的肌理与空间是整个地段整体结构的基础。

"微更新"对于近代历史街区的保护与改造的启示：首先，对以往"大拆大建"式的推倒重来的更新理念的否定，强调小规模渐进式、持续修补的方式，最大化地考虑人的需求；其次，挑选具有代表问题的空间进行改造与更新，具有更强的灵活性与针对性；最后，在微更新视角下的历史街区的更新，不仅是对物质环境、建筑空间等进行改造与发展，更是对当地的传统文化、风俗风貌的挖掘与发展。

3 三义街现状与发展困境

3.1 荆州三义街现状

三义街街区位于湖北省荆州市区古城内西北角，北抵今荆州古城墙，南临荆州中路，西靠北湖，东接洗马池，周围地区分布着保存有荆州铁女寺、开元观、文庙、玄妙观等古建筑，是荆州古城的重要人文、历史、宗教文化遗址和最具历史代表性旅游景点。三义街紧邻荆州古城北门，曾经被认为是荆州城北的重要贸易货物和商品的主要集散地，当时这条街道上的店铺已经数量颇多，主要专门从事销售粮食、木制家具、陶瓷、饭庄、茶馆等杂货生意，是当地乡间以及周边城镇各种著名土特

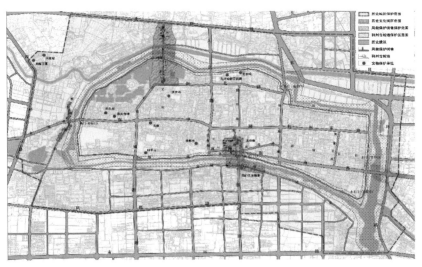

图 1 荆州古城保护范围

（来源：笔者改绘）

图 2　三义街保留牌坊

（来源：网络）

图 3　三义街保留青石板路

（来源：网络）

产和传统手工业文艺品及以器具销售为主要基础的大型商贸市集，并且有过一段相当长的经济兴盛期。

随着近代城市的快速发展、人口的迁移，北门地区在其政治经济社会中重要地位的逐步下降，三义街的政治商业和经济社会上的功能也逐步陷入衰退。三义街在城市不断发展的进程中，大部分房屋和建筑物都已经被拆毁或者重建，并由荆北路划分成南北两个街区，南段的整体风貌基本消失，北段的风貌仍然保存较为完好，即现存的三义街历史文化街区（图1~图3）。

在功能与空间上，街区的功能以居住功能和临街商铺为主，商业以经营日杂和各类农产品的个人摊位为主，另有荆州区相关政府单位。道路以三义街主街道为主，辅之有王家巷、观音巷等多条重要的历史街巷。其建筑大部分为晚清以及民国时期的建筑，房屋大部分采用了前店后宅式的红砖木结构，充满了浓郁的荆楚传统文化风格（图4~图6）。但存在年代久远、产权分割关系、缺少立法等问题，街区许多具有悠久历史的建筑物和传统民居已经受到严重破坏，亟待修复。

图 4　三义街现状建筑质量　　　图 5　三义街现状建筑立面　　　图 6　三义街现状商铺

3.2 三义街发展困境

3.2.1 历史脉络断裂

三义街在城市长期发展过程中缺乏对传统格局的尊重意识，地域文化与历史原真性丧失，对于历史街区的文化传统挖掘、传承不足。三义街北段作为历史文化街区的核心保护区，在政府的保护中保存比较完好，但南段街区以及周边的街巷等的荆楚地方传统风脉已经基本丧失，城市特色展现不足。三义街建设历史悠久，具有独特的城市文化属性，承载了几代人的共同记忆，但作为了解城市风貌的窗口，在建设过程中对城市文脉的思考并不全面。所以，在改造时着重对街巷、建筑、院落三重空间尺度来把控来保证历史脉络的延续性，提供有场所精神的高品质空间。

3.2.2 功能与空间系统破碎

首先，该街区以荆州老城区内的老年人口为主，功能和产业的发展趋于单一化，与荆州老城区之间缺乏紧密联系，街区发展活力不足，难以充分展现荆州地区的文化特色。其次，街区内部缺乏公共空间与绿地等各类活动的驻足场所、交通不便、与社区的公共空间联系不够强、传统的民居建筑物房屋的破旧等诸多问题，严重威胁了居民的生活品位和质量，难以满足街区老年人生活、活动需求，亟待进行更系统性的整合。

3.2.3 街区结构瓦解

三义街区内的建筑多属晚清和民国时期的建筑，以荆楚一带的民居建筑群为主，随着城市的发展，居民为了提高自己的居住面积，在院落中间私自加建房间、增加层数等，破坏了传统的院落空间（图7）。街区的建筑立面在其发展过程中没有得到一定的认识和重视，破败不堪，建筑格局也遭到了破坏（图8），加之旧城的居民生活形式已不能完全满足当代现代社会对于生活的要求，街区内部存在着人口流失、老龄化等严重问题，人口结构的改变也使街区丧失活力。

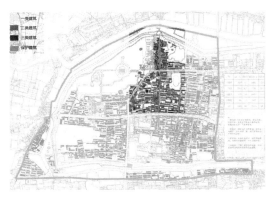

图7　三义街现状功能

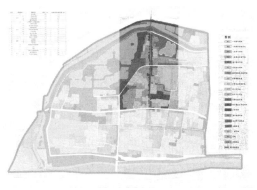

图8　三义街建筑质量

4 微更新视角下三义街更新改造探索

根据三义街现存的历史脉络断裂、功能与空间系统破碎、街区结构瓦解三方面的发展困境，相对应地提出历史脉络延续、街区功能活化、街区空间优化三方面的发展策略。（图 9）

4.1 传承——历史脉络延续

三义街街巷风貌的形成，一方面是根植于民居建筑、历史建筑，保留古井古树、青石板路、街巷肌理等物质要素的独特风貌，另一方面依赖于其优秀的非物质文化传承。因此，对于街区微更新必须首先重视保护一些能够反映其传统文化特色的非物质元素的真实性，其次是街区要充分挖掘、展示其非物质文化遗产，包括传统手工艺术、民俗节庆庆祝、历史故事、生活习惯等，极大地增强了当地人的归属感和社会自豪心的同时，也为广大旅游者和消费群众营造了场所的记忆，展示了荆楚文化特色。

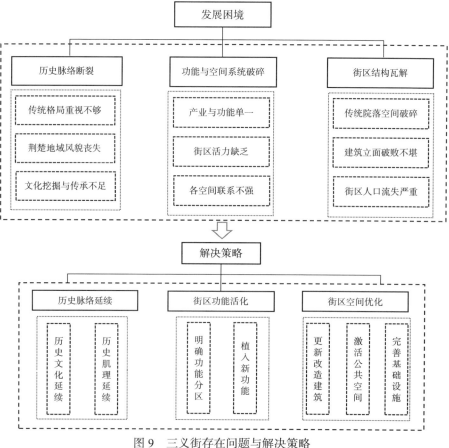

图 9 三义街存在问题与解决策略

4.1.1 历史文化延续

历史文化的延续体现在物质文化和非物质文化两个方面。

物质文化方面，其一是将整个三义街当成一个开放的历史博物馆，传统的物质要素是其中文化展示的主体。传统街巷格局、空间肌理、历史建筑、古树古井、青石板路、木质标志物都是展示街区文化的物质要素，行走在街区中，可以通过系统的引导，逐渐欣赏各类展品，了解其中的故事。其二是将物质空间看作文化传承的载体，街区作为历史沉淀的重要空间，延续街巷中的传统民俗活动，如通过庙会、传统节日、集市、地方文人书画展等活动展现当地传统民俗，不仅能够增强居民之间的交流交往，还能为非物质文化、传统风貌的展示提供多种方式。例如，汾城古镇有一处全国重点文物保护建筑，当地文人志士自发组织在此设立"龙门书社"，作为共同探讨和书画交流的场所，以对联书写、书画作品展示等形式，介绍汾城镇历史沿革，同时展示自己的风采。

非物质文化方面，以文化挖掘为基点对其进行保护与展示，通过资料查询收集、现场走访调研、与街区居民交谈等方式，了解荆楚当地包传统手艺、乡土文化、饮食文化、民间传说、名人轶事等，并策划相关文化展示专栏节目、庆祝活动等，加深居民及游客对街区乃至荆州古城的认识与了解。

4.1.2 历史肌理延续

街巷肌理是一种空间形态，良好的街巷肌理可以提升整个街道场所精神，支持街道的活动，成为一种将历史和现实相互结合的空间容器以及传播城市文化的重要载体[9]。三义街的更新保护尤其要重视肌理，考虑整个街区的系列关系，如入口空间、节点空间等，考虑各节点的设计与其他风貌有机协调。在总体布局上，保留了三义街的主街巷布局。主要街道的街巷微型改造主要是面街的建筑面貌作为主要展示面，布置具有特色的商业，引导市场内的人流流动。其余周围的巷道，微改造仍然保留原有的民居建筑，修复良好的建筑质量，植入公共建筑及少数的商业。在微观层面，针对现状空间杂乱、乱搭乱建等情况，对院落、建筑等进行改造修复，以强化传统的肌理。在本次更新和改造过程中，首先要系统地梳理一下街区历史和文化的脉络，整合街区的文旅生活空间；其次将乱搭杂建的房屋等拆除，重新恢复街区原来风貌。对其内部的历史建筑进行复原设计，形成历史建筑群，配合道路及其他设施的设计，营造历史氛围，塑造精神场所。运用荆楚地区的历史元素，结合城市景观、道路等设计，彰显古城特色。

4.2 重构——街区功能活化

4.2.1 明确功能分区

三义街内的功能主要以居住为主，但用地性质较为复杂，功能布局混杂，未能体现街区的核心功能。街区内居住环境较差，非常混乱，因此结合三义街的实际现状，需要对相关的地块功能进行调整。首先，明确三义街主街道两侧用地功能，将原有的一些混杂的沿街商业改为传统手工作坊、荆楚美食、博物展览等用地，并结合街区的出入口、特色空间增加不同主题的广场空间，提高人们的驻留时间。其次，适当增加一些公共设施，如卫生间、垃圾收集点等。最后，保护次街等居民的居住地，改善居住地段的环境状况，保护荆楚地区居民传统的生活方式。

4.2.2 植入新功能

针对街区功能的问题，可通过在街区内适当植入一些新的商业功能进行解决（图10）。商业是历史街区能够得以复兴、可持续发展的重要动力，也是街区内居民的主要经济来源。受制于历史街区保护与更新的要求，商业不可能完全按照现代商业街的模式进行，也不可过度发展商业，以避免形成对街区原有社会结构的强烈冲击与破坏。在历史街区发展商业具有独特的优势，其深厚的历史文化氛围是其他地区不可替代的。因此，可以在维持原有街区空间肌理、历史风貌的前提下，首先，应适当考虑商业的开发，如具有传统风格的餐饮业，如餐馆、酒吧、茶馆等，已经是比较成熟和容易操作的类型，可作为新功能的重要选择。其次，植入体验型传统手工业作坊，一方面可以保护和挽救这些快要消失的非物质遗产，另一方面也可以使历史街区获得发展的动力。最后，导入以人文创意为主的新兴产业，包括创意集市、本土文化体验式旅馆等，使整个空间外旧内新。因此，商业开发可以结合旅游业的发展，激发三义街历史街区的活力，促进街区的复兴。

4.3 修复——街区空间优化

在街区空间优化上，微更新注重对微观个体的改造与保护，从小处入手进行改善，推动街区空间的整体性，具体体现在更新改造建筑、激活公共空间、完善基础设施三方面。

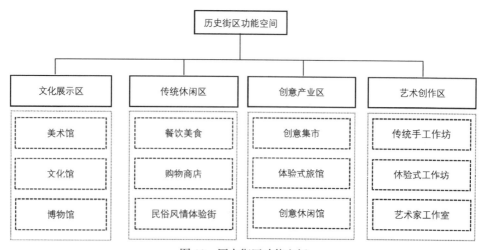

图10 历史街区功能空间

4.3.1　更新改造建筑

三义街历史街区内现有的居民住宅大部分是二三层的老房子，这些住宅内部设施简陋，采光通风等条件很差。因此，必须对内部进行改造，根据居住居民的需求逐渐增加现代的厨房和卫生间等，同时兴建现代给水排水系统。并且，街区内还有很多是后来自己搭建的，在街区内凌乱无序地分布，对街区的肌理造成了严重的破坏。这类乱搭乱建的建筑，必须加以拆除，以恢复原有街区肌理。部分拟拆除的建筑，可以重新兴建为公共建筑，对之加以合理的功能调整，使街区的功能结构更加多元化（图11）。

此外，可通过对街区内建筑物的外立面进行翻新，保存大多数建筑物原来的立面。在屋顶的改造上，在充分适应功能要求、保存原来的体量、延续原来肌理基础上，其中部分屋顶可以考虑采用部分挖空的形式，以提高空间的层次感；不同的建筑物应该结合内部的功能进行调节，采用不同的斜坡（图12）。总体来看，街区内已经有过半数建筑物的内部结构亟待重新设计。

4.3.2　激活公共空间

公共空间的打造上主要体现在出入口节点空间、标志性节点空间两个方面。在出入口节点空间上，南侧入口处围绕保留牌坊与荆州文化馆设置公共空间，拆除部分配建用房形成露天演艺空间，容纳各类策划展示活动（图13）。北侧在三义街与荆

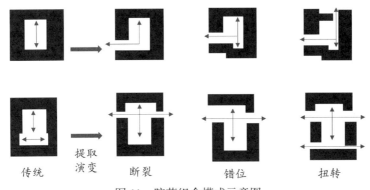

传统　提取演变　断裂　错位　扭转

图11　院落组合模式示意图

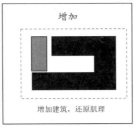

拆除　增加　重组

拆除临时搭建、违背风貌建筑　增加建筑，还原肌理　肌理重构，组织院落

图12　院落改造模式示意图

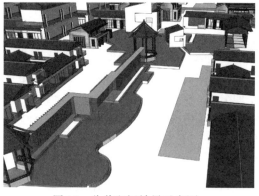
图 13　公共空间效果示意图

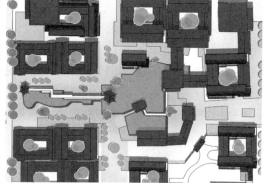
图 14　节点空间效果示意图

北路交叉口设置商业广场空间,容纳各类小商业的活动,带动整个街区的经济与活力。

在标志性节点空间上,中部在与周围街巷的交叉口设置不同主体的小广场,如三义街历史沿革、文化古迹的展示介绍(图14);固定时间举办民俗活动,展示古城的非物质文化要素;提供不同层次空间的公共交流场所,吸引人流的驻足,同时也促进各个街道居民的日常交往。

4.3.3　完善基础设施

由于街区具有特殊性,基础设施的设置要选用与传统历史风貌协调的造型、色彩等,尽可能利用历史元素,体现文化特色。针对不同地段的性质与功能,制定不同的基础设施布局,如商业性质、出入口节点、标志性节点空间的人流量较大,环卫设施的布置则要考虑更多。小型环卫设施可以结合座椅、构筑物等一体化设置在交叉口处,大型环卫设施如垃圾处理站等则设置在次街与城市道路的交叉口附近的隐蔽区域。

5　结语

随着城市的迅速发展,历史文化街区的更新也已成为当前城市发展的一个重要焦点。面对多变的城市问题,传统自上而下的环境保护开发模式的弊端也开始凸显。历史街区作为展示城市文化的重要组成部分,更是面临保护与发展的矛盾,亟须探索与之适应的更新改造模式和方法。本文引入了微更新的理念,提出了在历史和文化街区的保护和改造中应该重点关注的三个方面和视角,即尊重历史脉络、提升街区活力、保护传统风貌。并以三义街区为例,将保护街区的物质环境、历史文化脉络、产业功能等有机结合,通过历史脉络延续、街区功能活化、空间优化等策略在保护三义街的同时提升街区活力,实现街区的可持续发展方面具有针对性和适用性。同时,也希望能够为国内其他地区历史文化街区的保护提供一些参考,丰富历史文化街的保护更新思路。当然，微更新仍然需要我们在总体层面从城市的角度把握历史文化街区的功能定位、发展方向等，把街区看作城市发展脉络上的一部分，只有这样，历史文化街区才能发展得更好，体现城市历史，延续城市的记忆。

参考文献

[1] 欧明.历史文化街区的保护与更新探索 [D].天津：天津大学，2013.

[2] 住房和城乡建设部办公厅关于进一加强历史文化街区和历史建筑保护工作的通知，2021.

[3] 张俊鹏.烟台历史文化街区保护开发中的微循环有机更新模式研究 [D].济南：山东大学，2016.

[4] 韩晓鹏，宁启蒙，汤慧.基于微更新的历史文化街区保护更新策略研究——以青岛裕德里里院街区为例 [J].安徽建筑，2019，26（10）：4-8.

[5] Jacobs J.美国大城市的生与死 [M].金衡山，译.南京：译林出版社，2005.

[6] Colin R.拼贴城市 [M].童明，译.北京：中国建筑工业出版社，2003.

[7] 黄尖尖.微更新，一种有温度的城市改造新模式 [N].中国建设报，2017-05-17（003）.

[8] 李彦伯.城市"微更新"刍议 兼及公共政策、建筑学反思与城市原真性 [J].时代建筑，2016（04）：6.

[9] 谭俊杰，常江，谢涤湘.广州市恩宁路永庆坊微改造探索 [J].规划师，2018，34（08）：62-67.

作者信息

李笑盈，合肥工业大学建筑与艺术学院，研究生。

彭筱雪，合肥工业大学建筑与艺术学院，研究生。

冬奥社区规划治理实践研究
——大事件下的老旧小区更新模式探索

摘要：冬奥社区是我国特有的奥运社区类型，是宣传奥运文化的重要阵地和全民参与冬奥的示范窗口。冬奥社区的建设体现了国家意志和地方社区的互动，是一个观察老旧小区更新策略的天然实验场。本文以我国首个冬奥社区——与冬奥组委会毗邻的北京市石景山区广宁街道高井路社区为研究对象，对冬奥会大事件下老旧小区更新的规划治理实践进行研究。本文首先对全方位的冬奥社区更新策略进行评价，并结合典型案例，分析差异化实施进展的原因；其次对冬奥这一外来元素植入老旧小区更新的做法进行梳理，分析其融合的效果；最后基于冬奥服务社区的理念，提出冬奥社区建设的规划治理对策建议。

关键词：冬奥会；冬奥社区；老旧小区；社区更新；大事件

1 研究背景

举办奥运会对于任何一个城市及其所在的国家来说都是无上的荣誉，因而常常被视为一项国家使命；而奥运会的公共事件属性又决定了城市市民在是否申办以及如何承办等决策过程的重要地位。国家意志和地方社区的互动一直是奥运建设的一个重要命题。历史上，不少城市由于建设奥运场馆影响原住民生活、奥运场馆赛后利用不足等问题饱受公众诟病，甚至还有一些城市由于市民的反对不得不退出奥运会申请程序。为了更好地发挥奥运会对主办城市的积极作用，国际奥委会于2014年通过《奥林匹克2020议程》，提出维护奥林匹克价值观，加强体育在社会中的作用，并强调将可持续理念贯穿于奥运会的各个方面。随后，国际奥委会和经济合作与发展组织于2019年达成备忘录，计划开发工具来评估全球事件对当地发展和公民福祉的贡献。

奥运遗产概念将奥运会大事件与主办城市链接了起来，它是指奥运会在会前、会中和会后为主办城市及其市民以及奥林匹克运动创造的长期效益，既包括有形遗产，也包括无形遗产，一般包含体育、社会、环境、城市、经济等五个方面。为了创造更广泛、更持续的奥运遗产，我国在人们熟知的奥运场馆、奥运村基础上，创造性地提出"奥运社区"概念，以促进奥林匹克运动更好地融入社区。目前我国已设立两个奥运社区，分别是 2008 年北京奥运会期间在奥组委所在地东城区东四街道设立的奥运社区，以及 2022 年北京冬奥会期间在与冬奥组委会毗邻的石景山区广宁街道高井路社区设立的冬奥社区。奥运社区既是宣传奥运文化的重要阵地，又是全民参与奥运的示范窗口。

本文将以高井路冬奥社区为研究对象，对冬奥会这一大事件下老旧小区更新的规划治理实践进行研究。"冬奥社区"称号的授予，极大地加速了高井路社区更新的进程，从而为我们提供了一个观察全方位老旧小区更新策略的天然实验场。与此同时，冬奥会这一体育盛事与社区建设相结合，也是大事件下老旧小区更新的一次探索。为此，本文试图回答以下两个研究问题：（1）在诸多老旧小区更新策略中，哪些策略实施的效果更好？原因是什么？（2）在此过程中，冬奥元素是如何介入老旧小区更新的？融合效果又如何？下文首先是文献综述，其次介绍研究案例和研究方法，之后将系统梳理冬奥社区更新手段，并从老旧小区改造成效、冬奥元素植入成效两方面进行评估，探寻冬奥建设与社区更新的契合点，最后提出冬奥等大事件在社区发展过程中的合理定位及相应的社区更新对策建议。

2 文献综述

奥运建设相关研究主要包括两个方面。第一个方面，是奥运城市和奥运社区建设的主要内容，在物质空间方面，举办城市需按时完成场馆建设、修复区域生态、完善交通、住房、医疗等各项基础设施，并增设健身器材与活动场地，美化城市形象；在经济文化方面，举办城市应抓住赛事机遇，调整产业结构，搭建民意互动平台，并适时推广体育文化、环保文化、志愿文化，营造奥运氛围。对于我国特有的奥运社区，有关奥运进社区的思考最早始于北京 2008 年奥运会筹办期间，蔡满堂呼吁奥运文化宣传应深入社区，提高全民参与意识，郑杨、杨圣博等人提出人文奥运社区建设的构想，还有学者总结了小黄庄小区建设"绿色奥运"、大屯街道建设"安全社区"、海淀区"安全办奥"的举措和经验。

第二个方面，是对奥运建设的评价，国内外学者研究发现，奥运主题城市建设需要在紧张的工期内完成大量工程，往往难以精确匹配民生所需。吴丽平对东四街区奥运社区的调研发现，街区环境整治改善了各项基础设施，但也提高了居民的生活成本，居委会组织的体育活动获得了居民的参与，但奥运元素并未真正深入人心。还有不少学者关注了体育设施的建设情况。方小汗基于对 2008 年以后的社区体育领域重要文献的综述发现，在后奥运时代，社区体育仍是我国体育建设的薄弱环节。荣湘江通过对北京亚运村的调研发现，半数以上居民对社区体育设施不满意，奥运健康遗产并未深入社区。梁婷玉等人通过问卷、访谈等方式研究后奥运时期安徽芜湖市社区居民健身情况，发现中青年人参与体育活动不足，社区体育场地有限。

综上所述，奥运建设能否匹配市民需求是奥运建设的一个重大挑战，既有研究已从多角度分析了奥运社区建设的具体内容，但对于奥运社区建设的系统评价还很不足。与以历史街区为特征的东四街道奥运社区相比，以高井路冬奥社区为代表老旧小区是我国城市社区的主要类型，对它开展研究有助于深化对我国城市更新工作的认知，并可为大事件下的城市更新实践提供实证案例借鉴。

3 研究案例与研究方法

本文研究的案例高井路社区隶属于北京市石景山区广宁街道，距冬奥组委办公地首钢 2.5 公里（图 1）。辖区面积 1.065 平方公里，现有常住人口 4730 余人，其中 60 岁以上老年人占比达 30%，流动人口占 31%。高井路社区是典型的老旧小区，在房改之前是京西电厂的配套家属院，由 28 栋楼房和 5 片平方区构成，住宅院落沿高井沟和高井路两侧呈带状分布（图 2）。在住房方面，除 29 号院以外，其余住宅小区均建成于 20 世纪 90 年代以前，且存在缺少电梯、管线老旧、屋顶漏雨、墙体脱落、公共空间及配套设施不足等问题；在居民方面，居民老龄化程度高、收入偏低、对旧单位认同感强、邻里之间较熟悉；在环境方面，社区设备老化、配套不全、停车问题较为突出、物业管理不足。可以看出，高井路社区具有较为典型的老旧小区特征。

举办冬奥会、奥运会等大型体育赛事，对城市的设施、环境、文化、制度等提出了较高的要求，相关城市建设、整治提升工作均由政府主导，时间紧、任务重。冬奥社区的建设亦是如此。高井路社区自 2019 年 05 月 11 日被授予"冬奥社区"称号以来，积极开展环境改善和社会治理提升工作，同步推进高井沟治理、高井路整治、老旧小区有机更新等节点工程，并于 2021 年 2 月设立冬奥社区建设现场指挥部，全面统筹指导高井沟治理、街区环境提升、老旧小区改造、拆违治乱、规划治理等工作组的工作开展。

笔者在冬奥社区更新项目中负责规划治理工作，从 2021 年 2 月以来持续深入社区现场，收集工程建设与居民反馈的第一手资料。其中，高井路社区环境提升方案从街道、设计方提供的相关电子图纸、文本中获取。老旧小区改造成效指项目进展，主要通过现场跟进项目施工进度、线上采访街道工作人员进

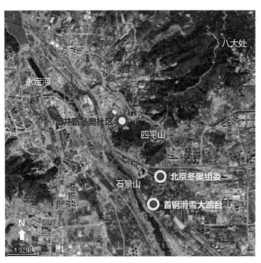

图 1 广宁街道高井路社区区位分析

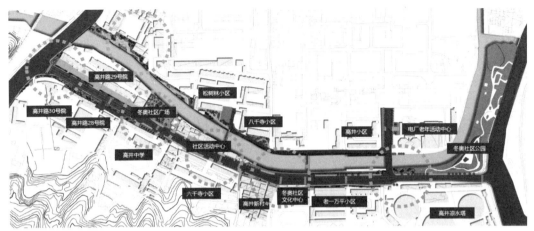

图2　高井路社区总平面图

（来源：广宁街道冬奥社区综合方案）

行评估。冬奥元素植入成效指冬奥元素的融合度，即居民对冬奥主题建设的欢迎度、对冬奥主题活动的参与度，主要通过居民问卷调研的形式进行评估。

4　冬奥社区更新策略实施评价

4.1　冬奥社区更新策略

冬奥社区的更新策略可以根据空间范围分为小区内部更新和小区外公共空间更新两个部分。小区内部更新的方式与我国大多数的老旧小区改造类似，在建筑物内包括更新上下水管线、完善无障碍设施等，在小区内院包括开展停车管理、完善绿化景观、修补破损地面等。小区外部公共空间更新则围绕高井路和高井沟两条平行的社区骨架展开。在高井路两侧开展街区环境提升工作，通过架空线入地、更新建筑立面、增设景观照明、新建活动中心等举措，改善高井路沿线的功能与风貌。在高井沟沿线，通过修复水生态、盘活滨河小型绿地、打通滨水步道、改造三座桥梁，构建开放连续的公共景观系统。

4.2　实施效果评价

已有研究发现，除客观原因导致的施工难度以外，老旧小区改造的主要难点包括资金匮乏、运作模式复杂、产权关系复杂、居民社会关系复杂等问题。在冬奥社区建设过程中，建设资金相对充足，两年来通过向政府申请专项经费获得资金支持近两亿元，用于高井路社区各项环境提升工程和冬奥相关活动开展。同时，广宁街道和高井路社区居委会建立了多方参与的社区治理运作模式，通过居民调查和民意征集等方式广泛听取民意，并邀请多个专业的规划设计建设团队指导冬奥社区建设工作的开展。因而，在本项目中，产权关系（公共产权、居民私有权）与居民社会关系（对居民利益有相同影响、不同影响）是影响老旧小区改造进度的主要因素。为此，根据空间的私人、公共属性，以及利益的获得、受损情况，构建社区更新策略实施难度分析框架，对冬奥社区各项更新策略的推进情况进行分析。（图3）

在私人产权区域的改造中，若对各居民利益有相同的积极影响，则该项目较易完成，如对老旧小区建筑内部水电暖等基础设施的提升。尽管各小区的上下水设施更新涉及每一户的卫生间改造，需征得大多数住户的同意，在前期的民意调研方面需耗费较多时间，但上下水设施更新由政府出资，且能够显著改善居民的生活品质，因此多数居民能够对施工期间带来的不便表示理解，因而项目后期的施工推进得十分顺利。

反之，若对各居民利益有不同的影响，甚至有损于居民利益，则对属于私人产权区域的改造难以推行。在建筑立面改造项目中，冬奥社区原本计划采用我国城市社区通常采用的立面改造方案——拆除住宅的窗外护栏。但在实施过程中，这一方案遭到了90%以上居民的反对，多次做思想工作也不奏效。街道工作人员了解到，在护栏内杂物堆积固然有失美观，但老旧小区住房面积小，储物能力十分有限，拆除护栏不可避免地会给居民生活带来不便。最终，社区没有采取简单的一刀切拆除的做法，而是通过评选"最美阳台"、开展废旧物品兑换礼品等活动，引导居民主动清理护栏内的垃圾，从而达到不拆护栏也能改善社区环境的效果。广宁街道副主任盛敏前在访谈中说，"护栏是我们老旧小区的一大特色，是老百姓真实生活场景的体现，拆掉护栏反而不能代表我们老旧小区了！"

对属于公共产权区域的改造，若对各居民利益有相同的积极影响，则该项目容易推进，如冬奥文化健身广场、社区活动中心和社区公园的建设，街道环境提升、

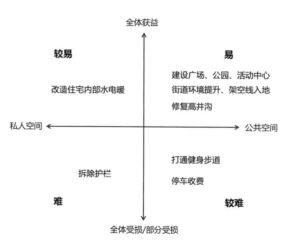

图3　社区更新策略实施难度分析框架

架空线入地等工程。其中，冬奥文化健身广场改造的成效较为突出。该广场位于高井路中部，是居民最主要的户外公共活动场所，其改造工程获得了广大居民的关注，有上百位居民参与了多方案比选环节，并对于广场的具体改进提出了增设儿童游戏场、平整地面铺装、丰富景观绿地、完善夜景照明等高度一致的诉求，为设计提供了重要参考。广场正式启用后，立刻成为社区最热闹的公共活动场所。

反之，若对各居民利益有不同的影响，对公共产权区域的改造较难推进。例如，小区内院的停车收费问题一直难以解决。拟实施的停车管理方案规定，对同一小区，非本小区住户的车辆将比本小区住户的车辆缴纳更高额的停车费。这一方案对本小区的住户有利，但对于其他小区的住户不利。事实上，由于各小区本身停车位数量、车主数量的不同，一些小区的车位资源比其他小区更加紧张，车主常需将车停放在自己不居住但车位数量相对宽裕的小区中。因此，现有停车收费方案遭到较多居民的反对，解决方案目前仍在探讨中。

5 冬奥元素与社区建设的融合分析

5.1 冬奥介入社区建设的方式

根据前文的梳理，可将冬奥介入的社区建设归纳为四个方面（表1）。第一是民生改善。入选冬奥社区为高井路社区提供了一次宝贵的改造提升契机，政府提供的资金支持和来自专业团队的技术支持有效地保障了老旧小区改造、架空线入地等基础民生工程的全面开展和落地实施。第二是设施建设。为了宣扬体育精神、鼓励全民健身，冬奥社区在十分有限的社区范围内对公共空间进行了发掘与整合，增设了丰富的运动场所和健身设施，如打通高井沟两侧长达1.7千米的健身步道，将原先位于小区内部的广场改造提升为面向全民开放的健身广场，并新建了冬奥社区公园和麻峪工贸公园等开敞空间。第三是景观提升。一方面是配合冬奥会烘托冰雪氛围，如设置冬奥吉祥物"冰雪门户"，并在重要空间节点如社区活动中心的立面设计中体现冬奥元素；另一方面是改造提升社区外部公共空间的景观环境，包括小区立面改造、街道立面提升、高井沟生态修复等工程，在设计中采用了以白、蓝为主色调的流线型的现代风格。第四是活动开展。社区组织开展了滑雪、冰壶等冰上体育运动体验活动，并发动社区居民和文艺队开展冬奥主题艺术作品制作、冬奥社区主题曲创作、冬奥志愿者培训、冬奥知识普及等多种活动。

5.2 融合效果分析

从融合效果来看，冬奥社区建设中的民生工程比例高、施工难度大，但街道和社区仍然全力推进，很好地处理了短期冬奥大事件与社区长远发展之间的关系。民

冬奥介入社区建设的主要方式   表 1

社区建设	冬奥介入社区建设的内容	实施要点
民生改善	为基础民生工程提供资金支持，并结合冬奥会时间节点推进工程实施	短期事件与长远民生结合
设施建设	新建或改造健身步道、健身广场、公园等体育设施	设施功能与民众需求匹配
景观提升	设置冬奥吉祥物，并在公共空间和相关设施设计中体现冬奥元素和现代风格	全球符号与地方特色融合
活动开展	组织开展冬奥主题相关的体育、文化、艺术和志愿活动	青年群体与老年群体兼顾

生改善工程的实施为全体居民带来了生活品质的切实提高，得到了居民的广泛赞许，也拉近了街道、社区与居民之间的距离。

公共空间中的健身设施建设获得了居民的普遍认可。问卷结果显示，在居民最常去的公共活动空间中，健身步道位居第一，比例达 59%（图 4）。当被问及最希望冬奥文化在哪些场所体现时，体育活动设施、广场公园的比例最高，分别为 43% 和 41%（图 5），与社区建设工作一致。当然，居民也提出了更高的要求，认为体育设施需要结合老旧小区老年居民的需求进行适老化调整。例如，在社区设施需求调查

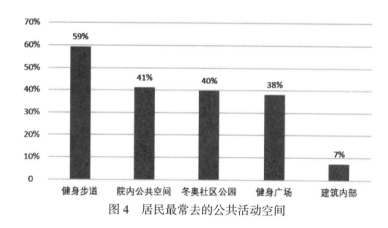

图 4　居民最常去的公共活动空间

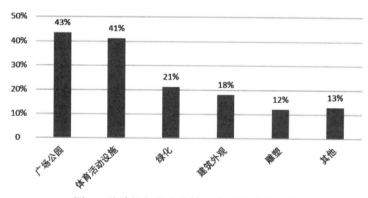

图 5　最希望冬奥文化体现在哪些公共空间

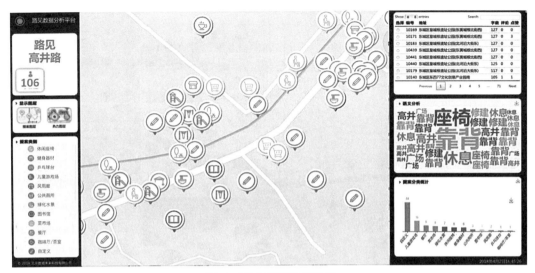

图 6　居民设施需求调查

中，不少老年居民提出冬奥特色的流线型座椅是年轻人设计的，需要考虑老年人靠背的需求；建议增加健身步道沿线的健身器材数量，因为老年人走一段路就需要休息，如果加密健身器材，就能边休息边锻炼；并希望小区院增设健身器械，为那些出不了院子的老人提供锻炼机会；此外，还建议在冬奥主题儿童游戏场内，增设看护小孩的休息空间。（图 6）

　　在景观提升方面，居民对冬奥元素如何融入社区进行了讨论。一方面，居民为自己的社区能够入选冬奥社区感到自豪，对冬奥会充满期待；另一方面，居民也认为社区景观不应该只有冬奥一种元素，毕竟冬奥会只是一场体育赛事，高井路社区有自己悠久的历史和独特的文化。为此，课题组于 2021 年 5 月组织开展了"社区印象"民意征集活动。从电厂路小学学生提交的近百幅作品中可以看出，居民心目中的社区意象包括四平山、高井沟等自然要素，也包括电厂、凉水塔等工业基因，当然，随着冬奥主题活动的开展，冰墩墩、雪融融冬奥吉祥物，以及健身步道、滑雪场、冬奥公园等冬奥设施也出现在画作中（图 7）。这次民意征集活动，提炼了社区特色，凝聚了居民认同，同时也为社区墙绘提供了素材。

　　冬奥主题的社区活动也得到了居民的支持。在综合性的社区邻里节之外，体育类活动最受欢迎。问卷结果显示，滑雪和冰壶是居民参与最多的冬奥活动，比例分别为 18% 和 15%（图 8）。在 2020 年春节期间，社区利用高井沟内的公共空间，兴建起长 50 米、宽 20 米、高 3 米的滑雪体验场，并设置雪上陀螺、冰壶等游乐项目，吸引了居民的广泛参与。但也有居民反映，在滑雪场活动的主要是小孩，老年人的参与度较低，并且滑雪场由于疫情影响限制人流，也影响了活动的参与面，问卷显示仍有超过一半的被访居民没有参与过冬奥社区活动。

图 7　冬奥社区"社区印象"民意征集活动的作品

　　总而言之，充足的体育设施、良好的人居环境、丰富的社区活动、广泛的居民参与，是高井路社区居民对本社区冬奥特色的愿景，也是冬奥文化嵌入社区建设的结合点。当问及最能体现本社区冬奥特色的词汇时，超过半数的受访居民选择了"健康"和"绿色"，还有约 1/4 的居民选择了"活力"和"共享"。（图 9）

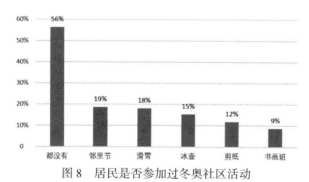

图 8　居民是否参加过冬奥社区活动

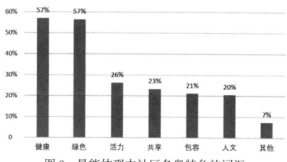

图 9　最能体现本社区冬奥特色的词汇

6 结论与讨论

本文以高井路冬奥社区为研究对象，对冬奥会大事件下老旧小区更新的规划治理实践进行研究。首先，本文分析了冬奥社区各项更新策略的实施情况，通过构建社区更新策略实施难度分析框架，发现项目进度受到利益损益以及空间公私的影响：在公共空间开展的全体人群获益的项目最容易推进，而在私人空间开展的全体受损的项目最难实施。其次，本文总结了民生改善、设施建设、景观提升、活动开展四类冬奥介入社区建设的方式，并通过对融合效果的分析，提出大事件下老旧小区更新的实施要点：在民生改善工程中，应注意短期事件与长远发展的结合；在设施建设中，应加强设施功能与民众需求的精准匹配；在景观提升时，应注重将全球符号与地方特色进行有机融合；在活动开展过程中，应兼顾青年群体与老年群体，扩大活动的覆盖面。

总体而言，以冬奥为代表的大事件介入在老旧小区的长期更新过程中，起到了短期但强效的催化作用。冬奥建设政府关注度高、项目资金充足、民意互动积极，能够有力促进老旧小区改造。但受到冬奥社区建设周期较短的限制，改造多聚焦于改善社区公共空间、更新基础设施等短期内较易实现的项目。而对于停车管理等需要协调多方利益、建设周期较长的项目，仍需建立长效工作机制，保障老旧小区改造全过程的有序进行。对于最难实施的全面受损的私人空间改造，冬奥社区的护栏拆除工程从最初的硬性拆除转为最终的柔性清理，探索了一种协商式的城市更新思路。冬奥社区建设并没有统一的标准，而是由政府与居民在协商过程中共同界定社区建设的任务清单，这与以往自上而下指令性的城市更新路径显著不同，充分彰显了基层治理的自主性、灵活性和创新性，也反映出基层工作人员的智慧，其经验值得借鉴。

参考文献

[1] 胡孝乾，陈姝姝，Jamie Kenyon，邓雪梅. 国际奥委会《遗产战略方针》框架下的奥运遗产愿景与治理 [J]. 上海体育学院学报，2019，43（01）：36-42.

[2] 冯雅男，孙葆丽，毕天杨. "无城来办" 的背后：后现代城市变革下的奥运呼求——基于对《奥林匹克 2020 议程》的思考 [J]. 体育学研究，2020，34（01）：87-94，48.

[3] https：//olympics.com/ioc/olympic-agenda-2020.

[4] https：//olympics.com/ioc/news/ioc-joins-forces-with-oecd-under-new-agreement.

[5] https：//olympics.com/ioc/olympic-legacy.

[6] 北京冬奥会文化活动工作协调小组. 北京 2022 年冬奥会和冬残奥会城市文化活动指导意见 [EB/OL]. http：//wwj.beijing.gov.cn/bjww/362679/362680/482911/11027273/20210713162038 3347

1.pdf. 2020-11-30/2021-08-13.

[7]　徐成立，刘买如，刘聪，田静.国内外大型体育赛事与城市发展的研究述评[J].上海体育学院学报，2011，35（04）：36-41，73.

[8]　余莉萍.奥运会与可持续城市良性互动研究[D].北京：北京体育大学，2018.

[9]　田静，徐成立.大型体育赛事对城市发展的影响机制[J].北京体育大学学报，2012，35（12）：7-11.

[10]　林显鹏.体育场馆建设在促进城市更新过程中的地位与作用研究[J].城市观察，2010（06）：5-23.

[11]　蔡满堂.走向社区的奥运[J].前线，2003（05）：45-46.

[12]　郑杨.构建什刹海人文奥运社区[J].北京规划建设，2005（04）：63-65.

[13]　杨圣博，李庚.人文奥运第一社区构想[J].投资北京，2005（07）：49-51.

[14]　朱志胜.创绿色和谐社区，迎绿色人文奥运——访小黄庄居委会主任赵跃桀[J].环境教育，2006（11）：32-34.

[15]　王胜."安全"延续奥运精神——走进全国安全社区大屯街道[J].现代职业安全，2010（05）：106-109.

[16]　周东旭.立足本职 心系海淀 保障奥运——记海淀社区志愿者"地震应急救援"第一期培训班[J].城市与减灾，2008（05）：32-33.

[17]　García，Beatriz. Urban regeneration，arts programming and major events：Glasgow 1990，Sydney 2000 and Barcelona 2000[J] International journal of cultural policy 2004，10，1：103-118.

[18]　冯雅男，孙葆丽，毕天杨."无城来办"的背后:后现代城市变革下的奥运呼求——基于对《奥林匹克2020议程》的思考[J].体育学研究，2020，34（01）：87-94，48.

[19]　吴丽平.街区生活空间的变奏曲——北京东城区东四街区的历史追忆与现代重构[J].民俗研究，2008（04）：102-118.

[20]　方小汗，毛文慧，于甲青.后奥运时期我国社区体育研究热点分析与趋势展望[J].山东体育科技，2019，41（05）：21-28.

[21]　朱稼霈，荣湘江.奥运典型社区体育活动组织情况及其对策研究[J].沈阳体育学院学报，2007（01）：20-22.

[22]　梁婷玉，刘宏建.后奥运时代芜湖市社区居民健身现状的调查与分析[J].中国科技信息，2012（17）：99，106.

[23]　蔡云楠，杨宵节，李冬凌.城市老旧小区"微改造"的内容与对策研究[J].城市发展研究，2017，24（04）：29-34.

[24]　陈希.东北地区老旧居住区生态景观改造研究[C]//中共沈阳市委员会，沈阳市人民政府，中国汽车工程学会.第十一届沈阳科学学术年会暨中国汽车产业集聚区发展与合作论坛论文集（信息科学与工程技术分册）.中共沈阳市委员会，沈阳市人民政府，中国汽车工程学会，沈阳市科学技术协会，2014：6.

[25] 郭斌，李杨，周润玉，刘乐，张蕾 . 中国情境下的城市老旧小区管理模式创新研究 [J]. 中国软科学，2021（02）：46-56.

[26] 陈幽泓，王耀才，张丽曼，郑扬 . 构建老旧小区的长效管理模式 [C]// 北京市海淀和谐社区发展中心 . 和谐社区通讯 2013 年第 6 期（总第 29 期）. 北京市海淀和谐社区发展中心，2013：10.

[27] 刘慧敏 . 北京市首家冬奥社区正式揭牌 [N]. 冬奥社区报 . 2019-05-30（17）.

[28] 田灵江 . 我国既有居住建筑改造现状与发展 [J]. 住宅科技，2018，38（04）：1-5.

[29] 余猛 . 快速城镇化背景下的城中村与老旧小区改造 [J]. 景观设计学，2017，5（05）：44-51.

[30] 张文涛 . 北京市老旧小区改造工程的进度管理研究 [D]. 北京：中国科学院大学，2017.

[31] 广宁街道冬奥社区文化健身广场项目实施方案 .

[32] 刘慧敏 . 冬奥社区冰雪乐园开园 [N]. 冬奥社区报，2020-01-30（2）.

作者信息

陈宇琳，清华大学建筑学院，副教授。

洪千惠，清华大学建筑学院，研究生。

转型发展新阶段城市更新治理政策评价及优化路径探究——基于 PMC 指数模型

摘要：城市更新治理政策体系建立是转型发展新阶段城市更新工作的重点与难点，也是保障城市治理和城市提升的战略指南。对城市更新治理政策进行量化评价可以为政策制定和治理优化提供重要的理论支撑。本文选用 98 份城市更新治理政策文本，基于文本挖掘提取高频词汇，结合"环境—供给—需求"政策工具的分析框架，对原始 PMC 指数模型的评价维度进行优化，提出适应于城市更新特性的 PMC 指数模型。进而利用该模型对深圳、上海、广州三市的城市更新管理办法这类综合治理政策进行量化评价。研究结果表明：深圳、上海、广州三地治理政策的 PMC 指数分别为 6.917、5.083、6.667，均在良好等级以上，说明政策质量较高，但仍有提升空间。结合治理政策评价结果，本文对城市更新治理优化路径提出三点建议：（1）完善供给型政策工具的使用，坚持"底线"治理思维；（2）重视对环境型政策工具的理解，明确城市更新的定位，营造高质量可持续的更新环境;（3）勇于对需求型政策工具创新，深化"放管服"改革，敢于突破"上限"，探索立足本底条件的最佳治理路径。

关键词：城市更新治理；政策量化评价；PMC 指数模型

1 引言

"十九"大报告指出我国经济已由高速增长阶段转向高质量发展阶段，高质量发展已成为新时代的主旋律，不仅关乎国民经济如何转型升级，更关乎城市建设如何从新建扩张向存量发展转型。《中共中央关于制定国民经济和社会发展第十四个五年规划和二〇三五年远景目标的建议》明确提出要实施城市更新行动。住房和城乡建设部原部长王蒙徽也强调要"加快完善城市规划建设管理体制机制，形成一整套与大规模存量提质改造相适应的体制机制和政策体系"，这既是实现城市建设战略转型的关键，也是推进我国城市治理体系和治理能力现代化在城市发展领域落地的重要任务。

城市更新治理一直以来都是城市治理转型的前沿阵地。城市规模的不断扩张为城市发展形成集聚效应时，也给其带来巨大的治理负担与挑战。我国以往的城市建设管理逻辑主要面向新建项目，已形成完善的政策体系。但城市更新项目不同于新建项目，其治理逻辑和政策体系涉及的价值取向更广（翟丽，辛燕飞，和鹿溪，2009a）；治理对象涉及的空间尺度更复杂（梁茹和盛昭瀚，2015）；治理受众更多元（张侠，赵德义，朱晓东，和彭补拙，2006）。因此，探索城市更新治理的优化转型路径，从宏观层面构建治理政策顶层设计框架，是当前城市更新治理与发展过程中迫切需要研究的问题。

随着国家对治理能力现代化的重视，城市更新政策体系作为治理体系的重要组成部分之一，其能否全面实现城市更新目标，促进城市持续、包容、多元、健康、安全与和谐地发展，日益成为政府、企业、公众等利益相关者的关注焦点。现行城市更新治理政策是否符合大规模存量更新的现实需求？城市更新治理政策制定应该考虑哪些要素？如何利用政策工具有效推动城市更新工作顺利开展，促进治理路径不断优化？这些问题都需要对城市更新治理政策进行科学的量化评价研究，这对引导城市进行可持续更新具有重要的理论指导意义。本文使用 PMC 指数模型对深圳、广州、上海三个示范城市的城市更新治理政策进行量化评估，结合分析结果探讨政策制定要素和治理优化路径，提出转型发展新阶段下城市更新治理建议，以期为完善与大规模存量提质改造相适应的政策体系提供参考。

2 文献综述

2.1 城市更新治理研究

近年来，许多学者致力于探索转型发展新阶段下城市更新治理的改善路径，以期实现城市发展从增量扩张向存量提质的平稳过渡。有学者从微观层面对更新项目进行案例研究，分析其治理困境并提出对策。例如，Bernt 从东德城市萎缩的案例出发，探讨了城市更新治理的三个方面，包括如何应对再生过程中的经济衰退，如何建立三方伙伴关系，以及如何建立适当的治理政策和制度安排 [1]。Farhat 基于 Canalside 和 Larkinville 的更新案例分析了如何优化伙伴关系和问责制，以促进城市更新治理的可持续性 [2]。除了微观项目层面的研究，一些学者也提出了在宏观层面实现城市更新治理的建议。研究重点是工作流程的设计、治理体系的构建和治理政策的建议等 [3, 4]。如 Hin 和 Xin 研究了深圳城中村的拆除重建，并且从角色关系视角分析了深圳城市中村拆迁过程中的矛盾和博弈，进而提出治理优化路径 [5]。Lai 和 Tang 等从交易成本的角度分析了政府面临的制度障碍，并提出了政策制定建议 [6]。

由此可见，城市更新治理政策制定是保障治理体系构建和城市可持续发展的关键路径和战略指南。政策内容是否科学完善影响城市更新治理的效果，政策的量化评估可以为治理政策完善提供依据。要保证城市更新可持续性和转型平稳过渡，相关城市更新治理政策的量化评估是必不可少的。

政策评价是完善已有政策和制定新政策的思路依据。国内外学者对城市更新治理政策评价做了不同程度的研究。如 Ho 等人聚焦于英国城市政策的经验，对公共政策监测评估的实用价值展开探讨[7]；Hatz 通过对公寓租金、公寓质量、租户在更新前后的家庭收入等指标进行统计分析来检验维也纳城市更新补贴政策的可持续性[8]。国内很多学者从城市更新治理政策演进及体系对比[9]、国外治理政策经验引介[10, 11]、治理成效反思[12, 13]等方面展开研究，形成了丰富的研究成果。然而，现有研究多集中于对政策内容的描述性分析以及对政策治理效果的验证，多为定性的事后评价，较少有文献从政策制定本身的角度去量化评价城市更新治理政策，继而提出治理优化路径。本文以新的视角主张对政策文本进行梳理，针对政策本身的合理性及可行性进行评价，目的是指导政策制定者对治理政策做出分析调整或为新政策的发布提供借鉴。

PMC（Policy Modeling Consistency）指数模型能够从各个维度分析一项政策的内部一致性及优势不足，且 PMC 曲面能够通过图像方式直观反映政策各维度的情况，被广泛应用于各类政策的量化评价研究中[14]。但现有应用 PMC 指数模型的研究仍存在一些不足，集中体现在政策评价维度的设置上多依赖于 Estrada 提出的原始 PMC 指数模型中的维度设定[15]，没有根据不同研究领域的特点做出优化调整，难以适应不同领域政策的独特性。为此，本文首先利用文本挖掘技术深入剖析城市更新治理政策的文本内容，依据研究成果确定 PMC 指数模型中的二级变量并构建量化评价框架，从而提高政策评价的合理性、准确性和科学性，期冀为城市更新政策制定和治理路径优化提供借鉴思路。

2.2 城市更新治理政策文本分析

2.2.1 样本选取

城市更新治理政策是各地政府为了推进城市更新治理所采取的一系列激励措施。广州、深圳、上海三个城市在城市更新政策和治理实践上走在全国前列。因此，本文选择这三个城市进行政策评价分析。通过浏览广州、深圳、上海的政府信息公开官网，检索与城市更新有关的关键词。截至 2020 年底，共收集整理得到上述三座城市的城市更新相关治理政策 200 余项。通读这些政策文本，将内容相关程度低及内容重复的文件剔除，最终保留 98 份有效文件，其中广州 35 项、深圳 33 项、上海 30 项。

2.2.2 分词提取及词频统计

将 98 份城市更新治理政策文本加载到 R 语言中，利用 ICTCLAS 中文分词算法，进行基于词典匹配的文本分词处理。将分词后的文档集做词频统计，输出的分词结果按照词频频率由高到低排列。在词频统计过程中剔除诸如"可以""通过""不得""加强""提高"等和城市更新治理政策特性无明显关联的词汇，并将含义相近的主题词进行归一处理，如将"集约""节约"等合并为"集约节约"等。根据 Donohue 提出的高—低频词计算公式计算词频，最终选择词频大于100次的词汇作为本研究中治理政策文本分析的对象，得到72个高频词汇，详见表1。为更直观表征词频统计结果，本文绘制如图1所示的词云图。

城市更新治理政策高频词汇及词频统计 表1

词汇	词频	词汇	词频	词汇	词频
规划	1155	住宅	265	土地出让	145
城市更新	1043	更新单元	259	产权	143
建设	928	产业	259	房地产	141
改造	858	历史	250	市场	139
征收	756	深圳	247	程序	139
三旧改造	528	拆除	235	信息	135
补偿	516	审批	231	权属	135
出让	417	公共服务	225	拆除重建	134
设施	407	地价	218	审核	127
建设用地	367	保障	214	房管	124
地块	366	功能	207	国有土地	123
计划	364	上海	204	文化	120
办理	337	建筑面积	192	集约节约	118
申请	333	国土	189	成本	115
使用权	315	费用	186	村民	113
主体	314	修缮	185	优化	111
资金	306	基础设施	182	土地储备	110
面积	287	工业用地	177	转让	106
配套	284	征地	174	容积率	106
方案	284	土地利用	158	经济	103
安置	283	公共	154	环境	103
机构	273	旧区改造	150	整合	101
开发	271	企业	146	转型	100
广州	268	城中村	146	年限	100

对高频词汇进行归纳、提炼、总结，形成如表2所示的29个二级变量。进一步地，本文借鉴Rothwell、Zegveld提出的政策工具典型分类模式[16]，结合城市更新特性，统计并列出常用的城市更新治理政策工具（表2）。发现所研究的98份城市更新治理政策兼顾了三种政策工具，分别是环境型政策工具、供给型政

图 1　城市更新治理政策高频词汇词云图

策工具和需求型政策工具。其中，环境型政策工具主要考察治理政策是否对本市城市更新有系统认识，是否营造合适的更新氛围；供给型政策工具主要在于判断治理政策中是否对城市更新工作现阶段必须问题有应对内容，其中多数问题的解决是增量发展过程中未曾考虑过也不需考虑的政策内容；需求型政策工具主要是指代其政策内容的设计与否，会极大地影响城市更新治理过程中社会资本参与兴趣以及城市居民满意度等[17]。

三种政策统计　　　　　　　　　　　　　　　　　　　表 2

工具类型	一级变量	二级变量	高频词汇
环境型	城市更新治理理念	公众参与	"公共服务""公共"
		市场运作	"开发""企业""房地产""市场"
		政府角色	"保障""旧区改造""集约节约"
	城市更新配套服务	信息化手段	"信息"
		技术指引	"功能""改造"
		组织机构	"房管""国土""建设""机构"
		公共服务设施	"设施""配套""基础设施"
	城市发展考量	城市产业发展	"产业""经济"
		历史文化保护	"历史""修缮""文化"
		生态环境保护	"环境"
供给型	思路框架	总体规划	"规划"
		片区策划	"更新单元"
		项目方案	"方案"
	规划相关政策	用地性质转换	"建设用地""工业用地""国有土地"
		片区统筹更新	"整合"
		规划编制、报批、调规	"建筑面积"

工具类型	一级变量	二级变量	高频词汇
供给型	土地相关政策	土地出让方式	"土地出让"
		产权管理	"土地储备""使用权""产权""权属"
		土地计价	"地价"
		出让年期	"土地利用""年限"
	建设相关政策	实施主体规定	"主体"
		分类实施程序	"三旧改造""计划""办理""申请""审批""审核"
		包容审慎	"优化""程序"
		动迁居民权益	"住宅""城中村""村民"
需求型	常规性政策支持	财政金融	"费用""成本"
		指标奖励	"面积""容积率"
		土地价款奖励	"地块""资金"
	突破性政策支持	土地出让方式创新	"出让""转让""转型"
		拆迁模式创新	"征收""征地""补偿""安置""拆除""拆除重建"

3 政策量化评价的 PMC 指数模型

PMC 指数模型是 Estrada 基于 Omnia Mobilis 假说为指导思想建立的一项政策计量模型。不同于早期其他条件均相同假设（Ceteris Paribus Assumption）认为变量均静止或相同，Omnia Mobilis 假说强调世间万物都是运动且相互发展、联系的。因此，在建模时应尽可能全面地考虑，且不删除任何一个有可能的相关变量。PMC 指数模型能实现政策的多维度量化评价和单项指标的具体分析是目前被广泛应用的政策评价方法。构建过程具体包括：变量分类及参数识别、建立多投入产出表、测算 PMC 指数、绘制 PMC 曲面。

3.1 变量的分类及参数识别

对于不同专业领域的政策来说，其内容各有特色和偏重。为了更好地适应城市更新特性，本文对 Estrada 提出的原始 PMC 指数模型中的维度设定进行了适应性调整。具体而言，首先根据政策文本挖掘得到的高频词归纳总结出 29 个二级变量，随后将其内置于 Rothwell、Zegveld 的"环境—供给—需求"政策工具的分析框架中，将二级变量归纳提炼为 9 个一级变量。具体如图 2 所示：

本文以 OmniaMobilis 假说为指导思想，不忽视任何一个相关变量的作用。故本文假设各一级变量下二级变量重要程度相当，且所占权重相同，同时各二级变量参数采用二进制，若对象政策内容中有符合对应二级变量所规定内容，则该二级变量参数值为1，否则为0。

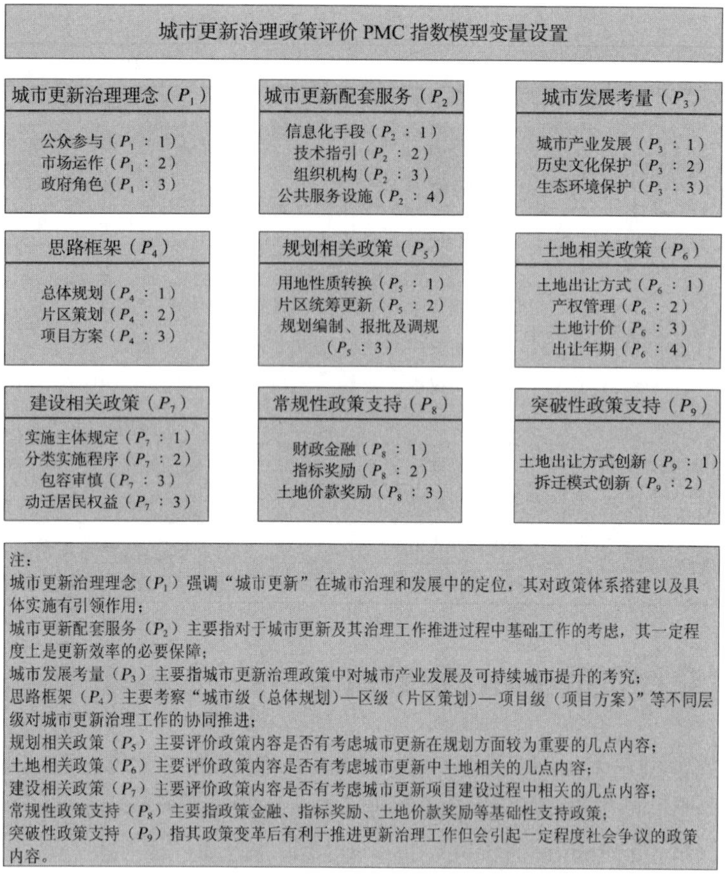

图 2　城市更新治理政策评价 PMC 指数模型变量设置

3.2　建立多投入产出表

根据 PMC 指数模型设置原则，参照上述变量的设置结果构建多投入产出表，以此为后续 PMC 指数模型测算提供数据分析框架，多投入产出表，如表 3 所示：

多投入产出表　　　　　　　　　　　　　　　　　　　　　表 3

一级变量	二级变量
P_1	$P_1:1$, $P_1:2$, $P_1:3$
P_2	$P_2:1$, $P_2:2$, $P_2:3$, $P_2:4$
P_3	$P_3:1$, $P_3:2$, $P_3:3$
P_4	$P_4:1$, $P_4:2$, $P_4:3$
P_5	$P_5:1$, $P_5:2$, $P_5:3$
P_6	$P_6:1$, $P_6:2$, $P_6:3$, $P_6:4$

一级变量	二级变量
P_7	$P_7:1$，$P_7:2$，$P_7:3$，$P_7:4$
P_8	$P_8:1$，$P_8:2$，$P_8:3$
P_9	$P_9:1$，$P_9:2$

3.3 PMC 指数测算

根据 Omnia Mobilis 所构建的 PMC 计算步骤：步骤一，生成多投入产出表；步骤二，参考公式（1）及公式（2）赋值二级变量；步骤三，参考公式（3）计算一级变量具体数值；步骤四，参考公式（4）得出政策 PMC 指数值。

$$P \sim N[0,\ 1] \qquad\qquad 公式（1）$$

$$P = \{PR:[0\sim1]\} \qquad\qquad 公式（2）$$

$$Pt\left(\sum_{j=1}^{n}\frac{P_{tj}}{T(P_{tj})}\right) \qquad\qquad 公式（3）$$

$$t = 1, 2, 3, \cdots, 9$$

$$\text{PMC} = \left[\begin{array}{l} P_1\left(\sum_{i=1}\dfrac{P_1 i}{3}\right) + P_2\left(\sum_{j=1}\dfrac{P_2 j}{4}\right) + P_3\left(\sum_{k=1}\dfrac{P_3 k}{3}\right) + \\[2mm] P_4\left(\sum_{l=1}\dfrac{P_4 l}{3}\right) + P_5\left(\sum_{m=1}\dfrac{P_5 m}{3}\right) + P_6\left(\sum_{n=1}\dfrac{P_6 n}{4}\right) + \\[2mm] P_7\left(\sum_{o=1}\dfrac{P_7 o}{4}\right) + P_8\left(\sum_{p=1}\dfrac{P_8 p}{3}\right) + P_9\left(\sum_{r=1}\dfrac{P_9 r}{2}\right) \end{array}\right] \qquad 公式（4）$$

由于本文选取一级指标有 9 个，所以计算得到 PMC 指数取值在 0~9 之间，根据 Estrada 的评价标准，将 PMC 指数计算的具体数值进行等级划分，如表 4 所示。

政策等级划分　　　　　　　　　　　　　　　　　　　　　　表 4

数值	评价
0~3.9	不良
4~5.9	良好
6~7.9	优秀
8~9.0	完美

3.4 PMC 曲面绘制

借助 PMC 曲面可以一定程度上可视化 PMC 各一级变量得分情况，以三维立体曲面起伏情况辅助各个维度下城市更新治理政策的优劣判断。PMC 曲面所对应的 PMC 矩阵制可由公式（5）计算得出。

$$PMC曲面 = \begin{bmatrix} P_1 & P_2 & P_3 \\ P_4 & P_5 & P_6 \\ P_7 & P_8 & P_9 \end{bmatrix} \qquad 公式（5）$$

4 城市更新治理政策量化评价的实证研究

基于以上量化评价框架，本文选取在城市更新治理推进工作中具有代表性三座城市：深圳、广州及上海，选取各市城市更新综合类治理政策进行评价，拟评价对象分别简记为 X_1、X_2、X_3（表5）。同时需要指出，为了使三个城市政策具有可比性，因此都选取"办法"类治理政策文件，对于广州市《中共广州市委广州市人民政府关于深化城市更新工作推进高质量发展的实施意见》和深圳市《深圳经济特区城市更新条例》这两个综合类治理政策，由于其政策类型及级别不同，因此不在此做量化分析。

城市更新治理政策样本 表5

序号	政策代码	政策名称	发文机关	发文时间
1	X_1	深圳市城市更新办法	深圳市政府	2016 年 11 月 12 日
2	X_2	上海市城市更新实施办法	上海市政府	2015 年 5 月 15 日
3	X_3	广州市城市更新办法	广州市政府	2015 年 9 月 28 日

基于多投入产出表并依据相关政策内容进行参数设定，设置三市城市更新治理政策的多投入产出表，如表6所示。

各市城市更新治理政策的多投入产出表 表6

一级变量	二级变量	X_1	X_2	X_3
P_1	P_1：1	0	1	1
	P_1：2	1	0	1
	P_1：3	1	1	0
P_2	P_2：1	0	0	1
	P_2：2	1	1	1
	P_2：3	1	1	1
	P_2：4	1	1	1
P_3	P_3：1	1	0	1
	P_3：2	0	1	1
	P_3：3	1	1	1

一级变量	二级变量	X_1	X_2	X_3
P_4	$P_4:1$	1	0	1
	$P_4:2$	1	1	1
	$P_4:3$	1	0	1
P_5	$P_5:1$	1	1	0
	$P_5:2$	1	1	1
	$P_5:3$	1	1	1
P_6	$P_6:1$	1	1	1
	$P_6:2$	1	0	1
	$P_6:3$	1	1	0
	$P_6:4$	0	1	1
P_7	$P_7:1$	1	0	1
	$P_7:2$	1	0	1
	$P_7:3$	0	1	0
	$P_7:4$	1	0	1
P_8	$P_8:1$	0	0	1
	$P_8:2$	0	1	0
	$P_8:3$	1	1	0
P_9	$P_9:1$	1	0	1
	$P_9:2$	1	0	0

根据公式（4），分别计算出以上三项政策的 PMC 指数，并对照政策评级划分表，对以上三项政策进行等级评价，具体结果如表 7 所示。

各市城市更新治理政策 PMC 指数值汇总表　　　　表 7

一级变量	X_1	X_2	X_3
P_1	0.667	0.667	0.667
P_2	0.750	0.750	1.000
P_3	0.667	0.667	1.000
P_4	1.000	0.333	1.000
P_5	1.000	1.000	0.667
P_6	0.750	0.750	0.750
P_7	0.750	0.250	0.750
P_8	0.333	0.667	0.333

续表

一级变量	X_1	X_2	X_3
P_9	1.000	0.000	0.500
量化结果	PMC 指数	等级	排名
X_1	6.917	优秀	1
X_2	5.083	良好	3
X_3	6.667	优秀	2

根据公式（5），建立三项城市更新治理政策的 PMC 矩阵，如表 8 所示。

各市城市更新治理政策 PMC 曲面　　　　表 8

政策	X_1			X_2			X_3		
PMC 矩阵	0.667　0.750　0.667 [1.000　1.000　0.750] 0.750　0.333　1.000			0.667　0.750　0.667 [0.333　1.000　0.750] 0.250　0.667　0.000			0.667　1.000　1.000 [1.000　0.667　0.750] 0.750　0.333　0.500		

根据 PMC 矩阵，绘制 PMC 曲面，如图 3~ 图 5 所示。

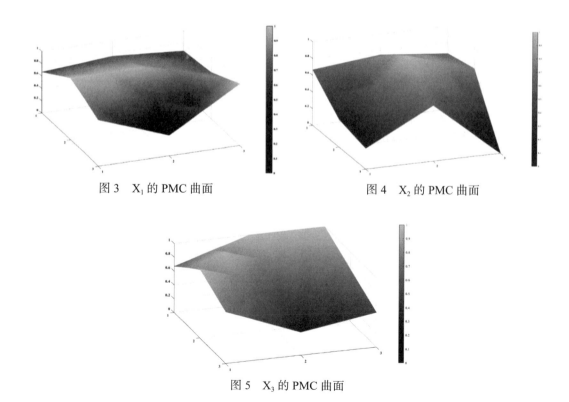

图 3　X_1 的 PMC 曲面　　　　　　　　　图 4　X_2 的 PMC 曲面

图 5　X_3 的 PMC 曲面

通过对深圳、上海、广州三市城市更新治理政策的 PMC 指数进行计算并绘制 PMC 曲面，参照 Estrada 的评价标准，《深圳市城市更新办法》（X_1）及《广州市城市更新办法》（X_3）为优秀水平，《上海市城市更新实施办法》（X_2）为良好水平。分析其原因在于广州与深圳实施城市更新工作较早，具有丰富的政策制定经验，已逐步形成完善的城市更新政策及治理体系，表现为两市发布城市更新治理相关政策与时俱进且纠偏速度迅速。以广州为例，在 2015 年出台《广州市城市更新办法》之后，又陆续出台旧村庄、旧厂房、旧城镇等"三旧改"的实施办法，以及一系列配套政策，形成了"1+3+N"的政策体系。并于 2020 年 9 月，又出台《中共广州市委广州市人民政府关于深化城市更新工作推进高质量发展的实施意见》，进一步阐明广州市人民政府就广州下一步城市更新治理工作的战略安排。上海城市更新虽然具有科学体系，但相较于深圳市与广州市而言，在全面性上略有不足，进而表现为 PMC 指数低于其他两市。就三个政策分别分析而言：

《深圳市城市更新办法》（X_1）：作为我国最早对外开放的四个经济特区之一，深圳用不到 40 年的时间从小渔村发展为国际性大都市。在高速的经济发展驱动下，曾经衰败的城市面貌需要不断重建更新。因此，可以观察到其城市更新主要延续棚改模式的治理思路，重点推动"城中村"改造。同时，深圳在政策制定过程中敢于创新，不断尝试新的工作模式，表现为在 PMC 变量中突破性政策支持（P9）得分较高。其判断依据来源于政策内容中对于市场主体负责搬迁谈判和项目建设实施、"违法用地和建筑"合法化等规定的设置。该政策突破使得该办法即使在常规性政策支持（P8）设置上相对薄弱，也足以吸引到足够多的社会力量参与城市更新。相对完善的政策内容设置加上具有突破性的政策设计使得《深圳市城市更新办法》获得最高 PMC 指数得分。但同时需要注意到，该办法在公众参与（P1：1）、包容审慎（P7：3）等内容上得分相对较低，还需要进一步完善。

《上海市城市更新实施办法》（X_2）：其优势在于体现了"包容审慎"的思想，对消防、安全等审批提出"不低于现状水平"（见第十七条）。此外上海市人民政府深刻落实习近平总书记考察上海时提出的"人民城市人民建，人民城市为人民"的重要理念，在实施办法中对"公众参与"进行大篇幅说明（见第十四条）。但另一方面也导致政策偏倚明显，造成作为综合性治理政策而言其内容在一定程度上的"偏科"，对于部分内容需参考其他配套政策。这一定程度上是由于上海市城市更新治理政策体系所导致：上海以城市更新为核心，采取"旧区更新"和"工业用地转型"同步实施，旧区与工业用地两条工作线同步推进，使得其在治理政策体系上表现为《上海市城市更新实施办法》与《关于本市盘活存量工业用地的实施办法》两个核心政策并行。这种政策设置优势在于政策内容具有针对性，互为补充以尽可能涵盖城市更新各个方面；其劣势在于缺少一个总体纲领性的治理政策文件，两个政策之间互有重叠部分，增加管理成本。

《广州市城市更新办法》（X_3）：广州市城市更新在"旧厂""旧村""旧城"分类实施的基础上，实施对城市更新全面管理与微改造两大方式的统筹管理，同时广州市也逐步以城市更新治理为抓手，推动城市整体产业转型升级。其办法虽然在历史文化保护（P_3：2）、包容审慎（P_7：3）等方面略有薄弱，但是其整体政策内容齐全，稳扎稳打。

通过对三个城市的城市更新办法做 PMC 评价分析，可以发现各市对城市更新工作的实施多基于其城市发展特色，包括城市经济水平、发展历史等。并非以城市更新为阶段性工作任务，而多以其为手段推进城市治理和城市转型发展。同时，通过对三个城市的实证研究，说明本文提出的 PMC 指数模型具有可操作性，但仍需更多样本进行检验。

5　结论与建议

本文立足于当前增量扩张向存量提质转型发展的时代背景，提出了一套基于 PMC 指数模型的城市更新治理政策量化评价方法，以期对现行政策展开反思并对未来政策制定和治理路径优化提供参考。本文通过对深圳、广州、上海三个城市共 98 项政策文本进行内容分析，提炼出城市更新治理政策文本高频词汇，并结合 Rothwell、Zegveld 的"环境—供给—需求"政策工具的分析框架，对原始 PMC 指数模型的评价维度进行优化调整，使其更符合于城市更新特性，最终形成了包含 9 个一级变量和 29 个二级变量的城市更新治理政策评价 PMC 指数模型。其中，供给型政策工具作为推动力，保证城市更新工作高效推进；需求型政策工具作为拉动力，主要作用于尽快吸引社会力量参与，攻克更新工作中重点难关，加速更新工作实施；环境型政策工具通过营造相关环境条件、配套设施，定位城市更新工作在本市城市发展的角色等，保障城市更新工作健康可持续发展。用于城市更新治理政策量化评价的 PMC 指数模型构建完成后，本文选取深圳、广州及上海三市的城市更新管理办法这一综合治理政策进行量化分析，评价结果显示三地政策均在良好以上。

深圳、上海、广州的城市更新治理工作走在全国前列，其政策制定和治理经验值得其他城市学习借鉴。本文通过对三市城市更新治理政策进行量化评价，结合前述研究结论，可为我国其他城市制定城市更新及其治理政策时提出以下可供参考的政策建议：

（1）完善供给型政策工具的使用。城市更新不同于增量发展模式下的工程实施，属于全新的政策制定和治理逻辑，需要政府多采取"守底线"的治理思维，对核心问题采用"负面清单"治理，即给参与主体设限，明确哪些事情不能做。供给型政策内容的不完善会导致其推进工作受阻，因此在政策制定中需要对确定会导致项目终止的内容进行规定，例如消防、安全审批是否需按照新建项目标准、土地性质是否可以转化等核心的"底线"问题，有必要在政策文件中进行回应。同时，在制定相关政策内容时，可以多了解本市从事相关工作的企业、基层政府、科研单位的实际需求，也可借鉴其他经验相对丰富的城市的做法，切实了解更新项目推进过程中的难点与阻碍，完善相关政策体系，探究最合适的治理路径。

（2）重视对环境型政策工具的理解。城市更新是城市现代化发展的一种手段，也是推进我国城市治理体系和治理能力现代化在城市发展领域落地的重要举措。城市更新工作计划的制定，需要充分考虑各省市本底条件，并以城市长远发展战略为基础进行考量。在对政策进行文本阅读时发现，很多政策存在一个通病：即"政策原则""历史保护""环境优化"等内容，更多的是类似"格式模板"一般列于文档中，而并没有真实发挥其作用，表现为政策后续内容缺乏回应、配套政策文件缺位等。后续城市更新治理政策制定过程中需明确本省市更新原则和治理需求，挖掘本底优势和城市更新的结合点，厘清政府、企业、居民等多方关系，量化配套政策文件制定目标，以确保更新治理工作高质量可持续推进。

（3）勇于对需求型政策工具的创新。供给型政策工具的重点在于"守好底线"，而需求型政策工具的重点在于"突破上限"，即对制度突破能激发市场活力的地方应深化"放管服"改革，利用市场化手段突破传统桎梏。从深圳、上海、广州三市城市更新治理政策量化评价结果来看，政策创新性探索主要体现在土地出让方式、拆迁及旧改协议方式、政策性金融引入等几个方面，建议各省市总结历史成功经验，进一步加速城市更新及其治理工作高质、高效完成。

参考文献

[1] Bernt M. Partnerships for Demolition: The Governance of Urban Renewal in East Germany's Shrinking Cities [J]. International Journal of Urban and Regional Research，2009，33（3）：754–769.

[2] Farhat R. Accountability in Urban Regeneration Partnerships: A role for Design Centers [J]. Cities，2018，72：8–16.

[3] Couch C，Sykes O，Börstinghaus W. Thirty Years of Urban Regeneration in Britain，Germany and France: The Importance of Context and Path Dependency [J]. Progress in Planning，2011，75（1）：1–52.

[4] Shamai M，Hananel R. One plus One plus One=A lot the Cumulative Effect of Israel's Flagship Urban Renewal Policy on Neighborhood Diversity [J]. Land Use Policy，2021：100.

[5] Hin L L，Xin L. Redevelopment of Urban Villages in Shenzhen，China – An Analysis of Power Relations and Urban Coalitions [J]. Habitat International，2011，35：426–434.

[6] Lai Y，Tang B. Institutional Barriers to Redevelopment of Urban Villages in China：A Transaction

Cost Perspective. Land Use Policy，2016，58：482-490.

[7] Ho S Y. Evaluating British Urban Policy：Ideology，Conflict and Compromise [M]. Cities：Routledge，2017.

[8] Hatz G. Can Public Subsidized Urban Renewal Solve the Gentrification Issue? Dissecting the Viennese Example [J]. Cities，2021：115.

[9] 唐燕，杨东. 城市更新制度建设：广州、深圳、上海三地比较 [J]. 城乡规划，2018，000（004）：22-32.

[10] 丁凡,伍江. 城市更新相关概念的演进及在当今的现实意义 [J]. 城市规划学刊,2017,238（06）：95-103.

[11] 阳建强. 西欧城市更新 [M]. 南京：东南大学出版社，2012.

[12] 赵燕菁. 城市规划的几个热点问题 [J]. 北京规划建设，2016（005）：170-171.

[13] 刘贵文，易志勇，魏骊臻，等. 基于政策工具视角的城市更新政策研究：以深圳为例 [J]. 城市发展研究，2017（03）：47-53.

[14] 张永安，周怡园. 新能源汽车补贴政策工具挖掘及量化评价 [J]. 中国人口·资源与环境，2017（10）：191-200.

[15] Estrada M A R．Policy Modeling：Definition Classification and Evaluation [J]. Journal of Policy Modeling，2011（33）：523-536.

[16] Rothwell R，Zegveld W. Reindustrialization and Technology[M]. London：Longman Group Limited，1985：83-104.

[17] 李新，李柏洲，吴翔宇. 创新型城市中府际关系与政策工具的社会网络 [J]. 社会学研究，2020，38（12）：13.10

作者信息

庄陶之，男，博士，重庆大学管理科学与房地产学院，助理研究员。

符馨月，女，重庆大学管理科学与房地产学院，博士研究生。

刘贵文，男，博士，教授，重庆大学管理科学与房地产学院院长，博士生导师。

黄若鹏，男，重庆大学管理科学与房地产学院，博士研究生。

中国城市科学研究会

中国城市科学研究会于 1984 年 1 月正式成立（英文名称为 Chinese Society for Urban Studies，缩写为 CSUS）。是由全国从事城市科学研究的专家、学者、实际工作者和城市社会、经济、文化、环境，城市规划、建设、管理有关部门及科研、教育、企业等单位自愿组成，依法登记成立的全国性、公益性、学术性法人社团，是发展我国城市科学研究科技事业的重要社会力量。

学会名誉会长为全国人大原委员长万里和全国政协原主席李瑞环。

现任理事长是国际欧亚科学院院士、住房和城乡建设部原副部长仇保兴博士。

学会秘书处下设综合办公室、组织人事部、财务管理处、学术部、编辑部、县镇工作部。目前已设立了 26 个专业委员会，个人会员 16000 多名。

学会的宗旨是，为适应我国健康城镇化和城市科学发展的需要，组织并推动会员对城市发展的规律，对城市社会、经济、文化、环境和城市规划建设管理中的重大理论和实际问题进行综合性研究。

三十余载聚焦中国城镇化的研究成果积累，通过建立广泛、诚信、有效的全球性创业和科研协作网络，以科学研究、技术创新、产业培育、示范推广、城市运营为一体的开放性组织网络，富有进取精神和实践经验的领导团队，依托深厚广博的科研资源，凭借多学科专家学者组成的智库，引领集约、绿色、智能、低碳的城镇化。

学会接受业务主管单位为中国科协和社团登记管理机关民政部的业务指导和监督管理。

中国城市科学研究会城市更新专业委员会

中国城市科学研究会城市更新专业委员会成立于 2016 年 7 月，是中国城市科学研究会的分支机构，是在中国城市科学研究会直接领导下，由全国高等院校、科研院所、政府相关部门，以及相关企、事业单位，为共同推动我国城市更新行动，进行理论创新与实践发展的全国性、公益性学术科研团体。

至 2022 年 9 月 30 日，来自全国 21 个省、市、自治区的 288 名会员，16 个团体单位加入本会。其中，58 名会员出任第二届城市更新专业委员会委员（主任委员 1 名，副主任委员 28 名，委员 29 名）。288 名会员，16 个团体单位分布于全国 189 个高等院校、科研院所、地方政府（部门），以及相关企、事业单位。

第二届城市更新专业委员会委员中，朱雪梅出任主任委员，谢涤湘聘任为秘书长（兼），刘发良聘任为专职副秘书长。城市更新专业委员会的 58 名委员，分别来自全国 20 所高等院校、5 个地方政府（部门）、13 家科研院所和 7 家相关企业单位。清华大学、同济大学、东南大学、天津大学、华南理工大学、哈尔滨工业大学、西安建筑科技大学、重庆大学等"建筑老八校"都有城市更新专业委员会的专家骨干委员。58 名委员中，具有中、高级以上职称的委员有 56 名，占委员总数的 96.6%；有硕士、博士生导师 39 名，占全部委员总数的 67.2%，其中博士生导师有 21 名，占委员总数的 36.2%。

中国城市科学研究会城市更新专业委员会自成立以来，在中国城市科学研究会的指导下，联合其他主编单位联合出版了《中国城市更新发展报告 2016-2017》《中国城市更新发展报告 2017-2018》《中国城市更新发展报告 2018-2019》三辑研究报告，以期为我国城市更新的发展和研究提供一定的帮助和理论支持。未来，城市更新专业委员会将继续以"实施城市更新行动"为己任，为祖国的繁荣昌盛奋力前行。

重庆大学管理科学与房地产学院

重庆大学管理科学与房地产学院，前身是创立于 1981 年 2 月的重庆建筑工程学院建筑管理工程系，是我国最早创办工程管理类专业的院系之一。目前，重庆大学管理科学与房地产学院已经成长为一所规模在国内领先，专业门类丰富，学科体系完整，整体实力处于国内一流水平，在国内外都具有较高知名度与美誉度的学院。

学院现设有工程管理、财务管理、工程造价、房地产开发与管理、智能建造 5 个本科专业，其中国家级一流专业 4 个，工程管理、财务管理、房地产开发与管理、工程造价被评为 2021 年"软科中国大学专业排名"A 类专业，其中工程管理、房地产开发与管理、工程造价位列 A+。拥有国家级一流课程 2 门、省部级一流课程 6 门。教学成果丰硕，先后获得国家级教学成果奖二等奖 3 次，重庆市教学成果特等奖 1 项，一等奖 3 项。学院研究生培养体系完善，拥有管理科学与工程一级学科博士学位授权点和硕士学位授权点，工程财务与造价管理、工程管理二级学科硕士学位授权点及工程管理领域专业（MEM）学位授权点。"十三五"以来，学院招收培养全日制研究生 1300 余名，非全日制工程管理硕士（MEM）1100 余名，已成为本领域全国规模最大的研究生培养单位之一。

学院现已建成一支政治素质过硬、育人能力突出、科研水平优良的高素质教师队伍。现有教职工 95 人，专任教师 82 人，其中教授 19 人，副教授 40 人，博导 17 人。拥有国家级教学团队 1 个，省级教学团队 2 个，省级教学名师 2 人；入选国家级 / 教育部人才计划 2 人，省级人才奖项 15 人次；拥有国家社科重大项目首席专家 1 人，爱思唯尔"中国高被引学者"2 人，全球前 2% 顶尖科学家 2 人，教育部教学指导委员会委员 2 人。

学院坚持推进科技创新，拥有重庆大学城乡建设与发展研究院（智库）、重庆大学可持续建设国际研究中心、重庆大学建设经济与管理中心等研究机构。在现代工程项目管理、智能建造与信息管理、城市与房地产、建筑能源资源与环境管理、物流与供应链管理、神经工效与管理创新等方向开展研究。"十三五"以来，主持国家级科研项目近 50 项，省部级、企业合作科研课题项目数百项，累计横向项目立项经费超 1 亿元；获省部级科研成果奖励 8 项，在 Nature 子刊等高水平学术期刊上发表论文 700 余篇，出版学术专著 20 余部，获得国家级与省部级领导批示的资政建议 30 余项，具有广泛的学术影响力与社会影响力。未来，重庆大学管理科学与房地产学院将继续秉承"建构未来、引领发展"的发展理念，肩负起"双一流"高校的责任与担当，持续致力于为国家输送全面发展的高素质人才。

厦门市城市规划设计研究院有限公司

厦门市城市规划设计研究院有限公司前身为厦门市城市规划设计研究院,1990年诞生于特区改革浪潮之初,2020年响应国家改革大政改制转企。三十余载砥砺奋进,厦门市规划院秉承创新特质,深耕厦门,用心服务,培育了一支充满活力、接地气的智库型规划服务团队,从起步到领跑,先行先试,敢于创新,勇于开拓,从探索到重构,从厦门走向全国,靠实干,靠不懈的努力,开辟了厦门市规划院在全省乃至全国各地的一片天地,逐步走在了全国规划院前列。

建院以来,厦门市城市规划设计研究院业务版图覆盖全国20余个省、自治区、直辖市,业务范围涵盖宏观区域研究、城市综合发展咨询、规划与城市设计、交通与市政基础设施、管理政策研究等多个领域,形成独立编制、联合编制、技术咨询、定制人才等多样化服务模式。先后有450余个项目获国家、省级、市级优秀规划设计科技进步奖,其中全国优秀城市规划设计奖50余项。出版编著多部书籍,公开发表学术论文千余篇,具有专业的综合技术实力,深厚的城市发展建设经验和前沿的学术研究水平。

厦门市城市规划设计研究院拥有国家城乡规划甲级、工程咨询甲级和福建省土地规划编制乙级资质。现有职工近300名,其中教授级高级工程师8名,高级工程师80余名,专业技术人员近60%拥有硕士及以上学历,30%拥有注册从业资格。人员专业背景广泛,全院拥有各类专业人才20余种,其中专业技术人才涵盖城乡规划、土地管理、城市设计、风景园林、建筑设计、环境工程、生态学、地理信息、交通规划、市政工程、软件工程等多种学科。同时,与多家实力设计机构、著名高校和研究机构建立了合作伙伴关系,通过"跨界共享、同业协作"的模式,延伸业务链条,具有雄厚的专业人才储备和多学科研究设计能力。

厦门市城市规划设计研究院始终遵循"汇一流人才,具一流技术,出一流成果,创一流服务"的理念,坚持执业操守,持续以规划和技术回报社会。建院以来,积极响应各级援边援建号召,先后选派多名优秀技术骨干深入西藏米林、新疆吉木萨尔、陕西临夏、四川彭州、福建南平等地开展规划技术帮扶,秉承规划师的执念与信仰,将规划设计与科研成果转化为支撑城乡发展的源动力。